万卷楼
国学经典
升级版

汲取先贤智慧

铺就成功阶梯

万卷楼国学经典 升级版

〔西汉〕刘向◎编选

种梦卓◎编译 张家鹏◎修订

战国策

北方联合出版传媒（集团）股份有限公司
万卷出版有限责任公司 2023年·沈阳

图书在版编目（CIP）数据

战国策／（西汉）刘向编选；种梦卓编译；张家鹏修订. 一沈阳：万卷出版有限责任公司，2023. 8
（万卷楼国学经典：升级版）
ISBN 978-7-5470-6156-5

Ⅰ. ①战…　Ⅱ. ①刘…②种…③张…　Ⅲ. ①中国历史—战国时代—史籍②《战国策》—译文　Ⅳ. ① K231. 04

中国版本图书馆 CIP 数据核字（2022）第 238643 号

出 品 人：王维良
出版发行：北方联合出版传媒（集团）股份有限公司
万卷出版有限责任公司
（地址：沈阳市和平区十一纬路 29 号　邮编：110003）
印 刷 者：辽宁新华印务有限公司
经 销 者：全国新华书店
幅面尺寸：170mm × 240mm
字　　数：450 千字
印　　张：23.5
出版时间：2023 年 8 月第 1 版
印刷时间：2023 年 8 月第 1 次印刷
责任编辑：朱婷婷
装帧设计：范　娇
责任校对：张　莹
ISBN 978-7-5470-6156-5
定　　价：35.00 元

联系电话：024-23284090
邮购热线：024-23284050

出版说明

“读万卷书，行万里路”这是中国古人“修身”的两条基本途径。晋代著名史学家陈寿给自己的书斋命名为“万卷楼”，此后，历代以“万卷楼”命名的书斋，由宋至清有数十家：宋代有方略、石待旦等；元代有陈杰、汪惟正等；明代有项笃寿、杨仪、范钦等；清代有孙承泽、黄彭年等。可见，“读万卷书”的理想在中国传统知识分子中是何等的根深蒂固。

读“万卷书”不仅是古人的理想，当我们懂得了读书的意义，都会自然而然地产生强烈的“博览群书”的愿望。然而，人类历史悠久，书籍浩如汪洋大海，时代发展到今天，科技与经济的发展更使得人类的精神领域空前丰富，获取信息与知识的途径不断增加。“万卷书”早已不再是一个象征性的概念，如何从这“万卷”之中，找到最值得细细品读的作品，已经成为人们必须解决的问题。

爱因斯坦曾说过：“在阅读的书中找出可以把自己引到深处的东西，把其他一切统统抛掉。”这正是在阐述读书时选择的重要性。而他所说的把我们“引到深处的东西”无疑就是我们所需要深度阅读的作品，也就是我们常说的经典作品。

卡尔维诺对经典作出的定义之一是：经典就是我们正在重读的。的确，在对经典作品反反复复的品味中，人们思想得到了升华，从浅薄走向思考，最后走到通达。我们都曾有这样的感触，面对海量的书籍和信息，一方面，人们在向着功利性浅阅读大张其道，另一方面，我们的精神深处又在不断地呼唤能够滋养自己内心的深度阅读。因此，经典的价值不仅没有因为浅阅读时代的到来而有所损失，反而更显示出其珍贵来。

在惜字如金的中国传统典籍当中，从来不乏这种需要反复品味的经典。从先秦诸子到历代的经史子集，这些经典为一代代的中国人提供了取之不尽的精神滋养，为中华文化的传承和发展建立了基础。我们把这种包蕴中国文化的学问称为国学。国学的范围非常广泛，它包含了文学、历史、哲学、艺术、语言、音韵等在内的一系列内容。

包罗万象的国学经典为我们提供了广泛的教育。阅读国学经典，也就是在与我们的“先圣先贤”对话和交流，一步步地楔进我们的历史和传统。这个过程可以让我们领会先贤的旨趣，把握他们的神髓，形成恢宏的历史意识，可以让我们通晓文义、熟习经史、通彻学问，让我们成为博学之士。另一方面，国学经典所代表的传统学问，更是具有极为厚重的伦理色彩。阅读国学经典的过程，不仅是增进知识的过程，而且是一个熏陶气质、改善性情、提高涵养的过程，这个过程在潜移默化中培养着行谊谨厚、品行端方、敦品励行的谦谦君子。

当然，随着时代的发展，国学早已不再是人们追求事功的唯一法典，我们也不赞成对国学的功能无限夸大。但毫无疑问，阅读国学经典，必能促进我们对真、善、美的崇敬之心，唤起我们对伟大、深邃、美好事物的敏感和惊奇，同时也让我们了解到先贤们在探寻知识过程中思考的重大课题和运用的基本原则。这些作品体现着我们民族精神的精髓，如《周易》所阐述的“自强不息”的君子人格，《论语》所强调的“和而不同”的包容精神，《诗经》所培养的温柔敦厚的情感，《道德经》所闪耀的思辨智慧，等等，它们共同构筑了中华民族传统的精神范式。品读先贤留下的经典，恰如与他们进行一次次心灵的直接触碰，进而去审视我们自己的内心，见贤思齐，激浊扬清。

正是基于对国学经典的这种认识，我们精选了这套《万卷楼国学经典》系列丛书，以期引导步履匆匆的现代人走近国学经典、了解国学经典。在选编过程中，我们希望能够体现这样一些特点。

首先，我们希望这套丛书能够最具代表性。在选目中，我们注重于最经典、最根源的作品，在有限的时间内，把那些最具影响力，最应该知道的作品提交给读者。四书五经、先秦诸子、唐诗宋词等这些具有符号意义的作品无疑是最应该为我们所熟知的，因此，丛书所选的30种作品都是这些经典中的经典。

其次，我们希望能够做出好读的经典。在面对国学作品时，佶屈的文言和生僻的字词常让普通读者望而却步。所以，我们试图用简洁易懂的形式呈现经典，使读者可随时随地以自己的时间、自己的速度来进入阅读。因此，我们为原著精心添加了注音、注释和译文，使读者能够真正地“无障碍阅读”。同时，我们还邀请北京大学、南京大学、复旦大学等知名学府的古代文学方面专家对丛书进行了整体修订，对原文字句及标点进行核准，适当增删注释条目、校订注释内容，对白话翻译做进一步校订疏通，使图书内容臻于完善，整体品质得到了大幅度提升。作为一名读者，也许你会常常感慨，以前没有花更多的时间去读更多的经典，如今没有机会或能力来细读，但实际上，读经典什么时间开始都不算晚，“万卷楼”就是一个极好的途径。重读或是初读这些经典，一样可以塑造我们未来的生活。

第三，我们希望呈现一套富有美感的读物。对于经典而言，内容的意义永远排在第一位，但同时，我们也希望有精彩的形式与内容相匹配，因而，我们在编辑过程中选取了大量的古代优秀版画作为本书的插图，对图片的说明也做了精心设计。此外，图书的编排、版式等细节设计都凝聚了我们大量的思索。我们希望这套经典不只是精神的食粮，拥有文本意义上的价值，更能带来无限美感，成为诗意的渊薮。

“经典作品是这样一些书，我们越是道听途说，以为我们懂了，当我们实际读它们，我们就越是觉得它们独特、意想不到和新颖。”卡尔维诺经典的评论让人击节叹赏，我们也希望这套丛书能够彰显经典的价值，使读者在细细品读中真正融化经典，真正做到“开茅塞、除鄙见、得新知、增学问、广识见”。同时，经典又是可以被享受的。当我们走进经典之时，不能只作为被动的接受者，也可用个人自我的方式进入经典，做精神的逍遥之游，对经典作品进行贴近个体生命的诠释和阅读，在现实社会之中营造自由的人生意境和精神家园，获取一种诗意盎然的人生。

怎样阅读本书

原文：根据权威版本，精心核校，确保准确性，对生僻字反复注音，使读者无障碍阅读。

插图：精选历代精品古版画，美妙传神，增强美感。

译文：流畅、贴切，以现代白话完整展现原著全貌。

注释：准确、简明，极具启发性。

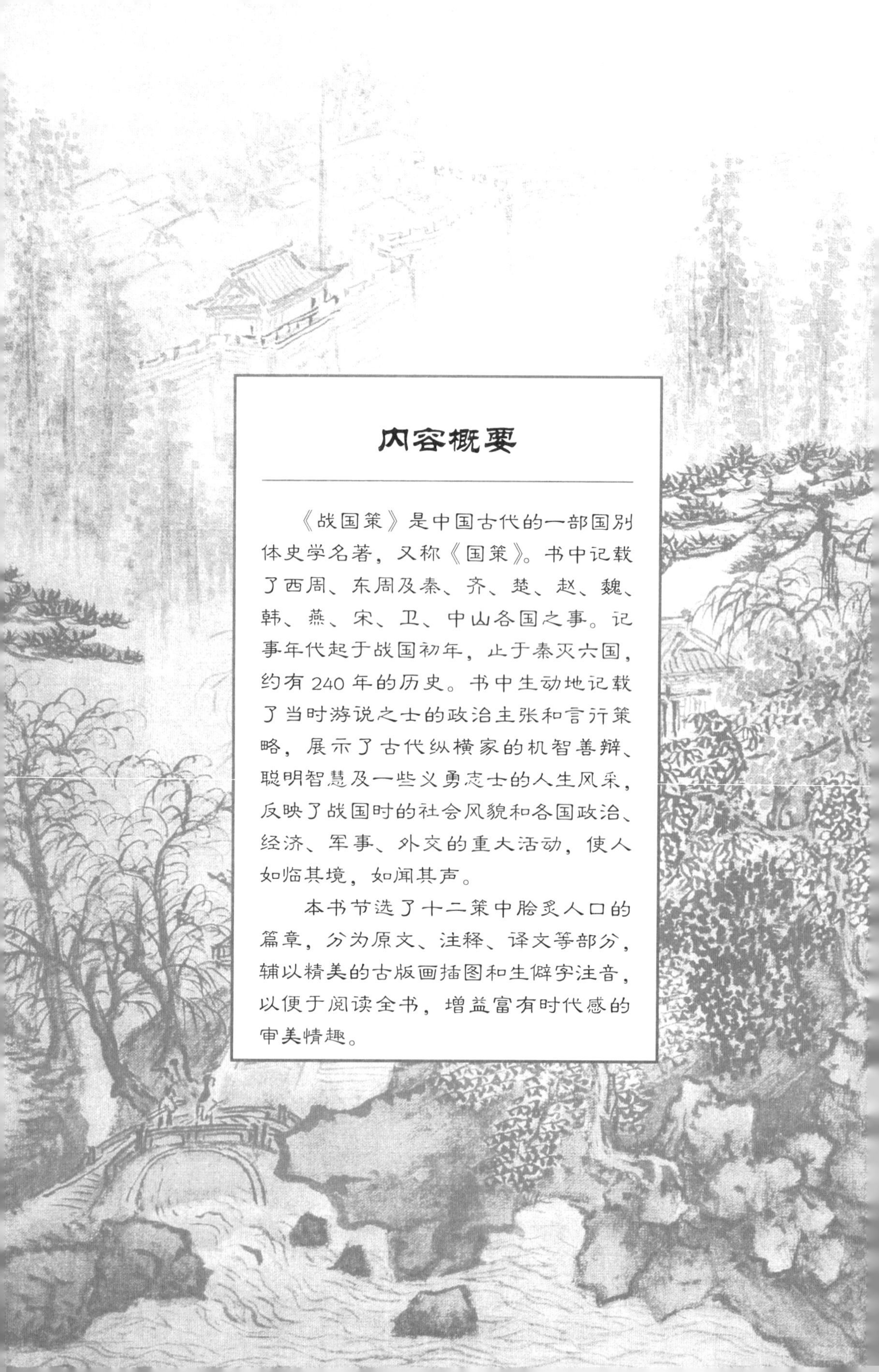

内容概要

《战国策》是中国古代的一部国别体史学名著，又称《国策》。书中记载了西周、东周及秦、齐、楚、赵、魏、韩、燕、宋、卫、中山各国之事。记事年代起于战国初年，止于秦灭六国，约有240年的历史。书中生动地记载了当时游说之士的政治主张和言行策略，展示了古代纵横家的机智善辩、聪明智慧及一些义勇志士的人生风采，反映了战国时的社会风貌和各国政治、经济、军事、外交的重大活动，使人如临其境，如闻其声。

本书节选了十二策中脍炙人口的篇章，分为原文、注释、译文等部分，辅以精美的古版画插图和生僻字注音，以便于阅读全书，增益富有时代感的审美情趣。

目录

卷一　东周策

卷二　西周策

卷三　秦策一

卷四　秦策二

卷五　秦策三

卷六　秦策四

卷七　秦策五

卷八　齐策一

卷九　齐策二

卷十　齐策三

卷十一　齐策四

卷十五 楚策二

卷十六 楚策三

卷十七 楚策四

卷十八　赵策一

卷十九　赵策二

卷二十　赵策三

卷二十一　赵策四

卷二十二　魏策一

卷二十三　魏策二

卷二十四　魏策三

卷二十五　魏策四

卷二十六　韩策一

卷二十七　韩策二

卷二十八　韩策三

卷二十九　燕策一

卷三十　燕策二

卷三十一　燕策三

卷三十二　宋卫策

卷三十三　中山策

卷一　东周策

秦兴师临周而求九鼎

原文

秦兴师临周而求九鼎[1]，周君患之，以告颜率[2]。颜率曰："大王勿忧，臣请东借救于齐。"颜率至齐，谓齐王曰[3]："夫秦之为无道也，欲兴兵临周而求九鼎，周之君臣，内自尽计：与秦，不若归之大国[4]。夫存危国，美名也；得九鼎，厚宝也。愿大王图之。"齐王大悦，发师五万人，使陈臣思将以救周[5]，而秦兵罢。

齐将求九鼎，周君又患之。颜率曰："大王勿忧，臣请东解之。"颜率至齐，谓齐王曰："周赖大国之义，得君臣父子相保也，愿献九鼎，不识大国何涂之从而致之齐？"齐王曰："寡人将寄径于梁[6]。"颜率曰："不可。夫梁之君臣欲得九鼎，谋之晖台之下[7]，少海之上，其日久矣。鼎入梁，必不出。"齐王曰："寡人将寄径于楚。"对曰："不可，楚之君欲得九鼎，谋之于叶庭之中[8]，其日久矣。若入楚，鼎必不出。"王曰："寡人终何涂之从而致之齐？"颜率曰："弊邑固窃为大王患之。

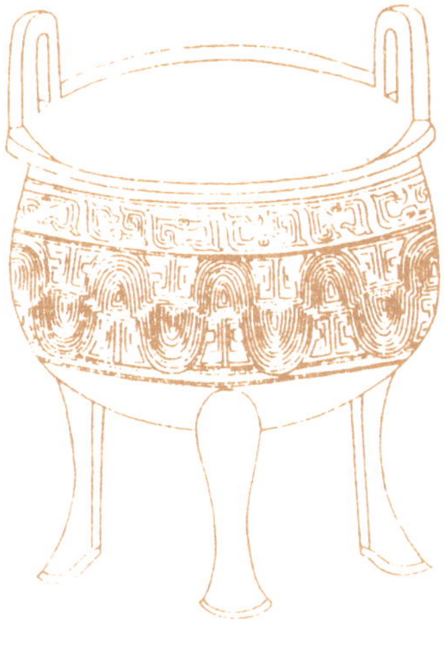

● 周太公鼎

夫鼎者，非效醯(xī)壶酱甀(zhuì)耳[9]，可怀挟提挈至齐者[10]；非效鸟集乌飞，兔兴马逝，漓然止于齐者[11]。昔周之伐殷，得九鼎，凡一鼎而九万人挽之[12]，九九八十一万人，士卒师徒，器械被具[13]，所以备者称此。今大王纵有其人，何涂之从而出？臣窃为大王私忧之。”齐王曰：“子之数来者，犹无与耳。”颜率曰：“不敢欺大国，疾定所从出[14]，弊邑迁鼎以待命。”齐王乃止。

注释

①**师**：军队。**九鼎**：传说夏禹收九州之金，铸为九鼎，后世把九鼎视为权力的象征、传国的宝器。②**颜率**：周臣。③**齐王**：即齐宣王，名辟疆。④**归之大国**：指把九鼎送给齐国。归，通“馈”，赠送。大国，指齐国，下同。⑤**陈臣思**：即田臣思，齐国公侯。一作田期思，即田忌。⑥**寄径**：借道。**梁**：魏国的别称，魏国在战国时的都城为大梁。⑦**晖台**：台名，在今河南开封。⑧**叶庭**：叶，今河南叶县。一作章华之庭，即华容，即今湖北监利县西北。⑨**醯**：醋。**甀**：小口罐。⑩**挈**：提。⑪**漓然**：水流急的样子。⑫**挽**：牵引，拖拉。⑬**被**：穿着。⑭**定**：决定。

译文

秦国起兵威胁东周，向东周国君索要九鼎，东周国君为此而忧虑，把自己的心思告诉了大臣颜率。颜率说：“大王不必担忧，请让臣向东边的齐国借兵求救。”颜率到了齐国，对齐宣王说：“如今秦王暴虐无道，打算举兵向东威胁周君，索要九鼎。东周的君臣上下在宫廷上一致认为把九鼎给秦国，不如送给贵国。这样齐国既挽救了面临危亡的东周王室而获得美好的名声，又得到了九鼎这样极为重要的宝物。希望大王您考虑这件事。”齐王一听非常高兴，于是发兵五万，命令陈臣思为统帅去救援东周，秦军才停止进攻。

后来，齐王将向周君索要九鼎，周君又为此忧虑起来。颜率说：“大王不必忧虑，请允许臣东去齐国解决这件事。”颜率到达齐国，对齐王说：“东周依仗贵国的义举，君臣父子才得以保全，愿意奉献出九鼎，不知贵国打算从哪条路线把它们运到齐国去？”齐王说：“我准备借道魏国。”颜率说：“不可以借道魏国。魏国君臣也想得到九鼎，他们在晖台和少海一带谋划这件事情已经很久了。九鼎一旦进入魏国，必然很难再出来。”齐王又说：“我还打算借道楚国。”颜率回答说：“这也行不通，因为楚国的君臣也想得到九鼎，他们曾在叶庭之中谋划过，时日也很久了。如果进入楚国，九鼎必定还是出不来。”齐王说：“那么我究竟该用哪条路线才能把九鼎运到齐国呢？”颜率说：“我们东周暗中也为大王担忧。鼎这东西，不像醋壶酱坛子，可以揣在怀里、提在手中送到齐国去；也不像鸟雀聚集、乌鸦飞翔、兔子跳跃、骡马奔驰那样，可以径直冲向齐国。从前周王讨伐殷朝，得到过这九鼎，每鼎用了九万人牵引，九个鼎，那就需要九九八十一万人，其余所需的士兵役夫、器械服装等用具，用来备用的也相当于这个数目。现在大王即使有那么多人，但究竟从哪条路线运出来呢？我暗地里替大王担忧。”齐王说：“贤卿屡次来我齐国，说来说去还是不想把九鼎给寡人！”颜率赶紧解释说：“臣怎敢欺骗贵国呢，只要大王能赶快决定出运送九鼎的路线，敝国随时恭候命令迁移九鼎。”于是齐王终止了获取九鼎的打算。

秦攻宜阳

原文

秦攻宜阳[1]，周君谓赵累曰[2]：“子以为如何？”对曰：“宜阳必拔也[3]。”君曰：“宜阳城方八里，材士十万[4]，粟支数年，公仲之军二十万[5]，景翠以楚之众临山而救之[6]，秦必无功。”对曰[7]：“甘茂[8]，羁旅也，攻宜阳而有功，则周公旦也；无功，则削迹于秦。秦王不听群臣父兄之义而攻宜阳，宜阳不拔，秦王耻之。臣故曰‘拔’。”君曰：“子为寡人谋，且奈何？”对曰：“君谓景翠曰：‘公爵为执圭[9]，官为柱国[10]，战而胜，则无加焉矣；不胜，则死。不如背秦援宜阳，公进兵，秦恐公之乘其弊也[11]，必以宝事公。公仲慕公之为己乘秦也，

● 周公旦

亦必尽其宝。'" 秦拔宜阳，景翠果进兵。秦惧，遽效煮枣[12]，韩氏果亦效重宝。景翠得城于秦，受宝于韩，而德东周[13]。

注　释

①**秦攻宜阳**：周赧王七年（前308），秦武王派甘茂出兵宜阳。宜阳，故城在今河南宜阳西。②**赵累**：东周臣子。③**拔**：攻陷。④**材士**：健壮勇武的战士。材，同"才"。⑤**公仲**：韩相国。⑥**景翠**：楚将。⑦**对**：地位低下的人对尊贵的人、年少对年长的人的回话称为"对"。⑧**甘茂**：楚国下蔡人，秦国左丞相。⑨**执圭**：爵位名。圭，也作珪，上圆下方的玉。⑩**柱国**：官名，指最高的武官。⑪**弊**：疲惫。⑫**遽**：急，立刻。**效**：献出。**煮枣**：位于今山东菏泽西南。⑬**德**：使……感激，名词作动词，使动用法。

译　文

秦军攻打韩国的宜阳，周赧王对大臣赵累说："你认为事情的发展会怎么样呢？"赵累回答说："宜阳必定会被秦国攻破。"赧王说："宜阳城不过八里见方，城内骁勇善战的兵士有十万，粮食可以支用好几年；在宜阳城附近还有韩相国公仲的军队二十万，加上楚国大将景翠率领的兵士，依山扎寨，相机进行援救，秦国肯定不会成功。"赵累回答说："甘茂是寄居秦国的客将，如果攻打宜阳有功，就成了秦国的周公旦；如果攻打无功，就将在秦革除官职。秦武王不听从群臣父兄的意见，执意要进攻宜阳，如果宜阳攻不下来，秦武王将以此为耻辱。所以我说宜阳一定能够攻打下来。"赧王说："那么你替我谋划一下，将要怎么办？"赵累回答说："请君王对景翠说：'你的爵位已经是执圭，官职已经是上柱国了，即使在战争中打了胜仗，官爵也已经不可能再升了；如果没有取胜，就必然会被处死。不如背离秦国，援救宜阳。只要你率兵进攻，秦国就会害怕你乘秦军疲敝之机进攻，他必定会拿出宝物送给你，公仲也会敬慕你乘虚攻打秦国从而使宜阳解围，必定会把他的宝物都送给你。'"秦军攻陷宜阳以后，景翠果然听取周赧王的建议发兵攻秦。秦恐惧，赶紧把煮枣之地献出来，韩国果然也献出贵重的宝物。景翠不但从秦获得了城池，在韩获得了宝物，并且有恩于东周。

温人之周

原　文

温人之周[1]，周不纳[2]。问曰："客耶？"对曰："主人也。"问其

巷而不知也[3]，吏因囚之。君使人问之曰："子非周人，而自谓非客，何也？"对曰："臣少而诵《诗》[4]，《诗》曰：'普天之下，莫非王土；率土之滨，莫非王臣。'今周君天下，则我天子之臣，而又为客哉？故曰'主人'。"君乃使吏出之[5]。

注释

①温人：魏地，今位于河南温县西。之：动词，到。②不纳：不允许其入境。③巷：住处。④诵：读。⑤乃：就。使：令。出：释放。

译文

魏国温地的人前去东周，周人不让他进城门，问他道："你是客人吧？"温人回答说："我是东周本国人。"周人询问他所在的居所，他却说不出来，周吏因此将他囚禁起来。周君派人问他说："你不是周人，却自称不是外地人，这是什么缘故呢？"温人回答道："臣自幼便诵读《诗经》，《诗经》中说道：'普天之下没有哪个地方不是大王的国土，沿着国土的边界走，没有哪个人不是大王的臣民。'现在既然周王已经统治天下，那么我便是天子的臣民，又怎么成了客人呢？所以我便说我是东周本国人。"周君听了以后，便让官吏释放了这个人。

或为周最谓金投

原文

或为周最谓金投曰[1]："秦以周最之齐疑天下，而又知赵之难子齐人战[2]，恐齐、韩之合，必先合于秦。秦、齐合，则公之国虚矣[3]。公不若救齐，因佐秦而伐韩、魏，上党长子赵之有已[4]。公东收宝于秦，南取地于韩，魏因以困，徐为之东[5]，则有合矣[6]。"

注释

①或：有人。周最：周公子。金投：赵国大臣。②子：曾本、集本均作"予"，通"与"。③虚：通"墟"，废墟。④上党长子：地名，指韩国上党的长子。⑤徐为之东：逐渐谋划东进。东，指齐国。⑥有合：指齐赵之联合。

译　文

有人替周最对金投说："秦国派遣周最到齐国去，目的是让天下诸侯怀疑惧怕秦国齐国联合，并且秦国又知道赵国的实力难以和齐国作战，恐怕在齐、韩两国联合之前，齐国必定会先同秦国联合。如果齐国和秦国联合起来，您的国家赵国就要面临化为废墟的危险了。您不如先去救助齐国，再帮助秦国去征讨韩国、魏国，那么上党的长子就归于赵国所有了。在东边您可以获得秦国送来的宝物，在南边您又能获得韩国的土地，而魏国却因此而陷入困境，再慢慢地向东扩展，如果这样，齐国就只有求和一条路可以走了。"

周最谓金投

原　文

周最谓金投曰："公负令秦与强齐战[1]。战胜，秦且收齐而封之，使无多割，而听天下之战[2]；不胜，国大伤，不得不听秦。秦尽韩、魏之上党太原[3]，西土秦之有已。秦地，天下之半也，制齐、楚、三晋之命[4]，复国且身危[5]，是何计之道也。"

注　释

①**负**：仗恃，倚仗。**令**：应作"合"，联合。②**听**：听任。③**太原**：赵地，在今山西太原东北。④**三晋**：指韩、赵、魏三国。**命**：命脉。⑤**复**：通"覆"。

译　文

周最对金投说道："您倚仗联合秦国便与强悍的齐国作战。如果你们胜利了，秦国将会收服齐国并且封锁齐国的领地，迫使齐国不得多割让土地给别国，这样必将引起齐国与他国间的战争，而秦国则会听任天下诸侯国混战；如果你们无法取胜，那贵国就将大伤元气，从而不得不听命于秦国。如果秦国全部占据韩、魏上党以及赵国太原，西边的土地就会全部归秦国占有了。现在秦国的土地已经占据半边的天下，如果它再控制了齐、楚以及韩、赵、魏的命脉，不但国家覆灭，您也将自身难保，这样的计谋是不足道的。"

卷二　西周策

秦令樗里疾以车百乘入周

原　文

秦令樗(chū)里疾以车百乘入周[1]，周君迎之以卒，甚敬。楚王怒，让周[2]，以其重秦客[3]。

游腾谓楚王曰[4]：“昔智伯欲伐厹(qiú)由[5]，遗之大钟，载以广车，因随入以兵，厹由卒亡，无备故也。桓公伐蔡也[6]，号言伐楚[7]，其实袭蔡[8]。今秦，虎狼之国也，兼有吞周之意，使樗里疾以车百乘入周，周君惧焉，以蔡、厹由戒之。故使长兵在前，强弩在后，名曰卫疾，而实囚之也。周君岂能无爱国哉？恐一日之亡国，而忧大王[9]。”楚王乃悦。

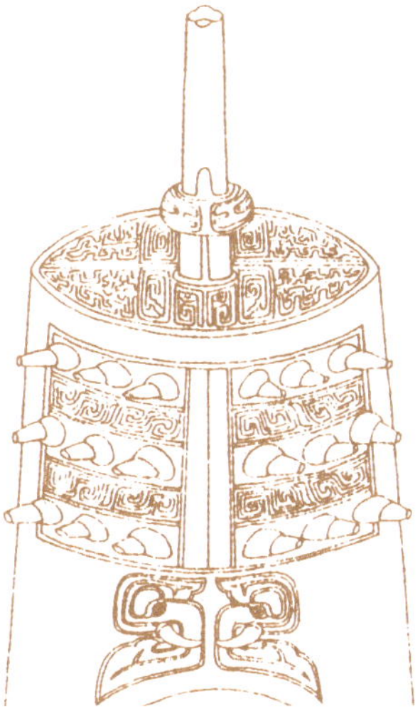

● 周太公钟

注　释

①**樗里疾**：秦惠王之弟，生于樗里，名疾，足智多谋。②**让**：责备。③**以**：因为。④**游腾**：周国之臣。⑤**智伯**：晋国的公卿，即荀瑶。**厹由**：春秋时国名，在今山西阳泉市。⑥**桓公**：齐桓公，名小白。⑦**号言**：声称、声言。⑧**袭**：偷袭。古代战争鸣钟击鼓，无钟鼓谓之袭。⑨**忧大王**：使大王忧。忧，用如使动词。

译　文

秦国派樗里疾率百辆车马进入西周，西周的国君派百名士卒相迎接，非常重视和尊敬。楚王十分愤怒，责备周君过分重视秦国的使者。

游腾就对楚王解释道："以前晋国智伯想要讨伐厹由，先赠送给厹由一口大钟，用大车装着这口大钟，不料士兵却尾随其后，厹由最终也被攻破了，这都是没有防备的缘故。齐桓公征伐蔡国时，表面声称攻打楚国，实际上却讨伐蔡国。如今的秦国，是虎狼一样的国家，还有吞灭周朝的野心，派樗里疾率百辆战车进入西周，周君为此十分担心恐惧，心里深以蔡国和厹由的事情为警戒，所以派手持兵戈的士兵走在前面，手持强弩的士兵跟在后面，名义上是欢迎、保卫樗里疾，实际上却是围困他。周君怎么会不爱他自己的国家呢？唯恐一旦被灭对楚国不利，这是为了楚王您担忧啊。"楚王这才愉悦。

雍氏之役

原　文

雍氏之役[1]，韩征甲与粟于周[2]。周君患之，告苏代[3]。苏代曰："何患焉！代能为君令韩不征甲与粟于周，又能为君得高都[4]。"周君大悦，曰："子苟能，寡人请以国听。"

苏代遂往见韩相国公中[5]，曰："公不闻楚计乎？昭应谓楚王曰[6]：'韩氏罢于兵[7]，仓廪空[8]，无以守城，吾收之以饥[9]，不过一月，必拔之。'今围雍氏五月，不能拔，是楚病也[10]。楚王始不信昭应之计矣。今公乃征甲及粟于周，此告楚病也。昭应闻此，必劝楚王益兵守雍氏，雍氏必拔。"公中曰："善。然吾使者已行矣。"代曰："公何不以高都与周？"公中怒曰："吾无征甲与粟于周

● 甲胄

亦已多矣。何为与高都？”代曰：“与之高都，则周必折而入于韩[11]，秦闻之，必大怒，而焚周之节[12]，不通其使。是公以弊高都得完周也[13]，何不与也？”公中曰：“善。”不征甲与粟于周而与高都，楚卒不拔雍氏而去。

注释

①**雍氏之役**：周赧王十五年，楚国再次出兵攻打韩国。雍氏，韩国地名，在今河南禹州东北。②**征甲**：征兵。③**苏代**：说客苏秦之弟，亦有苏秦之兄的说法。④**高都**：韩国地名，在今洛阳西南。⑤**公中**：亦写作“公仲”，韩相国公仲侈。⑥**昭应**：楚国之将。**楚王**：此指楚怀王。⑦**罢**：指疲惫。⑧**仓廪**：古时储藏谷物之所称之为仓，储米之所称为廪。⑨**收之以饥**：趁着韩国闹饥荒夺取雍氏。⑩**病**：困苦。⑪**折**：转过来。⑫**焚周之节**：烧掉周国的信物，表示与周国绝交。节，符节，古代的一种示信之物，外交使者执以作凭证。⑬**弊**：破败。

译文

楚国再次攻打韩国的雍氏，韩国向东周征兵求粮，周君对此很担心，便告诉了苏代。苏代说：“有什么可担心的呢？苏代我可以替君王做到韩国不向东周征兵求粮，还能使您获得韩地高都。”周王非常高兴，说：“你果真能做到，我愿意把国家的大权交给你。”

苏代于是就去拜见韩相国公仲，对他说：“相国您没有听说楚国的计谋吗？楚将昭应对楚王说：‘韩国军队已经很疲惫了，粮仓也已经空了，没有能力防守，我趁它缺粮的时候攻打，不足一月必定能攻下雍氏。’现在楚攻打雍氏城已经五个月了，还未能把它攻下，这就是楚国的困境，楚王已经开始不相信昭应的谋略了。现在您向周国征兵求粮，岂不是在楚国面前显示了自己的困境。昭应如果知道这件事，一定会劝楚王增加兵力围攻雍氏，雍氏则必定会被攻克。”公仲说：“很好。但是现在我派往东周国的使节已经出发了。”苏代说：“您怎么不把高都送给东周呢？”公仲听完之后十分生气地说：“我不向周国征兵求粮已经很不错了，为什么还要把高都送给东周？”苏代回答说：“把高都送给东周，东周一定会转过来归顺韩国。秦王知道这件事后，必定会大发雷霆，把东周送过去的信物烧掉，与东周断绝使臣来往。这样您就能用一个小小的高都换来整个东周，又为什么不给它呢？”公仲说：“很好。”于是，韩国就不再向东周征兵求粮，并把高都送给了东周。楚国最终也没有攻下雍氏，只好退兵。

周君之秦

原文

周君之秦[1]。谓周最曰："不如誉秦王之孝也[2]，因以应为太后养地[3]。秦王、太后必喜，是公有秦也[4]。交善[5]，周君必以为公功；交恶[6]，劝周君入秦者必有罪矣。"

注释

①**之**：到。②**誉**：夸奖。**秦王**：指秦昭王。③**应**：古应国，在今河南平顶山。④**有秦**：取得秦国的欢心。⑤**交善**：邦交关系友善。⑥**交恶**：邦交关系恶化。

译文

西周君前往秦国。有人对其随从周最说道："您不如赞美秦王对太后的孝心，并将应邑送给太后做休养之地。这样的话，秦王和太后肯定会非常高兴，这便是您对秦国友好的表示。如果周、秦两国的邦交关系友善的话，周君一定会认为是您的功劳；如果两国邦交关系不好的话，那么劝周君访秦的人必将有罪了。"

苏厉谓周君

苏厉谓周君曰[1]："败韩、魏，杀犀武，攻赵，取蔺、离石、祁者，皆白起[2]。是攻用兵[3]，又有天命也。今攻梁[4]，梁必破，破则周危，君不若止之。"

谓白起曰："楚有养由基者[5]，善射；去柳叶者百步而射之，百发百中。左右皆曰'善'。有一人过曰：'善射，可教射也矣。'养由基曰：'人皆曰善，子乃曰可教射，子何不代我射之也？'客曰：'我不能教子支左屈右[6]。夫射柳叶者，百发百中，而不已善息[7]，少焉气衰力倦，弓拨矢钩[8]，一发不中，前功尽矣。'今公破韩、魏，杀犀武，而北攻赵，取蔺、离石、祁者，公也。公之功甚多。今公

又以秦兵出塞，过两周[9]，践韩而以攻梁[10]，一攻而不得，前功尽灭[11]，公不若称病不出也[12]。”

注释

①**苏厉**：苏秦之弟。②**蔺**：地名，今山西离石西。**离石**：地名，今山西离石。**祁**：地名，今山西祁县。**白起**：秦将，秦大夫白乙丙的后代，封为武安君，郿邑（今陕西眉县）人。③**攻用兵**：即善用兵。④**梁**：魏都，今河南开封市。⑤**养由基**：楚人，以善射闻名。⑥**支左屈右**：支撑左臂，弯曲右臂，挽弓射箭的最佳姿势。⑦**不已善息**：不因为善射而停止歇息。⑧**弓拨矢钩**：弓拉不正，箭路也弯了。⑨**两周**：指东周、西周。⑩**践**：通过。⑪**灭**：化为乌有。姚本注：“灭，没也。”⑫**不出**：指不出兵攻梁。

● 养由基射猿

译文

说客苏厉对周君说：“击败韩、魏联军，杀掉魏将犀武，攻取赵国蔺、离石、祁等地的都是秦将白起。这是他巧于用兵，又得上天之助的缘故。现在，他要进攻魏都大梁，大梁必克，攻克大梁，西周就岌岌可危。君王您不如制止他进攻魏都。”

苏厉又对白起说：“楚国的养由基是射箭的能手，距离柳叶百步射箭，百发百中。旁边看的人都说他的射箭技术很好。有一人从旁走过，却说：‘射得很好，可以教你射箭了吗？’养由基说：‘人家都说好，您却说可以教我射箭吗？您为何不代我射呢？’那人说：‘我并不能教您左手拉弓，用力向前伸出，右手拉弦，用力向后弯曲那种射箭的方法。但是，您射柳叶能百发百中，却不趁着射得好的时候休息休息，过一会儿，当气力衰竭，感到疲倦，弓身不正，箭杆弯曲时，您若一箭射出而不中，岂不前功尽弃了吗？’现在击败韩、魏，杀了犀武，向北攻赵，夺取了蔺、离石和祁的都是您呀。您的功劳已很多。现在又率领秦兵出塞，经过东、西两周，进犯韩国，攻打魏都大梁，如果进攻不胜，岂不前功尽弃了吗？您不如称病，不去攻打魏都大梁。”

韩魏易地

原　文

韩、魏易地，西周弗利。樊余谓楚王曰[1]：“周必亡矣。韩、魏之易地，韩得二县，魏亡二县。所以为之者，尽包二周，多于二县，九鼎存焉。且魏有南阳、郑地、三川而包二周[2]，则楚方城之外危；韩兼两上党以临赵[3]，即赵羊肠以上危[4]。故易成之日，楚、赵皆轻。”楚王恐，因赵以止易也[5]。

注　释

①**樊余**：周臣。**楚王**：指楚怀王。②**南阳、郑地、三川**：分别位于今河南南阳、新郑、洛阳一带。③**兼两上党**：当时韩、魏皆有上党之地，魏以上党并于韩，所以说韩兼两上党。④**羊肠**：赵国险塞名，山形曲折，状如羊肠而得名，在今山西晋城南四十五里太行山上，一说在今山西太原晋阳西北。⑤**因赵以止易**：由赵国出面制止韩、魏。因，通过，由。

译　文

韩国准备和魏国交换土地，这对西周不利。西周大臣樊余替西周对楚王说：“周朝必灭亡。韩、魏两国交换土地，韩将得两县，魏则失两县。而魏国之所以这样做，是准备包围东、西两周，这样魏得到的地方比两个县还大，九鼎就在那儿。且魏国保有南阳、郑地、三川，又包围两周，那楚国方城以北之地都将受威胁；而韩国兼管两个上党紧邻赵国，赵的羊肠一带地方将发生危险。所以从韩、魏交换土地成功那天起，楚、赵两国都将失去举足轻重的地位。”楚宣王一听这话立刻慌张起来，于是就由赵国出面制止韩、魏交换土地。

秦欲攻周

原　文

秦欲攻周，周最谓秦王曰[1]："为王之国计者，不攻周。攻周，实不足以利国，而声畏天下[2]。天下以声畏秦，必东合于齐。兵弊于周[3]，而合天下于齐[4]，则秦孤而不王矣。是天下欲罢秦，故劝王攻周。秦与天下俱罢，则令不横行于周矣。"

注　释

①**秦王**：即秦昭王。②**声畏天下**：秦国因进攻周天子而坏了它的名声。声，名声。畏，犹"恶"。郭希汾本注："言秦若攻周，有攻天子之声，而令天下以攻天子之声畏秦，使诸侯归于齐也。"③**弊**：犹"罢"，疲惫。④**合天下于齐**：使天下诸侯国与齐国联合起来。

译　文

秦国想要去攻打西周，周最对秦昭王说："我替大王的国家考虑，不能去攻打西周。攻打一个小小的西周，实在是不能够给秦国带来什么好处，反而在天下落得个坏名声。天下诸侯因为秦国有了攻伐周天子的坏名声，必然都要与东边的齐国共同联合起来，那么秦国必将受到孤立而难以称王了。这是天下诸侯想使秦国精疲力竭，所以才鼓动大王您去出兵攻打西周。如果秦国与天下诸侯的力量都耗尽了，那么任何人的命令都不能在西周横行无忌了。"

宫他谓周君

原　文

宫他谓周君曰[1]："宛恃秦而轻晋，秦饥而宛亡；郑恃魏而轻韩，魏攻蔡而郑亡；邾、莒亡于齐；陈、蔡亡于楚，此皆恃援国而轻近敌也[2]。今君恃韩、魏而轻秦，国恐伤矣[3]。君不如使周最阴合于

赵以备秦[4]，则不毁。”

注　释

①**宫他**：周臣。②**援**：犹“引”，助。③**伤**：受到伤害、损害。④**阴合于赵**：暗中与赵结合为援国。

译　文

周臣宫他对周君说道：“宛国因为依仗了秦国，便对晋国放松了警戒，当秦国遭到了饥荒的时候，宛国便被晋国给乘机灭掉了；郑国因为依仗了魏国，便对韩国放松了警戒，当魏国攻打蔡国的时候，郑国便被韩国给乘机灭掉了；邾、莒两国被齐国消灭，陈、蔡两国被楚国消灭，这都是因为他们仰仗有他国的援助，便对邻近的敌国放松了警戒所导致的。如今您只依仗有韩、魏两国，而放松了对秦国的警戒，恐怕国家会因此受到损害。您不如派周最暗地里和赵国联合起来，用来防备秦国，这样的话，国家就不会受到什么损害了。”

卷三　秦策一

苏秦始将连横说秦惠王

原　文

● 黄帝

苏秦始将连横说秦惠王曰[1]：“大王之国，西有巴、蜀、汉中之利[2]，北有胡貊(mò)、代马之用[3]，南有巫山、黔中之限[4]，东有肴、函之固[5]。田肥美，民殷富[6]，战车万乘，奋击百万[7]，沃野千里，蓄积饶多，地势形便。此所谓‘天府’，天下之雄国也。以大王之贤，士民之众，车骑之用，兵法之教，可以并诸侯，吞天下，称帝而治。愿大王少留意，臣请奏其效！”秦王曰：“寡人闻之，毛羽不丰满者不可以高飞，文章不成者不可以诛罚[8]，道德不厚者不可以使民[9]，政教不顺者不可以烦大臣。今先生俨然不远千里而庭教之，愿以异日。”

苏秦曰：“臣固疑大王不能用也。昔者神农伐补遂[10]，黄帝伐涿(zhuō)鹿而擒蚩尤[11]，尧伐驩兜(huāndōu)[12]，舜伐三苗[13]，禹伐共工[14]，汤伐有夏[15]，文王伐崇[16]，武王伐纣，齐桓任战而伯天下。由此观之，恶有不战者乎？古者使车毂击驰[17]，言语相结，天下为一；约从连横，兵革不藏；文士并饬，诸侯乱惑，万端俱起，不可胜理；科条既备，民多伪态；书策稠浊，百姓不足；上下相愁，民无所聊；明言章理，兵甲愈起；辩言伟服[18]，攻战不息；繁称文辞，天下不治；舌弊耳聋，不见成功；行义约信，天下不亲。于是，乃废文任武，厚养死士，缀甲厉兵[19]，效胜于战场。夫徒处而致利[20]，安坐而广地，虽古五帝、三王、五伯、明主贤君，常欲坐而致之，其势不能，故以战续之。宽则两军相攻，迫则杖戟相橦，然后可见大功。是故兵胜于外，义强于内；武立于上，民服于下。今欲并天下，凌万乘，诎（qū）敌国[21]，制海内，子元元[22]，臣诸侯[23]，非兵不可。今之嗣主[24]，忽于至道，皆惛（hūn）于教[25]，乱于治，迷于言，惑于语，沈于辩，溺于辞。以此论之，王固不能行也。”

注　释

①**苏秦**：东周洛阳（今河南洛阳东）人，字季子，战国时期纵横家。**连横**：一种军事策略，东西为横，南北为纵。以西方秦国为主，联合东方（太行山以东）的个别国家攻击其他国家。**说**：游说，劝说别人听从自己的主张。②**巴**：今重庆地区。**蜀**：今四川境地。**汉中**：郡名，在今湖北西部以及陕西西南一带。③**胡貉、代马**：指今山西北部、内蒙古南部一带游牧民族所生产的兽皮、马匹等畜牧产品。④**巫山**：今重庆巫山东部。**黔中**：今贵州东北地区以及湖南的西部地区。⑤**肴**：山名，即崤山，在今河南洛宁北。**函**：即函谷关，在今河南灵宝。⑥**殷富**：人口繁多，生活富裕。⑦**奋击**：指代奋勇作战的士兵。⑧**文章**：这里指法令。⑨**使民**：动员或驱使民众。⑩**补遂**：古代的国家名。⑪**涿鹿**：山名，位于今天的河北涿鹿县西。⑫**驩兜**：此人尧时曾与共工相互勾结，后来被舜流放。⑬**三苗**：古代的部落名。⑭**共工**：官名，主

● 神农

要管理水利。⑮**有夏**：夏朝。⑯**崇**：崇侯虎，商朝人，曾助纣王肆虐天下。⑰**车毂击驰**：车轴相互撞击，指出使人数颇多。⑱**伟服**：奇异的衣服，此处代指儒者。⑲**厉兵**：磨砺兵器。厉，通“砺”。⑳**徒处**：无所作为。㉑**诎**：屈服、折服。㉒**元元**：百姓。㉓**臣**：用如动词，使……称臣。㉔**嗣主**：后继的国君，指三皇五帝以后的国君。㉕**皆惛于教**：不明教化。惛，糊涂。

译　文

苏秦起初用“连横”去游说秦惠王道：“大王的国家，西面有巴、蜀、汉中的有利条件，北面有胡地的貉裘、代地的良马可供取用，南面有巫山、黔中险要的地形，东面有崤山、函谷关坚固的地势。田土肥沃，百姓殷实富足。拥有战车万辆、奋勇作战的武士百万，良田沃土广达千里，粮食财物储备丰富，地理形势便于攻守。这就是人们所说的天然的府库，天下的强国啊！凭着大王的贤明，百姓的众多，战车骑兵的精良，军事训练的得法，完全能够兼并诸侯，统一天下，成为统治天下的帝王。希望大王稍稍注意，让我来陈说实现这一大业的方略吧！”秦惠王说：“我听说：羽毛长得不丰满的鸟儿，不能够高飞；礼乐法度不完备的时候，不能够施行惩罚；道德不高尚的人，不能够役使百姓；政治教化不清明的情况下，不能够烦劳大臣。现在先生郑重其事地不远千里来到朝廷上指教我，我希望在以后的日子领教吧。”

● 苏秦衣锦还乡

苏秦说：“我本来就料想大王是不会听我说的。从前神农氏讨伐补遂，黄帝在涿鹿一战擒杀蚩尤，唐尧讨伐驩兜，虞舜讨伐三苗，夏禹讨伐共工，商汤讨伐夏桀，周文王讨伐崇侯虎，周武王讨伐商纣，齐桓公用战争手段称霸天下。照这样看来，哪里有不用战争就能实现大业的呢？古时候使者来往频繁，车毂互相撞击，彼此声言结为友好，普天之下连成一体；后来相约合纵或连横，于是兵甲不能收藏不用。文士们竞相巧饰游说，使得诸侯昏乱迷惑，种种事端同时发生，不能够一一妥善处理。法令条规虽已具备，百姓仍多虚伪奸恶。文书政令又多又乱，搞得百姓不得安宁。君臣上下互相愁怨，百姓生活没有依靠。道理讲得明白清楚，战争更加频繁发生。文士们言辞巧辩服饰奇伟，战争更加无止无休。称引繁杂言辞华美，天下更加不得太平。说的人舌头磨破，听的人耳朵听聋，办事仍然没有成效。彼此约定共守信义，各国更加不能和睦亲善。于是只得弃文用武，用优厚的待遇供养和训练敢死之士，制备甲骨，磨砺兵器，依靠武力在战场上取胜。待着不动就可得到利益，安闲地坐着便能扩大领土，即使古代五帝、三王、五霸等贤明的君主，也常希望达到这样的效果，但实际上是办不到的，所以才用战争手段来实现它。两军对垒时就互相远攻，短兵相接时就持杖戟刺杀，然后才能建立大功。所以军队在国外取得胜利，君主在国内施政合理，这样就能在上面树立君主的权威，百姓在下面也就信服顺从了。如今想要兼并天下，压倒大国，折服敌国，控制海内，统治百姓，使诸侯都来称臣，非用武力不可。现在那些继位的君主，忽略了这个最重要的道理，都不明于教化，不明于治道，被花言巧语所迷惑，沉溺于诡辩浮辞中而不能自拔。照这样说来，大王就必然不能行使霸事了。”

原　文

说秦王书十上而说不行，黑貂之裘弊，黄金百斤尽，资用乏绝，去秦而归。羸縢履蹻（qiāo）[1]，负书担橐（tuó）[2]，形容枯槁，面目犁黑，状有归色[3]。归至家，妻不下纴，嫂不为炊，父母不与言。苏秦喟叹曰：“妻不以为夫，嫂不以我为叔，父母不以我为子，是皆秦之罪也！”乃夜发书，陈箧数十，得《太公阴符》之谋[4]，伏而诵之，简练以为《揣》、《摩》。读书欲睡，引锥自刺其股，血流至足。曰：“安有说人主不能出其金玉锦绣、取卿相之尊者乎？”期年《揣》、《摩》成，曰：“此真可以说当世之君矣。”

于是乃摩燕乌集阙[5]，见说赵王于华屋之下[6]，抵掌而谈，赵王大悦，封为武安君，受相印。革车百乘，绵绣千纯，白璧百双，黄金万镒[7]，以随其后，约从散横，以抑强秦。故苏秦相于赵而关不通。当此之时，天下之大，万民之众，王侯之威，谋臣之权，皆欲之决苏秦之策。不费斗粮，未烦一兵，未战一士，未绝一弦，未折一矢，诸侯相亲，贤于兄弟。夫贤人在而天下服，一人用而天下从。故曰：“式于政[8]，不式于勇；式于廊庙之内，不式于四境之外。”

当秦之隆，黄金万镒为用，转毂连骑，炫煌于道，山东之国从风而服，使赵大重。且夫苏秦特穷巷掘门[9]，桑户棬枢之士耳[10]。伏轼撙衔[11]，横历天下，廷说诸侯之王[12]，杜左右之口，天下莫之能伉。

将说楚王，路过洛阳。父母闻之，清宫除道，张乐设饮，郊迎三十里；妻侧目而视[13]，倾耳而听；嫂蛇行匍伏，四拜自跪谢。苏秦曰："嫂何前倨而后卑也？"嫂曰："以季子之位尊而多金[14]。"苏秦曰："嗟乎！贫穷则父母不子[15]，富贵则亲戚畏惧。人生世上，势位富贵，盖可忽乎哉[16]！"

注　释

①**羸**：通"缧"，包扎缠绕。**縢**：绑腿布。**履**：指鞋。此处作动词，脚上穿鞋。**蹻**：即草鞋。②**橐**：口袋。③**归**：通"愧"，羞愧。④**《太公阴符》**：太公，指姜太公尚，善用兵，周国的开国功臣，封地于齐。《太公阴符》，相传为太公所作兵法权术之书。⑤**摩**：切近，顺着。**燕乌集阙**：关塞名。⑥**赵王**：赵肃侯。⑦**镒**：古代的重量单位，一镒相当于二十两。⑧**式**：指决定。⑨**特**：只是，不过是。⑩**棬枢**：用树条圈起做门枢。⑪**伏轼撙衔**：指乘车骑马，言苏秦现在之显贵。轼，车前的横木；撙，控制，约束；衔，马勒口。⑫**廷说**：在朝廷上劝说。⑬**侧目而视**：指不敢正目而视。⑭**季子**：苏秦的字，也有人认为是对小叔子的尊称。⑮**不子**：不把他当儿子。⑯**盖可忽乎哉**：怎么可以忽视呢？盖，同"盍"，何、怎么。

译　文

苏秦劝说秦惠王的奏章先后十次呈上，但始终没被采纳。他穿的黑貂皮衣破烂了，随身携带的百斤黄金花光了，极其缺乏资金费用，只得离开秦国回家。他腿缠裹布，脚穿草鞋，背着书籍，挑着行李，形容憔悴，面目犁黑，一副神色惭愧的模样。他回到家里，正在织布的妻子并不停机迎接，嫂子不为他烧火做饭，父母也不同他讲话。苏秦不禁喟然叹息道："妻子不把我当作丈夫，嫂子不把我认作叔叔，父母也不把我当作儿子看待，这都是我苏秦自己的罪过啊！"于是到了夜里便拿出藏书，摆列了书箱数十口，从中找到了姜太公专讲谋略的《太公阴符》一书，埋头苦读，挑选研读精要，仔细推敲，领会精神。读到困倦极了想要睡觉的时候，他就拿起锥子来刺自己的大腿，以致鲜血一直流到了脚上。他自言自语地说："哪里有游说君主而不能取得金玉锦绣、谋得卿相尊位的呢？”这样过了一年，苏秦刻苦钻研，用心推敲，终于学成，他说：“这下子真能用来说服当代的君主了！”

苏秦于是动身，经过燕乌集阙，在华丽的宫室谒见赵王，并向赵王侃侃陈说；谈得高兴时侧手击掌，气氛极为欢洽。赵王听了心中大喜，便封苏秦为武安君，授予相印。并且赏赐他兵车百辆，锦缎千匹，白璧百双，黄金万镒，让他用来游说各国，约定“合纵”，解散“连横”，联合起来共同抑制强暴的秦国。所以苏秦在赵国做了相，六国便与秦国断绝往来，秦兵也不能出入函谷关。在这个时候，那么大的天下，那么多的百姓，那么威风的王侯，那么有权有势的谋臣，都要取决于苏秦的策谋。苏秦没有花费一斗粮食，没有烦劳一兵一卒，没有让一个战士去打仗，没有断过一根弓弦，没有损失一支箭头，就使得六国相亲相爱，胜过亲生兄弟。这就说明，只要贤人在位，天下就归服，只要任用了一个贤人，天下就顺从。所以说：“要把力量用在政治上，不要用在战争上；要在朝廷内部解决问题，不要到国境外面去动用武力。”当苏秦飞黄腾达的时候，黄金万镒供他使用；每当游说外出，随从车马接连不断，一路之上声威显赫，崤山以东各国像随风倒伏的草那样顺从，这就使赵国的威望大大提高了。况且苏秦只不过是一个住在穷巷里边，在墙壁上挖洞做门，用桑木做门扇，用弯木做门轴的寒士罢了，如今他伏倚在车轼上，手拉着马勒，耀武扬威地横行天下，去到各国朝廷游说君王，堵塞了列国君王身边大臣、谋士们的嘴巴，天下没有谁能和他抗衡。

苏秦将去游说楚王，路过洛阳老家。他的父母听说了这一消息，赶紧打扫房屋，修治道路，施奏音乐，布置酒席，带领全家到三十里外去迎接他。他的妻子不敢正眼看他，只得偷偷地瞧着他的脸色，毕恭毕敬地听他讲话。他的嫂子趴在地上像蛇那样爬行，跪在苏秦面前拜了四拜，连连道歉。苏秦问她道：“嫂子，你为什么先前那样傲慢，现在却这样谦卑呢？”他的嫂子回答道：“因为您现在的地位又高，金子又多啊！”苏秦听了不禁长叹道：“唉！一个人当他贫穷的时候，连父母也不把他当作儿子看待，可是一旦富贵起来，就连亲戚也对他感到害怕。由此说来，人活在世上，对于权势、地位和富贵，怎么能够忽视呢？”

张仪说秦王

原文

张仪说秦王曰：“臣闻之，‘弗知而言为不智，知而不言为不忠。’

为人臣不忠当死，言不审亦当死。虽然，臣愿悉言所闻，大王裁其罪[1]。臣闻，‘天下阴燕阳魏，连荆固齐[2]，收余韩成从，将西面以与秦为难。’臣窃笑之。世有‘三亡’，而天下得之，其此之谓乎！臣闻之曰：‘以乱攻治者亡，以邪攻正者亡，以逆攻顺者亡。’今天下之府库不盈[3]，囷(qūn)仓空虚[4]，悉其士民，张军数百万[5]，白刃在前，斧质在后，而皆去走不能死，非其百姓不能死也，其上不能故也。言赏则不与，言罚则不行，赏、罚不行，故民不死也。

“今秦出号令，而行赏、罚，有功无功相事也。出其父母怀衽之中，生未尝见寇也。闻战顿足徒裼(xī)[6]，犯白刃，蹈煨(wēi)炭[7]，断死于前者比是也。夫断死与断生也不同，而民为之者是贵奋也。一可以胜十，十可以胜百，百可以胜千，千可以胜万，万可以胜天下矣。

“今秦地形断长续短，方数千里，名师数百万。秦之号令赏罚，地形利害，天下莫如也，以此与天下，天下不足兼而有也。是知秦战未尝不胜，攻未尝不取，所当未尝不破也。开地数千里，此甚大功也。然而甲兵顿，士民病[8]，蓄积索[9]，田畴荒[10]，囷仓虚，四邻诸侯不服，伯王之名不成[11]，此无异故，谋臣皆不尽其忠也。

注　释

①**裁**：判定。姚本：“裁，制也。”②**荆**：楚国。③**府库**：藏聚财货之处叫府，藏留兵器之处叫库。④**囷仓**：收藏粮谷的地方。圆者称囷，方者称仓。⑤**张**：陈列，布置。⑥**顿足徒裼**：停止步伐，脱下衣服。顿，停顿。裼，脱掉上衣。⑦**蹈煨炭**：赤着脚踩踏煨炭。煨，热灰。⑧**病**：困苦。姚本：“病，困也。”⑨**索**：犹“尽”，耗尽。⑩**田畴**：土地。鲍本：“畴，耕治之田。”⑪**伯王**：霸王。

译　文

张仪游说秦王道：“我曾听说：‘不清楚事情的来龙去脉就发表意见是不明智的，清楚地了解事情却不肯说是不忠诚的。’身为臣子对君主不能忠诚相待就应当死，说却有所隐瞒也应该死。尽管这样，我仍想把我听说的全部说出来，请大王裁决定夺其罪过。我听说：'天下北方的燕与南方的魏，又在联盟楚国，联合齐国，收罗韩国的残剩之势，结成合纵之约，打算在西南方向与秦国相对抗。'我曾暗地里偷笑。世间亡国的情况有三种，而终究会有人来收拾残局，说的应该就是如今的世道！我听说：'混乱的国家攻打治理有序的国家，必然会灭亡；邪恶的国家进攻正义的国家，必然遭受败亡；违背天理的国家攻打顺应天道的国家，必将灭亡。'现在天下诸侯储藏的财货兵器都不充足，囤积的米粮也很缺乏，他们把所有的百姓征集起来，组成百万之师，虽然前面有白刃刀锋，后面有利斧，仍然败退逃跑，不愿拼死抗战。百姓不肯拼死抗战，是由于上层人士不拼杀。扬言奖赏却不施行，说处罚却不实施，所以百姓才不愿意为国家拼死抗战。

"现在秦国号令分明，实行赏罚制度，按照具体的情况分析有功无功。在离开父母怀抱的时候，从来未曾见过敌寇。听说作战就停止步伐，脱下衣服，对着敌人的刀锋白刃，赤脚踩踏煨炭，几乎全部决心死于战场。决定要战死还是逃生是很不相同的，但百姓仍然愿意为秦而战死，这是把奋战至死的精神看得很重的缘故。一人能够战胜十人，十人就能够战胜百人，百人就能够战胜千人，千人就能够战胜万人，万人就可以战胜整个天下。

"现在的秦国，如果把地形截长补短的话，土地方圆就有数千里，骁勇的军队就有几百万人。秦国号令赏罚分明，地形险要有利，普天之下没有能比得上的，凭借这些优势来与天下诸侯争霸，即使是整个天下也不够秦吞并。从这些就可以看出，秦国一定是战就不可能不胜，攻就不可能不攻取，抵挡抗敌就不可能被击破。开拓国土数千里，这将是很大的功业。但是现在秦国军队疲劳困顿，百姓穷苦，积蓄也已经全部用完，田园荒废了，粮仓空虚，周围的诸侯也都没有臣服，霸主的声名没能建立，出现这种奇怪的事情没有其他原因，是因为我们秦国的谋臣未能完全效忠的原因。

原文

"臣敢言往昔。昔者，齐南破荆[1]，中破宋，西服秦[2]，北破燕[3]，中使韩、魏之君，地广而兵强，战胜攻取，诏令天下，济清河浊足以为限，长城钜坊足以为塞。齐五战之国也，一战不胜而无齐。故由此观之，夫战者万乘之存亡也。

"且臣闻之曰：'削柱掘根，无与祸邻，祸乃不存。'秦与荆人战，大破荆，袭郢，取洞庭、五都、江南。荆王亡奔走，东伏于陈。当

是之时，随荆以兵，则荆可举。举荆则其民足贪也，地足利也。东以弱齐、燕，中陵三晋。然则是一举而伯王之名可成也，四邻诸侯可朝也，而谋臣不为，引军而退，与荆人和，令荆人收亡国，聚散民，立社主，置宗庙，令帅天下西面以与秦为难，此固已无伯王之道一矣。天下有比志而军华下，大王以诈破之，兵至梁郭，围梁数旬，则梁可拔，拔则魏可举，举魏则荆、赵之志绝，荆、赵之志绝则赵危，赵危而荆孤，东以弱齐、燕，中陵三晋。然则是一举而伯王之名可成也，四邻诸侯可朝也；而谋臣不为，引军而退，与魏氏和，令魏氏收亡国，聚散民，立社主，置宗庙，此固已无伯王之道二矣。**前者穰侯之治秦也，用一国之兵，而欲以成两国之功。是故兵终身暴灵于外，士民潞病于内，伯王之名不成，此固已无伯王之**道三矣。

注　释

①**破荆**：指公元前301年，齐联合韩、魏伐楚，斩楚将唐昧。②**服秦**：指公元前298年至前287年，齐与韩、魏联合攻秦，秦求和，退还了以前所占的韩、魏土地。③**破燕**：指公元前314年，齐国击破燕国。

译　文

“请让我谈论一下往昔。以前，齐国在南面攻破了楚国，在中部打败了宋国，在西面降服了秦国，在北面又战胜了燕国，在中部地区又役使韩王和魏王。国土宽广，军队强大，战必胜攻必克，天下为其所号令，清澈的济水与浑浊的黄河是其天然屏障，长城是它坚固的防守。齐，连续战胜五次，只战败一次就灭了。由这件事可以看出，作战决定万乘之国的存亡。

“并且臣还听说：‘砍伐树木要除根，免得祸及相邻的树木，祸患就不会存在了。’以前秦与楚交战，秦大败楚，占领了郢城，夺取了洞庭、五都、江南。楚王逃亡，东走躲藏在陈。当时，继续攻打楚国，便能攻取全部楚地。占领了楚国，那里的百姓就足够我们驱使，那里的物产就足够我们使用。东可强于齐、燕，中可以凌驾三晋，如此一来就可以一举而完成建立霸王之业，令天下诸侯臣服于秦。但是谋臣却没有这样做，反而率军撤兵并与楚议和，如今楚国已收复故土，聚集了四处离散的百姓，立下社稷之主，建立起宗庙，号令统率天下诸侯在西面和秦国抗衡，这样秦国第一次失去建立霸业之机。后来天下诸侯联合起来，兵临华阳城下，大王您采用诈术击破了他们，一直逼近到魏国都城大梁之外。如果继续围困大梁几十天，便可攻取大梁。一旦占领大梁，就可以吞下整个魏国；吞并了魏国，楚赵联盟之约也就破了；楚赵联盟一旦散了，赵国就会很危险了；赵危险了，楚国就会孤立。如此一来，秦国在东面就可强于齐、燕，在中部可以凌驾三晋。这样的话也就能够一举建立霸王之业了，天下诸侯都前来朝拜。但是谋臣却不这样做，反而率军撤退，和魏国议和，使得魏国收复故土，聚集了四处离散的百姓，立下社稷之主，建立起宗庙，这样秦国第二次失去了建立霸业之机。前不久穰侯担任相国，治理秦国，他想用秦国一国的兵力建立两国才能建立的功业。因此军队整日在外承受日晒雨淋之苦，百姓在境内疲敝劳苦，却始终不能建立霸业，这样秦国第三次失去了建立霸业之机。

原　文

“赵氏，中央之国也，杂民之所居也[1]，其民轻而难用[2]，号令不治，赏罚不信，地形不便[3]，上非能尽其民力，彼固亡国之形也，而不忧民氓，悉其士民，军于长平之下[4]，以争韩之上党[5]。大王以诈破之，拔武安。当是时，赵氏上下不相亲也，贵贱不相信[6]。然则是邯郸不守，拔邯郸，完河间，引军而去，西攻修武，逾羊肠，降代、上党。代三十六县，上党十七县，不用一领甲，不苦一民，皆秦之有也。代、上党不战而已为秦矣，东阳、河外不战而已反为齐矣，中呼池以北不战而已为燕矣。然则是举赵则韩必亡，韩亡则荆、魏不能独立，荆、魏不能独立，则是一举而坏韩、蠹(dù)魏[7]、挟荆，以东弱齐、燕，决白马之口以流魏氏。一举而三晋亡，从者败。大王拱手以须，天下遍随而伏，伯王之名可成也。而谋臣不为，引军而退，与赵氏为和。

“以大王之明，秦兵之强，伯王之业地，尊不可得，乃取欺于

亡国，是谋臣之拙也。且夫赵当亡不亡，秦当伯不伯，天下固量秦之谋臣一矣。乃复悉卒攻邯郸[8]，不能拔也，弃甲兵怒，战栗而却[9]，天下固量秦力二矣。军乃引退，并于李下[10]，大王又并军而致与战，非能厚胜之也，又交罢却，天下固量秦力三矣。内者量吾谋臣，外者极吾兵力。由是观之，臣以天下之从岂其难矣？内者吾甲兵顿，士民病，蓄积索，田畴荒，囷仓虚；外者天下比志甚固。愿大王有以虑之也。

"且臣闻之：'战战栗栗，日慎一日，苟慎其道，天下可有也。'何以知其然也？昔者，纣为天子，帅天下将甲百万，左饮于淇谷[11]，右饮于洹水，淇水竭，而洹水不流，以与周武为难。武王将素甲三千，领战一日，破纣之国，禽其身，据其地，而有其民，天下莫不伤。智伯帅三国之众，以攻赵襄主于晋阳，决水灌之，三年，城且拔矣。襄主错龟、数策占兆[12]，以视利害：何国可降？而使张孟谈。于是潜行而出，反智伯之约，得两国之众，以攻智伯之国，禽其身，以成襄子之功。今秦地断长续短，方数千里，名师数百万。秦国号令赏罚，地形利害，天下莫如也。以此与天下，天下可兼而有也。

"臣昧死望见大王，言所以举破天下之从，举赵亡韩，臣荆、魏，亲齐、燕，以成伯王之名，朝四邻诸侯之道。大王试听其说，一举而天下之从不破，赵不举，韩不亡，荆、魏不臣，齐、燕不亲，伯王之名不成，四邻诸侯不朝，大王斩臣以徇于国，以主为谋不忠者。"

注释

①**杂民**：赵国为四通之国，国内杂居各国人民，故曰杂民。②**轻**：软弱轻浮，不坚强。③**不便**：不便于攻守，因赵都邯郸四面没有高山大河。④**长平**：地名，位于今山西高平以西。⑤**争韩之上党**：白起进攻韩国上党，郡守投奔赵国，白起就又去攻打赵国。⑥**贵贱**：分别代指地位尊贵和低下的人。⑦**蠹**：原指虫子，这里是毁坏之意。⑧**攻邯**

郸：秦后来又攻打邯郸城，被魏国所败。邯郸，今河北的邯郸。⑨**却**：指退却。⑩**李下**：地名，位于今河南温县。⑪**淇谷**：位于现在的河南淇县。⑫**错龟**：古人认为预知事之如何，可以灼钻龟壳，看壳上裂纹，即可知吉区祸福。错，钻。**数策**：古时一种占卦方法。按一定的方式计算蓍草的茎数，把所得的奇数作为阳，偶数作为阴，排列成卦，以预测吉凶。策，蓍。

译　文

“赵国位于各诸侯国的中间地带，是百姓混杂之地，人民轻浮难以管理，使得国家的号令无法执行，赏罚缺乏信用，而且地形也不利于防守，国君不能完全发挥人民的潜力，那实在是灭亡之国的形势了，并且还不体恤百姓，几乎征集了全国所有的百姓，到长平作战，和韩国争夺上党之地。秦王您以诈术战胜赵国，攻占了武安。那个时候赵国君臣上下不能同心协力，贵人与贫贱彼此缺乏信任，这样邯郸就没有坚固的防守。如果我们秦军夺取邯郸，军队在河间得以休整，之后再统率秦军，到西面进攻修武，穿过羊肠这个险塞，降服代和上党。代有三十六个县，上党有十七个县，不需要一副盔甲，不劳费一兵一卒，这些就全归秦国了。代和上党不用作战就成了秦国的土地，东阳、河外不用打仗也将反归齐国，中呼池以北地区不用战争也将成为燕国之地。既然这样，赵国被完全攻占之后，韩国也必将灭亡，而韩灭亡之后，楚、魏两国就无法独立；楚、魏两国无法独立，这样就可以一举攻占韩国、损伤魏国，挟持韩国击破楚国，然后往东使齐、燕两国被削弱，再把白马津的河口挖开让流水淹没魏国。这样一个举措就能使三晋灭亡，合纵联盟终将失败。大王您只需拱手相待，天下诸侯会连续不断地来跪拜，霸王之名也就建立了。但是谋臣却不这样做，反而率军退兵，同赵国议和了。

“凭借大王您的贤明，秦军的强盛，霸王的功业，没能得到尊贵的地位，而且还被行将就灭的其他诸侯国欺凌，这都是因为谋臣的笨拙啊。赵国该灭亡却没有灭亡，秦国该称霸而没能称霸，天下都已经看清了秦国的谋略之臣，这是第一点。秦国曾经集结全国之兵力攻打邯郸，不但未能夺取，反而被赵国打得丢盔弃甲，兵士又怒又怕，战战兢兢地退却，天下人已经清楚地看到了秦军的力量，这是第二点。我军于是相率退却，在李下聚集，大王又再次整编军队，极力继续作战，这不可能取得大胜，于是再次罢兵退却，天下人再次清楚地看到了秦军的实力，这是第三点。对于秦国内部看透了谋臣，对于秦国的外部看透了秦军。这样看来，我认为对付天下诸侯的合纵岂不是更难了吗？我们秦国国内兵士疲敝，百姓困顿，积蓄已用尽，田地也荒芜了，粮库已空；秦国外部诸侯联合，十分坚固，希望大王能多多考虑它！

“我还听说：‘非常惶恐的话，一天会比一天更谨慎。假若谨慎得法，全天下都可以拥有。’凭什么知道是这个样子的呢？古代，纣为天子，统率天下百万之师，左边的军队还在淇谷这个地方饮马的时候，右边的军队就已经在洹水喝水了，淇水的水都被饮马用完了，洹水也被喝完了而不再流淌，用这么庞大的军队去跟周武王交战。武王却只将领了三千身着简单甲胄的兵士，只用了一天，就攻占了纣王的国都，得到了纣王身体，占据了殷商的土地，拥有了殷商的臣民，但是天下却没有为之悲伤。以前智伯率领三国的军队，去到晋阳进攻赵襄子，智伯挖开河堤想要用水淹它，三年之后，晋阳城即将被攻下。赵襄子用错龟、数策的方法进行占卜，预测吉凶：哪个国家被降服？并派遣张孟谈偷偷出城，破坏智伯和韩、魏两国的约定，得到了韩、魏两国的兵众，来攻打智伯，终于俘虏了智伯，实现了赵襄主的功业。现在秦国土地截长补短的话，方圆数千里，有名望的军队数百万，而且号令严明、赏罚分明，再加上险要的地形，没有哪个诸侯能比得上的。凭借这些优势，而与诸侯争雄，整个天下都可以吞并占有。

“臣冒着死罪的危险想要见到大王，谈论破坏天下合纵战略，灭赵亡韩，使楚、魏称臣于秦，联合齐、燕两国，从而建立霸业，使诸侯都来朝贡的方法。恳请大王暂且听从我的谋略，如果一举无法瓦解天下合纵，破赵灭韩，让魏、楚称臣，齐、燕联合的话，不能建立霸业，使诸侯朝贡，大王您可以砍下我的头在全国游行示众，可以把我当作为君主谋划却不能完全尽忠的臣子。”

司马错与张仪争论于秦惠王前

原　文

司马错与张仪争论于秦惠王前[1]。司马错欲伐蜀，张仪曰：“不如伐韩。”王曰：“请闻其说[2]。”

对曰：“亲魏善楚，下兵三川[3]，塞轘(huán)辕(yuán)、缑(gōu)氏之口[4]，当屯留之道[5]，魏绝南阳[6]，楚临南郑[7]，秦攻新城、宜阳[8]，以临二周之郊，诛周主之罪，侵楚、魏之地。周自知不

● 周伯鼎

救，九鼎宝器必出[9]。据九鼎，桉图籍，挟天子以令天下[10]，天下莫敢不听，此王业也。今夫蜀，西辟之国，而戎狄之长也，弊兵劳众不足以成名；得其地不足以为利。臣闻'争名者于朝，争利者于市[11]。'今三川、周室天下之市朝也，而王不争焉，顾争于戎狄，去王业远矣。"

● 周和鼎

司马错曰："不然，臣闻之，'欲富国者，务广其地[12]；欲强兵者[13]，务富其民[14]；欲王者[15]，务博其德。三资者备，而王随之矣。'今王之地小民贫，故臣愿从事于易。夫蜀，西辟之国也，而戎之长也，而有桀、纣之乱；以秦攻之，譬如使豺狼逐群羊也。取其地，足以广国也；得其财，足以富民；缮兵不伤众，而彼已服矣。故拔一国，而天下不以为暴；利尽西海[16]，诸侯不以为贪。是我一举而名实两附[17]，而又有禁暴正乱之名。今攻韩，劫天子[18]。劫天子，恶名也，而未必利也，又有不义之名，而攻天下之所不欲，危。臣请谒其故[19]。周，天下之宗室也；齐，韩、周之与国也。周自知失九鼎，韩自知亡三川，则必将二国并力合谋，以因于齐、赵，而求解乎楚、魏。以鼎与楚，以地与魏，王不能禁。此臣所谓'危'，不如伐蜀之完也。"惠王曰："善！寡人听子。"

卒起兵伐蜀，十月取之，遂定蜀。蜀主更号为侯，而使陈庄相蜀[20]。蜀既属秦，秦益强富厚，轻诸侯。

注　释

①**司马错**：秦国之臣。**张仪**：原本为魏国人，后为秦臣，纵横家的典型代表。②**说**：此指说法、主张。③**三川**：韩国地名，该地有黄河、洛水、伊水三条河流，故曰"三

川”。④**镮辕、缑氏**：山名，两地均有重要的军事地理意义。镮辕，位于今河南巩义西南。缑氏，位于今河南偃师南。⑤**当**：通“挡”。**屯留**：为韩地之名，在今山西西南部。⑥**绝**：断绝。⑦**南郑**：韩国都城，在今河南新郑以西。⑧**新城、宜阳**：均为韩地之名，分别在今河南伊川西南和宜阳西北。⑨**九鼎**：传国之宝，周室政权的象征。⑩**挟**：挟制，控制。⑪**市**：市场，贸易场所。⑫**务**：一定，务必。⑬**强**：用如动词，使……强。⑭**富**：用如动词，使……富。⑮**王**：用如动词，称王，统治天下。⑯**西海**：指蜀国。⑰**名实**：意思是指不贪不暴的名利与获得蜀国之地之财的实利。⑱**劫**：威迫，胁迫。⑲**谒**：说明，陈述。⑳**陈庄**：秦国之臣，公元前 314 年拜为蜀相。

译　文

司马错与纵横家张仪在秦惠王面前争论。司马错想要攻打蜀国，张仪却说：“不如攻打韩国。”秦惠王说：“请让我听听你的建议。”

张仪说：“秦王您先跟魏国与楚国假装亲善，然后出兵韩郡三川，堵住镮辕和缑氏这两个军事要地的通口，挡住韩地屯留的要道，再使魏国切断南阳的路，楚国兵临南郑，我们秦国再出兵进攻新城、宜阳两地，然后直接兵临东周与西周的城外，征讨惩罚二周的罪过，最后侵吞楚、魏之地。周王明白自己无法求救，必然会把九鼎宝器献出。拥有了九鼎之后，就可以按照地图户籍，挟持周天子并以其名义号令天下，天下又有哪个敢不听我们秦国的命令呢？这才是所谓的霸王之业。蜀国，只不过是西面边远之地，戎狄为首领的国家，我们攻打蜀国，使兵士疲敝，百姓劳苦，也不能得到霸业之名；即使夺取了那里的土地，也算不得什么利益。我经常听人说：‘争夺名誉的人要在朝廷上，争夺利益的人要在市场上。’现在的三川和周室就是天下的朝廷和市场，秦王您不去争夺，反而去争夺戎、狄这些野蛮的国家，这距离称霸天下的大业实在太遥远了。”

司马错说：“不是这个样子的，我曾经听说：‘想要使国家富强，就必须先扩大其领地；想要使军队强大，就必须先使百姓富足；想要称霸天下，就一定要先广泛宣扬道德。做到了这三件事情以后，随后就将为天下之王。’如今秦王您土地少，百姓又穷困，因此我想要从容易的地方开始。蜀正是这样的一个偏僻之国，戎狄之首领，并且有如夏桀、商纣当政时的混乱；我们秦国攻打蜀国，将会像狼群追逐羊群一样简单。占领了蜀国的土地，足以使秦国版图扩大；获得蜀国的财物，足以使百姓富足；不用伤害百姓就可以使之臣服。所以虽然灭了蜀国，但是天下之人却不会认为秦王暴虐；秦即使将蜀国抢劫一空，天下诸侯也不会认为秦贪婪。我们这样一举两得，甚至还能获得除去暴虐、安定百姓的美名。如果我们今天攻打韩国，挟持天子。挟持天子，这是一个大恶名，而且也未必能从中获利，还要背负不义的恶名，攻打诸侯都不愿意攻打的国家，实在是很危险。我请求陈述危险原因。周，是天下所有诸侯国的王室，齐又是韩与周的友好之邦。一旦周知道自己要失掉九鼎，而韩知道自己要失去三川，两国必定会合力谋划，联络齐、赵去疏通以解楚、魏之围，把九鼎献给楚，把土地送给魏，这些秦王您是禁止不了的。这就是为什么臣会说这样‘危险’，不如伐蜀的万全之策。”秦惠王说：“好！寡人听从你的意见。”

秦终于出兵攻打蜀，十个月就占领了蜀国。蜀主的名号改为侯，秦又令臣子陈庄担任蜀的相国。蜀归属秦国，秦国便越发地强盛繁荣，越发地轻视天下诸侯。

张仪之残樗里疾

原　文

张仪之残樗里疾也[1]，重而使之楚[2]，因令楚王为之请相于秦。张子谓秦王曰：“重樗里疾而使之者，将以为国交也。今身在楚，楚王因为请相于秦。臣闻其言曰：‘王欲穷仪于秦乎[3]？臣请助王[4]。’楚王以为然[5]，故为请相也。今王诚听之[6]，彼必以国事楚王。”秦王大怒，樗里疾出走。

注　释

①**残**：陷害。②**重**：重用。③**穷**：困厄，困窘。④**请**：请允许我。⑤**然**：这样。⑥**诚**：诚然、果真。

译　文

张仪想要陷害樗里疾，便先提升他的官职，然后派他前去出使楚国，同时又让楚王向秦国请求让樗里疾担任相国。张仪对秦王说道：“之所以提高樗里疾的官职，派他前去出使楚国，正是为了两国的友好邦交关系。如今樗里疾身在楚国，楚王向秦国请求让他去担任相国。我听到他对楚王这么说：‘大王您想让张仪在秦国得不到重用吗？请允许我为您效劳。’楚王同意了他这么做，因此就向秦国请求让他去担任相国。如今如果大王您真的听从楚王的请求，他必将会向楚王出卖秦国。”秦王听后大为生气，樗里疾只得从楚国逃走了。

张仪又恶陈轸于秦王

原 文

张仪又恶陈轸于秦王曰："轸驰楚、秦之间，今楚不加善秦而善轸，然则是轸自为而不为国也。且轸欲去秦而之楚[1]，王何不听乎[2]？"

王谓陈轸曰："吾闻子欲去秦而之楚，信乎？"陈轸曰："然。"王曰："仪之言果信也。"曰："非独仪知之也，行道之人皆知之。"曰："孝己爱其亲[3]，天下欲以为子；子胥忠乎其君[4]，天下欲以为臣。卖仆妾售乎闾巷者良仆妾也[5]；出妇嫁乡曲者[6]，良妇也。吾不忠于君，楚亦何以轸为忠乎？忠且见弃，吾不之楚，何适乎[7]？"秦王曰："善。"乃必之也。

● 伍子胥

注 释

①**之楚**：前往楚国。之，用如动词，前往，去到。②**听**：察，考核，调查。③**孝己**：殷王高宗武丁之子。④**子胥**：即伍子胥，楚国人，楚大夫伍奢之次子。因父伍奢直谏被杀，他逃亡吴国，帮助吴王阖闾夺取王位，因功受封于申，又称申胥。终因直谏吴王夫差，渐被疏远，直至吴王赐剑命其自杀而死。⑤**闾巷**：犹里巷，此指邻里。⑥**出妇**：被遗弃的妻子。**乡曲**：乡里，乡下。⑦**适**：往，去到。

译 文

张仪又说陈轸的坏话，他对秦王说："陈轸奔走于楚、秦之间，可现在楚国并不见得对秦国更加友好，却对陈轸友好。如此看来，陈轸全是为了自己，而不是为了秦国。而且陈轸打算离开秦国到楚国去，大王您却为什么不注意审查呢？"

秦惠王便对陈轸说："我听说您想离开秦国到楚国去，是真的吗？"陈轸说："是真的。"秦王说："那张仪的话是真的喽！"陈轸说："这事不单是张仪知道，过路的人也都知道。从前，殷高宗之子孝己疼爱自己的后母，天下人都希望孝己做自己的儿子；吴国大夫伍子胥对自己君王尽忠，天下君王都希望伍子胥做自己的大臣。出卖仆妾，如果卖给邻里，因为邻里都了解她善良，这才是好仆妾；嫁女人，如果嫁给乡里，因为乡里都了解她善良，这才是好女人。我如果不忠于君王，楚王又怎么会要我做他的大臣呢？一片忠心，尚且被遗弃，我不到楚国去，又到哪里去呢？”惠王说：“好！”于是就挽留了陈轸。

陈轸去楚之秦

原文

陈轸去楚之秦。张仪谓秦王曰：“陈轸为王臣，常以国情输楚[1]。仪不能与从事，愿王逐之。即复之楚[2]，愿王杀之。”王曰：“轸安敢之楚也！”

王召陈轸告之曰：“吾能听子言，子欲何之？请为子约车[3]。”对曰：“臣愿之楚。”王曰：“仪以子为之楚，吾又自知子之楚。子非楚，且安之也[4]？”轸曰：“臣出，必故之楚，以顺王与仪之策[5]，而明臣之楚与不也[6]。楚人有两妻者，人誂其长者[7]，长者詈之[8]；誂其少者，少者许之。居无几何，有两妻者死。客谓誂者曰：‘汝取长者乎？少者乎？’‘取长者。’客曰：‘长者詈汝，少者和汝，汝何为取长者？’曰：‘居彼人之所，则欲其许我也；今为我妻，则欲其为我詈人也。’今楚王明主也，而昭阳贤相也[9]。轸为人臣，而常以国输楚王，王必不留臣，昭阳将不与臣从事矣。以此明臣之楚与不。”

轸出张仪入，问王曰：“陈轸果安之？”王曰：“夫轸天下之辩士也，孰视寡人曰[10]：‘轸必之楚。’寡人遂无奈何也。寡人因问曰：‘子必之楚也，则仪之言果信矣。’轸曰：‘非独仪之言也，行道之

人皆知之。昔者，子胥忠其君，天下皆欲以为臣；孝己爱其亲，天下皆欲以为子。故卖仆妾不出里巷而取者，良仆妾也；出妇嫁于乡里者，善妇也。臣不忠于王，楚何以轸为？忠尚见弃，轸不之楚，而何之乎？'"王以为然，遂善待之。

注　释

①**输：**送，在此指告诉。②**即：**倘若。③**约：**预备。④**且：**将。⑤**顺：**指顺从，顺应。⑥**明：**表明，证明。**不：**即"否"。⑦**誂：**通"挑"，挑逗。⑧**詈：**骂人。⑨**昭阳：**人名，楚国的重臣。⑩**孰视：**指仔细地看。

译　文

陈轸离开楚国到了秦国。张仪对秦惠王说："陈轸身为大王的臣下，却常常把秦国的内情暗中传报楚国。我张仪不能同他共事，希望大王把他赶走；假使他又到楚国去，希望大王把他杀掉。"秦惠王回答道："陈轸怎么敢到楚国去呢？"

秦惠王召见陈轸，告诉他说："我能够听您所说，您想到哪里去，请让我为您准备车辆。"陈轸回答道："我愿意到楚国去。"秦惠王说："张仪认为您要到楚国去，我自己也知道您要到楚国去。您不到楚国，还能到哪里去呢？"陈轸说："我出去后，一定要到楚国去，这样来顺从大王与张仪的算计，也可用来证明我与楚国的关系究竟如何。有一个楚国人娶了两房妻室，有人去挑逗勾引那年长的一位，那年长的一位给了他一顿臭骂；他又去挑逗勾引那年轻的一位，那年轻的一位答应了他。过了不久，那个娶两房妻室的楚国人死去了。有人问那位曾经去挑逗勾引的人说：'你娶那年长的呢？还是娶那年轻的呢？'回答说：'娶那年长的。'又问：'那年长的臭骂过你，那年轻的答应过你，你为什么要娶那年长的呢？'回答说：'她以前住在人家那儿，我就想要她答应我，现在成了我的妻子，我就想要她去为我臭骂别人了。'当今楚王是一个英明的君主，而昭阳又是楚国的贤明的丞相。我陈轸身为人臣，却常常把本国的内情去暗中传报给楚国，要真是这样的话，楚王一定不会留我，昭阳也一定不会和我共事了。用这个就可以证明我与楚国的关系究竟如何。"

陈轸辞出后，张仪入见，问秦惠王道："陈轸确实想到哪里去？"秦惠王说："陈轸是天下有名的辩士，他仔细看着我说：'我陈轸定要到楚国去。'我于是无可奈何，因而问他道：'您一定要到楚国去，那么张仪所说的话就果然是确实的了。'陈轸说：'不只是张仪这样说，就连路上的行人都知道。从前伍子胥忠于他的国君，天下所有的国君都想要他做自己的臣下；孝己敬爱他的双亲，天下所有的父母都想要他做自己的儿子。所以被出卖的奴婢凡是不出里巷就卖掉了的，那一定是好奴婢；被离弃的女人凡是嫁在本乡本里的，那一定是好女人。如果我对大王不忠诚，楚国还用我陈轸干什么？对大王这样忠诚尚且被抛弃，我陈轸不到楚国去，还到哪里去呢？'”秦惠王认为陈轸说得对，于是就很好地对待他了。

卷四　秦策二

齐助楚攻秦

原　文

齐助楚攻秦，取曲沃[1]。其后，秦欲伐齐，齐、楚之交善[2]，惠王患之，谓张仪曰："吾欲伐齐，齐、楚方欢，子为寡人虑之[3]，奈何？"张仪曰："王其为臣约车并币[4]，臣请试之。"

张仪南见楚王，曰："弊邑之王所说甚者无大大王[5]，唯仪之所甚愿为臣者亦无大大王；弊邑之王所甚憎者，亦无大齐王，唯仪之甚憎者亦无大齐王。今齐王之罪，其于弊邑之王甚厚。弊邑欲伐之，而大国与之欢，是以弊邑之王不得事王，而仪不得为臣也。大王苟能闭关绝齐，臣请使秦王献商、於之地，方六百里。若此，齐必弱，齐弱则必为王役矣。则是北弱齐，西德于秦，而私商、於之地以为利也，则此一计而三利俱至。"

楚王大说，宣言之于朝廷，曰："不谷得商、於之田，方六百里。"群臣闻见者毕贺。陈轸后见，独不贺。楚王曰："不谷不烦一兵，不伤一人，而得商、於之地六百里，寡人自以为智矣。诸士大夫皆贺，子独不贺，何也？"陈轸对曰："臣见商於之地不可得，而患必至也，故不敢妄贺。"王曰："何也？"对曰："夫秦所以重王者，以王有齐也。今地未可得，而齐先绝，是楚孤也，秦又何重孤国？

且先出地绝齐，秦计必弗为也；先绝齐后责地[6]，且必受欺于张仪。受欺于张仪，王必惋之。是西生秦患，北绝齐交，则两国兵必至矣。”楚王不听，曰：“吾事善矣，子其弭口无言[7]，以待吾事。”楚王使人绝齐。使者未来，又重绝之。

张仪反，秦使人使齐。齐、秦之交阴合[8]。楚因使一将军受地于秦。张仪至，称病不朝。楚王曰：“张子以寡人不绝于齐乎？”乃使勇士往詈齐王。张仪知楚绝齐也，乃出见使者曰：“从某至某广从六里[9]。”使者曰：“臣闻六百里，不闻六里。”仪曰：“仪固以小人，安得六百里？”

使者反报楚王，楚王大怒，欲兴师伐秦。陈轸曰：“臣可以言乎？”王曰：“可矣。”轸曰：“伐秦非计也。王不如因而赂之一名都。与之伐齐，是我亡于秦，而取偿于齐也。楚国不尚全乎？王今已绝齐，而责欺于秦，是吾合齐、秦之交也，固必大伤。”楚王不听，遂举兵伐秦。秦与齐合，韩氏从之，楚兵大败于杜陵[10]。故楚之土壤士民非削弱[11]，仅以救亡者，计失于陈轸，过听于张仪。

注　释

①**曲沃**：地名，在今河南三门峡曲沃镇。②**交善**：与……友善。③**虑**：思考，谋划。④**其**：委婉的语气词。⑤**说**：通“悦”，即喜悦、喜爱之意。**大**：大于，超过。⑥**责**：通“债”，此指要债、索取。⑦**弭口**：闭上嘴巴。⑧**阴合**：指暗地里结盟。⑨**广从**：宽与长，即方圆之意。⑩**杜陵**：当为“伎陵”之误，楚国之地，位于今陕西旬阳一带。⑪**非**：在此指不但、不仅。

译　文

齐国帮助楚国去攻打秦国，夺取了秦国的曲沃。这以后，秦国想要攻打齐国，可是齐国与楚国的邦交亲善，秦惠王对此心怀忧虑，对张仪说：“我想要攻打齐国，可是齐、楚两国正相好，您为我筹划一下，怎么样？”张仪说：“请大王为我准备好车马和礼物，让我去试试看。”

张仪到南方去见楚怀王，对他说道：“敝国的君王所最敬爱的人，没有能超过大王的了；即使我张仪所最愿意给他做臣下的，也没有能超过大王的了。敝国的君王所最憎恶的没有超过齐王的了；即使我张仪所最憎恶的，也没有超过齐王的了。现在齐王的罪恶，对于敝国的君王来说是很重的，敝国想要讨伐它，可是贵国与他正相好，因此敝国的君王不能侍奉大王的命令，我张仪也不能来做大王的臣下了。大王如果能够封闭关口，与齐国断绝关系，那么，我将请秦王献上商、於这块土地，面积达六百里。如果这样，齐国一定会衰弱；齐国衰弱了就一定会听命于大王了。这就是在北面削弱了齐国，在西面对秦国施了恩惠，而大王又独自获得了商、於这块地方的利益。那么，用这一个计策，三项利益都到手了。”

楚怀王非常高兴，公开在朝廷上宣告说：“我得到了商、於这块土地，方圆达六百里。”众臣下听到这个消息来朝见的，全都向他表示庆贺。陈轸后来朝见，只有他不庆贺。楚怀王说：“我没有动用一个兵，没有死伤一个人，就得到了商、於这块六百里的地方，我自认为是聪明的了。群臣百官都表示庆贺，只有您不庆贺，为什么呢？”陈轸回答说：“依我看，商、於这块地方不能够得到，灾祸却一定会到来，所以不敢胡乱道贺。”楚怀王说：“为什么呢？”陈轸回答道：“秦国之所以看重大王，是因为大王有齐国作为盟友啊。现在土地未必能够得到却先与齐国断绝了关系，这是楚国自陷孤立啊，秦国又怎么会看重一个孤立的国家呢？况且，如果让秦国先交出土地，然后楚国再与齐国断绝关系，估计秦国一定不会这样干。如果先与齐国断绝关系，然后再要求秦国交出土地，那一定会被张仪所欺骗。被张仪欺骗了，大王一定会悔恨的。这样一来，西面引出了秦国的祸患，北面又断绝了与齐国的友好邦交，那么，秦、齐两国的军队一定会打到楚国来了。”楚怀王不听陈轸的劝告，说：“我这件事做得很好，请您闭上嘴巴别说了吧，等着看我取得成功。”楚怀王于是派人去与齐国断绝邦交。使者还没有回来，他又派人去宣布与齐国断交。

张仪从楚国返回秦国，秦国便派人出使齐国，齐国与秦国暗中结成了友好邦交。这时楚国就派了一位将军到秦国去接受赠地。张仪回到秦国后，假说有病，不去上朝。楚怀王说：“张子大概认为我不与齐国断绝邦交吧？”于是又派了勇士去大骂齐王。张仪知道楚国确实已经与齐国断交了，这才出来接见楚国的使者，说道：“从某处到某处，纵横六里。”使者说：“我听说是六百里，没有听说是六里。”张仪说：“我张仪本来就是一个小人，怎么能有六百里呢？”

使者回来报告了楚怀王，楚怀王勃然大怒，想要出兵攻打秦国。陈轸说：“我可以讲话了吗？”楚怀王说：“可以讲了。”陈轸说：“攻打秦国不是一个好主意。大王还不如乘机赠送秦国一个有名的都城，然后同秦国一道去攻打齐国。这样，我们对秦国来说是失去了一个都城，但却从齐国取得了补偿，楚国不还是完好无失的吗？大王现在已经与齐国断绝了邦交，又去向秦国追究欺骗的罪责。这好比是我们去促使齐、秦二国联盟，楚国一定会受到重大损伤。”楚怀王不听陈轸的劝告，于是出兵去攻打秦国。秦国与齐国联合行动，韩国也跟着他们出兵，楚国的军队在杜陵被打得大败。所以当时楚国的土地并没有被分割，人民的力量也并不弱小，可是仅仅能使国家不灭亡罢了，这个原因就是由于没有采用陈轸的正确计谋，却错误地听取了张仪的诡计。

楚绝齐齐举兵伐楚

原 文

楚绝齐，齐举兵伐楚。陈轸谓楚王曰：“王不如以地东解于齐，西讲于秦[1]。”楚王使陈轸之秦。秦王谓轸曰：“子秦人也，寡人与子故也[2]。寡人不佞(nìng)[3]，不能亲国事也，故子弃寡人事楚王[4]。今齐、楚相伐，或谓救之便，或谓救之不便，子独不可以忠为子主计，以其余为寡人乎？”陈轸曰：“王独不闻吴人之游楚者乎？楚王甚爱之，病，故使人问之曰：‘诚病乎？意亦思乎？’左右曰：‘臣不知其思与不思，诚思则将吴吟[5]。’今轸将为王‘吴吟’。王不闻夫管与之说乎？有两虎争人而斗者，管庄子将刺之[6]，管

● 卞庄刺虎

与止之曰：'虎者，戾虫[7]；人者甘饵也。今两虎争人而斗，小者必死，大者必伤，子待伤虎而刺之，则是一举而兼两虎也。无刺一虎之劳，而有刺两虎之名。'齐、楚今战，战必败。败，王起兵救之，有救齐之利，而无伐楚之害。计听知覆逆者[8]，唯王可也。计者，事之本也；听者，存亡之机也。计失而听过，能有国者寡也。故曰：'计有一二者难悖也，听无失本末者难惑[9]。'"

注　释

①**讲**：和解。②**故**：故交。③**不佞**：没有才能，自谦之辞。佞，才智。④**弃**：离开。⑤**吴吟**：即吴歌。⑥**管庄子**：又名卞庄子。⑦**戾**：贪暴。⑧**计听知覆逆**：计听，听取计谋。覆逆，事情未出现称为"覆"，事情已经完结称作"逆"。⑨**惑**：乱，迷乱。

译　文

楚国与齐国绝交，齐国出兵攻打楚国。陈轸对楚怀王说："大王不如用割让领土的做法来谋求东面与齐国和解，西面与秦国交好。"楚怀王于是派陈轸到秦国去。秦惠文王对陈轸说："您曾经是秦国的人，我和您是有老交情的。我没有才能，不能治理好国事，所以您离开了我去侍奉楚王。现在齐国与楚国互相攻打，有人说援救齐国有利，又有人说援救齐国不利。您难道不能够在为您的君主效忠献计之余，也为我出一点儿主意吗？"陈轸说："大王难道没有听说过那位在楚国做官的吴国人的事吗？楚王很喜爱他。他病了，楚王特地派人去慰问他，并且交代道：'你看他是真病呢，还是心中想家呢？'楚王身边的人回答道：'我们不知道他想不想家，如果真想家，那他就将作吴声歌吟。'现在也让我为大王作'吴声歌吟'吧。大王没有听说过管与的言论吗？有两只老虎为了争抢一个人吃而拼死搏斗，管庄子要去刺杀它们。管与阻止他说：'老虎，是凶猛的野兽；人肉，是老虎的美好食物。现在那两只老虎为了争夺一个人而拼死搏斗，弱小的一只一定会被咬死，强大的一只也一定会被咬伤。你等那强大的一只也被咬伤之后再去刺杀它，这就是一次举动就同时得到两只老虎啊。你没有付出刺杀一只老虎的劳力，却有了刺杀两只老虎的美名。'齐国与楚国现正交战，双方必有一败，到那时，大王再发兵救援齐国，这就会得到救援齐国的利益，而不会受到攻打楚国的危害。能够深谋远虑并善于听取计谋的人，即使要称王，也是可以的。出谋划策，是事业成功的根本；善于听取计谋，是国家存亡的关键。如果放弃了正确的计谋而听取错误的策略，还能保全国家的，那就太少了！所以说：‘善于深思熟虑采纳正确谋略的就很少犯错误，听取计策能够分清主次的就不容易受迷惑。’”

医扁鹊见秦武王

原　文

医扁鹊见秦武王[1]，武王示之病[2]，扁鹊请除[3]。左右曰：“君之病，在耳之前，目之下，除之未必已也，将使耳不聪，目不明。”君以告扁鹊。扁鹊怒而投其石[4]：“君与知之者谋之，而与不知者败之。使此知秦国之政也[5]，则君一举而亡国矣。”

注　释

①**扁鹊**：战国时名医，姓秦名越人，勃海郡（今河北任丘）人。学医于长桑君，医疗经验丰富，擅长各科，反对巫术治病。入秦后，太医令李醯（xī）自知不如，派人将他刺死。②**示**：告诉。③**除**：去掉，此可引申为医治。④**石**：石针，古人用以扎皮肉治病。⑤**此**：如此。

译　文

名医扁鹊进见秦武王，武王告诉他自己的病情，扁鹊请求为武王医治。武王左右的人说：“大王的病在耳朵的前面、眼睛的下面，治疗不一定能根除，还会使耳不聪、目不明。”武王把左右人说的话告诉了扁鹊，扁鹊愤怒地扔掉石针，说：“大王和懂行的人谋划，却又和不懂行的人共同败坏它。由此可知秦国的国政了，那么大王如用此法治国，一举就可以使国家覆灭了。”

秦武王谓甘茂

原　文

秦武王谓甘茂曰[1]：“寡人欲车通三川以窥周室[2]，而寡人死不朽乎。”甘茂对曰：“请之魏，约伐韩。”王令向寿辅行[3]。

甘茂至魏，谓向寿："子归告王曰：'魏听臣矣，然愿王勿攻也。'事成尽以为子功。"向寿归以告王。王迎甘茂于息壤[4]。

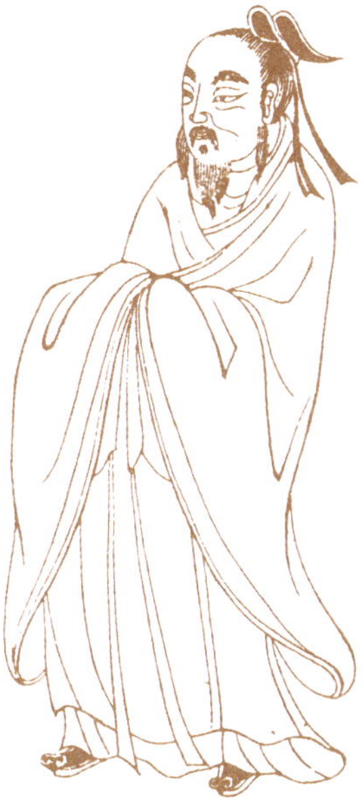

● 曾参

甘茂至，王问其故，对曰："宜阳大县也，上党、南阳积之久矣，名为县，其实郡也。今王倍数险[5]，行千里而攻之，难矣。臣闻张仪西并巴、蜀之地[6]，北取西河之外，南取上庸[7]，天下不以为多张仪，而贤先王。魏文侯令乐羊将，攻中山[8]，三年而拔之。乐羊反而语功。文侯示之谤书一箧，乐羊再拜稽首曰：'此非臣之功，主君之力也。'今臣羁旅之臣也，樗里疾、公孙衍二人者，挟韩而议，王必听之。是王欺魏，而臣受公仲侈之怨也。昔者，曾子处费(bì)[9]，费人有与曾子同名族者而杀人。人告曾子母曰：'曾参杀人。'曾子之母曰：'吾子不杀人。'织自若。有顷焉，人又曰：'曾参杀人。'其母尚织自若也。顷之，一人又告之曰：'曾参杀人。'其母惧，投杼逾墙而走。夫以曾参之贤与母之信也，而三人疑之，则慈母不能信也。今臣之贤不及曾子，而王之信臣又未若曾子之母也。疑臣者不适三人，臣恐王为臣之投杼也。"王曰："寡人不听也，请与子盟。"于是与之盟于息壤。

果攻宜阳，五月而不能拔也。樗里疾、公孙衍二人在，谗争于王[10]。

王将听之[11]，召甘茂而告之。甘茂对曰："息壤在彼。"王曰："有之。"因悉起兵，复使甘茂攻之，遂拔宜阳。

注　释

①**甘茂**：楚人，后为秦将，此时官至左丞相。②**三川**：为韩国地名。**窥**：小视，窃视。③**向寿**：秦臣，为武王的亲信之人。④**息壤**：秦国地名。⑤**倍**：同“背”，犹“犯”。⑥**并**：兼并，吞并。⑦**上庸**：楚地，在今湖北竹山县西南。⑧**中山**：原本为一个小国，后被魏国所灭。⑨**曾子**：孔子的学生，名参。**费**：同“鄪”。地名，位于今山东费县的西北方向。⑩**谗争于王**：在武王面前进谗言。⑪**听**：从，听从。

译　文

秦武王对左丞相甘茂说：“我想取道韩地三川去窥探周王室，这样的话即使我死了也将不朽。”甘茂说：“我请求到魏国去，与魏建立盟约一起讨伐韩国。”于是，秦武王就让向寿辅助甘茂出使魏国。

甘茂到了魏国以后，对向寿说：“你回秦国对武王说：‘魏国已经听从了我的计策，但是希望秦王先不要攻打韩国。’事成之后这些功劳都将归于你。”向寿返回秦国并把这些话告诉了武王。武王便在息壤迎候甘茂回来。

甘茂到了息壤之后，秦武王问他不让秦国攻打韩国的原因是什么。甘茂说：“宜阳是个大县，上党和南阳两地的财物已经在宜阳积聚了很久了，它名虽是县，实际却是郡啊。如今大王要经过重重险关，走上千里的路去攻打韩国，很难啊！我听说张仪在西面兼并了巴、蜀这两个地方，北面又夺取了西河以外的土地，南面占领了上庸，天下的诸侯们并不会认为是张仪的功劳，而是觉得这是因为先王贤明。魏文侯任命乐羊为将，攻打中山，用了三年终于夺取了。乐羊领兵回到魏国就炫耀自己的功勋。魏文侯就拿出一箱的奏折，乐羊赶紧跪下拜了又拜说：‘这并不是我的功勋，而完全是大王您的功绩啊！’如今我只是一个寄居的臣子而已，樗里疾、公孙衍这两个人如果挟持韩国来议和，大王您肯定会听从他们的。这样的话大王您就会得到‘欺魏’的恶名，我也会受到公仲侈的怨恨。古时曾子在费这个地方，一个与曾子同姓同名的费地人杀了人。有人就对曾母说：‘曾参杀人了。’曾母说：‘我儿子是不会杀人的。’曾母照旧织布。一会儿就又有人说：‘曾参杀人了。’曾母接着照样织布。不久又有人告诉她说：‘曾参杀人了。’曾母就有些害怕了，扔掉梭子就翻墙逃走了。曾参这么有贤德，曾母这么信任儿子，当第三个人来告诉她的时候，曾母也不能再相信他了。如今我贤能不能和曾参相比，大王也不能像曾母信任曾参一样相信我，并且猜疑我的人也远远不止三个，我担心大王您会扔掉梭子逃跑。”秦武王说：“我不会听从于别人，我希望与你建立盟约。”这样秦武王就和甘茂在息壤立下了约定。

后来果然进攻宜阳，五个月了还没能夺取。樗里疾和公孙衍两个人就在武王面前进谗言。

武王快要听信了，召甘茂回秦国告诉甘茂。甘茂就对秦王说道："息壤还在那里啊！"武王也说："是的。"因此秦王又召集所有兵力，又让甘茂攻打宜阳，终于夺取宜阳。

秦王谓甘茂

原　文

秦王谓甘茂曰："楚客来使者多健[1]，与寡人争辞，寡人数穷焉，为之奈何？"甘茂对曰："王勿患也[2]，其健者来使，则王勿听其事，其需弱者来使[3]，则王必听之。然则需弱者用，而健者不用矣，王因而制之[4]。"

注　释

①**健**：善辩。②**患**：忧虑。③**需弱**：即懦弱。需，同"懦"。④**制**：控制，驾驭。

译　文

秦王对臣子甘茂说："楚国派遣来秦国的使臣个个都很善于辩论啊，他们常常和我争辩，使我陷入困境。我该如何才好呢？"甘茂回答说："大王您不要忧心，如果楚国善辩的使者来到我们秦国的话，您别听取他们的；软弱的使者来秦的话，您一定要听取他们的。如此楚国就会使用弱者，而善辩的使者就不再被采用，这样秦王您就可以应对制服他们了。"

甘茂亡秦且之齐

原　文

甘茂亡秦[1]，且之齐，出关遇苏子[2]，曰："君闻夫江上之处女乎[3]？"苏子曰："不闻。"曰："夫江上之处女，有家贫而无烛者，处女相与语，欲去之[4]。家贫无烛者将去矣，谓处女曰：'妾以无烛，

故常先至，扫室布席。何爱余明之照四壁者？幸以赐妾，何妨于处女？妾自以有益于处女，何为去我？’处女相与语以为然，而留之。今臣不肖，弃逐于秦而出关，愿为足下扫室布席，幸无我逐也。”苏子曰：“善。请重公于齐。”

乃西说秦王曰：“甘茂贤人，非恒士也；其居秦，累世重矣。自殽塞、谿谷[5]，地形险易，尽知之。彼若以齐约韩、魏，反以谋秦，是非秦之利也。”秦王曰：“然则奈何？”苏代曰：“不如重其贽[6]、厚其禄以迎之。彼来，则置之槐谷，终身勿出，天下何从图秦？”秦王曰：“善。”与之上卿，以相印迎之齐。甘茂辞不往。苏代伪谓王曰：“甘茂贤人也，今秦与之上卿，以相印迎之；茂德王之赐[7]，故不往，愿为王臣。今王何以礼之？王若不留，必不德王。彼以甘茂之贤，得擅用强秦之众，则难图也。”齐王曰：“善。”赐之上卿命而处之[8]。

注　释

①**甘茂亡秦：**甘茂原为秦国的重臣，官至相国，为向寿、公孙衍等人所谗，故自秦出亡。②**关：**指函谷关。**苏子：**纵横家苏秦之弟苏代。③**处女：**未嫁人的女子。④**去：**遣，使离去。⑤**谿谷：**位于今天的陕西三原县西部一带。⑥**贽：**聘礼。⑦**德王之赐：**感激齐王的恩赐。德，恩，感恩。⑧**命而处之：**使他住在齐国。处，居住。

译　文

甘茂从秦国出逃将要去齐国，过了函谷关之后碰到苏代，就对苏代说：“您有没有听过那个江上还没嫁人的女子的事情？”苏代说：“未曾听过。”甘茂又说：“在江上的未婚女子当中，有一个贫穷得连蜡烛都没有的女子。其他的江上女子就互相商量想把那个贫穷的没有蜡烛的女子赶走。这个贫穷的没有蜡烛的女子打算离开了，就对其他的女子说：‘我因为没有蜡烛，常常比你们早到，打扫屋室铺设席子。你们为什么非要吝惜照在四周墙壁上的一点点余光啊？如果有幸能够赐予我一点的话，又能对你们有什么妨碍呢？我自己觉得还是有益于你们的，何必一定把我赶走呢？’那些女子就又商议，觉得是这样，她就留下了。如今我不才，被秦丢弃而出函谷关，我愿意为阁下您打扫屋舍铺设席子，希望我能有幸不被赶走。”苏代说：“好，我会请求齐王使齐国重用您。”

于是苏代便西行拜见秦王说道：“甘茂很有贤能，并非普通的人，受到秦国几代君王的重用。从殽塞到谿谷，对于秦国地形的险要平易，他都很清楚。如果他经由齐国与韩国、魏国建立盟约的话，这对秦国来说可不是什么好事。”秦王说：“这样的话该怎么办呢？”苏代就说：“您不如备上厚礼，以丰厚的俸禄迎接甘茂回来。他来了之后您就在槐谷软禁他，终身都不得外出，诸侯还能从哪里图谋秦国呢？”秦王说：“很好。”于是秦王就许给甘茂上卿的高职，派相国到齐国去迎接他。甘茂却拒绝了没有前往。苏代就又去齐国游说齐王说道：“甘茂非常有贤德，如今秦国又许给他上卿这样的高职，让相国来迎接他。但是甘茂承蒙大王您的恩赐，而没有去秦国，依然想要做大王您的大臣。如今大王您怎么对待他啊？如果大王您不挽留他的话，他必定不再感激大王。以甘茂这样的贤才，如果再让他掌控了强大的秦国的军队，就很难应付了。”齐王说：“是啊。”于是就授予他上卿的高位，让他待在齐国。

甘茂约秦魏而攻楚

原文

甘茂约秦、魏而攻楚，楚之相秦者屈盖[1]，为楚和于秦。秦启关而听楚使[2]。甘茂谓秦王曰：“怵(chù)于楚[3]，而不使魏制和，楚必曰：‘秦鬻魏[4]。’不悦而合于楚[5]，楚、魏为一，国恐伤矣[6]。王不如使魏制和，魏制和，必悦。王不恶于魏[7]，则‘寄地’必多矣[8]。”

注释

①**屈盖**：楚国人，在秦国任国相。②**启**：开启、打开。**关**：关隘。**听**：听从，接受。③**怵**：诱惑、利诱。④**鬻**：出卖，背叛。⑤**不悦**：不高兴，前面省略了主语魏国。⑥**伤**：创伤，伤害。⑦**不恶于魏**：不被魏国所憎恨。恶，犹憎恶、憎恨。⑧**寄地**：寄放的土地，即将割让给秦国的土地，因具体时间未定，所以称之为“寄地”。

译文

甘茂联合了秦、魏一同攻打楚国，楚国在秦国为相的屈盖主张让楚国来和秦国议和。秦国打开了关隘以接待楚国前来议和的使者。甘茂向秦王说道："如果您接受了楚国的利诱，而不让魏国出面讲议和之事，那样楚国必定将扬言'是秦国出卖了魏国'。魏国肯定会为此而不高兴，于是便会和楚国联合。一旦楚、魏联合在一起，恐怕秦国就得受损害了。大王您不如让魏国出面讲求议和之事，一旦魏国出面讲了议和之事后，它必定会很高兴。大王您也可以不让魏国怨恨于您，那样一来，您的'寄地'必定会很多。"（也就是说，楚、魏两国必定会多多割让土地给秦国）

卷五　秦策三

薛公为魏谓魏冉

原　文

薛公为魏谓魏冉曰[1]："文闻秦王欲以吕礼收齐以济天下[2]，君必轻矣。齐、秦相聚，以临三晋[3]，礼必并相之[4]，是君收齐以重吕礼也。齐免于天下之兵，其仇君必深[5]。君不如劝秦王令弊邑卒攻齐之事[6]，齐破，文请以所得封君。齐破晋强，秦王畏晋之强也，必重君以取晋。齐予晋弊邑，而不能支秦[7]，晋必重君以事秦。是君破齐以为功，操晋以为重也[8]。破齐定封[9]，而秦、晋皆重君；若齐不破，吕礼复用，子必大穷矣[10]。"

注　释

①**薛公：**即田文，也就是孟尝君。**魏冉：**楚国人，秦宣太后之弟，后封穰侯，时为秦相国。②**吕礼：**原为秦将，后因事逃亡齐国为相。秦国想争取齐国，所以有意亲近吕礼。**济：**征服。③**三晋：**原指韩、赵、魏三国。④**并相：**同时担任两国的相国。⑤**仇：**仇视。⑥**弊邑：**自己的封地，谦称。⑦**支：**犹"拒"，抗拒。⑧**操：**把持。⑨**封：**封地。⑩**穷：**政治上的困境称作穷。

译　文

薛公田文为魏国对秦相魏冉游说："我听说秦王想通过任用吕礼而去联合齐国，以便征服天下，这样一来，您的地位必定会被降低。齐、秦联合起来，将会用以威胁赵、魏、韩三国，吕礼必定会同时担任齐、秦两国的相国，这样的话，您就相当于是替吕礼联合了齐国，进而提升了吕礼的地位。如果齐国免于遭受诸侯进攻的话，便更有余力去念及与您的私仇，加深对您的仇恨。您不如劝秦王让我们魏国去施行攻打齐国的事情。如果魏国打败了齐国，我将请求魏王将所得到的齐国的土地全都作为您的封地。如果齐国被魏国打败的话，魏国的国力就会强盛起来，秦王将会为此感到担忧，魏国强盛的话，必定将借重您前去和魏国联合。齐国为了使魏国陷入困境，自身已经疲惫不堪，无法和秦国抗衡，那样的话魏国也必将会借重您去侍奉秦国。这样一来，您既有了打败齐国的功劳，又依凭魏国提升了自己的地位。如果打败齐国的话，您便会有自己的封地，而且秦、魏两国都将看重您；如果没有打败齐国，吕礼在齐国将会被再度重用，而您一定会陷入极大的困境中去呀。”

魏谓魏冉

原　文

魏谓魏冉曰[1]：“公闻东方之语乎[2]？”曰：“弗闻也。”曰：“辛、张仪、毋泽说魏王、薛公、公叔也，曰：‘臣战，载主契国以与王约[3]，必无患矣。若有败之者，臣请挈(qiè)领[4]。然而臣有患也[5]。夫楚王之以其国依冉也，而事臣之主，此臣之甚患也。’今公东而因言于楚，是令张仪之言为禹[6]，而务败公之事也[7]。公不如反公国，德楚而观薛公之为公也；观三国之所求于秦而不能得者，请以号三国以自信也[8]；观张仪与泽之所不能得于薛公者也，而公请之[9]，以自重也[10]。”

注　释

①**魏冉**：楚人，秦宣太后之弟，时为秦相国。②**东方之语**：山东各国的议论。③**主**：木主，这里是指祖宗的牌位，表示决心和诚意。**约**：盟约。④**挈领**：自刎而死。挈，通“断”。领，即“颈”。⑤**臣有患**：即我忧虑秦、楚联合。⑥**禹**：即大禹，意思是说让张仪的预言如同大禹的话语一样灵验。⑦**败公之事**：败坏您联合楚国的事。⑧**自信**：使其相信自己。⑨**请**：代人提出请求。⑩**自重**：使自己得到重视、重用。

译　文

有人替魏国对魏冉说：“您听到山东各国的议论了吗？”魏冉说：“没有听到什么呀。”这个人说：“辛、张仪、毋泽一同游说魏王、薛公、公叔，他们说：‘如果我们和楚国开战，车子载着祖宗的牌位，用来代表本国和大王订立盟约，以后必定不会有什么祸端了。如果打了败仗，我们便会主动要求刎颈自杀。但是，我们还有这么一个顾虑。楚国现在对秦国的魏冉非常信赖，将国家大事都交给他裁断处决，这令我们十分忧虑。’如今您要到楚国去，与他们进行会谈，这岂不正好证明了辛、张仪、毋泽他们的预言如同大禹占卜一样灵验吗？而且很快便将破坏您的大事呀。不如您现在返回到秦国，仍旧和楚国保持友好关系，静观薛公他们将会对您采取什么态度；再观察一下魏、齐、韩三国对秦国究竟还有哪些要求现在还未得以满足，您就让他们全都公开提出来，让他们相信咱们秦国，同时也观察一下张仪、毋泽他们究竟还有哪些要求现在还未从薛公那儿得以满足，您就替他们向薛公提出这些要求，这样的话，您就可以受到人们普遍的尊重。”

范子因王稽入秦

原　文

范子因王稽入秦[1]，献书昭王曰：“臣闻明主莅正[2]，有功者不得不赏，有能者不得不官，劳大者其禄厚，功多者其爵尊，能治众者其官大。故不能者不敢当其职焉，能者亦不得蔽隐。使以臣之言为可，则行而益利其道[3]，若将弗行，则久留臣无为也[4]。

“语曰：‘人主赏所爱而罚所恶；明主则不然，赏必加于有功，刑必断于有罪。’今臣之胸不足以当椹（zhēn）质[5]，要不足以待斧钺，岂敢以疑事尝试于王乎？虽以臣为贱而轻辱臣[6]，独不重任臣者后无反复于王前耶[7]？臣闻周有砥厄，宋有结绿，梁有悬黎，楚有和璞[8]。此四宝者，工之所失也，而为天下名器。然则圣王之所弃者，独不足以厚国家乎？臣闻善厚家者，取之于国；善厚国者，取之于诸侯。天下有明主，则诸侯不得擅厚矣。是何故也？为其割荣也。良医知病人之死生，圣主明于成败之事，利则行之，害则舍之，疑则少尝之，虽尧、舜、禹、汤复生，弗能改已。

● 尧

“语之至者，臣不敢载之于书；其浅者又不足听也。意者臣愚而不阖于王心耶？已其言臣者将贱而不足听耶？非若是也，则臣之志，愿少赐游观之间，望见足下而入之。”

书上，秦王说之[9]，因谢王稽，使人持车召之。

注　释

①**范子：**即范雎，魏国人。**王稽：**秦国的谒者令，为国君掌管传达和接待宾客之官。②**正：**通“政”，执政。③**道：**此指治国之道。④**无为：**没有意义，没有作用。⑤**椹质：**也作“砧质”，指古代杀人用的垫板。⑥**虽：**纵令，即使。⑦**任臣者：**保荐我的人，此指王稽。**反复：**这里有虚伪欺骗的意思。⑧**砥厄、结绿、悬黎、和璞：**都是玉的一种。⑨**说：**通“悦”，高兴，愉悦。

译　文

范雎经由王稽举荐进入秦国，向秦昭王上书进谏道：“我听闻明君在位执政的话，对于建立功勋的人不会不进行奖赏，对于有才能的人不会不给他官做；比较劳苦的人，得到的俸禄就比较深厚，建立功勋多的人，得到的爵位也会比较高；治理民众能力强的人，担任的官职也就会比较大，所以不是真有才能的人就不敢担任职务，而真正有才能的人也绝对不会被埋没。如果您认可我的话，那么按照这个来实行，将会对国家执政更为有利；如果您不使我的话得以实行，那么我在秦国长时间停留也没什么用。

“俗话说：‘普通的君主会对他喜欢的人进行奖赏，而对其憎恶的人进行惩罚。英明的君主却不是如此，奖赏必然会给予有功之臣，惩罚必然会施加于有罪之人。’如今我的胸膛不足以抵挡砧板，腰身也不足以承受斧钺。我哪里敢拿犹疑的主张来让大王进行尝试呢？虽然有人因为我出身卑贱而轻视侮辱我，但是大王您对推荐我的人也不重视吗，难道他会在秦王您面前反反复复吗？我听说周王室拥有砥厄，宋国拥有结绿，梁国拥有悬黎，楚国拥有和氏璧，这四种珍奇的宝玉，虽然工匠们最初都无法辨认，但是后来它们还是成为天下十分有名的宝器。由此观之，难道圣明的君主所舍弃的人，就无法对国家有巨大贡献吗？我曾听闻擅长使家庭富裕的人，要从国家获取；擅长富强国家的人，要从其他诸侯那里获取。如果天下拥有了贤明的君主，诸侯就将无法使自己国家的富强了。这是什么原因呢？因为有凋零的就必然有繁盛的。医术高超的医生能够预测病人的生存与死亡，圣明的君主能够预测事情成功还是失败。做事如果有好处就去实行它，如果有害就舍弃它，如果有疑惑的话就稍稍尝试一下，即使尧、舜、禹、汤能够死而复生，这个道理也不会被改变。

“话语中的极致，我不敢把它书写在信上；话语中粗浅者，又不足以让人听信。可能是由于我比较愚钝，不能使自己的话合乎大王的心意，也可能是由于举荐我的人身份卑贱，不足以使大王听信。倘若不是这样的话，我希望大王能稍稍赐予我一点游览观赏的时间，希望能够拜见大王您入朝。”

谏书呈上之后，秦王十分高兴，于是就向王稽致谢，派人用专车召见范雎入宫。

范雎至秦

原 文

范雎至秦，王庭迎。谓范雎曰：“寡人宜以身受令久矣[1]，今者义渠之事急[2]，寡人日自请太后；今义渠之事已，寡人乃得以身受命。躬窃闵然不敏[3]。”敬执宾主之礼，范雎辞让。是日见范雎，见者无不变色易容者[4]。

秦王屏左右，宫中虚无人。秦王跪(guì)而请曰[5]：“先生何以幸教寡人[6]？”范雎曰：“唯唯。”有间，秦王复请。范雎曰：“唯唯。”若是者三。秦王跽(jì)曰[7]：“先生不幸教寡人乎？”范雎谢曰：“非敢然也。臣闻始时吕尚之遇文王也[8]，身为渔父，而钓于渭阳之滨耳，若是者，交疏也[9]。已[10]，一说而立为太师，载与俱归者，其言深也。故文王果收功于吕尚，卒擅天下，而身立为帝王。即使文王疏吕望而弗与深言，是周无天子之德，而文、武无与成其王也。今臣羁旅

之臣也，交疏于王，而所愿陈者皆匡君之事，处人骨肉之间，愿以陈臣之陋忠，而未知王心也，所以王三问而不对者是也。

注释

①**受令**：接受教诲。②**义渠**：当时西部的一个部落，在今宁夏、陕西、甘肃一带。③**闵**：糊涂不清。④**易容**：改变容颜，即脸色变了。⑤**跪**：古人席地而坐，双膝跪地，坐在脚跟上。⑥**幸**：表尊敬之词。⑦**跽**：与跪相似，也是席地而坐，但是臀部不再坐在脚上，上身直立。⑧**吕尚之遇文王**：即姜子牙曾辅佐周文王伐纣，后辅佐文王之子武王伐商建立周朝。吕尚，姜太公，姜子牙。文王，周文王。⑨**交疏**：交往不密切。疏，疏远。⑩**已**：意同“已而”，犹不久。

译文

魏人范雎来到秦国，秦王亲自在庭院里迎接他。秦王对魏人范雎说：“我想要亲自领受您的赐教已经很久了，只是近日急于处理义渠国的事情，我还要天天亲自向太后请安；此刻义渠国的事情终于处理完了，这才有机会亲自听取您的赐教。我私下深知自己很迷惑、不聪敏。”秦王非常恭敬地为范雎举行宾主之礼仪，范雎推辞谦让。这些日子以来看见范雎的人，没有一个不是脸色改变流露出敬仰之情的。

● 姜太公钓鱼

秦王屏退左右，宫殿内除了他们两个以外再无他人。秦王跪身请求道：“先生您将用什么来赐教于我呢？”范雎只是“是是”这样子回答了两声。片刻之后，秦王又一次地请求赐教，范雎又说“是是”。一连好几次都是这个样子。秦王又上身直立更加恭敬地恳请道：“先生您难道不想赐教于我了吗？”范雎拜谢说：“我并不敢如此。我曾听闻姜太公吕尚遇到周文王之前，只是一个渔夫，当时他只是在渭河边垂钓而已，这两个人交情是如此疏浅。后来吕尚一向文王进言就被封立为太师，与周文王一起乘车归去，这是因为吕尚的话已经深为文王所认可。因此周文王果真因为重用了吕尚而立下了功业，最终统领天下，自己也成了天下的帝王。假若让文王疏离吕尚，吕尚也不会向他进言，这样周朝也不会有天子的圣德了，周文王、周武王也成不了帝王之业。如今我仅仅是一个客居秦国的人而已，与大王交情十分疏浅，但是我想要说的又都是匡正秦王您的朝廷政务的事。我处于秦王您与您的骨肉至亲之间，我原本打算言述我的愚笨的忠诚，但是又不清楚大王的想法怎样，因此秦王您问了我好几次我都未能回答。

原 文

“臣非有所畏而不敢言也，知今日言之于前，而明日伏诛于后，然臣弗敢畏也。大王信行臣之言，死不足以为臣患，亡不足以为臣忧，漆身而为厉，被发而为狂，不足以为臣耻。五帝之圣而死[1]，三王之仁而死[2]，五伯之贤而死[3]，乌获之力而死[4]，贲（bēn）、育之勇焉而死[5]。死者，人之所必不免也。处必然之势，可以少有补于秦，此臣之所大愿也，臣何患乎？

“伍子胥橐载而出昭关，夜行而昼伏，至于蔆水[6]，无以饵其口，坐行蒲服，乞食于吴市，卒兴吴国，阖庐为霸[7]。使臣得进谋如伍子胥，加之以幽囚，终身不复见，是臣说之行也，臣何忧乎？箕子、接舆漆身而为厉[8]，被发而为狂，无益于殷、楚。使臣得同行于箕子、接舆，漆身可以补所贤之王，是臣之大荣也，臣又何耻乎？臣之所恐者，独恐臣死之后，天下见臣尽忠而身蹶也，是以杜口裹

● 伍员剑赠渔父

足莫肯即秦耳。足下上畏太后之严，下惑奸臣之态，居深宫之中，不离保傅之手；终身暗惑，无与照奸，大者宗庙灭覆，小者身以孤危。此臣之所恐耳。若夫穷辱之事、死亡之患，臣弗敢畏也。臣死而秦治，贤于生也。”

秦王跽曰：“先生是何言也！夫秦国僻远，寡人愚不肖，先生乃幸至此，此天以寡人慁先生[9]，而存先王之庙也。寡人得受命于先生，此天所以幸先王而不弃其孤也，先生奈何而言若此？事无大小，上及太后，下至大臣，愿先生悉以教寡人，无疑寡人也。”范雎再拜，秦王亦再拜。

注释

①**五帝**：指在中国历史上早期非常贤明的五位帝王，分别是黄帝、颛顼、帝喾、尧、舜。②**三王**：战国之前的三个朝代（夏、商、周）贤明的帝王，即夏禹、商汤、周文王。③**五伯**：即春秋时期的五位霸主。④**乌获**：秦武王时期的大力士。⑤**贲、育**：非常骁勇的两位勇士，即孟贲和夏育。⑥**蔆水**：即溧水，源出安徽芜湖，经江苏入太湖。⑦**阖庐**：吴国君主，春秋末年在伍子胥的帮助下复兴了吴国。⑧**箕子、接舆**：是指两位狂人。箕子，商纣王的叔父，因为不满纣王的昏庸无道而假装癫狂。接舆，楚国人，也因对当时的政治不满而佯装癫狂。⑨**慁**：劳烦。

译文

“我并非有些害怕才不敢向您进言的，我很清楚我今天在大王您面前进言，也许明日就会被诛杀。但是我并不害怕被诛杀，只要大王您能听信并按照我所说的去做，即使是死我也不会害怕；即使是流放逃亡我也不会忧心；即使满身都长了癞子，成了披头散发的疯子，我也不会觉得耻辱。即使是三皇、五帝、五霸这样的圣贤之人也终究会死亡；即使乌获这样富有力量的人，像孟贲、夏育这样勇敢的人也终究会死亡。死，是每个人都无法避免的，是无法更改的必然趋势。能够稍稍对秦国有所增益，这是我最大的愿望，我还担心什么呢？

“忠义之臣伍子胥是躲在袋子里被人用车拉出昭关逃离出国的，他晚上行路，白天躲起来，到了蔆水，就没有什么吃的了，他双膝跪地爬行，在吴市乞讨，最终吴国得以复兴，帮助吴王阖庐建立了霸主之业。如果能让我像伍子胥一样进谏，即使被囚禁起来，到死都不能再见到大王，只要我的谋略能够得以实行，我又有什么可担心的呢？当初纣王的叔叔箕子，楚国的接舆，漆身为癞，披散着头发佯装癫狂，却始终不能对殷、楚有所裨益。即使让我遭受箕子、接舆的漆身为癞之苦，只要能够对您有所裨益，这就将是我最为荣耀的事情，我又有何羞耻啊？我所忧患的只是，恐怕在我死之后，天下之人看着我因为向大王尽忠而身死，以至于天下之人都闭口裹足不愿来秦国。大王您对上害怕太后的威严，对下又被奸诈臣子的谄媚之态所迷惑，居住在幽深的宫中，不能独立，脱离太保太傅之手，一生都糊糊涂涂，不能分辨奸邪。从大处来说将会使得国家社稷覆灭，从小处来说将会使您自己孤立、危险。这是我最为担心的。而我自身的穷困、耻辱、死与逃亡，这些我都不会畏惧。如果我死了，但是秦国得到了很好的整治，这比让我活着更有意义。”

秦王挺直上身跪着说：“先生为何会说出这种话呢？秦国非常偏远，我又比较愚钝缺乏才能，有幸先生您来到秦国，此乃天意让我劳烦先生赐教，以保存先王的功业。我能得到先生您的赐教，这是上天对先王的恩幸，不丢弃我，先生怎么能够这样说呢？从今以后事情无论大小，上至太后，下及大臣，希望先生您都能予以赐教，一定不要对我有什么怀疑。”范雎于是又一次向秦王拜谢致礼，秦王也又一次地回拜。

原　文

范雎曰：“大王之国，北有甘泉、谷口[1]，南带泾、渭[2]，右陇、蜀，左关、阪[3]，战车千乘，奋击百万，以秦卒之勇，车骑之多，以当诸侯，譬若驰韩卢而逐蹇兔也[4]，霸王之业可致。今反闭关而不敢窥兵于山东者，是穰侯为国谋不忠，而大王之计有所失也。”

王曰：“愿闻所失计。”雎曰：“大王越韩、魏而攻强齐，非计也。少出师则不足以伤齐，多之则害于秦。臣意王之计[5]，欲少出师，而悉韩、魏之兵则不义矣。今见与国之不可亲，越人之国而攻，可乎？疏于计矣。昔者齐人伐楚，战胜，破军杀将，再辟地千里，肤寸之地无得者[6]，岂齐之欲地哉？形弗能有也。诸侯见齐之罢露，君臣之不亲，举兵而伐之，主辱军破，为天下笑。所以然者，以其伐楚而肥韩、魏也。此所谓‘藉贼兵而赍(jī)盗食[7]’者也。王不如远

交而近攻，得寸则王之寸，得尺亦王之尺也。今舍此而远攻，不亦缪乎？且昔者，中山之地，方五百里，赵独擅之，功成、名立、利附，则天下莫能害。今韩、魏中国之处，而天下之枢也。王若欲霸，必亲中国而以为天下枢，以威楚、赵。赵强则楚附[8]，楚强则赵附，楚、赵附则齐必惧，惧，必卑辞重币以事秦，齐附，而韩、魏可虚也。”王曰：“寡人欲亲魏；魏多变之国也，寡人不能亲。请问亲魏奈何？”范睢曰：“卑辞重币以事之，不可；削地而赂之，不可；举兵而伐之。”于是举兵而攻邢丘，邢丘拔，而魏请附。

曰：“秦、韩之地形，相错如绣。秦之有韩，若木之有蠹，人之病心腹。天下有变，为秦害者，莫大于韩，王不如收韩。”王曰：“寡人欲收韩，韩不听，为之奈何？”范睢曰：“举兵而攻荥阳[9]，则成皋之路不通；北斩太行之道，则上党之兵不下。一举而攻荥阳则其国断而为三。韩见必亡，焉得不听？韩听，而霸事可成也。”王曰：“善。”

注　释

①**甘泉、谷口**：甘泉，山名；谷口，又名冶谷。甘泉和谷口分别位于今天的陕西淳化的西北和礼泉的东北方向。②**泾、渭**：水名，即泾水、渭水。③**关**：在此特指函谷关。④**韩卢**：韩国的凶猛之犬。**蹇兔**：跛脚的兔子。⑤**意**：猜测，忖度。⑥**肤寸**：古代两个很小的度量单位。⑦**藉贼兵而赍盗食**：借武器给贼，送粮食给盗。藉，通“借”。兵，兵器。赍，赠送，给予。⑧**附**：依附，附属。⑨**荥阳**：为韩国的地名，位于今天的河南荥阳一带。

译　文

范睢说道：“秦王您的国家，在北面有甘泉山、谷口，南面有泾水和渭水，右边是陇山和蜀这样的多山之地，左边是函谷关、陇阪。有上千辆的战车，奋勇杀敌之兵士百万，凭借秦兵之骁勇，战车兵马之富足，用这些来抵挡诸侯，就好像是用韩国的猛犬追跛脚的兔子一样，霸主之业很容易就可以建立。如今秦王您反而闭国不敢对山东诸国发兵，这是因为穰侯对秦国谋划不够忠诚，大王您也有失当之处。”

秦王说：“我愿意听听我究竟有何失当之处。”范雎回答说：“大王您越过韩国和魏国去出兵攻打强大的齐国，这并非什么妙计。发兵少的话不足以使齐国受到创伤，多的话就会伤害到秦国自己。我揣测大王您的计谋是少发兵，用尽韩国、魏国所有的兵力，这是不合乎道义的。如今就看出这两个盟国并不可靠，穿越他国去攻打齐国，可以吗？用计疏忽啊！以前齐国攻打楚国，战争取得了胜利，攻破敌军，杀了敌国的将领，又开辟了千里的国土，但是最后连一寸土地都没有得到，这难道是因为齐国不想得到土地吗？形势使得它不能得到而已。其他诸侯国见齐军已经十分疲惫了，君主和臣子之间的关系也不好，就发兵攻打齐国，结果国君受到了侮辱，军队也被攻破，天下人都嘲笑它。因为什么呢，齐国讨伐楚国，却让韩国和魏国强大了。这就是‘借武器给贼，送粮食给盗’啊。秦王您不如与较远的国家建立邦交，而攻打相近邻的国家。哪怕只是得到一寸的土地也是秦王您自己的土地，哪怕只是一尺的土地也是秦王您的土地。如今您舍弃这个而去攻打遥远的国家，不是很荒谬吗？并且以往中山这个地方的土地有方圆五百里，唯有赵国一国霸占，功业建成，名声确立，利益相伴，天下诸侯没有谁能损害它。如今韩国和魏国都处于诸侯国的中间地带，是整个天下的枢纽。秦王您想成为霸主的话，就必须对韩、魏这样的处于中间的枢纽之国友善，以此来对楚国和赵国构成威胁。倘若赵国强大的话，楚国就会依附于秦国，如果楚国强大的话，赵国就会依附秦国，一旦楚国、赵国依附于我们秦国，齐国就会畏惧担心。畏惧我们的话，对秦国就会很卑微地说话，送来厚重的礼物以侍奉秦国。到时候如果齐国依附于我们的话，韩国和魏国也就没有实力了。”秦王说：“我原本想亲近魏国，但是魏国又是个经常发生变化的国家，我无法亲近它。如果想要亲近魏国的话，该怎么办啊？”范雎回答说：“对魏国十分卑微地说话，送去重金给它，不可以；割让国土贿赂它，也不行。应该发兵攻打它。”因此秦国就发兵进攻魏国的邢丘之地，邢丘被攻破了，魏国就请求依附于秦国。

范雎对秦王说：“秦国与韩国的地理形势，就像相互交织的刺绣一样。韩国对秦国来说就像树木上有了虫子，人的心腹出了问题一样。天下如果有什么变故的话，没有哪个国家能超过韩国对我们的祸害，大王您不如攻打收服韩国。”秦王说：“我想要收服韩国，但是如果韩国不听从于我，那该拿它怎么办才好啊？”范雎回答说：“发兵攻打韩国的荥阳，这样就会使得成皋的路不能通行；在北面把太行山的道路斩断，上党的军队也就过不来了。这样一个攻打荥阳的举动就会使韩国分成三段。魏国、韩国看到必然会灭亡，又怎么会不听顺于我们呢？一旦韩国听顺于我们了，霸王的功业就可以造就了。”秦王说：“妙。”

应侯谓昭王

原 文

应侯谓昭王曰[1]：“亦闻恒思有神丛与[2]？恒思有悍少年，请与丛博[3]，曰：‘吾胜丛，丛藉我神三日[4]；不胜丛，丛困我。’乃左手为丛投[5]，右手自为投。胜丛。丛藉其神。三日丛往求之，遂弗归。五日而丛枯，七日而丛亡。今国者王之丛，势者王之神，藉人以此，得无危乎？臣未尝闻指大于臂，臂大于股。若有此，则病必甚矣。百人舆瓢而趋[6]，不如一人持而走疾。百人诚舆瓢，瓢必裂。今秦国，华阳用之，穰侯用之，太后用之，王亦用之。不称瓢为器则已，已称瓢为器[7]，国必裂矣。

● 范雎登途遇友

“臣闻之也，‘木实繁者枝必披，枝之披者伤其心，都大者危其国，臣强者危其主。’其令邑中自斗食以上[8]，至尉、内史及王左右[9]，有非相国之人者乎？国无事则已，国有事臣必闻见王独立于庭也。臣窃为王恐，恐万世之后有国者非王之子孙也。

“臣闻古之善为政也，其威内扶，其辅外布，四治政不乱不逆[10]，使者直道而行，不敢为非。今太后使者分裂诸侯，而符布天下，操大国之势，强征兵，

伐诸侯。战胜攻取，利尽归于陶，国之币帛，竭入太后之家，竟内之利，分利华阳。古之所谓危主灭国之道必从此起。三贵竭国以自安[11]，然则令何得从王出，权何得毋分？是我王果处三分之一也。”

注　释

①**应侯**：即范雎。范雎封地在应，故称“应侯”。应，在今河南鲁山县东。②**恒思**：地名。**神**：神祠。**丛**：丛林。③**博**：以赌胜负。④**藉**：通“借”。⑤**投**：掷骰（tóu）子。⑥**舆**：犹“载”。⑦**称**：比作。⑧**斗食**：代指享用很低俸禄的官员。⑨**尉、内史**：均是比较高的职位，分别是管理军队和京城的官员。⑩**四**：一说应为“而”，在此按“而”解。⑪**三贵**：指太后、穰侯、华阳君三人。

译　文

应侯范雎对秦昭王说：“大王您也听说过恒思这个地方的丛林里有个神祠吗？恒思有个非常顽劣的少年，请求与神祠的祠主玩掷骰子。这个少年说：‘我胜了祠主您的话，您就把丛神借给我三天；我要是输了，祠主您可以把我陷于困境。’于是少年就左手替祠主掷骰子，右手给自己掷。后来少年胜了祠主，祠主就把丛神借给了少年三天。三天后，祠主就去向少年索要丛神，少年却不归还。五天后这片丛林就枯萎了，七天后丛林死掉了。现在秦国就是大王您的丛林，权势就是大王您的丛神，把这些借给他人，能没有危险吗？我未曾听说过手指比胳臂还要大，胳臂比大腿还要大的。假若存在这种情况的话，那么国家的弊病就太严重了。上百个人扛着一个瓢急走的话，还不如一个人带着它跑得快。果真是百人背着一个瓢的话，瓢一定会被弄裂。如今的秦国，华阳君掌控着国权，穰侯掌控着国权，太后掌控着国权，大王您也掌控着国权。不把瓢当作容器的话也就算了，如果把瓢当作容器的话，国家肯定会分裂。

“我听说：‘果实太多就会把树枝压折了，树枝压断了就会损伤根本；诸侯扩大了城邑就会危及国家，大臣被过分尊重国君地位就会受到轻视。’现在的秦国下自享用斗食俸禄的小吏，上至国尉、内史乃至大王您的左右侍臣，有不是相国的亲信之人的吗？秦国如果没有什么政治变故的话则算了，如果发生什么变故的话，我必然会听闻看到大王孤立于朝廷。我私下里为大王您担忧，害怕万世之后的秦国将不再是秦王您的子孙在掌权。

“我听说古时善于处理国政的君主，他在国都之内控制着国家的权威，他的辅助之臣分布于国都之外。如此国家的政治就不会混乱和发生叛逆，臣子办事就会按规章来做，不敢违乱法纪。如今太后的使臣，到处分裂天下诸侯。他们的兵符遍布天下，操纵大国的权势，强制性地征集兵士，征讨各个诸侯。战胜攻取了敌国的话，所得到的利益都归入了穰侯的封地陶邑，国家的货币全都送到了太后家里，国家内部的财物都转到了华阳君那里。古人所说的危害君王、灭亡国家的道路一定是由这里来的。这三个权贵挖空了国家，自己却非常安逸，这样的话君王您的号令怎能发出？国权怎么能不被分割？这样我的大王您就处在了三个权贵分割一国的地位了。"

应侯曰郑人谓玉未理者璞

原　文

应侯曰："郑人谓玉未理者璞[1]；周人谓鼠未腊（xī）者朴[2]。周人怀朴[3]，过郑贾曰[4]：'欲买朴乎？'郑贾曰：'欲之。'出其朴视之，乃鼠也。因谢不取[5]。今平原君自以贤，显名于天下，然降其主父沙丘而臣之[6]，天下之王尚犹尊之，是天下之王不如郑贾之智也。眩于名[7]，不知其实也。"

注　释

①**理**：整治，这里是指雕琢。②**腊**：用作动词，晒干。③**怀**：怀里揣着，携带。④**郑贾**：郑国的商人。⑤**谢**：谢绝。⑥**降其主父沙丘**：这里是说使其主父被贬谪流放到沙丘。降，使……贬谪。沙丘，即沙丘台，今河北平乡县东北。⑦**眩**：炫耀，引申为迷惑。

译　文

应侯说："郑国人将尚未雕琢过的玉称之为璞，周国人将尚未晒干的老鼠称之为朴。有个周人怀中揣着朴鼠，从郑国一个商人面前走过，问他道：'想买朴吗？'郑国商人回答说：'想。'周人便将朴鼠掏了出来，郑国商人一看居然是老鼠，便予以谢绝而没有买。现在平原君以贤能自居，名声已扬于天下，然而，也是他将赵主父贬谪驱逐到了沙丘，使君王变成了臣子。可是天下的诸侯依然还尊重平原君，由此可知，天下的诸侯还赶不上郑国的商人有智慧呀，他们是被外在的虚名所迷惑，而看不到事情的真相呀。"

天下之士合从相聚于赵

原 文

天下之士，合从相聚于赵[1]，而欲攻秦。秦相应侯曰："王勿忧也，请令废之[2]。秦于天下之士非有怨也，相聚而攻秦者，以己欲富贵耳。王见大王之狗，卧者卧，起者起，行者行，止者止，毋相与斗者[3]；投之一骨，轻起相牙者[4]，何则？有争意也。"于是唐雎载音乐，予之五千金，居武安[5]，高会相与饮，谓："邯郸人谁来取者？"于是其谋者固未可得予也，其可得与者，与之昆弟矣[6]。

"公与秦计功者[7]，不问金之所之，金尽者功多矣。今令人复载五千金随公。"唐雎行，行至武安，散不能三千金，天下之士，大相与斗矣。

注 释

①**合从**：一种军事策略，东西方向的诸侯建立盟约关系为连横，南北方向的诸侯联盟为合纵。从，通"纵"。②**废**：破坏。③**毋**：不，表示否定。④**轻**：迅速，突然。**牙**：用牙咬，名词用作动词。⑤**武安**：赵国地名，位于今河北邯郸西南。⑥**昆弟**：即兄弟，像兄弟一样相待。⑦**计功**：图谋建立功业。计，计划，图谋。

译 文

天下的士为了实行"合纵"聚会在赵国，想要联合起来攻打秦国。秦国丞相范雎对秦昭王说："大王不必担忧，请立即解散他们。秦国对于天下的士并没有什么仇恨，他们聚会在一起打算攻打秦国，无非因为各自想得到富贵罢了。大王请看看您养的那些狗吧，它们躺的躺，立的立，走的走，停的停，没有互相争斗的；可是抛给它们一根骨头，它们就忽然互相用牙齿咬起来，为什么呢？因为有互相争夺的意图啊。"于是就派唐雎出马，给了他五千金，带着乐队去执行这一使命。唐雎住在武安，大会天下的士，与他们互相饮酒作乐，并且声言，邯郸的人谁要是愿意，请来这儿领取黄金吧。这样一来，那主谋的人固然没能得到结交，但那些能够结交的，就与他们相好如兄弟一般了。

"您与秦国计算功劳，不管黄金用在什么地方，只要是黄金用完了，功劳也就大了。现在派人又载五千金来供您支用。"唐雎出发，到了武安，还没有用去三千金，天下的士就互相大斗起来了。

秦攻邯郸

原文

秦攻邯郸，十七月不下。庄谓王稽曰[1]："君何不赐军吏乎[2]？"王稽曰："吾与王也，不用人言。"庄曰："不然。父之于子也，令有必行者，必不行者。曰'去贵妻，卖爱妾。'此令必行者也，因曰：'毋敢思也。'此令必不行者也。守闾妪曰：'其夕某孺子内某士[3]。'贵妻已去，爱妾已卖，而心不有[4]；欲教之者[5]，人心固有。今君虽幸于王，不过父子之亲；军吏虽贱，不卑于守闾妪。且君擅主轻下之日久矣[6]。闻'三人成虎[7]，十夫揉椎[8]，众口所移，毋翼而飞[9]。'故曰：'不如赐军吏而礼之。'"王稽不听。

军吏穷，果恶王稽、杜挚以反[10]。秦王大怒，而欲兼诛范雎[11]。范雎曰："臣东鄙之贱人也[12]，开罪于魏[13]，遁逃来奔。臣无诸侯之援，亲习之故[14]。王举臣于羁旅之中，使职事[15]，天下皆闻臣之身与王之举也。今遇惑或与罪人同心[16]，而王明诛之，是王过举显于天下[17]，而为诸侯所议也。臣愿请药赐死，而恩以相葬臣[18]，王必不失臣之罪，而无过举之名。"王曰："有之。"遂弗杀而善遇之。

注释

①**王稽**：秦国大将。②**赐**：赏赐。③**孺子**：对年轻妇女的美称。**内**：通"纳"，私通。④**有**：犹"欲"。⑤**教**：控告。⑥**擅主轻下**：依仗君王的宠信而轻慢属下。⑦**三人成虎**：如果有三人都谎报市上有虎，听者就会信以为真。谣言经过一再传播，可能让人信以

为真。⑧**揉椎**：直的木棒也可以将其折弯。⑨**毋翼而飞**：即不翼而飞。⑩**恶**：这里是诬告。**反**：谋反。⑪**兼诛范雎**：要将范雎一同处死。按照秦法规定，如果被举荐人为官不善，那么举荐人也会受牵连受罪。王稽是范雎举荐的，王稽被处死，所以秦王要将范雎一并处死。⑫**东鄙**：指魏国，魏国在秦之东，故称东鄙。鄙，意思是边邑。⑬**开罪**：得罪。⑭**亲习**：指亲戚故旧之人。⑮**职事**：即主持国事。⑯**罪人**：这里是指王稽。⑰**过举**：错误地推举。⑱**以相葬臣**：按照相国的葬礼规格葬臣。

译　文

秦国兴兵攻打邯郸，经过了十七个月的苦战也没能攻下，秦国有个名为庄的人对秦国大将王稽说道："为何您一直都没有赏赐下级军官呢？"王稽回答说："我和君王之间，彼此互相信赖，无须听别人的。"庄又说道："我认为你这样说是不对的，即便是父子，也有令在必行和令不必实行的分别。比如说父亲对儿子说：'丢掉你的娇妻，卖掉你那爱妾。'这就是一道必须要施行的命令。如果父亲对儿子说：'你不能想自己的妻妾。'这就是一道必定无法施行的命令。有个看守闾里大门的老太太说：'有一天晚上，一个年轻媳妇召进了一个野男人。'对前一件事而言，儿子的娇妻已经走了，爱妾也已经被卖了，但父亲却不应说不许儿子有任何思念之情。对后一件事而言，想要控告那对青年男女通奸，每个人都能够有这种想法。如今阁下虽然十分得君王的宠信，但是终究不会超过父子间的骨肉亲情；而那些下级军官虽然身份低微，也不至于会低于那个看门的老太婆。何况阁下一向仰仗着君王的宠信，轻视自己的属下，这种情况已经很久了。常言道：'如果三个人都说有虎，大家就会都相信真的有虎；如果十个人都说大力士可以将木棒折弯，大家也都会相信这件事；如果所有人都那么说，就可以让东西不翼而飞。'因此说：'您实在是应当赏赐诸军官，并且对他们加以优待呀！'"王稽不肯采纳这个人的建议。

后来诸军官全都处于困顿之境，时间久了，果然就有人返回到秦国，诬告王稽和杜挚谋反。秦昭王听后大怒，想要将举荐王稽的范雎一同处死。范雎说道："臣原本不过是魏国乡间的一介草民，由于在楚国魏国触犯了法规，这才逃到秦国来。臣没有其他诸侯的支援，也没有亲朋故交在秦国担任官职。然而大王您却能在臣流亡之时委以重用，将君国大任托付给我，天下的人都知道大王亲自任用下臣的事。如今下臣遭遇谗言，有人认为下臣和罪人王稽是同一立场的，而大王更是要公开处死我，这就相当于说大王从前重用臣的举措是错误的，而这必将会招致天下诸侯的议论。因此臣情愿服毒自尽，并且恳求大王恩准仍旧以相之礼节葬臣。这样的话，大王既可以将臣处以死罪，也不会落下误用重臣的名声。”秦昭王说道：“你说得很有道理！”于是，秦王便没有杀范雎，而且仍旧厚待于他。

蔡泽见逐于赵

原文

蔡泽见逐于赵[1]，而入韩、魏，遇夺釜鬲于途[2]。闻应侯任郑安平、王稽皆负重罪[3]，应侯内惭。乃西入秦，将见昭王，使人宣言以感怒应侯，曰：“燕客蔡泽，天下骏雄弘辩之士也，彼一见秦王，秦王必相之而夺君位。”

应侯闻之，使人召蔡泽。蔡泽入，则揖应侯，应侯固不快；及见之，又倨[4]。应侯因让之曰：“子常宣言代我相秦，岂有此乎？”对曰：“然。”应侯曰：“请闻其说。”蔡泽曰：“吁，何君见之晚也？夫四时之序[5]，成功者去。夫人生手足坚强，耳目聪明圣知，岂非士之所愿与？”应侯曰：“然。”蔡泽曰：“质仁秉义[6]，行道施德于天下，天下怀乐敬爱，愿以为君王，岂不辩智之期与？”应侯曰：“然。”蔡泽复曰：“富贵显荣，成理万物，万物各得其所。生命寿长，终其年而不夭伤，天下继其统，守其业，传之无穷，名实纯粹，泽流千世，称之而毋绝，与天下终，岂非道之符，而圣人所谓吉祥善事与？”应侯曰：“然。”泽曰：“若秦之商君[7]、楚之吴起[8]、越之大夫种[9]，其卒亦可愿矣？”

应侯知蔡泽之欲困己以说，复曰：“何为不可？夫公孙鞅事孝公，极身毋二[10]，尽公不还私，信赏罚以致治，竭智能，示情素，蒙怨咎[11]，欺旧交[12]，虏魏公子卬[13]，卒为秦禽将，破敌军，攘地千里[14]；吴起事悼王，使私不害公，谗不蔽忠，言不取苟合，行不取

苟容，行义不顾毁誉，必有伯主强国，不辞祸凶；大夫种事越王，主离困辱，悉忠而不解[15]，主虽亡绝[16]，尽能而不离，多功而不矜，贵富不骄怠。若此三子者，义之至，忠之节也。故君子杀身以成名，义之所在，身虽死，无憾悔，何为不可哉？”

注释

①**蔡泽**：燕国人，有名的说客。②**釜鬲**：指两种做饭用的炊具，即蒸锅和曲足鼎。③**应侯任郑安平、王稽皆负重罪**：郑安平、王稽都是应侯所举荐的，郑安平领兵攻打赵国，被俘投降；王稽攻打邯郸久战而不胜，后被人诋毁叛国，两人都被治以重罪。④**倨**：态度傲慢。⑤**四时**：四季，春夏秋冬。⑥**秉**：操持，秉持。⑦**商君**：即商鞅，曾为秦国变法，使秦国大治，最终却被分尸处死。⑧**吴起**：曾师从曾参，后来成为楚国的相国，辅佐楚悼王变法，悼王死后被杀害。⑨**大夫种**：即文种，春秋时期越国的大夫，曾辅佐越王灭掉吴国，洗刷当年的耻辱，多次立下大功，最后却被越王赐死。⑩**极身毋二**：竭尽自己的才智，没有二心。毋二，不背叛，不侍奉二主。⑪**蒙怨咎**：遭受怨恨和责难。⑫**欺旧交**：商鞅设计欺骗公子卬，魏将公子卬和公孙鞅曾是故交。⑬**虏魏公子卬**：公元前 340 年秦、魏交兵，魏使公子卬迎击，商鞅大破魏军，俘虏公子卬。⑭**攘**：夺取。⑮**解**：通“懈”，懈怠。⑯**主虽亡绝**：指虽然越王处于危亡的绝境。主，指勾践。

译文

赵国把燕人蔡泽驱逐出去以后，蔡泽就去了韩国和魏国，中途碰到了抢劫，夺走了他的炊具釜、鬲。蔡泽曾听闻应侯范雎举荐的郑安平、王稽，都被治以重罪，应侯自己感到非常惭愧。于是他往西来到了秦国，将要拜见秦昭王。蔡泽派人宣扬激怒应侯说：“燕人蔡泽是天下非常善于辩论的人，他如果拜见秦王的话，秦王一定会任命他做相国，而夺去您的相国之位。”

应侯听闻这些话之后，就派人召见蔡泽。蔡泽来了以后，就只向应侯作了一下揖，应侯原本心里就不畅快；等到见了他，又十分傲慢。于是应侯就责问他说：“您曾经宣称说要替我辅助秦国，可有此事？”蔡泽回答说：“的确如此。”应侯说：“我想要听听您的说法。”蔡泽说：“唉！您为什么反应这么迟钝啊？春、夏、秋、冬，四季之时相互更迭，成功的人也会离去。人生下来手脚强健，耳聪目明，像圣人一样智慧，这不是人人所希望的吗？”应侯说：“是这样啊！”蔡泽说：“拥有仁爱之心，秉持正义，施行仁义之道，恩惠于天下，天下人都心情愉悦，对他心怀敬爱，希望把他作为君王，这不正是明辨智慧之人所希望的吗？”应侯说：“是啊。”蔡泽又说：“富裕、显贵又荣耀，善于治理万事万物，世间万物各自得到其所需要的。每个人都能长寿，享尽天年而不夭折死亡。天下百姓都能继承其传统，守住其业绩，代代相传以至无穷，名利与实利都能兼得，恩泽遗流千代，被人赞不绝口，与天地共同终结，这难道不是行仁义之道的结果吗，这难道不是圣人所谓的吉祥的好事吗？”范雎说：“是这样啊。”蔡泽说：“比如秦国的商鞅、楚国的吴起、越国的文种，他们最终得以如愿以偿了吗？”

应侯知道蔡泽想要把自己置于困境以游说，于是又说：“什么是不可以的啊？商鞅作为秦孝公的臣子，一生忠贞不贰，竭尽所能为公而忘私，严明赏罚制度，秦国治理得很好，用尽了自己所有的智慧，显示了自己的一片赤心，却被人怨恨，遭到责难，为了秦国他竟然欺骗了自己的故交，掳去了魏公子卬，最终替秦国擒捉了魏军的将军而大胜敌军，拓展了千里的疆土。吴起侍奉楚悼王，绝对不会因为私人关系而损害了国家的利益，更不会进虚假的谗言来丧失自己的忠节，说话不会阿谀逢迎以苟合，做事不顾及面子，实行仁义之事，就不担心毁坏了荣誉，为了使君王成为霸主，使国家强大，不害怕祸患与凶恶。大夫文种侍奉越王，虽然越王陷入困辱之境，依然忠心耿耿，毫无懈怠，越王虽然被俘虏，依然竭尽自己的所能，不离不弃，虽然拥有很多的功劳但是决不骄傲，虽然后来享有富贵却也不自满怠惰。像这样的三位臣子，乃是仁义的极致，忠诚的榜样。所以君子即使是牺牲生命也要成就名节，只要能够保全仁义，即使死了，也不会遗憾懊悔，怎么能说不可以呢？”

原文

● 比干

蔡泽曰：“主圣臣贤，天下之福也；君明臣忠，国之福也；父慈子孝，夫信妇贞，家之福也。故比干忠不能存殷[1]，子胥知不能存吴，申生孝而晋惑乱[2]。是有忠臣、孝子，国家灭乱何也？无明君贤父以听之，故天下以其君父为戮辱，怜其臣子。夫待死而后可以立忠成名，是微子不足仁[3]，孔子不足圣，管仲不足大也。”于是应侯称善。

蔡泽得少间，因曰：“商君、吴起、大夫种，其为人臣尽忠致功，则可愿矣。闳夭事文王，周公辅成王也，岂不亦忠乎！以君臣论之，商君、吴起、大夫种，其可愿孰与闳夭、周公哉！”应侯曰：“商君、吴起、大夫种不若也。”蔡泽曰：“然则君之主，慈仁任忠，不欺旧故，孰与秦孝公、楚悼王、越王乎？”应侯曰：“未知何如也。”蔡泽曰：“主固亲忠臣[4]，不过秦孝、越王、楚悼，君之为主正乱、批患、折难，广地殖谷、富国、足家、强主，威盖海内，功章万里之外[5]，不过商君、吴起、大夫种，而君之禄位贵盛，私家之富过于三子，而身不退，窃为君危之。语曰：‘日中则移，月满则亏’，物盛则衰，天之常数也[6]。进退、盈缩、变化，圣人之常道也。

● 周公

注 释

①**比干**：殷纣王的叔叔，对国家忠心耿耿，但是纣王荒淫不理国政，比干曾多次进谏，纣王终不听从，最终被剖心而死，之后商也灭亡了。②**申生**：春秋时晋献公太子，非常孝顺，但最终却被人诋毁，自缢而死，随后晋国长时间的内乱不停。③**微子**：商纣王的兄长，多次向纣王进谏，没有成效，之后流浪在外，曾被孔子奉为殷商的三大仁人之一。④**固**：原本。⑤**章**：传扬，彰显。⑥**常数**：此指客观存在的一定规则。与下文的“常道”义同。

译 文

蔡泽说：“国君圣明大臣贤能，这是天下百姓的福气；国君英明大臣忠贞，这是国家社稷的洪福；父亲慈祥儿子孝敬，丈夫诚信妻子忠贞，这是家庭的福气。但是虽然比干对国君一片忠诚却不能使殷得以保存；伍子胥虽然非常智慧但却无法使吴国保存；申生虽然很孝敬长辈却仍然不能使晋国避免内乱。这些国家虽然有忠臣、孝子，国家仍然灭亡、混乱，这是何原因呢？没有圣明的君主、贤能的父亲听取他们的意见，所以天下的百姓认为他们的君主、父亲凶残耻辱，却非常怜悯大臣、儿子。只有到死了以后才可以被作为忠烈，成就名节，这是微子不够仁义，孔子不够圣贤，管仲不够大度的原因吗？”于是应侯就说是。

蔡泽稍微停了一会儿，又接着说：“商鞅、吴起、文种作为君王的臣子，竭尽忠心，建立功勋，让人敬仰。闳夭侍奉周文王，周公辅政成王，这岂不也是尽忠吗？用君臣的关系来评论的话，他们谁更让人敬仰呢？”应侯说：“商君、吴起、大夫种没有闳夭、周公旦值得敬仰。”蔡泽说：“由此来看您的君主，宅心仁厚，信任忠良，不背弃旧交，与秦孝公、楚悼王、越王相比，哪一个更好呢？”应侯说：“不知道哪个更好。”蔡泽说：“您的君王对忠臣的信任，不会比秦孝公、越王、楚悼王更高。大人您为秦王安定骚乱，消除祸患，排除万难，扩展疆土，种植稻谷，使国家富强，家庭富足，君主更为强大，声威盖住天下其他诸侯，立下的功勋都能传到万里之外，其实您并不比商君、吴起、大夫种功绩更大，但是您的地位更为尊贵，俸禄更为优厚，您家里的财富要比这三人多得多，您这个时候还不归隐，我私下为您而感到担忧。俗话说：‘太阳在正午之后就会下移；月亮圆了之后就会亏损。’事物发展到了鼎盛时期之后就必定要衰竭，这是天的必然规律。进退盈缩要根据形势而定，这是圣人所遵循的通常的道理。

原 文

“昔者，齐桓公九合诸侯，一匡天下，至葵丘之会，有骄矜之色，畔者九国[1]；吴王夫差无敌于天下，轻诸侯，凌齐、晋，遂以杀身亡国；夏育、太史启叱呼骇三军，然而身死于庸夫，此皆乘至盛不及道理也[2]。夫商君为孝公平权衡，正度量，调轻重，决裂阡陌，教民耕战，是以兵动而地广，兵休而国富，故秦无敌于天下，立威诸侯，功已成，遂以车裂；楚地，持戟百万，白起率数万之师以与楚战，一战举鄢、郢[3]，再战烧夷陵，南并蜀、汉，又越韩、魏攻强赵，北阬马服[4]，诛屠四十余万之众，流血成川，沸声若雷，使秦业帝。自是之后，赵、楚慑服，不敢攻秦者，白起之势也，身

所服者七十余城，功已成矣，赐死于杜邮。吴起为楚悼罢无能，废无用，损不急之官，塞私门之请，壹楚国之俗[5]，南攻杨越，北并陈、蔡，破横散从，使驰说之士，无所开其口，功已成矣，卒支解；大夫种为越王垦草创邑，辟地殖谷，率四方士，上下之力，以禽劲吴，成霸功。勾践终棓而杀之[6]。此四子者，成功而不去，祸至于此。此所谓信而不能诎，往而不能反者也。范蠡知之，超然避世，长为陶朱。

● 范蠡

"君独不观博者乎[7]？或欲分大投，或欲分功[8]，此皆君之所明知也。今君相秦，计不下席，谋不出廊庙，坐制诸侯，利施三川，以实宜阳，决羊肠之险，塞太行之口，又斩范、中行之途[9]，栈道千里于蜀、汉，使天下皆畏秦。秦之欲得矣，君之功极矣，此亦秦之分功之时也！如是不退，则商君、白公、吴起、大夫种是也。君何不以此时归相印，让贤者授之？必有伯夷之廉，长为应侯，世世称孤，而有乔、松之寿，孰与以祸终哉？此则君何居焉？"应侯曰："善。"乃延入坐为上客。

后数日，入朝言于秦昭王曰："客新有从山东来者蔡泽，其人辩士，臣之见人甚众，莫有及者，臣不如也。"秦昭王召见，与语，大说之，拜为客卿。应侯因谢病，请归相印。昭王强起应侯，应侯遂称笃，因免相。昭王新说蔡泽计画，遂拜为秦相，东收周室。蔡泽相秦王数月，人或恶之。惧诛，乃谢病归相印，号为刚成君。秦

十余年，事昭王、孝文王、庄襄王，卒事始皇帝。为秦使于燕，三年而燕使太子丹入质于秦。

注　释

①**畔**：通“叛”，指背叛。②**乘**：凭借。③**郢**：楚国都城，位于今湖北荆州。④**马服**：指赵括，赵括袭父赵奢爵为马服君。⑤**壹**：统一。⑥**棓**：通“背”，背离，背弃。⑦**博**：赌博。⑧**或欲分大投，或欲分功**：指有人想独自占有，有人想分享利益。分大投，赢了自己独吞。分功，所赢的与大家分。⑨**范、中行**：范氏和中行氏为春秋末期晋国六卿之二，这里用来指代三晋（赵、魏、韩）。

译　文

“古时候齐桓公多次与诸侯会合，匡扶天下，到在葵丘与诸侯会盟的时候，就显得有些骄傲自满，最终被很多诸侯所背叛。吴王夫差曾经天下无人能敌，对其他诸侯很轻视，欺凌齐国和晋国，最终被杀，国家也亡了。勇士夏育、太史启威震三军，十分勇猛，最后却死于一个非常平庸的人手中，这都是他们因为不明白事物发展到极盛之后就会衰弱的道理所造成的。商鞅为秦孝公实行变法，统一度量衡，调整赋税的轻重，开垦土地，教授百姓耕种之法，操练战士，这样秦军一发兵，就能开拓土地，休兵养息的话国家就会富足。所以当时的秦国天下无敌，在诸侯中非常有威望。功业已经建立了，于是商鞅就被车裂分尸而死。楚国拥有百万兵士，秦将白起带领数以万计的军队与楚国交战，一次作战就攻取了楚国的鄢地和郢都，又战，烧毁了夷陵，在南边吞并了蜀、汉之地，又越过韩国和魏国进军强赵，在北边又在坑里活埋了马服君赵括，诛杀了四十多万的赵军，顿时血流成河，惨叫声就像雷声一样，最终造就了秦国的帝业。从此以后，赵国、楚国都慑服于秦国，不敢再攻打秦国，害怕秦将白起的威猛之势。白起亲自降服的城邑，就达七十多座。功业已经完成了，就被赐死在杜邮。吴起替楚悼王把无能的人给罢免了，无用的人给废除了，精减不是国家急需的官员，堵住了私人的请求，使楚国的风俗习惯保持了统一，在楚国南面攻下了杨越，在北面吞并了陈、蔡，破除诸侯间对付楚国的连横合纵之计谋，使到各诸侯国游说的策士没有开口说话的地方，造就了功业之后，就被肢解杀害了。越大夫文种为勾践开辟荒地建立城邑，开垦田野栽种谷物，带领四方将士，集中所有的力量，击溃了强大的吴国，建立了霸王之业。勾践最终背弃并杀害了文种。这四个人都成就一番功业却没有离开，由此招致了杀身之祸。这就是所说的可以伸却不可以屈，可以进却不可以退的人。范蠡懂得这个道理，超然地躲避官场，一直是富有的陶朱公。

“大人您难道没有看到过赌博的人吗？有人想独自占有，有人想分享利益，这都是您明确知道的。您如今是秦国的相国，用计不用离开席子，谋划不用走出朝廷，坐着就可以控制天下诸侯，占有了韩国的三川之利，巩固了宜阳，掌控了羊肠这个险道，把太行山的入口也堵住了，又断绝了三晋往来的交通之路，修建了通往蜀、汉的上千里的栈道，使天下所有的诸侯都畏惧秦国。秦国的欲望已经满足了，大人您的功绩也到了极致，现在正是秦国分享功绩的时候！如果您现在还不隐退，您就会得到与商鞅、吴起、文种等人相同的下场。您何不此时归还相国之印，让给其他的贤能之士呢？您必然会被誉为像伯夷一样清廉，一直做你的应侯，把爵位世代相传，还能像王子乔和赤松子一样长寿。这与惨遭身祸而死相比，您选择哪一种好呢？”应侯说：“很有道理。”于是就请蔡泽入座，按照上宾来对待。

数日之后，范雎入朝觐见对秦昭王说道：“有一个刚刚从崤山以东过来的宾客蔡泽，这是个善辩之人。我见过的人很多，但却没有能超过这位辩士的，我的确远远比不上他。”秦昭王于是就召见了燕人蔡泽，和他进行谈论，昭王十分高兴，因此就授为秦国的客卿。此后应侯范雎就声称有病不再上朝议政，并且请求把相印归还。秦昭王强行挽留应侯，应侯声称自己的病很严重，最终免去了他的相国之职。昭王对蔡泽的策略十分欣赏，就把蔡泽拜为秦相，向东收并了周王室。蔡泽辅佐秦王几个月之后，有人诋毁他，他害怕被诛杀，也称病归还了相国之印，秦昭王把他封为“刚成君”。之后十几年，蔡泽历经昭王、孝文王、庄襄王几代君主，最终侍奉秦始皇。后来作为秦国的使者出使燕国，三年后燕国就把太子丹送到秦国作为人质。

卷六　秦策四

秦昭王谓左右

原　文

秦昭王谓左右曰："今日韩、魏，孰与始强[1]？"对曰："弗如也。"王曰："今之如耳、魏齐[2]，孰与孟尝、芒卯之贤[3]？"对曰："弗如也。"王曰："以孟尝、芒卯之贤，帅强韩、魏之兵以伐秦，犹无奈寡人何也，今以无能如耳、魏齐帅弱韩、魏以攻秦，其无奈寡人何，亦明矣。"左右皆曰："甚然[4]。"

中期推琴对曰："王之料天下过矣。昔者六晋之时[5]，智氏最强，灭破范、中行，帅韩、魏以围赵襄子于晋阳，决晋水以灌晋阳，城不沉者三板耳[6]。智伯出行水[7]，韩康子御[8]，魏桓子骖乘[9]。智伯曰：'始，吾不知水之可亡人之国也，乃今知之。汾水利以灌安邑，绛水利以灌平阳。'魏桓子肘韩康子[10]，康子履魏桓子[11]，蹑其踵，肘、足接于车上，而智氏分矣[12]，身死国亡，为天下笑。今秦之强，不能过智伯[13]，韩、魏虽弱，尚贤在晋阳之下也[14]。此乃方其用肘足时也，愿王之勿易也[15]。"

注　释

①**始**：当初。②**如耳、魏齐**：韩国的如耳，魏国的魏齐。③**孟尝**：即孟尝君田文。**芒卯**：即孟卯，魏将。④**甚然**：诚然。⑤**六晋**：春秋时晋国的六个卿相，即韩氏、赵氏、

魏氏、范氏、中行氏、智氏。晋昭公时六卿强大，各霸一方，后来相互吞并，三家分晋。⑥**三板**：六尺。⑦**行**：视察。⑧**御**：驾车。⑨**骖乘**：车两边的马为骖乘，这里是说担任车两旁的卫士。⑩**肘**：用肘触碰，名词作动词。⑪**履**：用脚踩，这里作动词用。⑫**分**：被瓜分。⑬**过**：超过。⑭**贤**：胜过。⑮**易**：轻视。

译　文

秦昭王对他身边的人说，“今天的韩、魏二国，与当初比起来，谁强大一些？”回答道：“今天不如当初。”秦昭王说：“现在的如耳、魏齐与孟尝君、芒卯比起来，谁更有才能？”回答道：“如耳、魏齐不如孟尝君、芒卯。”秦昭王说：“凭着孟尝君、芒卯的才能，率领强大的韩、魏二国的军队来攻打秦国，还不能把我怎么样；现在凭着无能的如耳、魏齐，率领弱小的韩、魏来进攻秦国，大概不能把我怎么样，也是明白的了。”秦昭王身边的人都说：“确实是这样。”

中期推开琴起身回答道：“大王像这样估量天下就错了。从前六卿分晋的时候，智氏最强大，打败、灭亡了范氏、中行氏，又率领韩、魏一起把赵襄子围困在晋阳。他疏引晋水来淹晋阳，晋阳城只差三板就被淹没了。这一天智伯乘车出来巡视水情，韩康子驾车，魏桓子在车右边陪乘。智伯说：‘当初，我不知道水能够用来灭亡别人的国家，今天才知道了。绛水可用来淹安邑，汾水可用来淹平阳。’魏桓子用肘触韩康子，韩康子用足踏魏桓子，踩他的脚后跟。肘与足就这样在车上暗暗接触，而智氏终于被韩、魏、赵三家瓜分了。智氏最终落得个身死国亡，被天下人所耻笑的下场。现在秦国的强大，还不能超过智伯，韩、魏二国如今即使弱小，也还胜过当初在晋阳城下的时候。这才正是他们用肘用足的时候呢，希望大王千万不要轻视他们啊。”

楚魏战于陉山

原　文

楚、魏战于陉山[1]，魏许秦以上洛，以绝秦于楚。魏战胜，楚败于南阳。秦责赂于魏[2]，魏不与。营浅谓秦王曰：“王何不谓楚王曰：‘魏许寡人以地，今战胜，魏王倍寡人也[3]，王何不与寡人遇[4]。魏畏秦、楚之合，必与秦地矣。是魏胜楚而亡地于秦也。是王以魏地德寡人[5]，秦之楚者多资矣[6]。魏弱，若不出地，则王攻其南，寡

人绝其西，魏必危。'" 秦王曰："善。" 以是告楚。楚王扬言与秦遇。魏王闻之，恐，效上洛于秦[7]。

注　释

①**陉山**：在今河南新郑南。②**责**：索要。**赂**：指用以进贡的财物。③**倍**：违背。④**遇**：相会。⑤**德**：恩德，动词。⑥**之**：往，这里指给予。**资**：财物。⑦**效**：送给，献上。

译　文

楚、魏两国在陉山发生战争，魏国答应将上洛之地割让给秦国，以此希望秦国不要去援助楚国。魏国在南阳取得了战争的胜利，秦国便向魏国索要上洛之地，魏国却不答应了。秦人营浅对秦王说道："大王您为什么不派人去对楚王这么说：'当时魏王以秦国不去援助楚国为条件，答应将上洛之地割让给秦国，现在魏国取得了胜利，却违背了之前的约定，大王您怎么不和秦国联合起来呢？魏国因为害怕秦、楚联合，必定会割地给秦国。这样一来，魏国虽然取得了胜利，却依然会割地给秦国。这正是大王您将魏国的土地给了秦国，对秦国是有恩德的。秦国必将派使臣前往楚国，多多赠予楚国财币。魏国国力弱小，如果不将土地割让给秦国，大王就去攻打它的南部，秦国去攻击它的西部，这样一来，魏国必然会灭亡。'" 秦王说："这个主意很好。" 于是就派人将这番话告诉楚王。楚王便宣扬要和秦国联合。魏王听说秦、楚将要联合起来，非常害怕，于是便将上洛之地割让给了秦国。

楚王使景鲤如秦

原　文

楚王使景鲤如秦[1]。客谓秦王曰："景鲤，楚王所甚爱；王不如留之以市地。楚王听，则不用兵而得地；楚王不听，则杀景鲤，更与不如景鲤留。是便计也[2]。"秦王乃留景鲤。景鲤使人说秦王曰："臣见王之权轻天下[3]，而地不可得也。臣之来使也，闻齐、魏皆且割地以事秦。所以然者，以秦与楚为昆弟国[4]。今大王留臣，是示天下无楚也，齐、魏有何重于孤国也[5]？楚知秦之孤，不与地，而外结交诸侯以图[6]，则社稷必危。不如出臣[7]。" 秦王乃出之。

注　释

①**景鲤**：姓景名鲤，楚贵族，为楚怀王相。**如**：出使到。②**便计**：便利之计。③**权轻天下**：权势为天下人所轻贱。④**昆弟**：兄弟。⑤**有**：即“又”。**孤国**：是指秦国没有楚国援助的话，便成为孤立之国，齐、魏也就不会再尊重秦国了。⑥**以图**：以此去图谋秦国。⑦**出**：释放。

译　文

楚王派景鲤前去出使秦国。有人对秦王说道：“景鲤很得楚王的宠爱，大王不如将他扣留在秦国，以此向楚国索求土地。如果楚王答应割地的话，那就是不必动用兵卒就可以得到土地；如果楚王不答应的话，那就将景鲤杀掉，让楚国更换一个比不上景鲤的人前来。这可是万全的便利之计呀。”于是秦王便扣留了景鲤。景鲤派人向秦王劝说道：“我看大王这么做，权势将会为天下人所轻贱，而割地反倒得不到。我从楚国出使到秦国，听说齐、魏将要割地献给秦国。他们之所以会这样，是因为秦、楚两国是兄弟之邦。如今大王扣留我，这就在天下诸侯中显示出秦国失去了楚国的邦交，齐国和魏国又怎么会尊重孤立无援的国家。当楚国知道秦国处于孤立之中，不但不会送给土地，而且还会在外边结交诸侯来图谋秦国，那秦国必然危险了，我看不如把我放回去。”秦王这才放了景鲤。

楚使者景鲤在秦

原　文

楚使者景鲤在秦，从秦王与魏王遇于境①。楚怒秦合，令周最为楚王曰②：“魏请无与楚遇③，而合齐于秦，是以鲤与之遇也。弊邑之于与遇善之④，故齐不合也。”楚王因不罪景鲤，而德周、秦⑤。

注　释

①**从**：跟从。**遇**：会晤。②**周最**：周王之子。③**请**：请求。**无**：通“不”。④**弊邑**：指周室，谦称。⑤**德**：用作动词，感恩戴德，犹“感激”。

译　文

楚国使者景鲤在秦国的时候，跟随秦王前往秦、魏的边界和魏王进行会晤。楚王为此感到气愤。于是周最对楚王说：“魏国要求不和楚王进行会晤，而是希望秦、齐可以联合，所以秦王便让景鲤参与了此次会晤。因为秦国让楚使景鲤参加了这次会晤，且表现得非常友好，这样就使齐国产生了疑虑，怀疑秦、楚邦交友好，因此不愿意和秦国联合了。”楚王因此便没有加罪于景鲤，而是感激周最和秦国。

秦王欲见顿弱

原　文

秦王欲见顿弱[1]，顿弱曰：“臣之义不参拜，王能使臣无拜，即可矣。不，即不见也。”秦王许之。于是顿子曰：“天下有有其实而无其名者，有无其实而有其名者，有无其名又无其实者。王知之乎？”王曰：“弗知。”顿子曰：“有其实而无其名者，商人是也。无把铫推耨之势[2]，而有积粟之实，此有其实而无其名者也。无其实而有其名者，农夫是也。解冻而耕，暴背而耨，无积粟之实，此无其实而有其名者也。无其名又无其实者，王乃是也。已立为万乘，无孝之名；以千里养，无孝之实。”秦王悖然而怒[3]。

● 耨

顿弱曰：“山东战国有六，威不掩于山东，而掩于母[4]，臣窃为大王不取也。”秦王曰：“山东之建国可兼与[5]？”顿子曰：“韩，天下之咽喉；魏，天下之胸腹。王资臣万金而游，听之韩、魏，入其社稷之臣于秦，即韩、魏从。韩、魏从，而天下可图也。”秦王曰：“寡人之国贫，恐不

能给也[6]。"顿子曰:"天下未尝无事也,非从即横也[7]。横成,则秦帝;从成,即楚王。秦帝,即以天下恭养;楚王,即王虽有万金,弗得私也。"秦王曰:"善。"乃资万金,使东游韩、魏,入其将相。北游于燕、赵,而杀李牧[8]。齐王入朝,四国必从[9],顿子之说也。

注　释

①**秦王**:指秦始皇嬴政。**顿弱**:秦人。②**铫**:一种耕田器具,即锄头。**耨**:一种锄草器具。③**悖然**:即勃然。悖,通"勃"。④**掩于母**:始皇之母原为吕不韦之姬,始皇闭其母于雍宫,因此说"掩于母"。⑤**兼**:兼并。⑥**给**:供给。⑦**非从即横**:不是实行合纵就是出现连横的局面。⑧**李牧**:赵臣。⑨**四国**:指燕、赵、韩、魏四国。**必**:通"毕",犹尽。

译　文

秦王想接见顿弱,顿弱让人转告说:"我的礼义是不讲参拜的,大王如果能让我不施参拜之礼,就可以觐见。不然,我就不觐见了。"秦王同意了。于是顿弱往见秦王说:"天下有有其实而无其名的人,也有无其实而有其名的人,还有无其名又无其实的人。大王知道其中的道理吗?"秦王说:"不知道。"顿弱说:"有其实而无其名的人,商人就是这样。他们没有拿锄铲草的辛劳,却有粮食满仓的实利,这就是有其实而无其名的人。无其实而有其名的人,农夫就是这样。他们从大地一解冻就开始耕作,太阳暴晒着脊背还在锄地,却没有一点积粮的实惠,这就是所谓无其实而有其名的人。至于说无其名又无其实的人,大王就是这种人。已经立为万乘大国之主,却没有得到孝顺的名声;用千里的封地去奉养太后,却没有给予孝顺的实惠。"秦王听了勃然大怒。

顿弱接着说:"崤山以东有诸侯国六个,大王的力量一不能威震山东各国,却威震了母后,我私下认为大王的做法是不可取的。"秦王说:"崤山以东的诸侯国我能兼并吗?"顿弱说:"韩国是天下的咽喉要地;魏国是天下的胸腹中心。大王您给我一万金去游说,听凭我到韩、魏两国去,让那里能治理国家的大臣到秦国来,这样就可以让韩、魏两国听从秦国。只要韩、魏听从秦国,那么天下就可以夺取了。"秦王说:"我的国家太穷了。恐怕拿不出这么多钱。"顿弱说:"天下不可能没有战争,只要发生战争,不是实行合纵,就是出现连横。如果连横成功,那么秦王就可称帝;如果合纵成功,就会是楚王称霸。如果秦王称帝,就能够让天下人恭恭敬敬地奉养;如果楚王称霸，就是大王有一万金，也不能私自占有了。”秦王说：“对。”于是就送给顿弱一万金，派他到东部去游说韩、魏，使那里的将相到秦国去。又向北部去游说燕国和赵国，用反间计杀死了李牧。最后迫使齐王到秦国去朝拜，燕、赵、韩、魏四国全都尾随而至，这都是顿弱游说的结果。

顷襄王二十年

原文

顷襄王二十年[1]，秦白起拔楚西陵[2]，或拔鄢、郢、夷陵[3]，烧先王之墓，王徙东北，保于陈城，楚遂削弱，为秦所轻。于是白起又将兵来伐。

楚人有黄歇者，游学博闻，襄王以为辩，故使于秦，说昭王曰：“天下莫强于秦、楚，今闻大王欲伐楚，此犹两虎相斗，而驽犬受其弊，不如善楚。臣请言其说。臣闻之：物至而反，冬、夏是也；致至而危，累棋是也。今大国之地半天下，有二垂[4]，此从生民以来，万乘之地未尝有也。先帝文王、庄王，王之身，三世而不接地于齐，以绝从亲之要[5]。今王三使盛桥守事于韩，成桥以北入燕[6]。是王不用甲，不伸威，而出百里之地[7]，王可谓能矣。王又举甲兵而攻魏，杜大梁之门[8]，举河内[9]，拔燕、酸枣、虚、桃人[10]，楚、燕之兵云翔不敢校，王之功亦多矣。王申息众二年，然后复之，又取蒲、衍、首垣[11]，以临仁、平丘，小黄、济阳婴城，而魏氏服矣。王又割濮、磨之北属之燕，断齐、秦之要，绝楚、魏之脊，天下五合六聚而不敢救也，王之威亦惮矣。王若能持功守威，省攻伐之心，而肥仁义之诫，使无复后患，三王不足四，五伯不足六也。

“王若负人徒之众，仗兵甲之强，壹毁魏氏之威，而欲以力臣天下之主，臣恐有后患。《诗》云：‘靡不有初，鲜克有终。’《易》

曰：‘狐濡其尾。’此言始之易，终之难也。何以知其然也？智氏见伐赵之利，而不知榆次之祸也[12]；吴见伐齐之便，而不知干隧之败也[13]。此二国者非无大功也，没利于前，而易患于后也。吴之信越也，从而伐齐，既胜齐人于艾陵，还为越王禽于三江之浦[14]；智氏信韩、魏，从而伐赵，攻晋阳之城，胜有日矣，韩、魏反之，杀智伯瑶于凿台之上。今王妒楚之不毁也，而忘毁楚之强魏也，臣为大王虑而不取。《诗》云：‘大武远宅不涉。’从此观之，楚国援也，邻国敌也。

注　释

①**顷襄王**：即楚国国君，楚怀王之子。②**西陵**：楚地，在今湖北宜昌市。③**或**：另一支部队。④**垂**：通“陲”，边疆。⑤**绝从亲**：断绝合纵盟约。从，通“纵”，指合纵。⑥**成桥**：即上文所谓盛桥。⑦**出**：割让出。⑧**杜**：堵塞。**大梁**：魏国的都城。⑨**河内**：魏国之地，位于今河南北部。⑩**燕、酸枣、虚、桃人**：魏国之地，位于今天河南延津县一带。⑪**蒲、衍、首垣**：位于今河南长垣县一带。⑫**榆次之祸**：智伯在榆次这个地方遭到杀身之祸。榆次，位于今山西榆次县。⑬**干隧之败**：吴王夫差在干隧这个地方被越王勾践战败并擒获杀死。⑭**三江**：指松江、娄江、东江。

译　文

楚顷襄王二十年，秦将白起攻克了楚国的西陵，另一支军队攻陷了鄢、郢、夷陵，烧毁楚王祖先的坟墓。顷襄王迁都到东北部，并在陈城设下防线。楚国从此国力大大削弱，被秦国所轻视。在这个时候，白起又率兵讨伐楚国。

有个楚人名叫黄歇，四处游学，非常博学，见识很广，楚襄王觉得他是个雄辩之士，因此就让他出使秦国，黄歇游说秦王说：“天下诸侯没有谁能比秦国、楚国更为强大，现在我听闻大王想要征讨楚国，这就像是两虎相斗，最终将被呆滞的狗得了好处，大王您不如对楚国友好相待。请允许我说明其中的道理。我曾经听说：物极必反，冬夏的变化就是这样。事物达到顶点就危险，堆积棋子就是这样。现在秦国的土地占有天下的一半，再加上西北两个边陲，这从有人类以来，即使是天子的土地也从来没有如此之大。可是自从先帝文王、庄王以至于大王自身，连续三代竟不能把地界扩展到齐国，以此去斩断合纵的盟约。如今大王三次派盛桥到韩国去驻守，盛桥又促使燕国入朝归服。这样大王不用战争、不施威力就得到了韩、燕的百里土地，大王可谓有才能的人了。大王又发兵攻魏，封锁大梁城，占领河内，攻取南燕、酸枣、虚、桃人等地，楚、燕两国军队只是作壁上观，不敢与秦军交锋，大王之功也算不小了。大王您又使军队、百姓休养生息两年，两年后再次出兵，又攻取了蒲、衍、首垣，军队已经到达仁、平丘城下，小黄、济阳又不战而降，魏国最终臣服于秦国。大王您又把濮、磨以北之地割给燕国，这样就切断了齐国和秦国间的要道，斩断楚国与魏国之间的联系，天下诸侯五次联合六次聚首也始终不敢相互救援，大王您的威信已经很让人害怕了。大王您如果能够守住功业威名的话，停止攻伐的想法，并且广施仁义的教导，使得不再有后患，而这样的话三皇就不愁达到四个，五帝也不难达到六个。

“大王若是依仗人口众多，依靠军队强大，乘着毁灭魏国的威势，用武力臣服天下诸侯，我担心会有后患。《诗经》上说：‘没有谁不想善始，却很少有人能够善终。’《易经》上也说：‘狐狸过河最终还是把尾巴沾湿了。’这是说开头容易，结尾很难。怎么知道事情会是这个样子呢？智伯只看到了攻打赵国的好处，却没有想到会有榆次之祸；吴王夫差只看到攻打齐国的便利，却没有想到会有干隧之败。这两个国家并非没有建立大的功业，而是只贪图眼前的利益，换来了后面的祸害。吴王信任越，因此才讨伐攻齐，虽然在艾陵大败齐国，但是却在三江的河畔被越王勾践擒获；智伯信任韩、魏两国，因此才讨伐赵国，攻打赵国的晋阳城，胜利在即，韩、魏却反过来攻打智氏，在凿台之上杀死智伯。现在大王妒恨楚国没有被灭亡，却忘了楚国一旦灭亡就会使魏国强大。我替大王担心这并不可取。《诗经》上说：‘步子跨得再大，远方不容易跋涉。’由此看来，楚国才是后援，邻国却是敌国。

原文

“《诗》云：‘他人有心，予忖度之。跃跃毚兔，遇犬获之。’今王中道而信韩、魏之善王也，此正吴信越也。臣闻敌不可易，时不可失，臣恐韩、魏之卑辞虑患而实欺大国也。此何也？王既无重世之德于韩、魏，而有累世之怨矣。韩、魏父子兄弟接踵而死于秦者百世矣，本国残，社稷坏，宗庙涂隳(huī)[1]，刳(kū)腹折颐[2]，首身分离，暴骨草泽，头颅僵仆，相望于境，父子老弱系虏，相随于路，鬼神狐祥[3]，无所食，百姓不聊生，族类离散，流亡为臣妾满海内矣。韩、魏之不亡，秦社稷之忧也。今王之攻楚，不亦失乎？

“是王攻楚之日，则恶出兵[4]？王将藉路于仇雠之韩、魏乎[5]？兵出之日，而王忧其不反也，是王以兵资于仇雠之韩、魏。王若不藉路于仇雠之韩、魏，必攻随、阳右壤。随阳、右壤此皆广川大水，山林谿谷不食之地，王虽有之，不为得地；是王有毁楚之名，无得地之实也。且王攻楚之日，四国必悉起应王；秦、楚之构而不离[6]，魏氏将出兵而攻留、方与、铚(zhì)、胡陵、砀、萧、相[7]，故宋必尽。齐人南面，泗北必举。此皆平原四达膏腴之地也，而王使之独攻，王破楚以肥韩、魏于中国而劲齐。韩、魏之强足以校于秦矣。齐南以泗为境，东负海，北倚河，而无后患，天下之国莫强于齐，齐、魏得地葆利而详事下吏[8]，一年之后，为帝若未能，于以禁王之为帝有余。夫以王壤土之博，人徒之众，兵革之强，一举事而树怨于楚[9]，诎令韩、魏归帝重于齐，是王失计也。

“臣为王虑，莫若善楚。秦、楚合而为一临以韩，韩必授首[10]。王襟以山东之险，带以河曲之利，韩必为关中之候。若是王以十万戍郑，梁氏寒心[11]，许、鄢陵、婴城，上蔡、召陵不往来也。如此而魏亦关内候矣。王一善楚，而关内二万乘之主注地于齐[12]，齐之右壤可拱手而取也。是王之地一经两海，要绝天下也。是燕、赵无齐、楚，无燕、赵也，然后危动燕、赵[13]，持齐、楚，此四国者不待痛而服矣[14]。”

注　释

①**隳**：指毁灭，破坏。②**刳腹折颐**：剖开肚腹，砍裂面颊。③**祥**：非本地的，外来的鬼神称为“祥”。④**恶**：表示疑问，意为哪里。⑤**仇雠**：仇敌。⑥**秦、楚之构而不离**：指秦楚交战，互相勾连，秦国将无法脱身。构，指联结。⑦**留、方与、铚、胡陵、砀、萧、相**：以前都属于宋国，宋灭亡后，土地为秦国占领。⑧**详事**：悉心治理。⑨**事**：指战事。⑩**授首**：授上首级，也就是指臣服。⑪**寒心**：指心存恐惧。⑫**关内二万乘之主**：

指韩国、魏国。⑬**危动**：以危亡胁迫。⑭**不待痛而服**：用不着急攻而使它们降服。痛，急攻。

译　文

“《诗经》上又说：‘别人存有坏心，我们要猜透它。狡兔蹦得再欢，遇到狗必遭捕获。’如今大王半道上竟相信韩国、魏国会与您亲善，这正如同吴王相信越王一样。我还听说：对待敌人不能轻视，有了机遇不能错过。臣担心韩国和魏国表面上非常卑微，十分害怕祸害的样子，实际上却是在欺骗大王。为何会这样说呢？大王您不仅对韩国和魏国历代都没有施与什么恩德，而且代代有仇。韩、魏百姓的历代父子兄弟一个接一个地被秦军杀死，自己的国家也已经破败，国家社稷毁掉了，宗庙倒塌了，胸腹被剖开，面颊被割裂，身体和头颅被分开，头颅、白骨暴露在荒野沼泽，国境内外皆是如此。父子老弱都被绑着成为俘虏，就像没有家的孤魂野鬼一样，没有吃的，百姓无以生存，同族人颠沛流离，四处逃难成为奴仆。因此我认为，只要韩、魏不灭，就是秦国的一大忧患。现在大王又想进攻楚国，不也是失策了吗？

“当大王攻打楚国的那天，将要从何处出兵？大王打算向韩、魏两个敌国借路吗？可以想见，兵出之日，正是大王您忧虑军队无法返回之时，这才是大王把自己的军队资助给仇敌韩、魏了。大王您倘若不向韩、魏这两个敌国借路的话，那就必然会攻打楚国的随阳和右壤。但是随阳和右壤都是大川大河、高山深谷，没有人烟之地，大王您即使攻取了，也等于没有得到土地。这样的话，大王您只能得到灭楚的恶名，却没有获得土地的实利。再说大王攻打楚国的时候，韩、赵、魏、齐四国必定会全部起兵偷袭大王。秦、楚两国也将联结在一起难以分开，此时，魏国也将出兵攻打留邑、方与、铚邑、胡陵、砀地、萧地、相地，原先占领的宋地必将全部失掉。齐国人调兵南进，泗水以北必被占领。这里全是平原，四通八达，土地肥沃，可是大王却偏偏让他们攻占。大王击败了楚国却没有想到在天下中部养肥了韩、魏，增强了齐国的势力，韩、魏如果强大了，就足以同秦国抗衡。而齐国西面以泗水作为边境，东面又接邻大海，北面倚仗黄河，就再也不会有什么后患了。那时候天下的诸侯没有哪个会比齐国更为强大，齐国和魏国得到土地保存实力，再认真教导官吏悉心治理，一年之后，即使还不能称帝于天下，但阻挠大王您称帝还是绰绰有余的。以大王疆土之广，民众之多，兵革之强，出兵与楚国结怨，反倒让韩、魏支持齐王称帝，这是大王的失策之处。

“我为大王考虑，莫不如同楚国亲善，秦、楚两国联合在一起，去进逼韩国，韩国必定俯首听命。大王占有山东的险要地势，据有河曲的利益，韩国必定愿做关中的耳目。如果这样，大王再把十万大军屯驻郑地，魏国也将心惊胆寒，许邑、鄢陵环城固守，上蔡、召陵都不敢与魏国往来。这样，魏国也就成为关内的耳目了。一旦大王您对楚国友好相待了，关内的韩国、魏国必然会进攻齐国，大王您拱手就能得到齐国的右壤。这样大王您的土地就会联结东、西两海，横绝于天下。这样燕、赵、齐、楚彼此之间就会没有往来。这之后您就可以胁迫燕、赵，挟持齐、楚，这四个国家不用等到出兵就会自动臣服。”

或为六国说秦王

原 文

或为六国说秦王曰：“土广不足以为安，人众不足以为强。若土广者安，人众者强，则桀、纣之后将存。昔者，赵氏亦尝强矣。曰赵强何若？举左案齐[1]，举右案魏，厌案万乘之国[2]，二国，千乘之宋也。筑刚平[3]，卫无东野，刍牧薪采，莫敢窥东门。

“当是时，卫危于累卵，天下之士相从谋曰：‘吾将还其委质[4]，而朝于邯郸之君乎！’于是天下有称伐邯郸者，莫令朝行。魏伐邯郸，因退为逢泽之遇[5]，乘夏车[6]，称夏王，朝为天子，天下皆从。齐太公闻之，举兵伐魏，壤地两分，国家大危。梁王身抱质执璧[7]，请为陈侯臣，天下乃释梁。郢威王闻之[8]，寝不寐，食不饱，帅天下百姓，以与申缚遇于泗水之上[9]，而大败申缚。赵人闻之至枝桑，燕人闻之至格道。格道不通，平际绝。齐战败不胜，谋则不得，使陈毛释剑掫，委南听罪，西说赵，北说燕，内喻其百姓，而天下乃齐释。于是夫积薄而为厚，聚少而为多，以同言郢威王于侧牖(yǒu)之间[10]。臣岂以郢威王为政衰谋乱以至于此哉？郢为强，临天下诸侯，故天下乐伐之也！”

注　释

①**举左案齐**：意谓举兵向东则抑压齐国。案，通"按"。②**厌**：通"压"，压服，制服。③**刚平**：原为卫地，在今河南清丰县西南有刚平城，赵国攻取之后建立城邑。④**还**：返回，有投靠的意思。⑤**逢泽**：今河南开封。⑥**夏**：中原地区。⑦**梁王**：魏国梁惠王。**抱质**：抱着礼物。质，通"贽"，礼物。⑧**郢威王**：即楚威王，楚怀王之父。因楚国建都郢，故又称郢威王。⑨**申缚**：齐国之将。⑩**侧牖**：即侧室。

译　文

有人为六国对秦王说："土地虽然广大，但还不足以证明国家的安全，人口虽然众多，但还不足以证明国家的强大。如果说土地广大就安全，人口众多就强大，那么夏桀和商纣的后代就将绵延不断。从前，赵国也曾经强盛过。赵国强盛又怎么样呢？当初，赵国向左发兵可以攻下齐国，向右进兵可以攻下魏国，制服这两个万乘大国，就像制服千乘的宋国一样容易。赵国修筑刚平城，卫国就失去了东地，就连放牧打柴的人也不敢出入东门。

"在这个时候，卫国危如累卵，天下的游说之士相互谋算着说：'我们准备投靠赵国，送些礼物，去朝拜邯郸的赵王。'在这个时候，天下如果有想攻打邯郸的诸侯，都是晚上发布命令而早上开始行动的。魏国进攻邯郸，打败了赵国，于是在逢泽和诸侯会盟。魏惠王乘坐中原之车，称为中原之王，朝拜天子，诸侯都顺从他。齐威王听说后，发兵攻打魏国，致使魏国国土分裂，国家深临危境。魏惠王亲自怀抱礼物、手拿玉璧，甘愿对齐威王称臣，诸侯这才从魏国撤兵。楚威王听说后，觉也睡不着，饭也吃不下，于是率领天下民众和齐将申缚交战于泗水之滨，大败申缚。赵国听说以后，发兵到枝桑；燕国听说以后，出兵到格道。格道和陆地的交通都被断绝。齐国作战不能取胜，计谋不能得逞，于是派陈毛解下佩剑，头戴布冠，向南听命于楚王，又西去赵国游说，北往燕国游说，对不明事理的百姓说明情况，诸侯这才停止进攻齐国。于是乎，积薄为厚，积少成多，人们街谈巷议，都在议论楚威王。我难道是说楚威王政治衰败、计谋错乱以至于又出现诸侯反戈的事吗？因为楚国太强大，威压天下诸侯，所以天下诸侯才喜欢攻打它啊！"

卷七　秦策五

谓秦王

原　文

谓秦王曰[1]："臣窃惑王之轻齐易楚，而卑畜韩也[2]。臣闻：王兵胜而不骄[3]；伯主约而不忿。胜而不骄，故能服世；约而不忿，故能从邻[4]。今王广德魏、赵[5]，而轻失齐，骄也；战胜宜阳，不恤楚交[6]，忿也。骄忿非伯主之业也。臣窃为大王虑之而不取也。

"《诗》云：'靡不有初，鲜克有终。'故先王之所重者，唯始与[7]。何以知其然？昔智伯瑶残范、中行[8]，围逼晋阳，卒为三家笑；吴王夫差栖越于会稽，胜齐于艾陵，为黄池之遇，无礼于宋，遂为勾践禽，死于干隧；梁君伐楚胜齐，制赵、韩之兵，驱十二诸侯以朝天子于孟津，后子死，身布冠而拘于秦。三者非无功也，能始而不能终也。

● 勾践三战灭东吴

"今王破宜阳，残三川，而使

天下之士不敢言；雍天下之国，徙两周之疆，而世主不敢交阳侯之塞；取黄棘，而韩、楚之兵不敢进。王若能为此尾，则三王不足四，五伯不足六。王若不能为此尾，而有后患，则臣恐诸侯之君，河、济之士，以王为吴、智之事也。

“《诗》云：‘行百里者半于九十’，此言末路之难。今大王皆有骄色，以臣之心观之，天下之事，依世主之心，非楚受兵，必秦也。何以知其然也？秦人援魏以拒楚，楚人援韩以拒秦，四国之兵敌，而未能复战也。齐、宋在绳墨之外以为权[9]，故曰：先得齐、宋者伐秦。秦先得齐、宋，则韩氏铄[10]；韩氏铄，则楚孤而受兵也；楚先得齐，则魏氏铄，魏氏铄，则秦孤而受兵矣。若随此计而行之，则两国者必为天下笑矣。”

注　释

①**秦王**：秦武王。②**卑畜韩**：意动用法，认为韩国卑贱如畜，即不以礼相待。③**骄**：骄狂傲慢。④**从邻**：使邻国服从、顺服。⑤**广德**：广施恩惠。⑥**恤**：顾念。⑦**唯始与终**：只有善始善终。⑧**智伯瑶残范、中行**：智伯瑶、范氏、中行氏、赵氏、韩氏、魏氏，为晋国六卿，把持晋国朝政，后智氏灭了范氏、中行氏。⑨**权**：参战。⑩**铄**：引申为削弱。

译　文

有人对秦武王说：“我私下里总疑惑大王为何轻视齐、楚两国，对待韩国像对待卑微的牲畜一样。我曾听闻：明主以兵取胜却不骄狂，霸王生活节俭却不愤怨。因为他们取得胜利不骄傲，所以能使世人威服；因为他们节俭而不愤怨，所以能使邻国服从。现在大王您对魏国和赵国施予很多恩惠，而轻易地丧失和齐国的邦交，这是由于您的骄傲；在宜阳战胜，却不体恤楚国的邦交，这是因为您的暴躁。骄傲、暴躁都无法建立霸王的功业。我私下里替大王考虑这样做是不可取的。

“《诗经》上说：‘没有谁不能做到善始，却很少有人做到善终。’因此先王重视的是善始善终。如何知道是这个样子的呢？智伯毁灭了范氏和中行氏，又围攻进逼赵氏的晋阳城，智氏最终被杀，被三国所嘲笑。吴王夫差虽然逼使越王勾践栖居在会稽山上，又在艾陵战胜齐国，却在黄池聚会时，得罪了宋国，于是被勾践所擒，杀死在干隧；梁惠王讨伐楚国战胜齐国，制服赵、韩，役使十二个诸侯都到孟津去拜见周天子，但后来他的儿子太子申死了，自己也成了俘虏，被拘禁在秦国。这三个人并不是没有建立功业，只是他们仅仅做到了善始却没有善终啊！

“如今大王已经攻破宜阳，占领三川而灭亡了东周西周，竟使天下的士人不敢议论；现在秦国又拥有指挥天下诸侯的权力，改变了东周和西周的疆界，使各国诸侯不敢到边塞去交往；又夺取了黄棘，而使韩、楚的军队不敢前进。大王您如果能以此来善终的话，‘三皇’就不愁达到四个，五帝也不难达到六个。秦王您如果不能以此善终的话，就会留有后患。我担心各个诸侯国的君主，黄河、济水的士人，会认为大王您做了吴王、智伯之类的事。

“《诗经》上说：‘行百里路，走到九十里只能算走了一半。’这是说最后一段路程之难走。如今大王做什么事都流露出骄傲的神色，以我的心情推测，天下大事，各诸侯的心里都认为，不是楚国遭兵祸，就是秦国遭兵祸。怎么知道会是这样子的呢？秦国援助魏国却对抗楚国，楚国援助韩国以抵挡秦国，四国的兵力相当，不能再战了。齐国、宋国两国却在范围之外想要参战，所以说：先得到齐国和宋国援助的国家就会攻打秦国。假设是秦国先得到齐、宋的援助的话，韩国就会变弱；一旦韩国变弱，楚国就会孤立而遭受战争。假设是楚国先得到齐国的援助，魏国就削弱了；魏国一旦削弱，秦国就陷入孤立而遭到兵祸了。楚先得到齐国的援助的话，魏国就会削弱，魏国一旦削弱，秦国就会孤立而遭受战争。如果按照这种形势发展的话，那么秦国、楚国必然会被天下人所耻笑。”

楼梧约秦魏

原文

楼梧约秦、魏，魏太子为质[1]，纷强欲败之[2]。谓太后曰：“国与还者也[3]，败秦而利魏，魏必负之。负秦之日，太子为粪矣[4]。”太后坐王而泣[5]。王因疑于太子[6]，令之留于酸枣[7]。楼子患之。昭衍为周之梁，楼子告之。昭衍见梁王，梁王曰：“何闻？”曰：“闻秦且伐魏[8]。”王曰：“为期与我约矣[9]。”曰：“秦疑于王之约，以太

子之留酸枣而不之秦。秦王之计曰：'魏不与我约，必攻我。我与其处而待之见攻[10]，不如先伐之。'以秦强折节而下与国[11]，臣恐其害于东周。"

注　释

①**质**：人质。②**纷强**：魏臣。**败**：破坏。③**与还**：意思是国家之间关系的好坏经常会循环不定。还，通"环"。④**粪**：粪便，当作粪土。⑤**坐王**：使王坐下。⑥**疑于太子**：在让太子做人质这件事上犹豫不定。⑦**酸枣**：地名，今河南延津县。⑧**且**：将要。⑨**为期**：约好了日期，前面省略了主语（秦国）。⑩**见**：被。⑪**折节**：改变志节行为，这里是指毁约。

译　文

楼梧使秦、魏两国结成联盟，魏王打算让魏太子到秦国去做人质，纷强想破坏这件事情。就去对魏太后说："国家之间的关系反复无常，如果一件事对秦国有害而对魏国有利，魏国自然要背弃秦国。背离秦国的那一天，太子的身价必定卑贱如同粪土了。"太后让魏王坐下，自己便哭泣起来。魏王也因此为是否让太子做人质的事而犹豫不定，并将太子留在了酸枣，没有让其到秦国做人质。楼梧为此非常担心。东周大臣昭衍为东周出使到魏国，楼梧将魏太子留在酸枣的事情告诉给了他。昭衍前去拜见魏王，魏王问道："你听到什么动静了吗？"昭衍说："我听说秦国就要准备出兵进攻魏国了。"魏王说道："可秦国和魏国已经约好日期去订立盟约了呀！"昭衍说："秦国怀疑大王订立盟约的诚意，因为太子人还留在酸枣，并没有前去秦国做人质。秦王曾谋划说：'魏国不与我践约，必定要进攻我，我与其在这里等他们来进攻，不如先去进攻他们。'以秦国的强大，改变主意而去联合盟国，我唯恐他们将先危害东周。"

濮阳人吕不韦贾于邯郸

原　文

濮阳人吕不韦贾于邯郸[1]，见秦质子异人[2]，归而谓父曰："耕田之利几倍？"曰："十倍。""珠玉之赢几倍？"曰："百倍。""立国家之主赢几倍？"曰："无数。"曰："今力田疾作[3]，不得暖衣余

食；今建国立君，泽可以遗世[4]。愿往事之。”秦子异人质于赵，处于聊城。故往说之曰[5]：“子傒有承国之业[6]，又有母在中。今子无母于中，外托于不可知之国，一日倍约[7]，身为粪土。今子听吾计事，求归，可以有秦国。吾为子使秦，必来请子。”乃说秦王后弟阳泉君曰：“君之罪至死，君知之乎？君之门下无不居高尊位，太子门下无贵者。君之府藏珍珠宝玉，君之骏马盈外厩，美女充后庭。王之春秋高[8]，一日山陵崩[9]，太子用事，君危于累卵，而不寿于朝生[10]。说有可以一切而使君富贵千万岁，其宁于太山四维[11]，必无危亡之患矣。”

阳泉君避席[12]，请闻其说。不韦曰：“王年高矣，王后无子，子傒有承国之业，士仓又辅之[13]。王一日山陵崩，子傒立，士仓用事，王后之门，必生蓬蒿[14]。子异人贤材也，弃在于赵，无母于内，引领西望[15]，而愿一得归。王后诚请而立之，是子异人无国而有国，王后无子而有子也。”阳泉君曰：“然。”入说王后，王后乃请赵而归之。赵未之遣[16]，不韦说赵曰：“子异人，秦之宠子也，无母于中，王后欲取而子之[17]。使秦而欲屠赵[18]，不顾一子以留计，是抱空质也。若使子异人归而得立，赵厚送遣之，是不敢倍德畔施[19]，是自为德讲。秦王老矣，一日晏驾[20]，虽有子异人，不足以结秦。”赵乃遣之。

注　释

①**濮阳**：今河南濮阳一带。**贾**：用如动词，做买卖。②**质子**：被作为人质的王子。**异人**：人名，秦孝文王的儿子。③**力**：致力于。④**泽**：恩泽，福泽。⑤**说**：指游说。⑥**子傒**：即秦国的太子。⑦**倍**：通“背”，背弃，背叛。⑧**春秋**：指年纪。⑨**山陵崩**：指秦王逝世。古时称帝王、诸侯的去世为“崩”。⑩**朝生**：为植物名，早上长出来、晚上凋谢。⑪**太山**：即泰山。**四维**：东北、西北、东南、西南四个维度。⑫**避席**：离开座位。⑬**士仓**：秦国的臣子。⑭**王后之门，必生蓬蒿**：王后的门前必然会生长很多蓬蒿野草，暗指受到冷落，无人问津。⑮**引领西望**：伸长脖子向西看，即盼望之意。⑯**未之遣**：还没有被送

回来。⑰**子之**：把他像儿子一样对待。⑱**使**：倘使，倘若。⑲**倍德畔施**：背弃恩德。倍，通“背”，背叛。畔，通“叛”，叛逆。德、施，皆指恩德、恩惠。⑳**晏驾**：秦王去世的委婉表达。

译　文

濮阳人吕不韦在赵国邯郸经商，见到了秦国送到赵国做人质的王子异人，吕不韦回到家里对父亲说：“种田得利能有几倍？”他父亲说：“十倍。”吕不韦再问：“贩卖珠玉赢利能有几倍？”他父亲说：“一百倍。”吕不韦又问：“那么拥立国家的君主赢利能有几倍？”他父亲说：“无数倍。”于是吕不韦就说：“现在我们每年辛苦耕种，仍然不能获得温饱或发财。但是假如能建立国家，拥立一个君主，就可以把利润传给子孙，我现在决心去做这件事。”秦国的王子异人在赵国当人质，他住在赵国的聊城，于是吕不韦特地去见异人说：“子傒有继承秦国王位的资格，并且在朝中有母亲的势力作为后盾。您现在朝中既没有母亲的援助，在外面又身在敌国当人质，一旦秦、赵两国发生战争，那您的性命将成为两国的牺牲品。现在您若能听从我的计划，先求得回国，就能有掌握秦国大权的机会了。我替您去秦国活动，秦王必定会请您回去的。”于是吕不韦就去了秦国，对秦孝文王王后华阳夫人的弟弟阳泉君说：“阁下的罪状可以判处死刑，阁下知道吗？阁下的食客都身居高位，可是太子门下反而没有显贵；阁下府中珍藏有大量珍宝，阁下的骏马拴满了马房，而后宫更住满了美女。当今的秦王已经年纪很高，一旦不幸崩逝，太子子傒即位以后，那阁下的命运就比累卵还要危险十分，生命就像朝生暮谢的小植物那样短。现在有一个权宜之计可以使您富贵千万年，它像泰山一样安稳，肯定不会有危险的忧患。”

阳泉君听后便从坐席上起来，请求指教。吕不韦继续说道：“秦王的年岁已经很高了，王后又没有儿子，只有子傒有资格继承王位，由秦臣士仓辅佐，君王一旦崩逝以后，子傒即位为秦王，由士仓掌理大权，到那时王后的门前必然会冷落到生蓬蒿长野草。如今王子异人是一位很有才能的人，可惜却被遗弃赵国当人质，朝中又没有母亲的爱护，他经常伸长脖子向西望，很想能回国一次。王后倘若能立异人为太子，这样一来，不是储君的异人也能继位为王，他肯定会感念华阳夫人的恩德，而无子的华阳夫人也因此有了日后的依靠。”阳泉君说：“对，有道理！”便进宫说服王后，王后便要求赵国将公子异人遣返秦国。赵国不肯放行。吕不韦就去游说赵王：“公子异人是秦王宠爱的儿子，只是失去了母亲照顾，现在华阳王后想让他做儿子。大王试想，假如秦国真的要攻打赵国，也不会因为一个王子的缘故而耽误灭赵大计，赵国不是空有人质了吗？但如果让其回国继位为王，赵国以厚礼好生相送，公子是不会忘记大王的恩义的，这是以礼相交的做法。如今孝文王已经老迈，一旦驾崩，赵国虽仍有异人为质，也没有资历与秦国结盟了。”于是，赵王就将异人送回秦国。

原 文

异人至，不韦使楚服而见。王后悦其状，高其知[1]，曰：“吾楚人也。”而自子之，乃变其名曰楚。王使子诵，子曰：“少弃捐在外，尝无师傅所教学，不习于诵。”王罢之。乃留止。

间曰[2]：“陛下尝轫(rèn)车于赵矣[3]，赵之豪桀，得知名者不少。今大王反国[4]，皆西面而望。大王无一介之使以存之，臣恐其皆有怨心。使边境早闭晚开。”王以为然，奇其计。王后劝立之。王乃召相，令之曰：“寡人子莫若楚[5]。立以为太子。”子楚立，以不韦为相，号曰文信侯，食蓝田十二县[6]。王后为华阳太后，诸侯皆致秦邑。

注 释

①**高其知**：认为他很聪明。知，通“智”。②**间**：一会儿。③**轫车于赵**：在赵国停车，暗指做赵国的人质。轫车，即停车。轫，支住车轮不使其旋转的木头。④**反**：通“返”。⑤**莫**：指没有。⑥**食**：以……为食禄、俸禄。

译 文

异人回到秦国，吕不韦让他穿着楚人服装去拜见王后。王后很喜欢他这副模样，认为他聪明，并说：“我本是楚国人。”于是认他为自己的儿子，把他的名字改作楚。秦王让异人诵读经书，异人说：“我少小时流离在外，从来没有老师教我学习，不熟悉怎样诵读经书。”这样孝文王才不让子楚背诵经书，并把他留在宫中。

过了一会儿，子楚对孝文王说：“君王以前曾在赵国停车，因此赵国豪杰都知道君王的大名。现在君王回国了，他们都向西方遥望君王，假若君王不派一个使者去问候他们，我唯恐他们都要存有怨恨的心情，不如让边境的大门早闭晚开。”孝文王认为子楚这话说得有道理，并夸他善于奇谋。这时王后就劝孝文王立子楚为太子。于是孝文王就召见相国说：“我的王子都不如子楚，现在我就立子楚为太子。”后来子楚即位，任命吕不韦做相国，封号为文信侯，以蓝田等十二个县的收入作为俸禄。王后封为华阳太后，天下诸侯都到秦国为太后来进献养地。

文信侯出走

原　文

文信侯出走[1]，与司空马之赵[2]，赵以为守相[3]，秦下甲而攻赵。司空马说赵王曰："文信侯相秦，臣事之为尚书，习秦事。今大王使守小官习赵事。请为大王设秦、赵之战，而亲观其孰胜[4]。赵孰与秦大？"曰："不如。""民孰与之众？"曰："不如。""金钱、粟孰与之富？"曰："弗如。""国孰与之治？"曰："不如。""相孰与之贤？"曰："不如。""将孰与之武？"曰："不如。""律令孰与之明？"曰："不如。"司空马曰："然则大王之国，百举而无及秦者，大王之国亡。"赵王曰："卿不远赵，而悉教以国事，愿于因计[5]。"

司空马曰："大王裂赵之半以赂秦[6]，秦不接刃而得赵之半，秦必悦。内恶赵之守，外恐诸侯之救，秦必受之。秦受地而却兵，赵守半国以自存。秦衔赂以自强，山东必恐；亡赵自危，诸侯必惧。惧而相救，则从事可成。臣请大王约从。从事成，则是大王名亡赵之半，实得山东以敌秦，秦不足亡。"

● 李牧雁门放牧

赵王曰："前日秦下甲攻赵，赵赂以河间十二县，地削兵弱，卒不免秦患。今又割赵之半以强秦，力不能自存，因以亡矣。愿卿之更计。"司空马曰："臣少为秦刀笔[7]，以官长而守小官，未尝为兵首，请为大王悉赵兵以遇。"赵王不能将。司空

马曰："臣效愚计，大王不用，是臣无以事大王，愿自请[8]。"

司空马去赵，渡平原。平原津令郭遗劳而问："秦兵下赵，上客从赵来，赵事何如？"司空马言其为赵王计而弗用，赵必亡。平原令曰："以上客料之，赵何时亡？"司空马曰："赵将武安君期年而亡[9]；若杀武安君，不过半年。赵王之臣有韩仓者，以曲合于赵王，其交甚亲，其为人疾贤妒功臣。今国危亡，王必用其言，武安君必死。"

注　释

①**文信侯出走**：文信侯吕不韦被驱逐出秦国。②**与**：党羽，同党。③**守相**：代理相国。④**孰胜**：哪一个会取胜。孰，谁。⑤**因计**：按照计谋实行。⑥**裂**：分裂，本文引申为割让。⑦**刀笔**：战国时期采用刀往竹简上刻字的方法来记事，所以称为"刀笔"。⑧**愿自请**：请允许自己离开赵国。⑨**武安君**：即李牧。

译　文

文信侯吕不韦被驱逐出秦国之后，他的同党司空马逃到赵国，赵国让他做了一个无职无权的官。这时秦国发兵准备进攻赵国。司空马就对赵王说道："文信侯担任秦国相国的时候，我曾经侍奉他，当过尚书，对秦国的情况比较了解。现在大王您让我做无职权的官，也需要熟悉一下赵国的情况。请大王您允许我替您做一番秦国、赵国作战的比较，您亲自看看谁取胜的可能性更大。赵国与秦国哪个比较强大呢？"赵王回答说："赵国不如秦国强大。"司空马又问："哪个国家的百姓更多？"赵王答道："赵国不如秦国人口众多。"司空马又问道："金钱、粮食哪个国家更富有？"赵王答："不如秦国富有。""哪个国家更为安定？"赵王回答说："赵不如秦。"司空马又问："哪个国家的相国更有贤能？"赵王回答："赵相不如秦相。"司空马又问："哪个国家的将军更为英武？"赵王回答说："赵将不及秦将勇武。""哪个国家的政治更为严明？"赵王回答说："赵不如秦。"于是司空马就说："既然这样，赵国各个方面都比不上秦国，大王您的国家就将要灭亡了。"赵王恳求说："先生您这么远来到赵国，希望您不吝赐教，把救国之道全都教给我，我愿意听从先生的计策。"

司空马说："大王可以分割出赵国的一半土地去贿赂秦国，秦国不需动用刀枪就可以得到半个赵国，秦王一定很高兴。由于秦国害怕赵国境内守卫的将士，又惧怕外部诸侯的援兵，秦国必然赶紧接收土地。秦国一接收土地就必然退兵，赵国守住半壁江山还可以存在下去。秦国得到赵国的贿赂必然会骄傲自大，崤山以东的各诸侯必定会十分恐惧；一旦赵国灭亡了他们自己就会很危险，他们定然会十分害怕。他们恐惧了就会出兵救赵，这样事情就可以完成了。我请求大王跟六国结约合纵。如果合纵的事办成了，那么大王虽然表面上丢失了半个赵国，实际上却得到了山东六国的支持去抵抗秦军，秦国也就不堪一击了。”

赵王说：“前些天秦国发兵攻赵，赵国用河间十二个县城去贿赂他们，土地割让了，兵力也衰弱了，最终还是没有避开秦祸。现在您又让我把一半的国土割给秦国让秦国变得更加强大，而赵国将无法自存，这样就会灭亡了。希望您能再想个办法。”司空马回答说：“我年轻的时候是执笔的官员，做了很长时间依然是个小官，未曾统率过军队，请大王允许我率领赵国的全部军队去抵抗秦国。”赵王不同意司空马为将。司空马说：“我向您进谏愚计，大王您不肯采纳，这样我对大王也没什么用了，我请求离开赵国。”

司空马离开赵国，渡过平原津。平原津的县令郭遗前去慰劳，并问道：“秦军已经攻向赵国，听说有贵客从赵国来，赵国的战事怎么样？”司空马告诉他自己为赵王献计却没有被采纳，预料赵国必将灭亡。平原令说：“按照您的预料，赵国何时会灭亡？”司空马说：“赵王如果能使武安君李牧统率军队的话，可以支撑一年灭亡；倘若杀掉了武安君的话，不出半年就会灭亡。赵国有个大臣叫韩仓，对赵王曲意逢迎，和赵王很亲近，此人非常妒忌贤良和有功之臣。如今赵国危机，赵王必定会听信韩仓之言，武安君必然会被处死。”

原　文

韩仓果恶之，王使人代。武安君至，使韩仓数之曰：“将军战胜，王觞将军。将军为寿于前而捍匕首，当死。”武安君曰：“繓（zuō）病钩[1]，身大臂短，不能及地，起居不敬，恐惧死罪于前，故使工人为木材以接手。上若不信，繓请以出示。”出之袖中，以示韩仓，状如振梱，缠之以布。“愿公入明之。”韩仓曰：“受命于王，赐将军死，不赦。臣不敢言。”武安君北面再拜赐死，缩剑将自诛，乃曰：“人臣不得自杀宫中。”过司空马门，趣甚疾，出诹门也。右举剑将自诛，臂

短不能及，衔剑征之于柱以自刺。武安君死，五月赵亡。

平原令见诸公，必为言之曰："嗟嗞乎[2]，司空马！"又以为司空马逐于秦，非不知也；去赵，非不肖也。赵去司空马而国亡。国亡者，非无贤人，不能用也。

注　释

①**缊：**指武安君李牧，其又名缊。**病钩：**指胳膊不能伸直，只能弯曲着。②**嗟嗞：**叹息声。

译　文

韩仓果然用谗言诬陷李牧，赵王任命别人取代李牧的将军职务。当武安君李牧回到朝廷时，赵王命韩仓数说李牧的罪过："有一回将军战胜归朝，大王给你赐酒。你向大王祝寿时手里却握着一把匕首，所以罪该处死。"武安君解释说："那是因为我的右胳膊有病，不能伸展，我的身躯虽高大胳膊却比较短，向大王跪拜的时候双手够不到地，我害怕这样对大王不敬，担心犯了死罪，于是就叫木工用木头做了一个假臂。赵王如果不信的话，我请求出示我的手臂。"于是就从袖中取出假臂，向韩仓出示。假臂像是木橛一样，缠着布条。李牧恳求道："希望您能入宫替我辩明。"韩仓却说："我仅是听从于大王的命令而已，大王要赐死将军，决不赦免，我不敢替你说话。"于是武安君只好向北面拜谢赐予他死罪，将要抽出宝剑自杀，又说道："为人臣子不能在宫中自杀。"于是就走出司空马的门，走得越发地快，出了诹门，右手拿着宝剑要自杀，但是胳膊太短够不着，于是就用嘴含住剑，将剑柄抵在柱子上自杀了。武安君死后，五个月赵国就灭亡了。

后来平原令只要见到别人，一定为此慨叹说："哎呀，司空马！"他又认为司空马从秦国逃出来，不能算作不聪明，离开赵国，也不能算作不仗义。赵王放走司空马结果国家遭灭亡。国家之所以灭亡，不是没有贤能的人，而是因为贤人不能受到重用。

四国为一将以攻秦

原　文

四国为一[1]，将以攻秦。秦王召群臣、宾客六十人而问焉，曰：

“四国为一，将以图秦，寡人屈于内[2]，而百姓靡于外[3]，为之奈何？”群臣莫对。姚贾对曰[4]：“贾愿出使四国，必绝其谋，而安其兵[5]。”乃资车百乘，金千斤，衣以其衣，冠带以其剑。姚贾辞行。绝其谋，止其兵，与之为交以报秦。秦王大悦。贾封千户，以为上卿。

韩非知之，曰：“贾以珍珠重宝，南使荆、吴[6]，北使燕、代，之间三年，四国之交未必合也，而珍珠重宝尽于内。是贾以王之权、国之宝，外自交于诸侯，愿王察之。且梁监门子[7]，尝盗于梁，臣于赵而逐。取世监门子、梁之大盗、赵之逐臣，与同知社稷之计，非所以厉群臣也。”

王召姚贾而问曰：“吾闻子以寡人财交于诸侯，有诸？”对曰：“有。”王曰：“有何面目复见寡人？”对曰：“曾参孝其亲，天下愿以为子；子胥忠于君，天下愿以为臣；贞女工巧，天下愿以为妃[8]。今贾忠王，而王不知也。贾不归四国，尚焉之？使贾不忠于君，四国之王尚焉用贾之身？桀听谗而诛其良将，纣闻谗而杀其忠臣，至身死国亡。今王听谗，则无忠臣矣。”

● 百里奚畜牧封侯

王曰：“子监门子，梁之大盗，赵之逐臣。”姚贾曰：“太公望齐之逐夫[9]，朝歌之废屠，子良之逐臣，棘津之雠不庸[10]，文王用之而王[11]。管仲，其鄙人之贾人也，南阳之弊幽[12]，鲁之免囚，桓公用之而伯。百里奚，

虞之乞人，传卖以五羊之皮，穆公相之而朝西戎。文公用中山盗[13]，而胜于城濮。此四士者，皆有诟丑，大诽天下，明主用之，知其可与立功。使若卞随、务光、申屠狄[14]，人主岂得其用哉？故明主不取其污，不听其非，察其为己用[15]。故可以存社稷者，虽有外诽者不听，虽有高世之名，无咫尺之功者不赏[16]。是以群臣莫敢以虚愿望于上。”

秦王曰："然。"乃可复使姚贾而诛韩非。

注　释

①**四国**：指吴、燕、楚、代这四个国家。②**屈于内**：国内的财力匮乏。③**靡于外**：耗尽在外边。靡，犹尽。④**姚贾**：秦臣。⑤**安其兵**：使四国按兵不出。安，止。⑥**荆**：即楚，为了避开秦庄襄王子楚的名讳故称之为"荆"。⑦**监门子**：看门人的儿子。监，看守。⑧**妃**：婚配。⑨**太公望**：即姜太公吕望，人称姜子牙，周国的开国功臣。⑩**雠**：通"售"，买。⑪**文王**：周文王姬昌。⑫**弊幽**：隐蔽不被人知道。弊，通"蔽"。⑬**文公**：晋文公重耳。⑭**卞随、务光、申屠狄**：皆为商朝的隐士。⑮**察其为己用**：考察他们可以为自己所用的方面而用之。⑯**咫尺之功**：功劳小。咫，八寸。

译　文

楚、吴、燕、代四国联合一起，准备进攻秦国。秦始皇召见群臣和六十位宾客，问他们道："四国联成一体，打算图谋秦国，我在国内财力匮乏，百姓的力量又都消耗在外边，对四国联军的进攻该怎么办好？"大臣们不能回答。姚贾回答说："我愿意出使四国，一定能粉碎他们的阴谋，把四国的军队稳住。"秦王于是送给他一千辆车，一千两金子，把自己的衣服送给姚贾穿上，又把王冠、御带、宝剑送给他作为纪念。姚贾辞别秦王政分别出使楚、吴、燕、代四国，果然打断了四国的计划，使四国按兵不动，还分别与四国缔交，然后回报秦王政。秦王政心中非常高兴，封姚贾食邑千户，并任他为上卿。

韩非知道了这件事情，就去对秦王说："姚贾用珍珠和贵重的宝物，南到楚国、吴国，北到燕国、代国，这之间共有三年。四国的邦交未必真的联合成功，然而珍珠和贵重的宝物尽取之于国内。这是姚贾借用大王的权力和秦国的珍宝，在外面与诸侯私自结交，我希望大王调查追究这件事。况且姚贾是魏国守门人的儿子，曾经在魏国偷盗，又曾在赵国做臣子而被驱逐。大王任用世代为看门人的后代、魏国的大盗、赵国的逐臣，又和这样的人治理国家的事情，我认为不是鼓励群臣的办法。”

秦王政召见姚贾，询问他道：“我听说您用我的财宝与诸侯私自结交，有这回事吗？”姚贾答道：“有。”秦王政说：“你还有什么脸面又来见我呢？”姚贾回答说：“曾参孝顺他的双亲，天下人愿意让这样的人做儿子；伍子胥忠于他的君主，天下诸侯愿意让这样的人做他的大臣；贞淑的女子手很巧，天下人愿意让这样的人做他的妻子。现在我姚贾对大王忠心耿耿，大王却不了解。这样，我姚贾不回到四国去，还能去哪里呢？假使我姚贾对国君不是忠心耿耿，四国的君主还为什么用我呢？从前夏桀听信小人的谗言而诛杀了他的良将，殷纣听信小人的谗言而残杀了他的忠臣，以致自身惨死，国家灭亡。如果现在大王听信谗言，那可就没有忠臣了。”

秦王政说：“您是一个看门人的儿子，魏国的大盗，赵国的逐臣。”姚贾说：“太公望，是齐国的一个被妻子赶走的丈夫，是朝歌的卖不掉肉的屠户，是子良的逐臣，还是一个在棘津出卖劳力而没人雇用的人；可是周文王举用了他，因而称王于天下。管仲是边远地区的商人，是南阳的一个被埋没的人，还是一个鲁国释放的囚犯；可是齐桓公举用了他，因而称霸于天下。百里奚，是虞国行乞的人，被人用五张公羊皮转卖；可是秦穆公任他为相，因而使得西戎来朝。晋文公也任用过中山大盗，却在城濮打了胜仗。这四个人都有让人羞辱的事情，让天下人看不起，然而英明的君主却任用了他们，知道可以和他们建立功业。假使像卞随、务光、申屠狄这样的人，人主哪里能任用他们呢？因此英明的君主虽然不取其污行，不听其谬论，却考虑那些能为己所用的地方。因此，凡是能够安定国家的君主，即使外面有恶意攻击的言论，他一概不听信，即使有的人有高出世间的名声，但没有一点功劳，他也一概不予奖赏。所以他的群臣就没有人敢用不切实际的企望希求于国君。”

秦王说：“有道理。”于是继续任用姚贾并诛杀了韩非。

卷八　齐策一

楚威王战胜于徐州

原　文

楚威王战胜于徐州，欲逐婴子于齐[1]。婴子恐。张丑谓楚王曰[2]："王战胜于徐州也，盼子不用也[3]。盼子有功于国，百姓为之用[4]；婴子不善[5]，而用申缚。申缚者，大臣与百姓弗为用，故王胜之也。今婴子逐，盼子必用。复整其士卒以与王遇[6]，必不便于王也[7]。"楚王因弗逐。

注　释

①**婴子**：即田婴，齐威王的少子，封地在薛，封号为靖郭君。②**张丑**：齐臣。③**盼子**：即田盼，齐将。④**用**：效力。⑤**善**：和善。⑥**遇**：敌，对抗。⑦**便**：有利于。

译　文

楚威王在徐州取胜之后，想逼迫齐国驱逐婴子。婴子恐惧了，张丑就去对楚王说："大王在徐州打了胜仗，那是因为田婴没有用田盼。田盼对国家有功，百姓都愿意为他效力。田婴和田盼的关系不好，所以齐国没有任用田盼，而是任用了齐将申缚。申缚这个人，仅仅是田婴的亲信，人民和大臣却都不愿意为他效力，因此大王才得以在徐州战胜申缚。如今田婴若被驱逐，田盼一定会被重用。他可以再整顿全国军队来跟大王对抗，一定对大王不利。"楚王因此没有驱逐田婴。

靖郭君将城薛

● 鱼

原文

靖郭君将城薛[1]，客多以谏。靖郭君谓谒者[2]无为客通[3]。齐人有请者曰："臣请三言而已矣[4]！益一言[5]，臣请烹[6]。"靖郭君因见之。客趋而进曰[7]："海大鱼。"因反走[8]。君曰："客有于此[9]。"客曰："鄙臣不敢以死为戏。"君曰："亡[10]，更言之。"对曰："君不闻大鱼乎？网不能止[11]，钩不能牵[12]，荡而失水[13]，则蝼蚁得意焉[14]。今夫齐亦君之水也。君长有齐阴[15]，奚以薛为？失齐，虽隆薛之城到于天[16]，犹之无益也。"君曰："善。"乃辍城薛。

注释

①**将城薛**：将要修筑薛地的城墙。城，用如动词，修筑城墙。②**谒者**：负责通报的官吏。③**通**：通报。④**三言**：三个字。⑤**益**：增加。⑥**请**：请将我。⑦**趋**：小步快走，这是古代臣子面见君主时的一种礼节。⑧**反**：通"返"，返回，回头走。⑨**有于此**：留于此，意思是说留在这里继续说。⑩**亡**：通"无"，不。⑪**止**：捕获。⑫**牵**：牵引，即用鱼钩钓住。⑬**荡**：放。⑭**得意**：满意。⑮**阴**：庇护，荫庇。⑯**隆**：使之高，使动用法。

译文

靖郭君田婴要在薛地建城墙，很多人都来劝他停工。靖郭君告诉传达人不要给这些人进来通禀。门客中有一位齐国人请求见靖郭君。他说："我只请求讲三个字就完了。如果增加了一个字，我甘愿受烹刑！"靖郭君因而接见了他。这位门客快步上前施礼，说了一声："海大鱼！"回头就跑。靖郭君说："你还有话没说完呢！"门客回答说："您没听说过大鱼吗？渔网不能捕获它，鱼钩不能钓住它，可是它一离开水面，就连蝼蚁都能随意地吃掉它。现在齐国也正好像您的水，您如果长久有齐国的保护，哪里用得着薛邑呢？如果失去了齐国，即使您在薛邑把城筑得天一般高，也没什么好处啊。”靖郭君说：“是啊。”于是停止了在薛邑筑城。

靖郭君善齐貌辨

原文

靖郭君善齐貌辨[1]。齐貌辨之为人也多疵[2]，门人弗说[3]。士尉以证靖郭君[4]，靖郭君不听，士尉辞而去。孟尝君又窃以谏[5]，靖郭君大怒，曰：“刬而类[6]，破吾家，苟可慊(qiè)齐貌辨者[7]，吾无辞为之。”于是舍之上舍[8]，令长子御，旦暮进食。

数年，威王薨[9]，宣王立。靖郭君之交，大不善于宣王，辞而之薛[10]，与齐貌辨俱留。无几何，齐貌辨辞而行，请见宣王。靖郭君曰：“王之不说婴甚，公往，必得死焉。”齐貌辨曰：“固不求生也[11]，请必行。”靖郭君不能止。

齐貌辨行至齐，宣王闻之，藏怒以待之。齐貌辨见宣王，王曰：“子，靖郭君之所听爱夫？”齐貌辨曰：“爱则有之，听则无有。王之方为太子之时，辨谓靖郭君曰：‘太子相不仁，过颐豕视，若是者倍反[12]。不若废太子，更立卫姬婴儿郊师。’靖郭君泣，而曰：‘不可，吾不忍也。’若听辨而为之，必无今日之患也。此为一。至于薛，昭阳请以数倍之地易薛[13]。辨又曰：‘必听之。’靖郭君曰：‘受薛于先王，虽恶于后王，吾独谓先王何乎！且先王之庙在薛，吾岂可以先王之庙与楚乎？’又不肯听辨。此为二。”宣王大息，动于颜色曰：“靖郭君之于寡人一至此乎？寡人少，殊不知此。客肯为寡人来靖郭君乎？”齐貌辨对曰：“敬诺[14]。”

靖郭君衣威王之衣冠[15]，带其剑。宣王自迎靖郭君于郊，望之而泣。靖郭君至，因请相之。靖郭君辞，不得已而受。七日谢病强辞，三日而听。

当是时，靖郭君可谓能自知人矣。能自知人，故人非之不为沮。此齐貌辨之所以外生、乐患、趣难者也。

注　释

①**齐貌辨**：人名，靖郭君的门客。②**多疵**：许多毛病，在此指其不拘泥于小节。疵，毛病。③**说**：通“悦”，喜欢。④**士尉**：人名，靖郭君的门客。⑤**孟尝君**：即田文，靖郭君田婴的儿子，“战国四公子”之一。**窃**：暗中。⑥**刬而类**：灭了我们这一族。刬，通“铲”，铲除，消灭。类，族类。⑦**慊**：使之满意。⑧**上舍**：上等住所。⑨**薨**：古时对诸侯去世的委婉表达。⑩**之薛**：到薛地去。⑪**固**：原本。⑫**若是者**：像这样的人。⑬**易**：指交换。⑭**敬诺**：对对方很恭敬地做出肯定答复。⑮**衣**：穿上。

译　文

靖郭君很亲近齐貌辨，可是齐貌辨和人相处又常常不注意小节，所以门客们都不喜欢他。有个叫士尉的人曾为此去劝说过靖郭君，靖郭君没有接受，士尉因此告辞而去。孟尝君又私下向靖郭君提出规劝，靖郭君听了勃然大怒，说道：“哪怕铲除你们这些人，破败了我的家，只要是能够满足齐貌辨的事，我都不会拒绝去做！”于是把齐貌辨安置在上等宾馆居住，让长子为他驾车，并且每天早晚按时给他送去食物。

这样过了几年，齐威王去世，齐宣王继位。靖郭君与齐宣王的关系素来很不好，于是就向齐宣王告辞，到自己的封地薛去，并带着齐貌辨一道前往。住了没多久，齐貌辨向靖郭君告辞，请求去谒见齐宣王。靖郭君说：“齐王很不喜欢我，您这一去必定得死在那里。”齐貌辨说：“我本来就没打算活着回来，一定要走的。”靖郭君没能劝住他。

齐貌辨离开薛地到了齐国，齐宣王已经听说此事，他满心藏着怒气地等着齐貌辨。齐貌辨见到齐宣王之后，宣王说：“你，靖郭君最喜欢的人，最信服的人！”齐貌辨说：“如果说喜欢那是有的，若说信服却是没有的事。当初，大王刚刚做太子时，我曾对靖郭君说：‘看太子的脸相不像是仁义的人，腮帮子很大，眼睛似猪一样偷着看人，像这样的人肯定背叛您。不如废掉太子，再立卫姬的孩子郊师。’靖郭君流着眼泪说：‘不行，我不忍心这样干。’如果靖郭君听信我的建议而照着办，就一定不会有今天的忧患了。这是第一件事可作证明。再说到薛以后，昭阳向靖郭君请求用几倍的土地来交换薛地。我又向靖郭君说：‘一定要接受这个请求。’可是靖郭君说：‘我从先王那儿接受了薛地，现在即使与后王关系不好，但如把薛地换出去，我又对先王说什么呢？况且先王的庙就在薛，我难道能够把先王的庙交给楚国吗？’他又不肯听信我的意见。这是第二件事可作证明。”齐宣王听了长叹一口气，脸上露出深受感动的表情，说道：“靖郭君对我竟然到了这么好的程度，我年轻，很不懂事。您愿意替我把靖郭君请回来吗？”齐貌辨回答说：“好吧。”

靖郭君于是动身回来，他穿戴上齐威王当年的衣冠，佩带着齐威王的宝剑。齐宣王亲自到郊外去迎接靖郭君，望着靖郭君哭泣。靖郭君回来后，齐宣王请他做齐国的相。靖郭君表示辞谢，不得已而接受了。七天之后，又以有病为名坚决要求辞职，三天之后齐宣王才接受他的辞呈。

到这时候，靖郭君才可以说自己最能了解别人了！因为自己能了解别人，所以即使有人非议某个有才能的人，也不为此而停止行动。这就是齐貌辨之所以把生死置之度外，乐于效命，助人急难的原因。

邯郸之难

原文

邯郸之难[1]，赵求救于齐。田侯召大臣而谋[2]曰：“救赵孰与勿救[3]？”邹子曰[4]：“不如勿救。”段干纶曰[5]：“弗救，则我不利。”田侯曰：“何哉？”“夫魏氏兼邯郸[6]，其于齐何利哉？”田侯曰：“善。”乃起兵，曰：“军于邯郸之郊。”段干纶曰：“臣之求利且不利者非此也[7]。夫救邯郸，军于其郊，是赵不拔而魏全也。故不如南攻襄陵以弊魏[8]。邯郸拔而承魏之弊，是赵破而魏弱也。”田侯曰：“善。”乃起兵南攻襄陵。七月，邯郸拔。齐因承魏之弊，大破之桂陵。

注释

①**邯郸之难**：指魏国攻打邯郸之事。邯郸，赵国的国都，位于今天河北邯郸。②**田侯**：即齐威王。③**孰与**：何如。④**邹子**：即邹忌，齐国的相国。⑤**段干纶**：齐国的

臣子。⑥**兼**：兼并。⑦**求利**：即救援有利。⑧**襄陵**：魏国的地名，位于今河南睢县。

译 文

在邯郸危难的时候，赵国向齐国求救。齐威王召集大臣谋划说："救援赵国还是不救援赵国哪个好？"邹忌说："不如不救援赵国。"段干纶说："不救援赵国，那对我们是不利的。"齐威王说："为什么呢？"段干纶说："如果魏国兼并邯郸，这对齐国有什么利益呀？"齐威王说："好。"于是就出兵，齐威王说："把军队驻扎在邯郸的郊外。"段干纶曰："臣下救援有利或者无利，并不在这里。救助邯郸，把军队驻扎在邯郸城的郊外，这样，赵国的都城邯郸就不会被攻破，而魏国因为停战也会使实力得以保全。因此我们不如向南攻打魏国的襄陵，这样魏军就会很疲惫。如果邯郸城被攻破的话，我们就可以借魏军疲惫的机会出兵魏国，如此的话赵国国都被攻破了，而魏军也会被削弱。"威王说："好。"于是齐国就向南发兵攻打魏地襄陵，七月份的时候，邯郸城被魏军攻破，齐国借魏军疲敝之机，在桂陵大败魏军。

邹忌修八尺有余

原 文

邹忌修八尺有余①，身体昳(yì)丽②。朝服衣冠，窥镜，谓其妻曰③："我孰与城北徐公美④？"其妻曰："君美甚，徐公何能及君也！"城北徐公，齐国之美丽者也。忌不自信，而复问其妾曰："吾孰与徐公美？"妾曰："徐公何能及君也！"旦日，客从外来，与坐谈，问之客曰："吾与徐公孰美？"客曰："徐公不若君之美也。"

明日⑤，徐公来。孰视之⑥，自以为不如；窥镜而自视，又弗如远甚⑦。暮，寝而思之曰："吾妻之美我者，私我也⑧；妾之美我者，畏我也；客之美我者，欲有求于我也。"

于是入朝见威王曰："臣诚知不如徐公美⑨，臣之妻私臣，臣之妾畏臣，臣之客欲有求于臣，皆以美于徐公。今齐地方千里⑩，百二十城，宫妇左右⑪，莫不私王；朝廷之臣，莫不畏王；四境之内，

莫不有求于王。由此观之，王之蔽甚矣[12]！”王曰：“善。”

乃下令：“群臣吏民，能面刺寡人之过者[13]，受上赏；上书谏寡人者，受中赏；能谤议于市朝[14]，闻寡人之耳者，受下赏。”令初下，群臣进谏，门庭若市。数月之后，时时而间进。期年之后[15]，虽欲言[16]，无可进者。燕、赵、韩、魏闻之，皆朝于齐。此所谓战胜于朝廷。

注　释

①**修**：长，此处指身高。**八尺**：相当于现在五尺六寸，一米八六。②**昳丽**：神采焕发，容貌美丽。③**谓**：对。④**孰与**：表示比较，哪一个更美。⑤**明日**：第二天。⑥**孰**：通“熟”，仔细地。⑦**又弗如远甚**：又觉得比徐公相差太远。弗，不。甚，十分。⑧**私**：偏爱。⑨**诚**：实在，的确。⑩**地方**：土地方圆。⑪**左右**：指亲近之臣。⑫**蔽**：被蒙蔽。⑬**面刺**：当面指责。⑭**谤议**：指责议论。**市朝**：犹市井。⑮**期年**：满一年。⑯**虽**：即使。

译　文

邹忌身长八尺有余，长得标致美貌。早晨把衣帽穿戴好望着镜子，对他的妻子说：“我跟城北徐公比起来，谁更漂亮？”他的妻子回答道：“您漂亮得很，徐公怎么能比得上您呢！”城北徐公，是齐国出名的美男子。邹忌不相信他比徐公还漂亮，又问他的小老婆道：“我跟徐公比起来，谁更漂亮？”小老婆回答道：“徐公怎么能比得上您呢？”第二天，有个客人从外进来，他们对坐谈话，邹忌问客人道：“我和徐公谁比较好看呢？”客人说：“徐公不如您好看。”

又过了一天，徐公来了，邹忌仔细地看他，自以为不如人家。又对着镜子端详自己，更加觉得远远比不上徐公。晚上，邹忌躺在床上反复思考这件事，猛然醒悟道：“我的妻子认为我漂亮，是因为她偏爱我啊；小老婆说我漂亮，是因为她害怕我啊；客人夸我漂亮，是因为他有事想要求得我的帮助啊！”

于是邹忌入朝拜见齐威王说：“我实在知道不如徐公美，可是我的妻子爱我，我的妾怕我，我的客人对我有所求，就都说我比徐公美。由此我想到：如今齐国土地千里见方，有一百二十座城市，宫中妇女和左右亲信没有谁不爱大王；朝廷的大臣没有哪个不怕大王的；国境之内，没有哪一个人不对大王有所求。由此看来，大王太容易受蒙蔽了！”齐威王说：“对！”

于是就颁布了一道命令：“无论朝廷群臣、地方官吏、国内百姓，凡是能当面指责我的过错的，一律给予上等奖赏，凡是能上奏章直言规劝我的，一律给予中等奖赏；凡是能在众人会集的公共场合批评我，而又传到我的耳中的，一律给予下等奖赏。”这道命令刚颁下的时候，群臣纷纷进言规劝，宫门和堂院像集市一般拥挤。几个月以后，只是有时还断断续续地有人来进言规劝。一年以后，即使想要进言规劝，也没有什么可说的了。燕、赵、韩、魏四国听到这种情形，都到齐国来朝拜，这就是所谓在朝廷内部战胜了敌人。

秦假道韩魏以攻齐

原　文

秦假道韩、魏以攻齐，齐威王使章子将而应之[1]。与秦交和而舍[2]，使者数相往来。章子为变其徽章，以杂秦军。候者言章子以齐入秦[3]，威王不应。顷之间，候者复言章子以齐兵降秦，威王不应。而此者三。有司请曰：“言章子之败者，异人而同辞，王何不发将而击之？”王曰：“此不叛寡人明矣，曷为击之！”

顷间，言齐兵大胜，秦军大败，于是，秦王称西藩之臣而谢于齐[4]。左右曰[5]：“何以知之？”曰：“章子之母启，得罪其父，其父杀之而埋马栈之下。吾使者章子将也，勉之曰：‘夫子之强，全兵而还，必更葬将军之母。’对曰：‘臣非不能更葬先妾也[6]。臣之母启得罪臣之父。臣之父未教而死。夫不得父之教而更葬母，是欺死父也。故不敢。’夫为人子而不欺死父[7]，岂为人臣欺生君哉？”

注　释

①**齐威王**：一说应该是齐宣王。**将**：指统率。**应**：击，迎战。②**交和**：双方军队对峙。③**候者**：侦察人员。**以**：率领。④**秦王称西藩之臣而谢于齐**：秦王称自己为“西藩之臣”，朝拜齐王并向其谢罪。⑤**左右**：指近臣。⑥**先妾**：指其母亲，是对先父妻子的谦称。⑦**而**：犹如，像。

译文

秦军向韩、魏两国借路来进攻齐国，齐威王命章子为将迎击秦军。齐、秦两军相互对峙还没有交战，这时双方使者多次往来敌营，章子的目的是把齐军的战旗改变成秦军的样子，以此混入秦军。齐王的侦察人员向齐王报告章子带领齐军向秦军投降了。齐威王没有什么回应。过了一会儿，侦察人员又向齐王报告章子带领齐军向秦军投降了。齐威王依然没有什么回应。事情就这样一连反复了好几次。有个军吏向齐王请示道："不同的探兵都一致地声称章子战败投敌，大王您为什么不派遣军队去征讨他呢？"威王回答说："很明显这个人不会背叛我，为什么要派兵去征讨他呢？"

不久之后，有人传报说："齐军大获全胜，秦军遭受很大失败。"于是，秦王就作为"西藩之臣"朝拜齐王并向齐王谢罪。近臣们都问齐王："大王您怎么会知道章子没有战败投敌呢？"齐王说："章子的母亲启，对章子的父亲犯下了罪，章子的父亲就杀了他母亲，并把他母亲埋在了马栈之下。我任用章子为将出兵迎击秦军，勉励他说：'倘若你能作战得胜，率领全部的军队返还到齐国，我必定会把您的母亲迁土重葬。'他回答说：'我不是不能改葬先父之妻。我的母亲曾在我父亲面前犯过罪，我的父亲临去世之前没有留下遗言，没有得到父亲的遗言就改葬母亲，这是欺骗死去的父亲。因此我没有敢这样做。'由此可见，作为人子不敢欺骗死去的父亲，难道他作为人臣还能欺辱活着的君王吗？"

苏秦为赵合从说齐宣王

原文

苏秦为赵合从[1]，说齐宣王曰："齐南有太山[2]，东有琅邪[3]，西有清河，北有渤海，此所谓四塞之国也。齐地方二千里，带甲数十万，粟如丘山。齐车之良，五家之兵，疾如锥矢，战如雷电，解如风雨，即有军役，未尝倍太山、绝清河、涉渤海也。临淄之中七万户，臣窃度之[4]，不下户三男子，三七二十一万，不待发于远县，而临淄之卒，固以二十一万矣。临淄甚富而实，其民无不吹竽、

鼓瑟、击筑、弹琴，斗鸡、走犬、六博[5]、蹴踘者[6]；临淄之途，车毂击，人肩摩，连衽成帷，举袂成幕，挥汗成雨；家敦而富，志高而扬。夫以大王之贤与齐之强，天下不能当，今乃西面事秦，窃为大王羞之。

"且夫韩、魏之所以畏秦者，以与秦接界也。兵出而相当，不至十日，而战胜存亡之机决矣[7]。韩、魏战而胜秦，则兵半折，四境不守；战而不胜，以亡随其后。是故韩、魏之所以重与秦战而轻为之臣也。

"今秦攻齐则不然，倍韩、魏之地，至闱阳晋之道[8]，径亢父之险，车不得方轨[9]，马不得并行，百人守险，千人不能过也。秦虽欲深入，则狼顾[10]，恐韩、魏议其后也。是故恫疑虚喝[11]，高跃而不敢进，则秦不能害齐，亦已明矣。夫不深料秦之不奈我何也，而欲西面事秦，是群臣之计过也。今无臣事秦之名，而有强国之实，臣固愿大王少留计。"

齐王曰："寡人不敏[12]，今主君以赵王之教诏之，敬奉社稷以从。"

注释

①**合从**：即合纵。从，通"纵"。②**太山**：即泰山。③**琅邪**：即琅邪山，在今山东诸城东南一百五十里。④**度**：猜度。⑤**六博**：一种利用六个棋子赌博的方式。⑥**蹴踘**：类似于现在的踢皮球，是从练兵演变而出的一种游戏。⑦**机**：机要，关键。⑧**闱**：即卫，地名，地势险要。⑨**方轨**：在此指并排而行。轨，两辆车车轮之间的距离。⑩**狼顾**：像狼一样四面环顾。狼有回头向后看的习惯，以防背后遭到偷袭。⑪**恫疑虚喝**：疑虑恐惧，虚张声势地吓唬人。⑫**敏**：聪明。

译文

苏秦为赵国合纵的事去游说齐宣王道："齐国南面有泰山，东面有琅邪山，西面有清河，北面有渤海，这就是所谓的四面险隘的国家。齐国方圆两千里，兵数十万，粮食像山一样。齐国战车精良，又有五国军队的支援，战争集结会如锥如矢一般神速，战斗气势有如雷电雄壮猛烈，战斗结束会像风雨一样飘忽即逝。假使发生战争，也不曾翻越泰山，横渡清河，涉过渤海。临淄城中有七万户人家，我私自计算，每户不少于三个男子，三七二十一万人，不须从远地征发，单是临淄的士卒，本就已有二十一万了。临淄很是富足殷实，那里的居民没有不会吹竽、鼓瑟、击筑、弹琴、斗鸡、斗犬、六博、蹋球的；临淄城的路上，车轴时常相撞，人肩相互摩擦，如果连接衣襟可成帷幔，举起衣袖可成帐幕，擦一把汗如同下雨；家家富足，人人志气高扬。凭着大王的贤明和齐国的强盛，天下诸侯没有谁敢来对抗。可是如今您却俯首西边去侍奉秦国，我私下为大王惭愧。

“再说韩、魏两国之所以害怕秦国，是因为与秦国边界接壤的缘故。出兵相遇，不到十天，胜败存亡的关键就定下来了。如果韩、魏两国战胜了秦国，兵士就将损失一半，四方边境不能守卫；如果打了败仗，跟着来的便是亡国。这就是韩、魏两国之所以重视与秦国抗战而轻视做它的臣下的缘故。

“现在如果秦国攻打齐国，情形就不同了，背后有韩、魏的威胁，卫地和阳晋是必经之路，通过亢父天险时，车马不能并行，一百人守住险隘地方，一千人也不能通过。秦国即使想要深入齐境，却像狼一样时时有后顾之忧，担心韩、魏两国在它的后面打主意。所以秦国既害怕，又疑心，虚张声势来恐吓，跳得很高却不敢进兵。那么，秦国不能危害齐国，也已够明白的了。不仔细想想秦国对我无可奈何，却想要面朝西方去侍奉秦国，这是群臣的计谋错误啊。现在采取合纵抗秦，没有臣事秦国的丑名，而有强大国家的实际，所以我希望大王略微留意考虑考虑。”

齐王说：“我不大聪敏，现在主君您把赵王的教诲告诉我，我愿让齐国人民听从您的指挥。”

张仪为秦连横说齐王

原　文

张仪为秦连横说齐王曰：“天下强国，无过齐者[1]，大臣父兄殷众富乐[2]，无过齐者。然而为大王计者，皆为一时说而不顾万世之利[3]。从人说大王者[4]，必谓齐西有强赵，南有韩、魏，负海之国也，

地广人众，兵强士勇，虽有百秦，将无奈我何！大王览其说[5]，而不察其至实。

“夫从人朋党比周[6]，莫不以从为可。臣闻之，齐与鲁三战而鲁三胜，国以危，亡随其后，虽有胜名而有亡之实，是何故也？齐大而鲁小。

“今赵之与秦也，犹齐之于鲁也。秦、赵战于河漳之上[7]，再战而再胜秦[8]；战于番吾之下[9]，再战而再胜秦。四战之后，赵亡卒数十万，邯郸仅存。虽有胜秦之名，而国破矣！是何故也？秦强而赵弱也。

“今秦、楚嫁子取妇，为昆弟之国[10]；韩献宜阳，魏效河外，赵人朝渑池，割河间以事秦。大王不事秦，秦驱韩、魏攻齐之南地，悉赵涉清河，指博关，临淄、即墨非王之有也[11]。国一日被攻，虽欲事秦，不可得也。是故愿大王熟计之[12]。”

齐王曰：“齐陋邻隐居，托于东海之上[13]，未尝闻社稷之长利。今大客幸而教之[14]，请奉社稷以事秦。”献鱼盐之地三百里于秦也。

注　释

①**过**：超过。②**殷**：兴盛。③**顾**：指考虑，想到。④**从人**：想要合纵的人。从，通“纵”，合纵。⑤**览**：接受，采取。⑥**朋党**：结党。⑦**河漳**：黄河和漳河。⑧**再**：即两次。⑨**番吾**：赵国地名，位于今河北磁县附近。⑩**昆弟**：即兄弟，指像兄弟一样亲近。⑪**临淄、即墨**：齐国地名，分别位于今山东博平、平度一带。⑫**熟**：仔细。⑬**托**：寄托，寄居。⑭**大客**：高贵的客人，指张仪。

译　文

张仪替秦国策划连横，游说齐宣王道：“天下强国的实力，没有超过齐国的，各诸侯的大臣及家族兴盛众多，生活富足安乐，也没有超过齐国的。可惜为大王出谋划策的人，都是为一时的近利而空谈理论，并不能为万世的长治久安作打算。那些主张合纵的人，必然向大王说齐国西面有强赵，南面有韩、魏，东面濒临大海，土地广阔，人民众多，兵强马壮，即使有一百个秦国，也对齐国无可奈何。大王只接受了他们的游说，却没有考虑到这些话是否实在。

“那些主张合纵的人互相结党，没有谁不认为合纵是可以的。臣下听说，齐国与鲁国交战三次而鲁国三胜，可是鲁国陷入危境，随后就灭亡了，虽然有了胜利的虚名却得了一个灭亡的实果，这是什么缘故呢？这是因为齐国强大鲁国弱小。

“现在赵国和秦国相比，就如同齐国和鲁国一样。秦、赵战于黄河和漳河之滨，赵国两次交战两次战胜秦军，在赵邑番吾山下作战，又是两次都打败了秦军。但是四次战争以后，赵国损失几十万大军，仅仅只剩下一个国都邯郸。这就是虽然有战胜秦国的虚名，可是赵国却因此而削弱，这是什么缘故呢？还是因为秦国强大而赵国弱小啊。

“如今秦国嫁女，楚王娶妇，已结成为兄弟之国；韩国献出宜阳，魏国敬献黄河以南的领土，赵国人到渑池朝拜，割让河间的土地侍奉秦国。如果大王不侍奉秦国，秦国驱使韩国、魏国进攻齐国南部边境，发动赵国的全部军队渡过清河，指向博关，临淄、即墨就不归大王所有了。假如有一天齐国被攻破，即使想侍奉秦国，恐怕也是不可能了。因此希望大王仔细考虑这些事。”

齐宣王说：“齐国地方偏僻鄙陋，而且东临大海，还没听说过社稷的长远计划，所幸现在有贵客前来指教，寡人愿意以国家社稷来侍奉秦国。”于是齐国献给秦国出产鱼盐的土地三百里。

卷九　齐策二

张仪事秦惠王

原　文

张仪事秦惠王。惠王死，武王立[1]。左右恶张仪[2]，曰："仪事先王不忠。"言未已，齐让又至[3]。张仪闻之，谓武王曰："仪有愚计，愿效之王。"王曰："奈何？"曰："为社稷计者，东方有大变[4]，然后王可以多割地。今齐王甚憎张仪，仪之所在，必具兵而伐之。故仪愿乞不肖身而之梁[5]，齐必举兵而伐之。齐、梁之兵连于城下，不能相去[6]，王以其间伐韩，入三川，出兵函谷而无伐，以临周，祭器必出[7]，挟天子，案图籍，此王业也。"王曰："善。"乃具革车三十乘，纳之梁[8]。

齐果举兵伐之。梁王大恐。张仪曰："王勿患，请令罢齐兵[9]。"乃使其舍人冯喜之楚，藉使之齐[10]。齐、楚之事已毕，因谓齐王："王甚憎张仪，虽然[11]，厚矣王之托仪于秦王也[12]！"齐王曰："寡人甚憎仪，仪之所在，必举兵伐之，何以'托仪'也？"对曰："是乃王之'托仪'也。仪之出秦固与秦王约曰：'为王计者，东方有大变，然后王可以多割地。齐王甚憎仪，仪之所在，必举兵伐之。故仪愿乞不肖身而之梁，齐必举兵伐梁。梁、齐之兵连于城下不能去，王以其间伐韩，入三川，出兵函谷而无伐[13]，以临周，祭器必出，挟

天子，案图籍，是王业也。’秦王以为然，与革车三十乘，而纳仪于梁。而果伐之，是王内自罢而伐与国，广邻敌以自临，而信仪于秦王也[14]。此臣之所谓‘托仪’也。”王曰：“善。”乃止。

注　释

①**秦惠王**：秦孝公之子。**武王**：名荡，秦惠王之子。②**恶**：厌恶，这里意为毁谤。③**让**：责备，这里是指齐国派遣使者责备秦国任用张仪。④**东方**：指山东六国。⑤**不肖**：不贤，不才。⑥**不能相去**：意思是打得不可开交。⑦**祭器**：君王祭祀时所摆设的各种文物、彝器、轩车，古代祭祀的礼节很严格，不同职位的人祭祀时所使用的祭器规格不相同，以周天子所用祭器的规格最高。⑧**纳之梁**：纳之于梁，意思是将张仪送到梁国。⑨**请**：请允许我。⑩**藉**：通“借”，借机。⑪**虽然**：虽然这样。⑫**托仪**：抬举张仪。⑬**无伐**：无须出兵攻伐。⑭**信**：使之信。

译　文

张仪侍奉秦惠王。秦惠王去世，秦武王即位。左右的亲近大臣都憎恨张仪，说：“张仪侍奉先王不忠心。”谗毁的话还没有说完，齐国责备秦武王任用张仪的信又送到了。张仪听到这些事以后，便对武王说：“臣下有一条不太高明的计策，希望可以为大王所采用。”武王问道：“有什么计策呢？”张仪说道：“从国家社稷利害的角度考虑的话，最好的计策就是让山东诸国发生战乱，然后大王趁机攻城略地，索割疆土。如今齐王对臣恨之入骨，无论臣走到哪里，他都会不顾一切发兵攻打。所以臣愿意捐弃不肖之身前往魏国，从而挑动齐王出兵攻魏。齐国、魏国的兵接连在大梁城下交战，彼此无法离开，大王可以趁此机会进攻韩国，攻入三川，再从函谷关出兵，不用交战就可以兵临西周的都城，天子祭器一定能获得，然后可以挟持天子，掌握地图和户口、财物登记的表册，这是帝王的基业。”武王说：“好。”于是准备兵车三十辆，把张仪送入魏国。

齐王果然发兵攻打。魏王大为惊恐。张仪便对魏王说：“大王您不要担忧，请允许我让齐国退兵。”于是张仪便将其舍人冯喜派往楚国。冯喜便凭借楚国使者的名义前往到齐国。冯喜到了齐国以后，将齐、楚之间的事务处理完毕，然后趁机对齐王说：“我听说大王一向十分憎恨张仪，虽然是这样，让我奇怪的是，大王在秦王面前可是非常抬举张仪呀！”齐王诧异地问道：“寡人对张仪恨之入骨，张仪走到哪里，寡人必定发兵攻打到哪里，先生如何说寡人非常‘抬举张仪’呢？”冯喜说：“这恰恰正是大王‘抬举张仪’的地方呀。张仪离开秦国的时候，曾和武王密谋计议说：‘为大王的社稷江山谋划的话，最好的计策就是让东方大起战乱，秦国便能够乘机扩张索割土地。齐王对臣恨之入骨，不管臣到了哪里，必将不惜一切代价前去兴兵讨伐。臣愿意以自己这具不肖之身作为诱饵，前往魏国的大梁，从而让齐王去兴兵攻魏。当齐、魏两国在大梁城下打得不可开交的时候，大王就可以乘势进攻韩国的三川之地，从函谷关出兵，无须大动干戈就可以直逼西周，收取周天子的祭器，而后挟持着周天子，掌握天下的地图和策书，建立起自己的扬名万世的帝王基业。’秦王认为很对，给他三十辆兵车而送到魏国。可是你们果真去进攻了，这是大王在内自己疲劳自己，在外进攻盟国，扩大邻国敌人的力量而自己却会面临兵临城下的命运，并且使秦王更信任张仪。这就是臣下所说的大王把张仪托付给秦王的原因。”齐闵王说：“对。”就停止了对魏国的进攻。

昭阳为楚伐魏

原　文

昭阳为楚伐魏[1]，覆军杀将得八城，移兵而攻齐[2]。陈轸为齐王使[3]，见昭阳，再拜贺战胜，起而问：“楚之法，覆军杀将，其官爵何也？”昭阳曰：“官为上柱国[4]，爵为上执珪[5]。”陈轸曰：“异贵于此者何也？”曰：“唯令尹耳[6]。”

● 汉素卮

陈轸曰：“令尹贵矣！王非置两令尹也。臣窃为公譬可也？楚有祠者，赐其舍人卮酒。舍人相谓曰：‘数人饮之不足，一人饮之有余。请画地为蛇，先成者饮酒。’一人蛇先成，引酒且饮之，乃左手持卮，右手画蛇，曰：‘吾能为之足[7]。’未成，一人之蛇成，夺其卮曰：‘蛇固无足，子安能为之足？’遂

饮其酒。为蛇足者，终亡其酒[8]。今君相楚而攻魏，破军杀将得八城，不弱兵，欲攻齐。齐畏公甚，公以是为名足矣[9]。官之上非可重也。战无不胜，而不知止者，身且死，爵且后归，犹为蛇足也。”昭阳以为然，解军而去。

注释

①**昭阳**：楚国的将军。②**移兵**：调动军队。③**陈轸**：齐人，当时在秦国做官，为秦惠王出使齐国，昭阳移兵攻齐，又为齐宣王使者出使楚国。④**上柱国**：官职名，最高武官官职。⑤**上执珪**：楚国最高爵位名。珪，长条玉器。⑥**令尹**：楚国最为尊贵的爵位。⑦**为之足**：给蛇画脚。⑧**亡**：失掉。⑨**以是**：凭借这些。

译文

昭阳为楚国攻打魏国，打败魏国军队、杀死魏国将领，夺取八座城邑，调动军队要攻打齐国。陈轸作为齐王的使者，去见昭阳，再一次拜见之后向昭阳祝贺战事胜利，然后起身问道："按照楚国的法制，使敌军覆没，又杀了敌将，可以得到什么官爵呢？"昭阳说："官可以做上柱国，爵可以封上执珪。"陈轸说："比这种官爵更尊贵的是什么呢？"昭阳答道："那就只有令尹罢了。"

陈轸说："令尹够显贵的了！可是楚王不能设置两个令尹。请让我为您打个比方。楚国有个祭祀的人，赏赐舍人一杯酒。舍人互相说：'几个人都喝这酒不够，一个人喝还有剩余。让我们在地上画蛇，先画成的人喝酒。'一个人先画成了蛇，他拿起酒杯将要喝酒，却又左手握着酒杯，右手画着蛇，说：'我能给它画上脚。'还没画完，另一个人的蛇已画完了，夺过他的酒杯说：'蛇本来没有脚，您怎么能给它画上脚？'于是就喝了那杯酒。那个添蛇脚的人，终于失去了该他喝的酒。现在您辅佐楚国攻打魏国，打败了贼军，杀了魏将，还攻占了八座城池。您又调动军队，想要攻打齐国，齐国很惧怕您。您因此威名远扬，这已经很足够了。官上不能再加官啊！况且一直打胜仗而不知道适可而止的人，本人将要因祸致死，官爵也将在他死后归还国君。这就好像画蛇添足一样啊！"昭阳认为陈轸说得对，于是停止攻打齐国，率领军队回去了。

卷十　齐策三

楚王死

原　文

楚王死，太子在齐质。苏秦谓薛公曰[1]：“君何不留楚太子，以市其下东国[2]？”薛公曰：“不可。我留太子，郢中立王[3]，然则是我抱空质而行不义于天下也[4]。”苏秦曰：“不然，郢中立王，君因谓其新王曰：‘与我下东国，吾为王杀太子；不然，吾将与三国共立之。’然则下东国必可得也。苏秦之事，可以请行；可以令楚王亟入下东国[5]；可以益割于楚；可以忠太子而使楚益入地；可以为楚王走太子；可以忠太子使之亟去；可以恶苏秦于薛公；可以为苏秦请封于楚；可以使人说薛公以善苏子；可以使苏子自解于薛公。”

苏秦谓薛公曰：“臣闻谋泄者事无功[6]，计不决者名不成[7]。今君留太子者，以市下东国也。非亟得下东国者，则楚子计变，变则是君抱空质而负名于天下也。”薛公曰：“善。为之奈何？”对曰：“臣请为君之楚，使亟入下东国之地。楚得成，则君无败矣。”薛公曰：“善。”因遣之。故曰可以请行也。

谓楚王曰：“齐欲奉太子而立之。臣观薛公之留太子者，以市下东国也。今王不亟入下东国，则太子且倍王之割而使齐奉己[8]。”楚王曰：“谨受命。”因献下东国。故曰“可以使楚亟入地也”。

谓薛公曰："楚之势可多割也。"薛公曰："奈何？""请告太子其故，使太子谒之君，以忠太子。使楚王闻之，可以益入地。"故曰"可以益割于楚"。

谓太子曰："齐奉太子而立之，楚王请割地以留太子，齐少其地。太子何不倍楚之割地而资齐，齐必奉太子。"太子曰："善。"倍楚之割而延齐。楚王闻之，恐，益割地而献之，尚恐事不成[9]。故曰"可以使楚益入地也"。

谓楚王曰："齐之所以敢多割地者，挟太子也[10]。今已得地而求不止者，以太子权王也。故臣能去太子。太子去，齐无辞，必不倍于王也。王因驰强齐而为交，齐必听王。然则是王去雠而得齐交也。"楚王大悦曰："请以国因。"故曰"可以为楚王使太子亟去也"。

注 释

①**薛公**：即孟尝君田文，战国四公子之一，因世袭他的父亲田婴的封地薛地，故称为薛公。②**市**：交易。③**郢**：楚国的国都。④**抱空质**：持空质，白白把持人质。因楚自立王，留太子无益，故曰"抱空质"。⑤**亟**：紧急，立刻。**入**：致送。⑥**泄**：指泄露。⑦**决**：坚决。⑧**倍**：成倍，加倍。⑨**尚**：尚且。⑩**挟**：要挟，胁迫。

译 文

楚怀王客死在秦国，太子在齐国做人质。苏秦对孟尝君说："您为什么不扣留楚国太子，用他交换楚国东部靠近齐国的地方？"孟尝君说："不可以。我扣留楚国太子，楚国就会立王，这样一来，我们就是白白地把持人质并在天下人面前做不仁义的事情。"苏秦又说："事情并非这样，倘若楚国再立下新君的话，您就可以对新君说：'您把楚国东部靠近齐国边境的土地让给我的话，我就替您把太子杀掉；不这样的话，我就会联合秦、韩、魏三国共同拥立楚太子。'如此一来楚国东部靠近齐国边境的土地必然能够得到。苏秦的这个计谋有多种好处：他可以请求出使游说此事；可以使得楚王立刻把楚国东部靠近齐国边境的土地献出来，还可以得到楚国更多的割让之地；可以因为忠诚于太子使楚国割让更多的土地给我们；可以替楚王把太子赶走；可以因为忠诚于太子让太子马上离开齐国；可以在孟尝君面前诋毁苏秦；可以替苏秦向楚王讨得封赏；可以让人游说孟尝君，让他与苏秦交好；还可以使苏秦自己向孟尝君解说。”

苏秦对孟尝君说：“我听闻谋略泄露了的人，办事将无法取得功绩，谋略不能被坚决实施的人，威名就无法成就。如今孟尝君您扣留了楚太子，是想要楚国用下东国之地来交换。假若您不能马上得到下东国，楚国可能会再作打算，改变计策的话您将只是守着一个没有用处的人质，并且还会被天下人视为不义。”薛公说：“是啊，那应该如何是好啊？”苏秦回答说：“我请求替您出使楚国，使楚国立刻把下东国之地献给您。只要楚国答应了，您就不会失败了。”孟尝君说：“好。”于是派苏秦到楚国去。

苏秦对楚王说：“齐国想要侍奉太子并立他为王。臣下观看孟尝君扣留太子的原因，是想用他交换楚国东部靠近齐国的地方。假如大王不急速把楚国东部地方致送给齐国，那么太子将要比大王加倍割让土地给齐国并使齐国侍奉自己。”楚王说：“恭敬地接受您的命令。”因此献出了楚国东部靠近齐国的地方。所以说“可以使楚国急速赠送土地”。

苏秦回来对孟尝君说：“看楚王诚惶诚恐的样子，还可以多割占些土地。”孟尝君问：“有何办法？”苏秦答道：“请让我把内情告诉太子，使他前来见您，您假意表示支持他回国执政，然后故意让楚王知道，他自会割让更多的土地。”所以说苏秦之计“可以从楚国继续多割取土地”。

苏秦对楚太子说：“齐国打算奉立太子您为楚国的君王，但是楚王要割给齐国土地，以达到使齐国拘禁太子的目的，齐国认为割地太少了。太子您为什么不允诺割成倍的土地给齐国，如此一来齐国必然会拥立您为楚君。”太子答应说：“好。”就允诺割成倍的土地以扩展齐国。楚王听闻这件事后非常恐惧，也答应献出成倍的楚地，尚且害怕事情办不成。因此说“可以让楚国献出更多的土地”。

苏秦对楚王说：“齐国之所以敢多割取土地，是因为挟持太子。如今已经得到土地而要求不停止，是因为可以用立太子为王威胁大王。所以臣下能使太子离开齐国。太子离开齐国，齐国就没话可说，一定不能背叛大王。大王趁机急速前往竭力和齐国结成邦交，齐国一定会听从大王的。这样一来，那么大王是去掉了仇人并能和齐国结成邦交。”楚王非常高兴，说：“请让我以国家的名义跟随您。”所以说“可以为楚王使太子急速离开齐国”。

原　文

谓太子曰：“夫剬楚者王也[1]，以空名市者太子也，齐未必信太子之言也，而楚功见矣。楚交成，太子必危矣。太子其图之。”太

子曰："谨受命。"乃约车而暮去。故曰"可以使太子急去也"。

苏秦使人谓薛公曰："夫劝留太子者苏秦也，苏秦非诚以为君也，且以便楚也。苏秦恐君之知之，故多割楚以灭迹也。今劝太子者又苏秦也，而君弗知。臣窃为君疑之。"薛公大怒于苏秦。故曰"可使人恶苏秦于薛公也[2]"。

又使人谓楚王曰："夫使薛公留太子者苏秦也；奉王而代立楚太子者又苏秦也；割地固约者又苏秦也[3]；忠王而走太子者又苏秦也。今人恶苏秦于薛公，以其为齐薄而为楚厚也。愿王之知之。"楚王曰："谨受命。"因封苏秦为武贞君。故曰"可以为苏秦请封于楚也。"

又使景鲤请薛公曰[4]："君之所以重于天下者，以能得天下之士而有齐权也。今苏秦天下之辩士也，世与少有。君因不善苏秦，则是围塞天下士，而不利说途也。夫不善君者，且奉苏秦，而于君之事殆矣。今苏秦善于楚王，而君不蚤亲[5]，则是身与楚为雠也。故君不如因而亲之，贵而重之，是君有楚也。"薛公因善苏秦。故曰"可以为苏秦说薛公以善苏秦"。

注释

①**制**：同"制"，控制。②**恶**：诋毁。③**固**：巩固。④**景鲤**：楚国的相国。⑤**蚤**：通"早"。

译文

于是苏秦再次拜见太子，忧心忡忡地说："现今专制一国的是楚王，太子您不过空具虚名，齐人未必相信太子的许诺，而新楚王业已割地给齐。一旦齐、楚结交，太子就有可能成为其中的牺牲品，请太子早作良策！"太子醒悟："唯先生之命是从。"于是整治车辆，乘马连夜逃去。可见苏秦之计"能尽早打发太子离开齐国"。

苏秦让人对孟尝君说："劝您拘禁楚太子的人是苏秦，但是苏秦并非真正地为了孟尝君您，而是为了楚国的利益考虑。苏秦害怕被您发现这些，因此让楚国多割一些土地给齐，这是为了掩盖自己为楚国着想的痕迹。如今劝太子逃离的人也是苏秦，您并不知道这些。我私下替您感到疑惑。”薛公田文十分恼怒苏秦。因此说“可以让人在薛公田文面前诋毁苏秦”。

苏秦又派人对楚王说：“那让孟尝君扣留太子的人是苏秦，侍奉大王并代太子立为楚王的人又是苏秦，使楚国割让土地坚固与齐国盟约的人又是苏秦，忠于大王并赶走太子的人又是苏秦。如今有人使苏秦与孟尝君关系恶化，认为他对齐国情薄对楚国情厚。希望大王了解这些。”楚王说：“恭敬地接受您的教诲。”因此封苏秦为武贞君。所以说“可以为苏秦向楚国请求封赏”。

苏秦又让楚相景鲤对齐相薛公说：“您之所以能够得到天下诸侯的尊重，是由于您能得到天下的士人，拥有齐国的实权。如今苏秦是天下非常善于辩论的人，整个世间都少有。您对苏秦不友善的话，就会堵塞天下士人，会对游说等外交活动造成不利。那些与您不友善的士人，就会奉立苏秦，而薛公您行事就会有危险了！如今苏秦与楚王十分友善，假若您不尽早亲善苏秦，您就会成为楚王的仇敌。因此薛公您最好亲善苏秦，尊重他，如此一来您就会得到楚国的亲善。”薛公于是就和苏秦亲善。所以“可以说为苏秦游说孟尝君与苏秦友好”。

孟尝君将入秦

原文

孟尝君将入秦，止者千数，而弗听。苏秦欲止之，孟尝君曰：“人事者吾已尽知之矣；吾所未闻者，独鬼事耳[1]。”苏秦曰：“臣之来也，固不敢言人事也，固且以鬼事见君。”

孟尝君见之。谓孟尝君曰：“今者臣来，过于淄上[2]，有土偶人与桃梗相与语。桃梗谓土偶人曰：‘子，西岸之土也，挻(shān)子以为人[3]，至岁八月，降雨下，淄水至，则汝残矣。’土偶曰：‘不然，吾西岸之土也，土则复西岸耳。今子东国之桃梗也，刻削子以为人，降雨下，淄水至，流子而去，则子漂漂者将何如耳[4]。’今秦四塞之国，譬若虎口，而君入之，则臣不知君所出矣。”

孟尝君乃止。

注　释

①**独**：仅仅，只不过。②**淄上**：淄水之上。淄，水名。③**挺**：糅合。④**何如**：往何处。

译　文

孟尝君将要到秦国去，劝阻他的人上千，但他一概不听。苏秦也想要劝阻他，孟尝君说："那讲人事的话，我已全听过了，我还没有听说的，只有鬼事罢了。"苏秦说："我来求见，本来就不敢谈什么人事，姑且谈谈鬼事吧。"

● 鸡鸣狗盗

孟尝君接见了苏秦。苏秦对孟尝君说："今天臣下来的时候，经过淄水之上，看见一个泥土捏的人和一个桃木枝刻的人互相谈话。桃木人对泥人说：'您是西岸的泥土，人家把您糅制成人形，到今年八月，大雨降下，淄水冲来，你就残废了。'泥人说：'不对，我是西岸的泥土制成的，被水冲散还回西岸罢了。如今您却是东方的桃木枝，经过刻削您才成为人形，大雨降下，淄水流来，冲您而去，那您飘飘荡荡将不知到哪里去呢。'现在秦国，是一个四面都有山关险塞的国家，就好像虎口一样，您却要进去，我不知道您从哪里出来呢。"

孟尝君听了这番话，就不到秦国去了。

孟尝君在薛

原　文

孟尝君在薛[1]，荆人攻之[2]。淳于髡为齐使于荆，还反过薛[3]，而孟尝君令人体貌[4]，而亲郊迎之[5]。谓淳于髡曰："荆人攻薛，夫

子弗忧，文无以复侍矣[6]。”淳于髡曰：“敬闻命！”至于齐，毕报。王曰：“何见于荆？”对曰：“荆甚固[7]，而薛亦不量其力[8]。”王曰：“何谓也？”对曰：“薛不量其力，而为先王立清庙[9]。荆固而攻之，清庙必危。故曰：‘薛不量力而荆亦甚固。’”齐王和其颜色曰：“嘻！先君之庙在焉！”疾兴兵救之[10]。颠蹶之请[11]，望拜之谒[12]，虽得则薄矣。善说者，陈其势[13]，言其方[14]；人之急也，若自在隘窘之中，岂用强力哉？！

注　释

①**薛**：孟尝君封地，今山东藤县南薛城。②**荆人**：楚国人。③**反**：通“返”，返回。④**体貌**：应为礼貌，以礼相迎。⑤**亲郊**：亲自到郊外。⑥**文无以复侍矣**：我不能再侍奉您了，意思是我不久会被（楚人）杀死，请您帮我想想办法。⑦**固**：稳固、牢固。⑧**不量其力**：即自不量力。⑨**清庙**：先王的宗庙。⑩**疾**：马上。⑪**颠蹶**：慌忙奔走的样子。⑫**望拜**：仰望参拜。⑬**陈其势**：陈述形势。⑭**言其方**：谈论方略。方，方略、策略。

译　文

孟尝君住在薛地，楚人攻打薛地。淳于髡为齐国出使到楚国，回来时经过薛地。孟尝君让人准备大礼并亲自到郊外去迎接他。孟尝君对淳于髡说道：“楚人正在攻打薛邑，您不必为此担忧，只是我以后（即薛邑亡了以后）就不能再侍奉您了。”淳于髡说：“我知道了。”淳于髡回到齐国以后，向齐王将情况汇报完毕，齐王问道：“您在楚国有何见闻呢？”淳于髡回答道：“楚国国力是十分强大的，有外侵之意，然而薛邑也的确是自不量力。”齐王说：“为什么这么说呢？”淳于髡说：“薛邑实在是自不量力呀，偏偏在那儿修建了先王的宗庙。楚国国力稳固强盛，想要攻打薛邑，那样一来，先王的宗庙就必将很危险了呀。所以说：‘薛人不量力而行，楚国人也太顽固。’”齐闵王脸色和蔼地说：“啊！先君的宗庙在那里呀！”于是便立刻派兵去援救薛邑。从这件事可以看出，如果孟尝君奔走劳顿地去请求齐王，并加以情真意切地去礼拜，虽然也可以得到齐王的援助，可终究也是不够情深意厚的，那些擅长游说的人，巧于陈述形势、讲究说法的办法，别人听了也会着急，就像自己在困境中一样，哪里用得着使用很大的力量去求援呢？

孟尝君有舍人而弗悦

原　文

● 鲁仲连

孟尝君有舍人而弗悦[1]，欲逐之。鲁连谓孟尝君曰[2]：“猿猴错木据水则不若鱼鳖；历险乘危则骐骥不如狐狸；曹沫之奋三尺之剑[3]，一军不能当[4]，使曹沫释其三尺之剑，而操铫耨(yáo nòu)[5]，与农夫居垄亩之中，则不若农夫。故物舍其所长，之其所短[6]，尧亦有所不及矣。今使人而不能，则谓之不肖；教人而不能，则谓之拙。拙则罢之[7]，不肖则弃之。使人有弃逐，不相与处，而来害相报者，岂非世之立教首也哉[8]？”孟尝君曰：“善。”乃弗逐。

注　释

①**悦：**敬重。②**鲁连：**姓鲁名连，又称鲁仲连，齐国人，游侠义士。③**曹沫：**即曹刿，鲁庄公的武士，十分骁勇。④**当：**通“挡”，指抵挡。⑤**铫耨：**古时类似镢头、锄头的两种农具。⑥**之其所短：**用其所短。之，犹用，就。⑦**罢：**罢免，斥退。⑧**教首：**戒条。

译　文

孟尝君有个舍人，孟尝君不敬重他，想要赶他走。鲁连对孟尝君说：猿猴离开树木居住在水上，那么它们就不如鱼鳖；经历险阻攀登危岩，那么千里马就不如狐狸。古时的武士曹沫举起三尺长的剑，即使万人也抵挡不了，但是倘若让曹沫放下他的三尺宝剑，而手持铫耨，和农夫一起在田地里劳动，他就会还不如一个农夫。因此事物舍弃自己的长处，而用自己所不擅长的，即使是尧这样的圣人也有比不上的事。

如今您不能用人之长，就称别人没有才能；让人做他不擅长做的事，就说他愚笨。认为他愚笨就罢免他，认为他不才就抛弃他。假使人人驱逐不能相处的人，将来又要互相伤害报仇，难道不是为世人立了一个戒条吗？”孟尝君说：“好。”于是就不驱逐那个舍人了。

孟尝君出行国至楚

原　文

孟尝君出行国[1]，至楚，献象床。郢之登徒直使送之[2]，不欲行。见孟尝君门人公孙戍曰：“臣，郢之登徒也，直送象床。象床之直千金[3]，伤此若发漂[4]，卖妻子不足偿之。足下能使仆无行，先人有宝剑，愿得献之。”公孙曰：“诺。”入见孟尝君曰：“君岂受楚象床哉？”孟尝君曰：“然。”公孙戍曰：“臣愿君勿受。”孟尝君曰：“何哉？”公孙戍曰：“小国所以皆致相印于君者，闻君于齐能振达贫穷，有存亡继绝之义。小国英桀之士[5]，皆以国事累君，诚说君之义[6]，慕君之廉也。今君到楚而受象床，所未至之国将何以待君？臣戍愿君勿受。”孟尝君曰：“诺。”

公孙戍趋而去[7]。未出，至中闺[8]，君召而返之，曰：“子教文无受象床，甚善。今何举足之高、志之扬也[9]？”公孙戍曰：“臣有大喜三，重之宝剑一[10]。”孟尝君曰：“何谓也？”公孙戍曰：“门下百数，莫敢入谏，臣独入谏，臣一喜；谏而得听，臣二喜；谏而止君之过，臣三喜。输象床[11]，郢之登徒不欲行，许戍以先人之宝剑。”孟尝君曰：“善。受之乎？”公孙戍曰：“未敢。”曰：“急受之[12]。”因书门版曰：“有能扬文之名、止文之过[13]，私得宝于外者，疾入谏。”

注　释

①**出行**：外出巡游。②**登徒**：复姓，名佚。**直**：同“值”，犹当，正赶上。**使**：差。③**直**：

同“值”，价值。④**发漂**：头发尖儿。意思是说，床像头发的发丝一样细密精巧。⑤**英桀**：桀，通“杰”，战胜万人者称英，战胜英人者称桀。⑥**说**：通“悦”，喜欢。⑦**趋**：快走。⑧**闺**：宫中小门。⑨**足之高，志之扬**：脚抬得很高，志气很飞扬，形容心情很高兴。⑩**重**：又，加上。⑪**输**：送，运送。⑫**急**：赶紧。⑬**扬文之名、止文之过**：宣扬我的美名，制止纠正我的错误。

译　文

孟尝君出外巡行各国，到了楚国，楚国献给他一张象牙床。郢城一个姓登徒的人正赶上被派遣去送床，可是他不想去。他拜见孟尝君的门人公孙戍说：“我是郢城的登徒，正赶上被派遣送象牙床。然而象牙床价值千金，如果有一丝一毫的损伤，我就是卖了妻子儿女也赔偿不起呀。我家中有一把祖传的宝剑，如果您能让我不去送象牙床，我愿将这把宝剑送给您。”公孙戍说：“好的。”公孙戍便进去见孟尝君，说道：“难道您已经接受了楚王赠送的象牙床了吗？”孟尝君说：“是的。”公孙戍说道：“我希望您还是不要接受为好。”孟尝君说：“为什么呢？”公孙戍说：“五国之所以都把相印送给您，是听说您在齐国是能够全面地救助穷困的人，有使亡国的存在下去、断绝的宗庙祭祀继续下去的正义行为。小国中的英雄豪杰之士，都把国家大事托付给您，的确是喜欢您的义气，仰慕您的廉洁。如今您到了楚国，就接受了楚王赠送的象牙床，那些您还没有去的国家，又将怎样去接待您呢？我希望您还是不要接受这个礼物的好。”孟尝君说：“你说得很有道理。”

公孙戍快步离去。没有出去，刚到宫中小门，孟尝君又召唤他回来，说：“您教导我不要接受象牙床，这很好。如今您为什么走路脚抬得那么高，心里显出很得意的样子呢？”公孙戍回答说：“我有三件大喜事，再加上还有一把宝剑。”孟尝君说：“为什么这么说呢？”公孙戍说：“您门下有一百多人，却都没有人敢前来规劝您，唯独我自己来劝您，这是我的第一件喜事；我规劝了您，您又听从我的规劝，这是我的第二件喜事；我规劝您，还可以使您的错误得以改正，这是我的第三件喜事。楚王赠送给您的象牙床，郢城的登徒不愿意前去运送，他还要送我一把家传的宝剑作为酬谢。”孟尝君说：“这很好呀。您接受了吗？”公孙戍说：“我不敢擅自接受呀。”孟尝君说道：“您赶紧接受了这把宝剑吧。”于是孟尝君在门板上写道：“有谁能宣扬我的名声，劝阻我的过失，即使在外面私自得到宝物，也可急速进谏。”

淳于髡一日而见七人于宣王

原文

淳于髡一日而见七人于宣王[1]。王曰："子来，寡人闻之，'千里而一士，是比肩而立[2]；百世而一圣，若随踵而至也[3]。'今子一朝而见七士，则士不亦众乎？"淳于髡曰："不然，夫鸟同翼者而聚居，兽同足者而俱行。今求柴葫、桔梗于沮泽[4]，则累世不得一焉[5]；及之睾黍、梁父之阴[6]，则郄(xì)车后载耳[7]。夫物各有畴[8]，今髡贤者之畴也。王求士于髡，譬若挹水于河[9]，而取火于燧也[10]。髡将复见之，岂特七士也[11]？"

注释

①**见**：使之见，此处有引荐之义。②**比肩**：并肩。③**随踵**：接踵。④**柴葫、桔梗**：中药名，生长在山上。**沮泽**：低湿的地方。⑤**累世**：世世代代。⑥**睾黍、梁父之阴**：睾黍、梁父，大山名。阴，山的北坡。⑦**郄车**：敞开车装载。郄，同"郤"。⑧**畴**：类。⑨**挹**：汲取。⑩**燧**：古代取火的工具，分为金燧、木燧两种。⑪**特**：只、仅仅。

译文

淳于髡一天之内向齐宣王引荐七个人。齐宣王说："您过来，我听说'千里之内才有一位贤士，这贤士就是并肩而立了，百代之中如果出一个圣人，那就像接踵而至了'。如今您一个早晨就引荐七位贤士，那贤士不也太多了吗？"淳于髡说："不对。那翅膀相同的鸟类聚居在一起生活，足爪相同的兽类一起行走。现在如果到水草丛生的低湿地带去寻找柴胡、桔梗，那么，接连几个世代也找不着一枝。等到去那睾黍山、梁父山的北面，那就要尽车力来装载了。任何东西都有各自的种类，现在我淳于髡就是属于有道德、有才智的这一类。大王向我求取有才智的人，就好比在河里舀水，在燧中取火一样啊。我还将再举荐有才智的人，岂止七个呢？"

齐欲伐魏

原　文

齐欲伐魏，淳于髡谓齐王曰："韩子卢者，天下之疾犬也[1]。东郭逡者，海内之狡兔也[2]。韩子庐逐东郭逡，环山者三，腾山者五，兔极于前[3]，犬废于后[4]，犬兔俱罢[5]，各死其处。田父见之，无劳倦之苦，而擅其功[6]。今齐、魏久相持，以顿其兵[7]，弊其众[8]，臣恐强秦大楚承其后，有田父之功。"

齐王惧，谢将休士也[9]。

注　释

①**韩子卢**：韩国犬名。**疾犬**：跑得极快的狗。②**狡兔**：极其狡猾的兔子。③**极**：极尽其力。④**废**：疲惫不堪。⑤**罢**：通"惫"，疲惫。⑥**擅其功**：占有利益。⑦**顿**：困顿。⑧**弊**：疲惫。⑨**谢将休士**：遣散将帅，休整士兵。

译　文

齐国想要进攻魏国。淳于髡对齐王说："韩国有条黑狗名叫的卢，是天下跑得最快的狗。东郭山的兔子，是四海之内最敏捷的兔子。韩国的黑狗追捉东郭山的兔子，绕着山跑了三圈，腾越过五座山，兔子在前面尽力地跑，狗在后面竭力地追，狗和兔子都疲倦了，各自死在那里。一个农夫见到了它们，没有经受丝毫疲劳和辛苦，就独自享有了这一成果。现在齐国与魏国互相之间长久对抗，军队劳顿，百姓疲困，我实在担心强大的秦国和楚国紧紧跟在后面，就像那个农夫一样，要来坐享其成啊！"

齐宣王听了，心中害怕，就遣散了将官，让士卒休息，不去攻打魏国了。

国子曰秦破马服君之师

原　文

国子曰[1]："秦破马服君之师[2]，围邯郸。齐、魏亦佐秦伐邯郸，

齐取淄鼠，魏取伊是。公子无忌为天下循便计[3]，杀晋鄙，率魏兵以救邯郸之围，使秦弗有而失天下。是齐入于魏而救邯郸之功也。

“安邑者，魏之柱国也[4]；晋阳者，赵之柱国也；鄢郢者，楚之柱国也。故三国与秦壤界，秦伐魏取安邑，伐赵取晋阳，伐楚取鄢郢矣。福三国之君[5]，兼二周之地，举韩氏取其地，且天下之半。今又劫赵、魏，疏中国，封卫之东野，兼魏之河南，绝赵之东阳，则赵、魏亦危矣。赵、魏危，则非齐之利也。韩、魏、赵、楚之志，恐秦兼天下而臣其君，故专兵一志以逆秦[6]。三国之与秦壤界而患急，齐不与秦壤界而患缓[7]。是以天下之势不得不事齐也。故秦得齐，则权重于中国；赵、魏、楚得齐，则足以敌秦。故秦、赵、魏得齐者重，失齐者轻。齐有此势，不能以重于天下者何也？其用者过也。”

注　释

①**国子**：齐国大夫。②**马服君**：赵括。其父赵奢为赵国大将，战功卓著，赵王赐号马服，因此以为氏。③**公子无忌**：即魏国的信陵君，战国四公子之一。④**柱国**：国都。⑤**福**：通“偪”，亦通“逼”。⑥**逆**：抵抗。⑦**患**：祸患。

译　文

国子说：“秦国打败马服君赵括的军队，包围了邯郸。齐国、魏国也帮助秦国进攻邯郸，齐国攻占淄鼠，魏国攻占伊是。魏国公子无忌为天下设下妙计，杀死将军晋鄙，率领魏国军队去解救邯郸之围，使秦国不能占领邯郸而且失去天下民心。这都是齐军侵入魏地，才造就了信陵君解救邯郸之围的功绩。

“安邑，魏之都城；晋阳，赵之国都；鄢郢，楚之国都。这三个国家原本就和秦国的边境相接，秦攻破了魏国就能够占领安邑，讨伐赵国就能够夺取晋阳，攻打楚国就能够夺取鄢郢。再威逼三国的国君臣服，兼并东、西两周之地，攻破韩国，所攻取的土地将要达到天下土地的一半。如今又劫掠赵国和魏国，使中原各国之间疏离，夺取卫国的东地，吞噬魏国的河内地区，控制了赵国的东阳，如此一来，赵、魏就将处于危境了。赵、魏两国危急，这对齐国而言没有好处。韩、魏、赵、楚四国的心思，是害怕秦国兼并了天下的诸侯，使这四国的国君向秦称臣，因此他们齐心合力共同抵抗秦国。魏、赵、楚这三个国家因为与秦国边境交接，因此深感忧虑；而齐国因为边境不与秦国交接，因此也就不是十分担忧。天下诸侯在这种形势下就必然要依赖齐国。所以一旦秦国得到了齐国的友善，它的权势就会压倒天下诸侯；而赵、魏、楚三国如果得到了齐国的友善，力量就足以与秦国对抗。所以秦国、赵国、魏国谁得到齐国的支持，就会得到诸侯的重视，失掉齐国的支持就会受到诸侯的轻视。齐国既然占有这样好的形势，却不能在天下得到重视，是什么原因？大概是用的计策错了。”

卷十一　齐策四

齐人有冯谖者

原　文

齐人有冯谖者，贫乏不能自存，使人属孟尝君[1]，愿寄食门下。孟尝君曰："客何好？"曰："客无好也。"曰："客何能？"曰："客无能也。"孟尝君笑而受之曰："诺。"

左右以君贱之也，食以草具[2]。居有顷[3]，倚柱弹其剑，歌曰："长铗归来乎！食无鱼。"左右以告。孟尝君曰："食之，比门下之客。"居有顷，复弹其铗，歌曰："长铗归来乎！出无车。"左右皆笑之，以告。孟尝君曰："为之驾，比门下之车客。"于是乘其车，揭其剑，过其友曰："孟尝君客我。"后有顷，复弹其剑铗，歌曰："长铗归来乎！无以为家。"左右皆恶之，以为贪而不知足。孟尝君问："冯公有亲乎？"对曰："有老母。"孟尝君使人给其食用，无使乏[4]。于是冯谖不复歌。

后孟尝君出记[5]，问门下诸客："谁习计会[6]，能为文收责于薛者乎[7]？"冯谖署曰："能。"孟尝君怪之，曰："此谁也？"左右曰："乃歌夫长铗归来者也。"孟尝君笑曰："客果有能也，吾负之[8]，未尝见也。"请而见之，谢曰："文倦于事，愦于忧[9]，而性懧(nìng)愚[10]，沉于国家之事，开罪于先生。先生不羞，乃有意欲为收责于薛乎？"冯

谖曰："愿之。"于是约车治装[11]，载券契而行，辞曰："责毕收，以何市而反[12]？"孟尝君曰："视吾家所寡有者[13]。"

驱而之薛[14]，使吏召诸民当偿者，悉来合券。券遍合，起，矫命以责赐诸民[15]，因烧其券，民称万岁。

注　释

①**属**：通"嘱"，嘱托。②**食以草具**：给他吃粗糙的食物。草具，本指装盛粗劣饮食的食具，此代指粗糙的食物。③**顷**：一段时间。④**乏**：穷尽，完。⑤**记**：告示。⑥**计会**：即会计。⑦**责**：通"债"。⑧**负**：辜负。⑨**愦**：昏聩，昏乱。⑩**怜愚**：懦弱愚钝，谦辞。⑪**约车治装**：准备车子、服装。⑫**以何市而反**：买些什么回来？市，买。反，通"返"，返回。⑬**寡**：少。⑭**之**：到。⑮**矫命**：假托命令。

译　文

齐国有个叫冯谖的人，贫困得自己不能养活自己，让人把自己托付给孟尝君，希望在孟尝君门下讨口饭吃。孟尝君说："客人有什么爱好？"冯谖说："客人没有什么爱好。"孟尝君又问："客人有什么才能？"冯谖说："客人没有什么才能。"孟尝君笑着答应道："好吧。"

孟尝君身边的那些人因为孟尝君看不起冯谖，就用粗劣的食物给他吃。住了不久，冯谖身靠庭柱手弹剑，口里唱着歌道："长剑啊，咱们回去吧，没有鱼吃啊！"那些身边的人去报告了孟尝君。孟尝君说："给他鱼吃，和食客中的鱼客一样待遇。"过了不久，冯谖又弹着他的剑把唱道："长剑啊，咱们回去吧，出门没有车乘啊！"孟尝君身边的人都笑他，又去报告了孟尝君。孟尝君说："给他准备车马，和食客中的车客一样待遇。"于是冯谖乘上车子，高举佩剑，去拜访他的朋友说："孟尝君真正把我当客看待！"这以后不久，冯谖又弹他的剑把，唱道："长剑啊，咱们回去吧，没办法养家啊！"孟尝君身边的人都厌恶他，认为他贪得无厌，不知满足。孟尝君问："冯公家里有亲人吗？"回答说："有个老母亲。"孟尝君就派人供给她的食用，不让她缺吃少穿。于是冯谖再也不弹剑唱歌了。

后来，孟尝君发出通告，询问食客们："有谁熟悉会计，能为我到薛邑去收债呢？"冯谖签名说："我能。"孟尝君见了冯谖的签名，感到奇异，问道："这人是谁呢？"他身边的人答道："这就是唱'长剑啊，咱们回去吧'的那个人。"孟尝君笑道："这位客人果真是有能耐的，我对不起他，还不曾接见过他呢。"于是请冯谖来相见，向他道歉说："我被琐事弄得疲倦，被种种忧虑搅得心烦意乱，再加上自己愚弱无能，沉溺于国家的事务里面，对先生多有得罪。先生不以此为羞辱，倒有心想为我到薛邑去收债吗？"冯谖说："我愿意去。"于是准备好车马，整理好行装，装载着借债的契约准备启程了。冯谖去向孟尝君告辞道："把债收完后，买什么带回来？"孟尝君说："你看我家里缺少什么就买什么吧。"

冯谖便乘车到薛邑去，叫地方官召集那些该还债的百姓都来验对契约凭证。当契约凭证验对完毕之后，冯谖站起身来，假托孟尝君的命令，宣布将所有该收的债赏赐给百姓，于是将契约凭证统统烧掉，老百姓高呼"万岁"。

原　文

长驱到齐，晨而求见。孟尝君怪其疾也，衣冠而见之[1]，曰："责毕收乎？来何疾也！"曰："收毕矣。""以何市而反？"冯谖曰："君云'视吾家所寡有者'。臣窃计，君宫中积珍宝，狗马实外厩，美人充下陈。君家所寡有者乃义耳！窃以为君市义。"孟尝君曰："市义奈何？"曰："今君有区区之薛，不拊爱子其民[2]，因而贾利之[3]。臣窃矫君命，以责赐诸民，因烧其券，民称万岁。乃臣所以为君市义也。"孟尝君不说，曰："诺，先生休矣！"

后期年，齐王谓孟尝君曰："寡人不敢以先王之臣为臣[4]。"孟尝君就国于薛，未至百里，民扶老携幼，迎君道中。孟尝君顾谓冯谖："先生所为文市义者，乃今日见之。"冯谖曰："狡兔有三窟，仅得免其死耳。今君有一窟，未得高枕而卧也。请为君复凿二窟。"

● 兔

孟尝君予车五十乘，金五百斤，西游于梁，谓惠王曰："齐放其大臣孟尝君于诸侯，诸侯先迎之者，富而兵强。"于是，梁王虚上位[5]，以故相为上将军，遣使者，黄金千斤，车百乘，往聘孟尝君。冯谖先驱诫孟尝君曰："千金，重币也；百乘，显使也。齐其闻之矣[6]。"梁使三反，孟尝君固辞不往也[7]。

齐王闻之，君臣恐惧，遣太傅赍黄金千斤[8]，文车二驷，服剑一，封书谢孟尝君曰："寡人不祥，被于宗庙之祟[9]，沉于谄谀之臣，开罪于君。寡人不足为也。愿君顾先王之宗庙，姑反国统万人乎？"冯谖诫孟尝君曰："愿请先王之祭器，立宗庙于薛[10]。"庙成，还报孟尝君曰："三窟已就，君姑高枕为乐矣。"

孟尝君为相数十年，无纤介之祸者[11]，冯谖之计也。

注　释

①**衣冠**：穿上衣服，戴上帽子。②**拊爱**：抚爱。拊，通"抚"。③**贾利**：像商人一般向他们谋取利益。④**寡人不敢以先王之臣为臣**：我不敢用先王的臣子做臣子，即罢免其官职。⑤**虚**：空缺。⑥**其**：语气词，表示推测，揣度。⑦**固辞**：坚决推辞。⑧**赍**：送给某人礼物。⑨**被**：遭到。⑩**立宗庙于薛**：在薛地建立宗庙，这样可以巩固孟尝君的地位。⑪**无纤介之祸**：指没有丝毫灾祸。纤、介，都是细小的意思。

译　文

然后冯谖赶着车回到齐都临淄，第二天清晨就去请求孟尝君接见。孟尝君对他这么快回来感到怪异，穿好衣服、戴好帽子接见了他，问道："债都收齐了吗？为什么回来这么快呀？"冯谖答道："债都收齐了。"孟尝君问："买了些什么带回来？"冯谖答道："您曾说过看'我家里缺少什么就买什么'。我想，您的宫中堆积着珍珠宝贝，畜栏里养满了猎狗骏马，堂下住满了美人。在您的家里所缺少的，就只有'义'罢了！所以我为您买了'义'。"孟尝君说："买'义'又怎么样呢？"冯谖说："现在您拥有一个小小的薛邑，却不抚爱那里的百姓，不把他们当作自己的子女一样看待，反而用商贾的手段去向他们谋利。我假托您的命令，将所有该收的债都赏赐给了百姓，于是统统烧掉了那些契约凭证，老百姓高呼'万岁'，这就是我用来为您买'义'的做法。"

孟尝君很不高兴，说道："好了，先生去休息吧！"

这以后过了一年，齐闵王对孟尝君说："我不敢用先王的臣子来做自己的臣子。"这样一来，孟尝君只得离开国都到他的封地薛邑去。在离薛邑还有百里的地方，就见老百姓扶着老的带着小的，早在路上迎接他了。孟尝君回头看了看冯谖，对他说道："先生当初为我所买的'义'，我今天才见到了。"冯谖说："狡猾的兔子有三个洞穴，也只不过能够免除一死罢了。现在您只有一个洞穴，还不能高枕无忧地安卧啊！请让我为您再去挖凿两个洞穴吧！"

孟尝君就给了他五十辆车子、五百斤黄金，让他往西到魏国去游说。冯谖到了魏国，对魏惠王说："齐国把它的大臣孟尝君放逐国外，诸侯中谁先接待他的，一定会国富兵强。"于是，魏王特地把最高的丞相职位空出来，而让原来的丞相迁任上将军，又派遣使者，带上千斤黄金、百辆车子，前往聘请孟尝君。冯谖抢先赶回，告诫孟尝君道："千斤黄金，是厚重的聘礼；百辆车子，是显赫的使臣。这样一来，齐国大概也该听说了吧。"魏国的使者往返了三次，孟尝君坚决推辞不愿前往。

齐王听说后，君臣上下一片惊骇。于是派遣太傅携带了黄金千斤、绘有纹彩的四马车两辆、齐王自佩的宝剑一把和封好的书信一件去向孟尝君道歉说："我不吉利，受到祖宗降下的灾祸，被谄媚阿谀的佞臣所迷惑，因而得罪了您。我是不值得您帮助的，但我希望您顾念先王的宗庙，姑且回到齐国来治理百姓吧！"冯谖又告诫孟尝君说："请齐王把先王的祭器分给您一部分，然后在薛邑建立一座宗庙。"等到宗庙建成后，冯谖回报孟尝君道："如今三个洞穴都已挖凿成功了，您可以高枕无忧了。"

孟尝君做了几十年丞相，没有遭受任何微细祸害的原因，全靠冯谖的计谋策略啊！

孟尝君为从

原　文

孟尝君为从[1]。公孙弘谓孟尝君曰："君不以使人先观秦王[2]。意者秦王帝王之主也[3]，君恐不得为臣，奚暇从以难之[4]？意者秦王不肖之主也，君从以难之，未晚。"孟尝君曰："善，愿因请公往矣。"公孙弘："敬诺。"以车十乘之秦。

昭王闻之，而欲丑之以辞[5]。公孙弘见，昭王曰：“薛公之地，大小几何？”公孙弘对曰：“百里。”昭王笑而曰：“寡人地数千里，犹未敢以有难也。今孟尝君之地方百里，而因欲难寡人，犹可乎？”公孙弘对曰：“孟尝君好人，大王不好人。”昭王曰：“孟尝君之好人也，奚如？”公孙弘曰：“义不臣乎天子，不友乎诸侯；得志不惭为人主[6]，不得志不肯为人臣，如此者三人。而治，可为管、商之师，说义听行，能致其主霸王，如此者五人。万乘之严主也，辱其使者，退而自刎，必以其血污其衣，如臣者十人。”昭王笑而谢之曰：“客胡为若此，寡人直与客论耳[7]！寡人善孟尝君，欲客之必谕寡人之志也[8]。”公孙弘曰：“敬诺。”

● 管仲

公孙弘可谓不侵矣。昭王，大国也；孟尝，千乘也。立千乘之义而不可陵[9]，可谓足使矣。

注　释

①**从**：通“纵”，合纵。②**以**：应为“如”。③**意者**：假若，想来大概是。④**暇**：时间。⑤**丑**：羞愧，羞辱。⑥**不惭**：不愧。⑦**直**：只。⑧**谕**：告诉。⑨**陵**：通“凌”，凌辱。

译　文

孟尝君想要施行合纵政策。公孙弘对孟尝君说：“您不如派人先观察秦昭王是一个什么样的君王。猜想秦王可能是帝王一样的君主，您将来恐怕不能做他的臣下，哪有闲暇施行合纵来与他为难？猜想秦王可能是个不才的君主，那时您再施行合纵与他为难，也不算晚。”孟尝君说：“好，希望您趁机前往观察一下吧。”公孙弘恭敬地答应了，用了十辆车子出使秦国。

秦昭王听说这件事后，想要用言辞来羞辱他。公孙弘与秦昭王相见，秦昭王问："薛公的封邑，有多大？"公孙弘答道："百里。"秦昭王笑着说："我的地方有几千里，尚且不敢去为难他人；现在孟尝君的地方不过百里，却就想要为难我，这可行吗？"公孙弘答道，"孟尝君喜爱人才，大王不喜爱人才。"秦昭王说："孟尝君喜爱人才，像什么样子呢？"公孙弘说："德行高尚合于'义'，不向天子称臣，不与诸侯为友，得意的时候，不愿惭愧地做君主；不得意的时候，也不肯做臣下，像这样的，有三人。善于治理国家，可以做管仲、商鞅的老师，所讲的道理合于'义'，如能听从实行，可使他们的君主称霸称王，像这样的，有五人。拥有万辆兵车的威严君主，如果侮辱使者，使者将退下一步自杀，一定用他的血污染君王的衣服，像我这样的有十个人。"昭王笑着向公孙弘道歉，说："客人为什么像这样，寡人只是跟客人谈论问题罢了！我跟孟尝君很友好，希望贵客一定把我的心意转告孟尝君！"公孙弘说："好吧。"

公孙弘称得上是不可侵辱的了。秦昭王是大国的君主，孟尝君不过是千乘的公卿。在大国君主的威胁下能够确保千乘公卿的尊严不受侵犯和侮辱，称得上是善于出使的了。

鲁仲连谓孟尝

原 文

鲁仲连谓孟尝："君好士也。雍门养椒亦[1]，阳得子养[2]，饮食、衣裘与之同之，皆得其死。今君之家富于二公，而士未有为君尽游者也[3]。"君曰："文不得是二人故也。使文得二人者，岂独不得尽？"对曰："君之厩马百乘，无不被绣衣而食菽粟者[4]，岂有骐麟、騄耳哉？后宫十妃，皆衣缟、纻，食粱[5]、肉，岂有毛嫱、西施哉？色与马取于今之世，士何必待古哉？故曰：'君之好士未也。'"

注 释

①**雍门：**原本为地名，此处借地名代指人。②**"阳得"句：**疑"阳得子养"下脱所养门客的名字。③**尽游：**全心全意地对待彼此。④**菽粟：**豆子和米。⑤**缟：**洁白细布。**纻：**麻布。**粱：**指一种比较好的大米。

译　文

鲁仲连对孟尝君说："您是喜爱贤士的吗？过去雍门子供养椒亦，阳得子供养人才，饮食和衣物都和自己相同，门客们都愿意为他们效力。如今您的家比雍门子、阳得子富有，然而士却没有为您尽力的人。"孟尝君说："这是因为我没有得到像椒亦那样两位贤人的缘故。假如我得到这两个人，难道不能使他们为我尽力？"鲁仲连回答说："您的马棚里有拉一百辆车子的马，没有一匹不披着锦绣的马衣并吃着豆子和米类的，难道只有麒麟、騄耳才可以有这样的待遇吗？您的后宫有十位妃子，都穿着白纱、细麻这样的衣服，都吃的是白米、精肉，难道有像毛嫱、西施这样的美女吗？美色和骏马都取自当今的社会，为何贤士就必须要从古代选取呢？因此我说：'您并非真正地喜爱士人。'"

● 西施

孟尝君逐于齐而复反

原　文

孟尝君逐于齐而复反[1]。谭拾子迎之于境[2]，谓孟尝君曰："君得无有所怨齐士大夫？"孟尝君曰："有。""君满意杀之乎？"孟尝君曰："然。"谭拾子曰："事有必至，理有固然，君知之乎？"孟尝君曰："不知。"谭拾子曰："事之必至者，死也；理之固然者，富贵则就之，贫贱则去之。此事之必至，理之固然者。请以市谕[3]：市，朝则满，夕则虚，非朝爱市而夕憎之也。求存故往[4]，亡故去。愿君勿怨！"孟尝君乃取所怨五百牒削去之[5]，不敢以为言。

注　释

①**反**：通"返"，返回。②**谭拾子**：齐国的大臣。③**谕**：指比喻，打比方。④**求存故往**：想要买东西因此就去了。⑤**牒**：书札。

译文

孟尝君被齐国驱逐出境又返回来。谭拾子到边境迎接他，对孟尝君说：“您恐怕对齐国的士大夫有所怨恨吧？”孟尝君说：“有的。”谭拾子说：“您想杀掉他们才感到满意吗？”孟尝君说：“是的。”谭拾子说：“有一定会到来的事情，有本来就这样的道理，您知道吗？”孟尝君说：“不知道。”谭拾子说：“那一定会到来的事情，就是死；那本来就这样的道理，就是当您富贵的时候，人们就趋向您，而当您贫贱的时候，人们就离开您。这就是一定会到来的事情和本来就这样的道理。请让我用市场来打比方吧。市场上，早晨挤满了人，傍晚就空虚无人了。并不是人们在早晨就喜爱市场，到了傍晚就憎恶市场啊；那里存在着人们所需求的东西所以就到那里去，那里没有了人们所需求的东西所以就离开它。我希望您不要心怀怨恨吧。”孟尝君于是就把五百块小简上刻的仇人名字削掉，不敢再说了。

齐宣王见颜斶

原文

齐宣王见颜斶(chù)[1]，曰：“斶前！”斶亦曰：“王前！”宣王不悦。左右曰[2]：“王，人君也；斶，人臣也。王曰‘斶前’，亦曰‘王前’，可乎？”斶对曰：“夫斶前为慕势，王前为趋士；与使斶为趋势，不如使王为趋士。”

王忿然作色曰[3]：“王者贵乎？士贵乎？”对曰：“士贵耳，王者不贵。”王曰：“有说乎？”斶曰：“有。昔者秦攻齐，令曰：‘有敢去柳下季垄五十步而樵采者[4]，死不赦。’令曰：‘有能得齐王头者，封万户侯，赐金千镒[5]。’由是观之，生王之头曾不若死士之垄也。”宣王默然不悦。

左右皆曰：“斶来！斶来！大王据千乘之地，而建千石钟[6]，万石虡(jù)[7]；天下之士，仁义皆来役处；辩知并进[8]，莫不来语；东西南北，莫敢不服。求万物不备具，而百姓无不亲附。今夫士之高者，乃称匹夫，徒步而处农亩，下则鄙野、监门闾里。士之贱也亦甚矣！”

斶对曰：“不然。斶闻古大禹之时，诸侯万国。何则？德厚之道，得贵士之力也。故舜起农亩，出于野鄙，而为天子。及汤之时，诸侯三千。当今之世，南面称寡者[9]，乃二十四。由此观之，非得失之策与？稍稍诛灭[10]，灭亡无族之时，欲为监门、闾里，安可得而有乎哉？是故《易传》不云乎：‘居上位未得其实[11]，以喜其为名者[12]，必以骄奢为行。据慢骄奢，则凶从之。是故无其实而喜其名者削；无德而望其福者约；无功而受其禄者辱；祸必握[13]。’故曰：‘矜功不立，虚愿不至’，此皆幸乐其名，华而无其实德者也。

注释

①**颜斶**：齐国的隐士。②**左右**：近臣。③**忿然**：愤怒的样子。④**柳下季**：就是柳下惠，古时鲁国的贤士。⑤**镒**：古代的重量单位，一镒相当于二十两。⑥**石**：为重量单位，一石相当于一百二十斤。⑦**虡**：摆放乐器的架子。⑧**知**：通“智”。⑨**南面称寡**：古代的国君都是坐北朝南，因此说面向南面称王。⑩**稍稍**：渐渐，逐渐。⑪**实**：指内在的品行道德。⑫**名**：指外在的虚名。⑬**握**：通“渥”，深厚。

译文

齐宣王召见颜镯，说：“颜斶，到我跟前来！”颜斶也对齐王说：“大王，到我跟前来！”齐宣王很不高兴。齐宣王左右的人说：“大王是君主，你是臣下。大王说‘颜斶，到我跟前来’，你也说‘大王，到我跟前来’，这么做可以吗？”颜斶回答说：“我走上前去是贪慕权势，大王走到我跟前来是亲近贤士。与其让我贪慕权势，不如让大王亲近贤士。”

宣王脸上露出十分生气的样子，说：“大王高贵，还是士人高贵呢？”颜斶回答说：“士人高贵，君王不高贵。”齐宣王问：“有什么说法吗？”颜斶回答说：“有。之前秦国讨伐齐国，下令道：‘如果有人胆敢在柳下惠的坟墓五十步以内砍柴的，定判处死罪，绝不赦免。’又下令道：‘有谁能够得到齐王的首级，就赏封万户侯，赏赐黄金千镒。’从这可以看出，活着的君王的首级，还比不上死去的士人的坟墓。”宣王听了不说话，非常不高兴。

齐王左右的人都说："颜斶过来，颜斶过来！大王拥有可出千辆兵车的领土，并且建造过千石重的乐钟，万石重的乐器架。天下的士人，凡是推行仁义的都来听候差遣；辩士智囊都来进见，没有谁不来建言献策；东南西北的国家，没有哪个敢不服从。各种东西不必要求而自己就送来，百姓无不亲近依附。如今那高等的士人，才称匹夫，徒步行走，身处农田，下等的士人住在边邑郊野，看守闾里的门户，士人的地位是很卑贱的了！"

颜斶回答说："不对。我曾听闻古代大禹的时候，有万个诸侯。怎么样治理呢？即注重教化、尊崇道德，重视士人的力量。因此舜在农田中被起用，出自偏僻的山野，最后成为一代天子。到了汤的时候，天下有三千个诸侯。如今坐北朝南称为寡君的才有二十四个。从这来看这不是'得到士人'和'失去士人'的策略不同所造成的吗？诸侯之间互相厮杀渐渐地被灭族的时候，想要成为闾里看门的人，这又怎么可以呢？因此《易传》不是说了吗：'处在上位的统治者，没有内在的修养，只喜欢那种外在的虚名，他们一定会用骄傲奢侈的方式来办事；傲慢奢侈，灾祸一定随后就到。'因此说没有内在的修为，只喜欢外在空名的人，国家就将衰弱；没有德行，却期盼得到幸福的人，一定会处于困窘之境；没有功绩，却得到俸禄的人，必将受到羞辱。祸害必然会深重。因此说'居功自傲的人无法建立功业，只喜好虚名的人终将不能达成所愿'，这都是说喜欢华而不实的虚名，而没有内在道德修养的人。

原　文

"是以尧有九佐，舜有七友，禹有五丞，汤有三辅，自古及今而能虚成名于天下者，无有。是以君王无羞亟问[1]，不愧下学。是故成其道德，而扬功名于后世者，尧、舜、禹、汤、周文王是也。故曰：'无形者，形之君也；无端者，事之本也。'夫上见其原，下通其流，至圣人明学，何不吉之有哉？老子曰[2]：'虽贵，必以贱为本，虽高，必以下为基。'

● 禹

是以侯王称孤、寡、不穀（gǔ）[3]，是其贱之本与。夫孤寡者，人之困贱下位也，而侯王以自谓，岂非下人而尊贵士与？夫尧传舜，舜传禹，周成王任周公旦[4]，而世世称曰明主，是以明乎士之贵也。”

● 汤

宣王曰：“嗟乎！君子焉可侮哉！寡人自取病耳。及今闻君子之言，乃今闻细人之行[5]。愿请受为弟子。且颜先生与寡人游，食必太牢[6]，出必乘车，妻子衣服丽都[7]。”

颜斶辞去，曰：“夫玉生于山，制则破焉；非弗宝贵矣，然大璞不完。士生乎鄙野，推选则禄焉；非不得尊遂也，然而形神不全。斶愿得归，晚食以当肉，安步以当车，无罪以当贵，清静贞正以自虞[8]。制言者，王也；尽忠直言者，斶也。言要道已备矣，愿得赐归，安行而反臣之邑屋！”则再拜而辞去也。

斶知足矣，归反于璞，则终身不辱也。

注　释

①**亟**：指屡次，多次。②**老子**：名耳，道家学说的代表人物，学说集中体现在其著作《老子》之中。③**不穀**：指不善，是古时诸侯、君王对自己的谦称。④**周公旦**：周武王的弟弟，成王即位时年纪尚小，由周公旦辅政。⑤**细人**：指小人。⑥**太牢**：牛羊猪全备，是非常高的祭祀礼仪。⑦**妻子**：妻子和孩子。⑧**虞**：通“娱”，娱乐。

译　文

“因此尧帝有九个辅佐之人，舜帝有七位好友，禹帝有五位辅佐之臣，商汤有三位辅助之人，从古到今，只依靠外在的虚名就称霸天下的人，根本就没有。因此国君们应该不耻下问，不因为向地位不如自己的人学习而羞愧，这样才能修养出内在的道德，被后世人宣扬功名，尧、舜、禹、汤、周文王就是这种人。因此说：‘没有形状的东西主宰着有形的东西，没有开端的东西是做事的根本。’向上能看到它的开端，向下能知道它的流变，已经达到了圣明和明晰学问的极致了，还能有什么不吉利的事呢？老子说：‘显贵一定要视卑贱为根本，高一定要以下为基础。因此诸侯君王自称为孤、寡、不榖，这正是把卑贱作为根本。’难道不是这样吗？孤、寡，是指人居于困境、处于卑贱的地位。诸侯、君王以孤、寡自称，这难道不是谦居人下、尊重士人吗？尧把帝位传给舜，舜把帝位传给禹，周成王任用周公旦，世世代代都把他们称颂为明君。这恰恰是由于他们懂得士人的高贵。”

宣王说：“哎呀！君子哪里可以侮辱呢？我是自取羞辱啊。今天我听了您的一席话，才知道这是小人的行为。我请求您收我为学生吧。而且颜先生如果能够和我交友的话，吃的必定是上等宴席，外出必定会有车马可供差遣，妻子儿女必然衣着华丽。”

颜斶辞谢说：“璞玉生长在山中，加工制作就破坏了玉在璞中的本来面貌，不是说它就不宝贵了，而是大璞的面目全非了。士生活在边邑的山野，一经推选就享受俸禄了，不是说他不尊贵显达，然而形体精神受到了损伤。我希望能让我返回故乡，晚一点吃饭，就权当吃肉，从容不迫地步行，就权当乘车，没什么罪过，就权当富贵，清静正直地生活以自寻其乐。裁断我说的意见的人是大王，尽忠直言的人是我。我要说的重要道理已经讲完了，希望大王让我回去，安稳地返回我故乡的小屋。”于是向齐王第二次下拜，就告辞离开了。

颜斶已经知足了，返回家乡，恢复他纯朴的面貌，这样终生都没有受到侮辱。

齐王使使者问赵威后

原 文

齐王使使者问赵威后。书未发[1]，威后问使者曰：“岁亦无恙（yàng）耶[2]？民亦无恙耶？王亦无恙耶？”使者不说，曰：“臣奉使使威后，今不问王，而先问岁与民，岂先贱而后尊贵者乎？”威后曰：“不然。苟无岁，何以有民？苟无民，何以有君？故有问舍本而问末者耶？”

乃进而问之曰：“齐有处士曰钟离子[3]，无恙耶？是其为人也，

有粮者亦食，无粮者亦食；有衣者亦衣，无衣者亦衣。是助王养其民也，何以至今不业也？叶阳子无恙乎？是其为人，哀鳏寡[4]，恤孤独，振困穷[5]，补不足。是助王息其民者也，何以至今不业也？北宫之女婴儿子无恙耶？彻其环瑱[6]，至老不嫁，以养父母。是皆率民而出于孝情者也，胡为至今不朝也？[7]此二士弗业，一女不朝，何以王齐国、子万民乎？於陵子仲尚存乎[8]？是其为人也，上不臣于王，下不治其家，中不索交诸侯。此率民而出于无用者，何为至今不杀乎？”

注 释

①**书未发**：书信没有拆封。发，拆封，启封。②**岁**：收成。**无恙**：没有忧虑，没有灾害。恙，原指毒虫，后泛指病灾。③**处士**：隐居不为官的人。④**鳏寡**：老年无妻为鳏，老年无夫为寡。⑤**振**：通“赈”，赈济，救济。⑥**彻**：通“撤”，除去。⑦**不朝**：不上朝。古代妇女有封号才能入朝，这里委婉批评齐君不表彰孝女。⑧**於陵**：齐国的地名。

译 文

齐襄王派使者去问候赵威后。齐王写给赵威后的书信还没有启封，赵威后问使者说：“年成没有遭灾吧？百姓平安无事吧？大王也康健吧？”使者很不高兴，说：“臣下奉命出使到威后这里来，现在您不问齐王，却先问年成和百姓，难道把卑贱的摆在前面却把尊贵的放在后面吗？”赵威后说：“不对。假如没有好的年成，靠什么养育百姓呢？假如没有百姓，怎么有国君呢？哪有舍弃根本而问末节的呢？”

赵威后于是进而向使者发问道：“齐国有一位才德高尚而隐居不做官的人，名叫钟离子，平安无事吧？这个人的为人啊，是有粮的也拿食物给他吃，没粮的也拿食物给他吃；有衣的也拿衣服给他穿，无衣的也拿衣服给他穿。这是帮助大王养育百姓的人啊，为什么直到现在还不让他做官成就功业呢？叶阳子平安无事吧？这个人的为人啊，同情鳏、寡，怜悯孤、独，救济困穷、补助不足。这是帮助大王使百姓得到生息繁衍的人啊，为什么直到现在还不让他做官成就功业呢？北宫氏的女儿名叫婴儿子的平安无事吧？她撤去了玉环耳坠，一直到老都不出嫁，尽心奉养父母。这是率领民众奉行孝道的人，为什么至今还没入朝受封号呢？这两个隐士不能成就功业，一个孝女不能入朝，凭什么统治齐国，成为百姓的父母呢？於陵子仲还活着吗？这个人的为人，上不向国君称臣，下不治理他的家，中不求与诸侯结交，这是率领百姓无所作为的人，为什么到现在不杀掉他呢？”

齐人见田骈

原　文

齐人见田骈曰[1]：“闻先生高议[2]，设为不宦[3]，而愿为役[4]。”田骈曰：“子何闻之？”对曰：“臣闻之邻人之女。”田骈曰：“何谓也？”对曰：“臣邻人之女，设为不嫁，行年三十而有七子。不嫁则不嫁，然嫁过毕矣。今先生设为不宦，訾养千钟[5]，徒百人。不宦则然矣，而富过毕也。”田子辞。

注　释

①**田骈**：齐国人，学黄老道家之术，为齐国稷下学者之一。②**高议**：应为“高义”，道德高尚。③**设**：立志。④**役**：为百姓役，即为百姓出力。⑤**訾**：通“资”，资财。**钟**：古代的计量单位，六十四斗为一钟。

译　文

有一个齐国人去拜见田骈，说：“听说先生有高尚的德行道义，假设不去做官，我愿意为您服役。”田骈说：“您从哪里听到的？”那人回答说：“我从邻家女子那里听到的。”田骈说：“您说这话是什么意思？”那人说：“邻家之女一向立志不嫁，年龄还没到三十，却已经有了七个子女，表面上是声称不嫁，实际上却比出嫁还要厉害。如今先生虽然没有入仕做官，却享有俸禄千钟，跟从的仆役也有百人，表面上是说不做官，可实际上比做了官还要富有呀！”田骈听了很是惭愧。

苏秦自燕之齐

原　文

苏秦自燕之齐，见于华章南门[1]。齐王曰：“嘻，子之来也！秦

使魏冉致帝[2]，子以为何如？”对曰：“王之问臣也卒[3]。而患之所从生者微。今不听，是恨秦也[4]；听之，是恨天下也。不如听之以卒秦，勿庸称也以为天下[5]。秦称之，天下听之，王亦称之，先后之事，帝名为无伤也；秦称之，而天下不听，王因勿称，以收天下。此大资也[6]。”

注　释

①**华章**：齐国城门名。②**致帝**：送来帝号，即让魏王称帝。③**卒**：通“猝”，突然。④**恨**：使之恨。⑤**称**：称帝。⑥**大资**：大大的好处。

译　文

苏秦从燕国来到齐国，在华章南门拜见齐闵王。齐闵王说：“唉！您可来了。秦国派魏冉送来帝号，您认为怎么样？”苏秦回答说：“大王的询问臣下感到很仓促，并且由此产生的福患还看不明显。如今若是不听从，这就会使秦国憎恨我们；如果听从，这就要受到天下各国的憎恨。如果您答应了秦国，将会和其他诸侯产生矛盾。不如您先将称帝之事答应下来以应付秦国，而又不立即宣称帝号应付其他诸侯。如果秦国称帝之后，其他诸侯都表示赞同的话，大王也就随之宣布称帝。谁先立帝号，谁后立帝号，都是无关紧要的。如果秦国称帝以后，诸侯纷纷反对的话，大王就不再宣布称帝了，以此来取信于诸侯。这样一来，好处将会是大大的呀。”

苏秦谓齐王

原　文

苏秦谓齐王曰：“齐、秦立为两帝，王以天下为尊秦乎？且尊齐乎？”王曰：“尊秦。”“释帝[1]，则天下爱齐乎，且爱秦乎？”王曰：“爱齐而憎秦。”“两帝立，约伐赵，孰与伐宋之利也？”王曰：“不如伐宋。”对曰：“夫约然与秦为帝，而天下独尊秦而轻齐；齐释帝，则天下爱齐而憎秦；伐赵不如伐宋之利。故臣愿王明释帝[2]，以就天下[3]；倍约傧秦[4]，勿使争重；而王以其间举宋[5]。夫有宋，则卫

之阳城危；有淮北，则楚之东国危；有济西则赵之河东危；有阴、平陆，则梁门不启[6]。故释帝而贰之以伐宋之事，则国重而名尊，燕、楚以形服，天下不敢不听，此汤、武之举也。敬秦以为名，而后使天下憎之，此所谓‘以卑易尊’者也。愿王熟虑之也。”

注释

①**释帝**：放弃帝号。②**明**：公开。③**就**：靠近、亲近。④**倍**：通“背”，违背。**傧**：通“摈”，抛弃。⑤**间**：趁机。⑥**不启**：关闭大门。

译文

苏秦对齐闵王说：“齐国、秦国分别称为东帝、西帝以后，大王认为天下尊重秦国呢，还是尊重齐国呢？”齐王说：“尊重秦国。”苏秦说：“放弃帝号，那么天下各国爱戴齐国呢，还是爱戴秦国呢？”齐王说：“爱戴齐国而憎恨秦国。”苏秦说：“齐、秦两国称帝，相约讨伐赵国，那和讨伐宋国比哪个有利？”齐王说：“不如讨伐宋国。”苏秦说：“齐国和秦国联合起来约定共同建立帝号，可诸侯只会尊重秦国而将看轻齐国；如果齐国放弃帝号的话，诸侯就会亲近齐国而憎恨秦国；联合起来去进攻赵国不如进攻宋国对我们有利。根据这上面三点，我希望大王可以公开宣布放弃称帝，以便于和天下诸侯亲近；然后和秦国解除盟约，不再和秦国争高下。大王可趁机灭掉宋国。只要占有了宋国，卫国的阳城就会陷入危急之境；只要占有了淮北，楚国的东地就会陷入危急之境；只要占有了济水以西的土地，那么赵国的边邑就危险了；占有了阴地、平陆，那么魏国都城大梁的门就不能打开了。因此我们放弃帝号以进攻宋国表明与秦国怀有二心，那么齐国就会被重视而名声也会尊贵。燕国、楚国因为形势归服，天下诸侯不敢不听从我们，这是商汤、周武王的举动。放弃帝号名义上来看是尊秦，实际上却会让诸侯都去痛恨秦国，这就是我们所说的‘以卑易尊’的策略啊！希望大王您对此深思熟虑啊。”

卷十二　齐策五

苏秦说齐闵王

原　文

苏秦说齐闵王曰："臣闻用兵而喜先天下者忧，约结而喜主怨者孤[1]。夫后起者藉也[2]，而远怨者时也。是以圣人从事，必藉于权而务兴于时。夫权藉者，万物之率也；而时势者，百事之长也[3]。故无权藉，倍时势，而能事成者寡矣[4]。

"今虽干将、莫邪[5]，非得人力，则不能割刿矣。坚箭利金，不得弦机之利，则不能远杀矣。矢非不铦（xiān）[6]，而剑非不利也，何则？权藉不在焉。

"何以知其然也？昔者赵氏袭卫，车舍人不休，传卫国，城割平[7]，卫八门土而二门堕矣，此亡国之形也。卫君跣行[8]，告遡于魏。魏王身被甲底剑，挑赵索战。邯郸之中骛，河、山之间乱[9]。卫得是藉也，亦收余甲而北面，残刚平，堕中牟之郭[10]。

"卫非强于赵也，譬之卫矢而魏弦机也，藉力魏而有河东之地。赵氏惧，楚人救赵而伐魏，战于州西[11]，出梁门，军舍林中，马饮于大河。赵得是藉也，亦袭魏之河北烧棘沟，坠黄城。故刚平之残也，中牟之堕也，黄城之坠也，棘沟之烧也，此皆非赵、魏之欲也。然二国劝行之者，何也？卫明于时权之藉也[12]。

注　释

①**先天下**：先于天下，抢在天下诸侯前面。**主怨**：为人主结怨。②**藉**：凭借。③**时势者，百事之长也**：利用时势是做任何事情的核心。④**寡**：少。⑤**干将、莫邪**：宝剑。雄剑称为“干将”，雌剑称为“莫邪”。⑥**铦**：锐利。⑦**割平**：割地求和。⑧**跣行**：指光着脚逃命。⑨**河、山**：特指黄河、太行山。⑩**堕**：攻取。⑪**州西**：魏国地名，位于今河南沁阳东部。⑫**明于时权之藉**：明察时势，凭借他国力量。

译　文

苏秦游说齐闵王说：“臣下听说喜欢首先在天下挑动战争的人，后来一定有忧愁，缔结盟约而喜欢为君主结怨的人，后来一定孤立。那后来兴起的人是有所依靠的，而远离怨恨的人是把握了时机。因此圣人创立事业，一定依靠权变，并且务必在一定时机才能兴盛起来。权变和依靠是统率万物的关键，而时机和形势是办好各种事情的首要条件。所以没有权变和依靠，违背时机和形势，却能办成大事的人太少了。

“现在虽然有干将、莫邪等宝剑，但是如果没有人力的运用，就不能切割东西；虽有锐利的弓箭和坚硬的箭头，如果得不到弓弦弩机的配合，也不能够射杀远处的敌人。箭并不是不锐利，剑也不是不锋利，那是什么缘故呢？因为没有依靠。

“如何知道是这样呢？从前赵国袭击卫国，掌管兵车的人前进不止，当赵国大军攻进卫国以后，卫国就割地向赵国求和。当时卫国的八道城门都用土堵死，结果有两道城门被毁，这就是亡国的情形。卫国君主光着脚逃命，派人求救魏国。魏武侯身披甲胄，手持锋利的剑向赵国挑战，在赵都邯郸城中战马奔驰，黄河与太行山之间一片混乱。卫国利用这一形势，也收拾残兵向北进攻，收复卫邑刚平，攻下赵邑中牟的外城。

“卫国并不比赵国强大，打个比方，卫国就像箭而魏国就像弦机，这是凭借魏国的力量才占有河东之地。赵国恐惧，楚国人救援赵国而进攻魏国，在州西交战，经过魏国的梁门，军队驻扎在林中，到黄河里饮马。赵国得到这个依靠，也袭击魏国的河北，焚烧棘沟，攻陷黄城。因此说刚平的摧毁，中牟的攻破，黄城的陷落，棘沟的焚烧，这些都不是赵国、魏国能想到的。然而两国竭力地这样做了，为什么？是因为卫国对于时势权变的依靠。

原　文

“今世之为国者不然矣。兵弱而好敌强，国罢而好众怨[1]，事败

而好鞠之，兵弱而憎下人也[2]，地狭而好敌大，事败而好长诈。行此六者而求伯，则远矣。

“臣闻善为国者[3]，顺民之意，而料兵之能，然后从于天下。故约不为人主怨，伐不为人挫强。如此，则兵不费，权不轻[4]，地可广，欲可成也。昔者，齐之与韩、魏伐秦、楚也，战非甚疾也，分地又非多韩、魏也，然而天下独归咎于齐者，何也？以其为韩、魏主怨也[5]。

“且天下遍用兵矣，齐、燕战，而赵氏兼中山[6]，秦、楚战，韩、魏不休，而宋、越专用其兵。此十国者，皆以相敌为意，而独举心于齐者[7]，何也？约而好主怨，伐而好挫强也。

“且夫强大之祸，常以王人为意也[8]；夫弱小之殃，常以谋人为利也。是以大国危，小国灭也。大国之计，莫若后起而重伐不义。夫后起之藉与多而兵劲，则事以众强適罢寡也[9]，兵必立也。事不塞天下之心，则利必附矣[10]。

注　释

①**罢**：疲敝。②**下人**：在别人之下。③**为国**：治理国家。④**权不轻**：权势不会被人轻视。⑤**以**：因为。⑥**兼**：兼并。⑦**独举心于齐者**：偏偏都憎恨齐国。独，偏偏。⑧**王人**：为他人之王，即指称霸。⑨**適**：通“敌”。⑩**附**：依附，归附。

译　文

“可是当今治理国家的人却不然，自己国家兵力本来薄弱，反倒喜欢去对抗强敌；国力本来疲惫不堪，反倒喜欢和人民结怨；战争已经失败了，反倒喜欢继续苦战下去；兵力薄弱，仍然以身居人下为可耻；土地狭小，仍然喜欢和大国为敌；战事失败了，仍然喜欢使用诈术。实行这六种办法却想要建立霸业，那就越走越远了。

“臣下听说善于治理国家的人，顺从民众的心意，并且有预料战争的能力，然后顺应天下的大势。所以缔结盟约不给君主结下怨仇，进攻敌国不为他人挫败强敌。能做到这样，那么兵力就不会消耗，国权就不会被轻视，土地可以扩大，想法就可实现。

从前，齐国和韩国、魏国进攻秦国、楚国的时候，战斗不是很激烈，分得的土地又不比韩国、魏国多，然而天下各国唯独归罪于齐国，为什么？因为齐国给韩国、魏国招来祸患。

“再说那时天下诸侯都在用兵，齐、燕交战，又有赵国兼并中山，秦、楚开战，韩、魏两国又打个不休，而宋、赵也专事征伐。这十个国家，都钩心斗角互相敌对，然而天下诸侯却只注意齐国，这又是什么道理呢？因为在缔约时齐国喜欢站在怨仇的中心，战争时齐国喜欢攻打强敌的缘故。

“再说强国的祸患，是常把凌驾诸国之上作为自己的出发点；弱国遭受灾殃，常常是以图谋他人的利益作为自己的出发点。因而大国陷于危险，小国归于灭亡。大国的军事计划，莫如后发制人并讨伐不义之国。后发制人容易有借口，支援的人多，兵力又强盛，这是用人多势强去对付疲惫衰弱的局面，所以在军事上必定能胜利成功，只要不使天下民意受到阻碍，那么利益也就必然会来到。

原　文

“大国行此，则名号不攘而至，伯王不为而立矣。小国之情，莫如仅静而寡信诸侯[1]。仅静，则四邻不反；寡信诸侯，则天下不卖[2]。外不卖，内不反，则槟祸朽腐而不用[3]，币帛槁蠹而不服矣。小国道此，则不祠而福矣，不贷而足矣。故曰：祖仁者王，立义者伯，用兵穷者亡。

“何以知其然也？昔吴王夫差以强大为天下先，强袭郢而栖越[4]，身从诸侯之君，而卒身死国亡，为天下戮者，何也？此夫差平居而谋王，强大而喜先天下之祸也。昔者莱、莒好谋[5]，陈、蔡好诈[6]，莒恃越而灭，蔡恃晋而亡，此皆内长诈，外信诸侯之殃也。由此观之，则强弱大小之祸，可见于前事矣。

“语曰：‘麒骥之衰也，驽马先之；孟贲之倦也[7]，女子胜之。’夫驽马、女子，筋骨力劲，非贤于麒骥、孟贲也。何则？后起之藉也。今天下之相与也不并灭，有而案兵而后起[8]，寄怨而诛不直，微用兵而寄于义，则亡天下可跼（jú）足而须也[9]。

“明于诸侯之故，察于地形之理者，不约亲，不相质而固[10]，不趋而疾，众事而不反，交割而不相憎[11]，俱强而加以亲。何则？形同忧而兵趋利也。何以知其然也？

注　释

①**仅**：通“谨”，指谨慎。②**卖**：出卖，反叛。③**槟**：同“摈”，指摒弃，摒却。④**郢**：楚国国都。⑤**莱、莒**：莱国、莒国。⑥**陈、蔡**：战国时期的两个小国。⑦**孟贲**：古时的大力士。⑧**案**：通“按”。⑨**蹈足而须**：跷足等待。⑩**相质**：互相扣留人质。⑪**交割**：相互割让土地。

译　文

“大国假如能这样做，帝号根本不必争取就会自然来到，霸业根本不必努力就会自然成功。小国最好谨慎从事，不要轻信诸侯。小心谨慎，就不至于被邻国愚弄；不轻信诸侯，就不至于被天下诸侯出卖。如果在国外不被出卖，在国内不被人反对，那么就会避开祸患，不任用腐朽的势力，国库中的财物即使干裂、虫蛀也是用不完的了。小国走这条路，那么不用祭祀神明而福气自然到来，不用借贷自然丰足了。所以说：效法仁德的可以做王，实行仁义的可以称霸，穷兵黩武的必然导致灭亡。

“根据什么知道是这样的？从前吴王夫差仗恃国家强大，率领天下诸侯袭击楚国，囚禁越王勾践，各诸侯都服从他的号令，然而到后来夫差却身死国亡，受到天下各诸侯的耻笑。这是什么道理呢？因为夫差平时喜欢君临他国之上，并且仗恃国家的强盛，率领天下诸侯制造祸端。以前莱国和莒国领主喜欢用阴谋，而陈国和蔡国喜欢用诈术；后来莒国虽然仗恃越国却灭亡了，蔡国虽然仗恃晋国也灭亡了，这都是因为对内使用诈术，对外轻信诸侯惹来的灾祸。由此看来，国家无论强大或弱小，只要遭到祸害，都可以在历史事实中看到证据。

“常言道：‘骏马衰老以后，驽马都能跑在它前面；孟贲疲倦以后，连女子都能战胜他。’驽马和女子的体力都不及骏马和孟贲强壮，那为什么反倒胜过骏马和孟贲呢？这就是因为有后发制人的优势。当今天下势均力敌的国家，彼此都不能灭亡对方，有的按兵不动伺机起事，借别人去诛讨邪恶势力，隐匿用兵的原因，假借正义之名，那吞并天下就可以跷足等待了。

“掌握诸侯的国情，明了天下的地理形势，不结盟，不互相扣留人质，关系会更牢固；不急躁冒进，事情会进展得更为顺利。一起共事能坚守承诺，一起受害而不相互埋怨，彼此都强大了就越发亲近。如何能做到这样呢？在于形势令他们忧患相同、利害一致。有什么事实可作佐证呢？虽然各国有共同的忧患，而实际上战争是为了夺取利益。是如何知道这一点的呢？

原　文

“昔者齐、燕战于桓之曲，燕不胜，十万之众尽。胡人袭燕楼烦数县[1]，取其牛马。夫胡之与齐非素亲也[2]，而用兵又非约质而谋燕也，然而甚于相趋者，何也？何则形同忧而兵趋利也。由此观之，约于同形则利长，后起则诸侯可趋役也。

“故明主察相[3]，诚欲以伯王也为志，则战攻非所先。战者，国之残也，而都县之费也。参费已先，而能从诸侯者寡矣。彼战者之为残也，士闻战则输私财而富军市，输饮食而待死士，令折辕而炊之，杀牛而觞士[4]，则是路君之道也[5]。

“中人祷祝，君翳酿，通都小县置社[6]，有市之邑莫不止事而奉王，则此虚中之计也。夫战之明日[7]，尸死扶伤，虽若有功也，军出费，中哭泣，则伤主心矣。死者破家而葬，夷伤者空财而共药，完者内酺而华乐[8]，故其费与死伤者钧。故民之所费也，十年之田而不偿也。

“军之所出，矛戟折，镮弦绝，伤弩，破车，罢马，亡矢之大半。甲兵之具，官之所私出也，士大夫之所匿，厮养士之所窃，十年之田而不偿也。天下有此再费者，而能从诸侯寡矣[9]。

“攻城之费，百姓理襜蔽[10]，举冲橹[11]，家杂总，身窟穴，中罢于刀金。而士困于土功[12]，将不释甲[13]，期数而能拔城者为亟耳[14]。上倦于教，士断于兵，故三下城而能胜敌者寡矣。

注　释

①**楼烦：**地名，位于今山西静乐县西北一带。②**素：**向来，平日里。③**察相：**明

察的相国。④**觞**：喝酒的一种金属容器。⑤**路**：使虚弱。⑥**都**：都城。⑦**明日**：即第二天。⑧**酺**：痛快地喝。⑨**从**：通“纵”，合纵。⑩**橹蔽**：遮蔽矢石的器具。⑪**冲橹**：战车。⑫**土功**：争夺土地的战争。⑬**释**：解开，脱下。⑭**亟**：很快。

译文

“当初齐、燕在桓山折曲的地方打仗，结果燕军惨败，十万大军全部被歼灭。胡人则乘机攻打燕国楼烦几个县，抢夺无数牛马。胡人和齐国向来就不亲近，用兵时又没有缔结什么条约，或者用人质作抵押来共谋燕国，然而实际上合作的程度比订军事同盟还要彻底。这是什么道理呢？因为在形势上有共同的忧患，而战争的实质都是为了争夺利益。由此看来，和政治形势相同的国家结盟利益就会长远，后发制人就会有诸侯赶来协助。

“所以英明的君主和精明的宰相，如果真有想做霸王的抱负，那就不能先发动战争，因为战争必会伤到国家的元气，并且要耗费各地的费用，会遭受各种损失。如果国家受到损伤，还能联合到其他诸侯的事很少见了。战争是如此具有破坏性，因此士人一听到战争就捐献私有财产作为军费，商人更是拿出酒菜款待战争的将士，长官也折断车前的横木当柴火，杀牛宰羊慰劳士卒，这些都是坑害君王的做法。

“战前，国人祈祷，国君祭祀，大城市和小县城都设有神庙，有市场的城镇都歇业来为君主效命，这些都是可以使国内空虚的行动。在战后的第二天，遍地死尸，人民搀扶着受伤的将士，他们虽然建立了赫赫战功，可惜军队所消耗的战费之多，和全国人民悲哀哭号之惨，已经伤透家人的心。阵亡将士家属为安葬父兄而倾家荡产，负伤将士更为了医药费而用尽家中财产。那些侥幸未受伤的军人，在家里饮酒作乐，他们消耗的费用竟然和死伤将士相等。所有这些耗费的金钱，十年耕作的收获都抵偿不过。

“军队出发以后，矛和戟折损，车辕和弓弦拉断，弓弩损伤，兵车破坏，战马疲倦，箭损失大半。甲胄和兵器，是官家自己花钱买的，经过士大夫的藏匿和士卒的窃取，即使用十年耕作所得也无法补偿这笔损失。天下有这样庞大的浪费的国家，还能和诸侯联合，可太少了。

“攻城的费用是如此庞大，以至于百姓有的整理遮蔽矢石的器具，有的运送兵车战舰，有的在家织布，有的工作在地窖里面，有的在战乱中疲于奔命，尤其是那些争夺土地的战争中的士兵更是困苦，将军都不敢脱下甲胄休息，一个月或几个月攻下一座城池已经算很快了。上面的长官无暇训练士兵，下面的士兵又缺少武器，所以攻下三个城池以后还能胜过敌人的，也是太少了。

原　文

“故曰：彼战攻者，非所先也。何以知其然也？昔智伯瑶攻范、中行氏[1]，杀其君，灭其国，又西围晋阳，吞兼二国，而忧一主[2]，此用兵之盛也。然而智伯卒身死国亡，为天下笑者，何谓也？兵先战攻，而灭二子患也。昔者，中山悉起而迎燕、赵[3]，南战于长子，败赵氏；北战于中山，克燕军，杀其将。

“夫中山千乘之国也，而敌万乘之国二，再战比胜，此用兵之上节也。然而国遂亡，君臣于齐者，何也？不啬于战攻之患也[4]。由此观之，则战攻之败，可见于前事。

“今世之所谓善用兵者，终战比胜[5]，而守不可拔，天下称为善，一国得而保之，则非国之利也。臣闻战大胜者，其士多死而兵益弱；守而不可拔者，其百姓罢而城郭露[6]。夫士死于外，民残于内，而城郭露于境，则非王之乐也。今夫鹄的非咎罪于人也[7]，便弓引弩而射之，中者则善，不中则愧，少长贵贱，则同心于贯之者，何也？恶其示人以难也。

“今穷战比胜，而守必不拔，则是非徒示人以难也[8]，又且害人者也，然则天下仇之必矣。夫罢士露国，而多与天下为仇，则明君不居也[9]；素用强兵而弱之，则察相不事。彼明君察相者，则五兵不动而诸侯从[10]，辞让而重赂至矣。

注　释

①**智伯瑶、范、中行氏**：都是晋国的六卿。②**一主**：此指赵襄子，也是晋的六卿之一。③**中山**：国名。④**不啬**：没有节制。⑤**终战比胜**：始终在作战中接连取胜。⑥**罢**：疲敝。⑦**鹄的**：靶心。⑧**非徒**：不仅仅，不只。⑨**不居**：不做。⑩**五兵**：五种兵器，即弓、弋、矛、戈、戟。

译 文

“因此可以断言，这种进攻不应该首先发动。怎么知道是如此呢？以前智伯瑶攻打范、中行氏，杀死他们的君主，灭亡他们的国家，然后又派大军往西围困晋阳。吞并了两个国家，并且又逼得赵襄子走投无路，这可算得上最成功的用兵了。然而到后来智伯却身死国亡，被全天下的人所耻笑。这是什么道理呢？是因为智伯首先发动战争而灭亡范、中行氏所引起的祸患。以前中山氏调动全国的军队迎战燕、赵，南面在长子击败赵军，北面在中山击败燕军，杀死燕将。

“中山只不过是一个有一千辆兵车的小国，然而却能击败两个拥有一万辆兵车的大国，而且是连战连胜，这应该算是最会用兵的了。然而到头来国家仍不免灭亡，而中山的君主也做了齐国的臣子。这是什么道理呢？是因为对战事没有节制所招来的祸患。由此看来，发动战争而引起的失败，可以从以前的事实中看到。

“当今所谓会用兵，有的是连战连胜，或者固守城池不可攻破，天下人称为最佳战绩。然而即使这个国家的土地得以保存，也不能使国家长治久安。臣听说作战而能大获全胜的，将士都要阵亡大半，因而使兵力更弱；守城而不被敌人攻破的，它的百姓将疲惫不堪，甚而城里城外满目荒凉。在外有众多将士伤亡，在内人民饱受困苦，城郭在边境上成为废墟，这并不是君王值得高兴的事。要说箭靶上的红心并不会得罪人，但是人们都喜欢用箭来射它，射中的人们叫好，射不中的就很惭愧，不论老少尊卑都一心想要射中红心。这是什么道理呢？因为讨厌让人看出自己不会射箭。

“现在有人经年不停地战争，而且连战连胜，所守的城池敌人攻不破，这不但是与人为难，而且还损害他人利益，因此全天下必然都仇视他。使战士困顿，国家虚空，又多半和天下结仇，这是贤明君主所不肯做的事；常用兵作战，就会使强兵变成弱兵，这是贤明相国所不会做的事。至于明君和贤相，根本不用弓、弋、矛、戈、戟等五种兵器，天下诸侯就服从了他们的号令；讲究辞让之礼，巨额的财富就自然送到他手中。

原 文

“故明君之攻战也，甲兵不出于军而敌国胜[1]，冲橹不施而边城降，士民不知而王业至矣。彼明君之从事也，用财少，旷日远而为利长者。故曰：兵后起则诸侯可趋役也。

“臣之所闻，攻战之道非师者[2]，虽有百万之军，比之堂上[3]；虽有阖闾、吴起之将，禽之户内[4]；千丈之城，拔之尊俎之间[5]；百

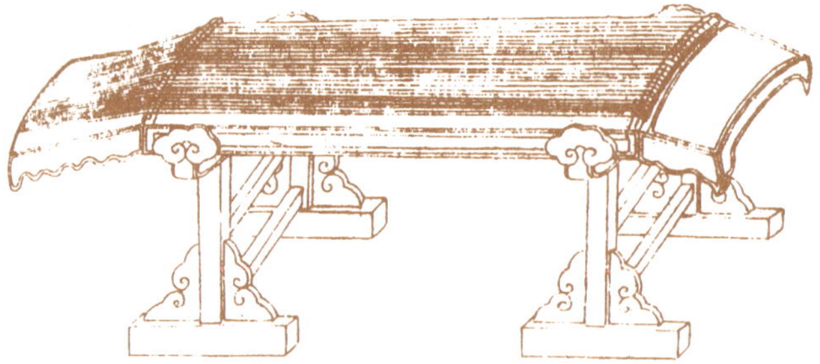

● 瑟

尺之冲，折之衽席之上。故钟鼓竽瑟之音不绝，地可广而欲可成；和乐倡优侏儒之笑不乏，诸侯可同日而致也。

“故名配天地不为尊[6]，利制海内不为厚[7]。故夫善为王业者，在劳天下而自佚[8]，乱天下而自安，诸侯无成谋，则其国无宿忧也。何以知其然？佚治在我，劳乱在天下，则王之道也。

“锐兵来则拒之，患至则趋之[9]，使诸侯无成谋，则其国无宿忧矣[10]。何以知其然矣？昔者魏王拥土千里，带甲三十六万，恃其强而拔邯郸，西围定阳，又从十二诸侯朝天子，以西谋秦。秦王恐之，寝不安席，食不甘味，令于境内，尽堞中为战具，竟为守备，为死士置将，以待魏氏。

注　释

①**敌国胜：**战胜敌国。②**师：**军队。③**比之堂上：**使他们败于堂上。④**禽：**通“擒”，指擒获。⑤**尊俎：**酒杯和切菜板。尊，通“樽”，喝酒的容器。⑥**尊：**尊贵。⑦**厚：**功劳大。⑧**佚：**通“逸”，安逸。⑨**趋：**迎击。⑩**宿忧：**长久的忧患。

译　文

“所以明君发兵作战，不用出动军队就可以战胜敌国，不使用攻城陷阵的兵车战船就可降服敌国，在百姓还不知道时就把王业缔造成功。那些明君所做的事用钱少，所需的时间虽然长些，可是却能为国家奠定百年基础。所以说只有军队后发制人，诸侯才会赶来助战。

“据臣所知，攻城之道不在军队的多少。虽然有百万大军，也可以使他们败在我们的帷幄之中；虽然有阖闾和吴起那样出色的军事家，也可以通过室内的计谋把他们俘虏；虽然有一千丈高的城墙，也可以使之在杯酒、饭菜之间倒塌；虽然有一百尺高的战车，也可以在卧床上将其折断。结果将是钟、鼓、竽、瑟等乐器的声音不绝于耳，土地得到扩充，愿望也可以按时实现，和着乐声而舞的优伶和矮人等欢笑的声音永不休止，各国诸侯在同一天来朝拜。

“所以名号齐于天地不算高贵，财权控制四海不算功大。善于创建王业的人，在于使天下劳碌而自己生活安逸，使天下纷乱而自己安宁度日。如果能使各诸侯的阴谋无法得逞，那么自己的国家就永久消除了忧患。怎么能知道这些事情呢？生活安逸社会安定归我，生活辛劳社会混乱归天下人，这才是建立王业的根本办法。

“精兵攻来就抵抗，祸患到来就迎击，使诸侯阴谋不能得逞，那么我们的国家就没有长久的隐患了。怎么会知道是如此呢？从前魏惠王拥有土地千里，穿甲胄的战士三十六万，仗恃自己国家的强大，攻下赵都邯郸，又向西围攻定阳，后来又联合十二诸侯去朝见天子，想西去图谋攻击秦国。秦王听了很害怕，连睡觉都不能安枕，吃饭都吃不出味道，于是就在国内下一道命令，把全部城墙都配备上作战的武器，加强边防的军事设施，并且招募敢死队，调兵遣将，严阵以待魏军的进攻。

原文

“卫鞅谋于秦王曰：‘夫魏氏其功大，而令行于天下，有从十二诸侯而朝天子，其与必众。故以一秦而敌大魏，恐不如。王何不使臣见魏王，则臣请必北魏矣[1]。’秦王许诺。

“卫鞅见魏王曰：‘大王之功大矣，令行于天下矣。今大王之所从十二诸侯，非宋、卫也，则邹、鲁、陈、蔡，此固大王之所以鞭棰使也[2]，不足以王天下。大王不若北取燕，东伐齐，则赵必从矣；西取秦，南伐楚，则韩必从矣。大王有伐齐、楚心，而从天下之志，则王业见矣[3]。大王不如先行王服，然后图齐、楚。’

“魏王说于卫鞅之言也，故身广公宫，制丹衣柱，建九斿(yóu)[4]，从七星之旟(yú)[5]。此天子之位也，而魏王处之。于是齐、楚怒，诸侯奔齐，齐人伐魏，杀其太子，覆其十万之军。魏王大恐，跣行按兵于国，而东次于齐，然后天下乃舍之。当是时，秦王垂拱受西河之外[6]，而不以德魏王。

“故曰：卫鞅之始与秦王计也，谋约不下席，言于尊俎之间，谋成于堂上，而魏将以禽于齐矣[7]；冲橹未施，而西河之外入于秦矣。此臣之所谓北之堂上，禽将户内，拔城于尊俎之间，折冲席上者也。”

注　释

①**北魏**：击败魏国。②**鞭棰**：马鞭。③**见**：完成，实现。④**九斿**：指绘有青龙的一种旗帜，边上缀有九条丝带。⑤**七星之旆**：古时战争中的一种旗。⑥**垂拱**：垂手、拱手，在此指非常简单，不费劲。⑦**魏将**：指庞涓。

译　文

“这时商鞅给秦王出计谋道：‘魏国势力强大，号令能通行天下，而且曾和十二诸侯朝见天子，魏国的党羽必定很多，一个秦国恐怕抵挡不住强大的魏国。大王不如派臣去见魏王，臣一定能使魏军败退。’秦王接受了商鞅的计策。

“于是商鞅去见魏王说：‘大王的势力够大了，号令可行于天下。可是大王率领的十二诸侯，不是宋、卫，就是周、鲁、陈、蔡，这些本来都是大王用马鞭驱策的小国，根本不配和大王共治天下。所以大王实在不如北面联合燕国，东面去讨伐齐国，到那时赵国必然会服从；然后再往西联合秦国，往南征讨楚国，到那时韩国必定会顺服。大王若有讨伐齐、楚的决心，又顺从了天下人的志愿，那王业就可以实现了。大王不如先准备天子的服装，然后再去图谋齐、楚。’

“魏王很重视商鞅的话，所以亲自指挥扩建宫殿，制作红色的王袍，树立天子的旌旗，打着画有朱雀的军旗。这些都是天子的威仪，可是魏王全用上了。这时齐、楚两国大为愤怒，诸侯都赶去援助齐国，齐国联合各诸侯发兵攻魏，杀死魏太子申，消灭魏国十万大军。魏王非常恐惧，光着脚狼狈逃回国内命令停止进军，后来又往东逃到齐国，这时天下诸侯才停止进攻魏国。到这时，可以说秦王在垂衣拱手之间不费吹灰之力就得到了西河以外的土地，但是并不感激魏王的好意。

“所以说：当商鞅和秦王谋划时，策划无需走下座席，议论是在酒宴之间，可是计谋刚在厅堂之上形成，魏将庞涓已经被齐国俘虏了；兵车战船不曾使用，西河以外的土地就已经归秦国所有了。这都是臣所说的在朝堂上打败敌人，在门内俘虏敌将，在宴饮之间攻下敌城，在坐席上折断敌人兵车。”

卷十三　齐策六

王孙贾年十五事闵王

原　文

王孙贾年十五[1]，事闵王[2]。王出走[3]，失王之处。其母曰：“女朝出而晚来[4]，则吾倚门而望；女暮出而不还，则吾倚闾而望。女今事王，王出走，女不知其处，女尚何归？”

王孙贾乃入市中曰：“淖齿乱齐国，杀闵王，欲与我诛者袒右[5]！”市人从者四百人，与之诛淖齿，刺而杀之。

注　释

①**王孙贾**：齐闵王家臣。②**事**：侍奉。③**出走**：指逃亡。④**女**：即“汝”，你。⑤**袒**：裸露。

译　文

王孙贾当年十五岁，侍奉齐闵王。闵王逃亡后，王孙贾不知闵王逃到什么地方去了。他的母亲说：“你早晨出去晚上回来，我就倚门望你；如果你晚上出去没有回来，我就靠着闾门等着你回来。而你如今侍奉齐王，齐王逃走了，你连他到哪里去了都不知道，你还回家干什么？”

于是王孙贾到市场，说：“相国淖齿祸乱齐国，杀害了闵王，有谁愿意和我一起去诛杀淖齿的，就裸露右边的肩！”市场上有四百人都跟着他走了，和他一起去诛杀淖齿，最终刺杀了淖齿。

燕攻齐取七十余城

原文

燕攻齐，取七十余城，唯莒、即墨不下[1]。齐田单以即墨破燕，杀骑劫[2]。初，燕将攻下聊城[3]，人或谗之[4]。燕将惧诛，遂保守聊城，不敢归。田单攻之岁余，士卒多死，而聊城不下。

鲁连乃书，约之矢，以射城中，遗燕将曰[5]："吾闻之，智者不倍时而弃利[6]，勇士不怯死而灭名，忠臣不先身而后君。今公行一朝之忿，不顾燕王之无臣，非忠也；杀身亡聊城，而威不信于齐[7]，非勇也；功废名灭，后世无称，非知也。故知者不再计，勇士不怯死。今死生荣辱，尊卑贵贱，此其一时也。愿公之详计而无与俗同也。

"且楚攻南阳[8]，魏攻平陆，齐无南面之心[9]；以为亡南阳之害[10]，不若得济北之利[11]，故定计而坚守之。今秦人下兵，魏不敢东面，横秦之势合，则楚国之形危。且弃南阳，断右壤，存济北，计必为之。今楚、魏交退，燕救不至，齐无天下之规，与聊城共据，期年之弊[12]，即臣见公之不能得也。

注释

①**莒、即墨**：均为齐地名，分别位于今山东莒县和平度东南。②**骑劫**：燕国将领。③**燕将**：指昌国君乐毅。④**人或谗之**：国内有人诋毁他。⑤**遗**：对。⑥**倍**：通"背"，背弃。**时**：错过时机。⑦**信**：同"伸"，伸延。⑧**南阳**：齐国地名，位于今山东邹县一带。⑨**南面之心**：指抵抗楚、魏的打算。⑩**亡**：丧失。⑪**济北**：指聊城。⑫**期年**：满一年。

译文

燕国攻打齐国，夺取了七十多座城池，只有莒地、即墨没有攻下。齐国田单以即墨为据点打胜了燕国军队，杀死了骑劫。当初，燕将乐毅将要攻取齐国的聊城的时候，朝廷内有人诋毁他，燕将乐毅唯恐被诛杀，于是就留守齐地聊城，不敢回到燕国。田单攻打燕军打了一年多，大部分的士卒都已经死了，但是聊城还是没有攻下。

鲁仲连就写了一封信，系在箭上射进城中，送给燕国将领的信是这样写的："我听说，聪明的人不因错过时机而放弃利益，勇敢的人不因怕死而毁坏名誉，忠臣不先考虑自身而后再想到君王。如今您为发泄一时的愤怒，不顾燕王将丧失许多兵将，这是不忠诚；杀伤自身失去聊城，并且威势无法伸延到齐国，这是不勇敢；前功尽弃名声消亡，后世没有人称赞，这是不明智。因此聪明的人不会再三考虑，勇敢的人不会畏惧死亡，现如今生死荣辱、尊卑贵贱，都将决定于您一时的裁决。希望将军您能仔细考虑，不要与俗人一样。

"再说楚国攻打南阳，魏国攻打平陆，齐国已无意向南进攻楚国、魏国了，因为齐国认为失去南阳的害处，赶不上获得济北的利益，所以定下计谋要坚守它。如今秦国发兵援救齐国，魏国就不敢向东面进攻，齐、秦连横的形势就会形成，那么楚国的形势就危险了。并且即使是丧失南阳、丢掉平陆，只要能使济北聊城之地得以保存，齐国必定会按此行事。现在楚、魏两国已经先后退兵，燕国的援救之军还没有到来，齐国已经不会再被天下诸侯图谋，齐、燕在聊城已相持一年，双方都已疲惫，我认为您是无法抵御齐国的。

孙膑功成身退

原　文

"齐必决之于聊城，公无再计。彼燕国大乱，君臣过计，上下迷惑。栗腹以百万之众[1]，五折于外，万乘之国，被围于赵，壤削主困，为天下戮[2]，公闻之乎？今燕王方寒心独立，大臣不足恃，国破祸多，民心无所归。

今公又以弊聊之民，距全齐之兵，期年不解，是墨翟之守也；食人炊骨，士无反北之心[3]，是孙膑、吴起之兵也。能以见于天下矣！

“故为公计者，不如罢兵休士[4]，全车甲，归报燕王，燕王必喜，士民见公如见父母，交游攘臂而议于世，功业可明矣。上辅孤主，以制群臣；下养百姓，以资说士。矫国革俗于天下，功名可立也。意者[5]，亦捐燕弃世，东游于齐乎？请裂地定封，富比陶、卫[6]，世世称孤寡，与齐久存，此亦一计也。二者显名厚实也，愿公熟计而审处一也[7]。

“且吾闻，效小节者不能行大威，恶小耻者不能立荣名。昔管仲射桓公中钩，篡也；遗公子纠而不能死，怯也；束缚桎梏[8]，辱身也。此三行者，乡里不通也[9]，世主不臣也。使管仲终穷抑，幽囚而不出，惭耻而不见，穷年没寿，不免为辱人贱行矣。然而管子并三行之过，据齐国之政，一匡天下，九合诸侯，为伍伯首，名高天下，光照邻国。

“曹沫为鲁君将[10]，三战三北，而丧地千里。使曹子之足不离陈[11]，计不顾后，出必死而不生，则不免为败军禽将。曹子以败军禽将，非勇也；功废名灭，后世无称，非知也。故去三北之耻，退而与鲁君计也，曹子以为遭。齐桓公有天下，朝诸侯，曹子以一剑之任，劫桓公于坛位之上，颜色不变，而辞气不悖。三战之所丧，一朝而反之，天下震动惊骇，威信吴、楚，传名后世。若此二公者，非不能行小节，死小耻也，以为杀身绝世，功名不立，非知也。故去忿恚之心[12]，而成终身之名，除感忿之耻，而立累世之功。故业与三王争流，名与天壤相敝也[13]。公其图之！”

燕将曰：“敬闻命矣！”因罢兵倒椟而去[14]。故解齐国之围，救

百姓之死，仲连之说也。

注　释

①**栗腹**：燕国的相国。②**戮**：羞辱。③**反北之心**：反叛之心。④**罢**：停止。⑤**意者**：或者。⑥**富比陶、卫**：指像陶、卫一样富有。陶指陶邑，原为战国时期秦国大臣魏冉的封地，比王室还富有。卫指商鞅，他本是卫国人，后封于商。⑦**审处**：慎重处置。⑧**桎梏**：脚链和手铐。⑨**通**：交往。⑩**鲁君**：即指鲁庄公。⑪**陈**：通"阵"，指阵地，战场。⑫**忿恚**：愤恨。⑬**名与天壤相敝**：指声名和天地一起凋敝。⑭**倒椟**：倒转弓套，倒背着弓套。

译　文

"齐国必然会和燕军在聊城决战，将军您没有别的办法。您的燕国现在大乱，君臣都没有计策，上上下下都惶惑不已。相国栗腹率领百万军队，却在外面五次战败，万乘之国，竟然被赵国围困。土地被削割，国君也很困扰，被天下诸侯所侮辱，将军您知道吗？现在，燕王十分寒心孤立，臣子们不足以倚仗，国家破败，祸事不断，民心无所归依。如今你用疲惫的聊城子民，抵抗齐国所有的军队，已经一年了却没有解除围困，这是像墨翟一样善于守城；人们饿到以人肉、人骨为食，但是将士们却没有反叛背弃的心思，这是像孙膑、吴起一样善于统领军队。您的才能足以被天下所见！

"所以，替将军您打算，不如撤兵休战，使战车甲胄得以保全，回国禀报燕王，燕王必定会很高兴。将士百姓见到您就像是见到父母一样，相互交游，挽着手臂，被世人所谈论，您的功业会扬名天下。您对上可以辅佐孤独无援的国君，辖制群臣；对下养育百姓，供给说客；矫正国家弊病，革除陋俗，可以在天下建立功名。或者您也可以捐弃燕国，抛弃世人的评价，向东周游于齐国？我会请求齐王赐予您封地，就像秦国的魏冉、商鞅一样富有，爵位世代承袭，与齐国长久存在，这也是一计。这两计一个具有显赫的威名，一个能得到丰厚的实利，希望将军您能仔细考虑一下，审慎地选择一种。

"而且我听说拘泥于小节的人不能建树大功；不能忍受小小耻辱的人不能成就功名。以前管仲射箭射中齐桓公的带钩，这是篡位谋反的罪；遗弃公子纠不能为之效死，这是胆怯的表现；手脚戴上锁链，这是极大的侮辱。这三种行为，即使是乡野百姓都不会和他交往，世间的君主们都不会让他做大臣。倘若管仲始终贫困郁郁不得志，被幽闭囚禁而不能出仕，感到惭愧羞耻而不现身，一直到死，这就难免被视为羞辱之人、行为卑劣之人。但是管仲同时兼备这三种过错，最终却执掌齐国之政，匡扶天下，九次与诸侯联盟，辅佐齐桓公成为五霸之首，管仲自己也名扬天下，光辉照耀着邻国。

“曹沫作为鲁庄公的将军，打了三次败了三次，丧失了上千里的土地。倘若曹沫的脚不离开战场，行事不考虑后果，出战一定会战死无法生还，这样就无法避免被敌军擒获。如果曹沫被敌军擒获，这是不勇；功名废弃，不被后世所称道，这是不智。因此他隐忍了三次战败的耻辱，退却不战与庄公共同商讨，曹沫认为这只是偶然的遭遇。齐桓公称霸天下，诸侯朝拜，曹沫凭着一把宝剑，在祭坛之上把齐桓公劫持了，脸色都不变一下，言辞不卑不亢。三次战争所丧失的土地，一朝就收回了，震惊天下。威名为吴楚所信服，为后世所流传。这两个人，不是不能遵守小节，为小小的耻辱而死，而是因为他们认为自杀离世，功名尚未建立，这是不智的表现。因此才摒弃愤恨之心，成就终生的威名；祛除一时的耻辱，立下万世的功绩。因此两人的功业能够和三王一比高低，声名能够和天地共存，希望将军考虑考虑！”

燕国将领说：“恭敬地听从您的命令了！”于是燕军倒背着弓套撤兵而去。所以说解除齐国的包围，救百姓于死难之中，是鲁仲连说辞的作用。

燕攻齐齐破

原　文

燕攻齐，齐破。闵王奔莒，淖(nào)齿杀闵王[1]。田单守即墨之城，破燕兵，复齐墟[2]。襄王为太子征[3]。齐以破燕，田单之立疑，齐国之众，皆以田单为自立也。襄王立，田单相之。

过菑水[4]，有老人涉菑而寒，出不能行，坐于沙中。田单见其寒，欲使后车分衣，无可以分者，单解裘而衣之。襄王恶之，曰：“田单之施，将欲以取我国乎？不早图，恐后之。”左右顾无人，岩下有贯珠者，襄王呼而问之曰：“女闻吾言乎？”对曰：“闻之。”王曰：“女以为何若？”对曰：“王不如因以为己善。王嘉单之善[5]，下令曰：‘寡人忧民之饥也，单收而食之；寡人忧民之寒也，单解裘而衣之；

寡人忧劳百姓，而单亦忧之，称寡人之意。’单有是善，而王嘉之。善单之善，亦王之善已。”王曰：“善。”乃赐单牛酒，嘉其行。

后数日，贯珠者复见王曰：“王至朝日，宜召田单而揖之于庭，口劳之[6]。乃布令求百姓之饥寒者[7]，收谷之[8]。”乃使人听于闾里。闻丈夫之相与语，举曰：“田单之爱人，嗟乃王之教泽也！”

注　释

①**淖齿**：燕军攻破齐都临淄，齐闵王逃亡莒地。楚将淖齿受楚王之命救助齐国，被闵王任用为齐相，后杀害了闵王。②**复齐墟**：在废墟上重建齐国都城。复，指收复。③**征**：证实，闵王被害之后，太子隐居于民间。④**菑水**：即淄水。⑤**嘉**：嘉奖，褒奖。⑥**口劳**：犒劳，慰劳。⑦**布令**：指颁布命令。⑧**收谷**：收养，收容。

译　文

燕人攻打齐国，齐国都城被攻破。齐闵王逃奔到莒地，淖齿杀死了闵王。当时田单守卫即墨城，打败了燕国军队，在废墟上重建齐国都城。证实了太子即后来的襄王的身份。齐国战胜了燕国，人们都疑惑田单是否拥立襄王为齐君，齐国的百姓都认为田单会自立为王。可是后来襄王被拥立为齐君，而田单成了相国。

一次，田单路过淄水岸边，看见一位老人徒步渡过淄水很寒冷，从水里出来就不能走了，坐在沙滩上。田单看见老人冷得厉害，想让后车的人分给他一件衣服，可是没有什么可以分的，田单就脱下自己的皮衣给老人穿上。齐襄王听说后，很厌恶这件事，自言自语地说：“田单施小恩小惠，将来可能想要夺取我的国家吗？不早谋划，恐怕晚了。”襄王向左右两边看了看没有人，只有殿岩下有个串珠的人，襄王就把他喊过来，问道：“你可曾听到我说的话？”匠人回答道：“听到了。”襄王问：“你觉得怎么样？”匠人回答说：“大王您不如因此做一件对自己有好处的事。大王您嘉奖田单的善行，下令说：‘我担忧百姓遭受饥饿，田单就把他们收养，为他们提供饭食；我担心人民会寒冷，田单就把自己的皮裘脱下来让他们穿；我担心百姓过于劳累，田单也很担心这一点，很称我的心意。’田单有这些善行，大王称赞他，称赞田单的善行，也就是大王的善行了。”襄王说：“好！”于是就赏赐给田单牛肉和酒，嘉奖他的行为。

几天之后，串珠的那个匠人又前来拜见襄王，对襄王说：“大王您上朝的时候，最好召见田单，并且在大庭之上给他作揖，犒劳他。”于是齐襄王就颁布政令，搜求饥饿寒冷的百姓，收容供养他们。于是又派人到乡里之中，听取百姓的议论。男人们相互谈论，都说：“田单之所以爱护百姓，这都是大王教导的恩泽啊！”

田单将攻狄

原　文

田单将攻狄[1]，往见鲁仲子，仲子曰：“将军攻狄，不能下也。”田单曰：“臣以五里之城，七里之郭，破亡余卒[2]，破万乘之燕，复齐墟[3]，攻狄而不下，何也？”上车弗谢而去[4]。遂攻狄，三月而不克之也。齐婴儿谣曰：“大冠若箕[5]，修剑拄颐[6]，攻狄不能，下垒枯丘[7]。”田单乃惧。问鲁仲子曰：“先生谓单不能下狄，请闻其说。”鲁仲子曰：“将军之在即墨，坐而织蒉[8]，立则丈插[9]，为士卒倡曰：‘可往矣，宗庙亡矣，云白尚矣[10]，归于何党矣！’当此之时，将军有死之心，而士卒无生之气，闻若言，莫不挥泣奋臂而欲战，此所以破燕也。当今将军，东有夜邑之奉[11]，西有菑上之虞[12]，黄金横带，而驰乎淄、渑之间，有生之乐，无死之心，所以不胜者也。”田单曰：“单有心，先生志之矣。”明日，乃厉气循城[13]，立于矢、石之所及，援枹(fú)鼓之[14]，狄人乃下。

注　释

①**狄**：齐国邑名，今山东高青县东南。②**破亡余卒**：指残兵败将。③**齐墟**：齐国的国土。④**谢**：告辞。⑤**箕**：簸箕。⑥**修剑**：长剑。⑦**下垒枯丘**：下望垒垒枯墓。⑧**织蒉**：编织草筐。蒉，草袋。⑨**丈插**：挥动铁锹。⑩**云白尚矣**：犹言魂魄飞去了。云白，魂魄的省文。尚，通“丧”，丧失。⑪**奉**：通“俸”，俸禄。⑫**虞**：通“娱”，娱乐。⑬**厉气循城**：鼓舞士气、巡视城防。⑭**援枹鼓之**：操槌击鼓。

译　文

田单将要攻打狄城，前去拜见鲁仲连。鲁仲连说：“将军攻打狄地，是不能攻克的。”田单说：“我凭借五里的内城、七里的外城，率领残兵败将，打败了拥有万辆兵车的燕国，收复了齐国的失地。为什么我这次进攻狄城，就攻打不下呢？”说完以后，他没有告辞就登上车走了。于是他就带兵前去进攻狄城，一连持续了三个月，却依旧没能攻下，损伤却十分惨重。齐国的小孩儿便开始唱这么一首童谣：“高高的官帽像簸箕一样，长长的宝剑托着下颔，攻打狄城却不能攻下，只留下那座座枯坟空伤悲。”田单为此十分担忧，便再次前去问鲁仲连：“先生您说我无法攻下狄城，请您将其中的道理讲给我听吧。”鲁仲连说：“以前将军在即墨的时候，坐着的时候就开始编织草袋，站着的时候就去挥动铁锹，事事都身先士卒，您号召将士们说：‘一定要勇敢地上战场拼杀，我们神圣的祖国将要面临灭亡，宗庙就要没有了，我们的魂魄将要飞向何处呀。’在那个时候，所有的将领都有决死之心，所有的士卒也全无生还之意，他们听了您的号召，一个个全都挥泪振臂去打仗。这就是当初您得以打败燕国的原因呀。如今将军您，在东面可以收纳夜邑封地的租税，在西面可以在淄水之上尽情地娱乐，腰间横挎着金光闪闪的宝剑，在淄水、渑水之间纵横驰骋，现在您有的全都是贪生的欢乐，而没有战死的决心。这就是您无法攻下狄城的原因呀。”田单说：“我是有决心的，先生记住我的话。”第二天，田单就去激励士气，在攻城部队中巡视，站在弓箭和雷石都能打到的地方，亲自操起鼓槌击鼓，狄人这才投降。

齐闵王之遇杀

原文

齐闵王之遇杀，其子法章变姓名，为莒太史家庸夫[1]。太史敫女，奇法章之状貌[2]，以为非常人，怜而常窃衣食之，与私焉[3]。莒中及齐亡臣相聚，求闵王子，欲立之。法章乃自言于莒，共立法章为襄王。襄王立，以太史氏女为王后，生子建。太史敫曰：“女无谋而嫁者[4]，非吾种也，污吾世矣。”终身不睹[5]。君王后贤，不以不睹之故，失人子之礼也。襄王卒，子建立为齐王。君王后事秦谨，与诸侯信，以故建立四十有余年不受兵。

秦昭王尝使使者遗（wèi）君王后玉连环[6]，曰：“齐多知[7]，而解此环不[8]？”君王后以示群臣，群臣不知解。君王后引[9]椎椎破之，谢

秦使曰："谨以解矣。"及君王后病且卒[10]，诫建曰："群臣之可用者某。"建曰："请书之。"君王后曰："善。"取笔牍受言。君王后曰："老妇已忘矣。"君王后死后，后胜相齐[11]，多受秦间金、玉[12]，使宾客入秦，皆为变辞[13]，劝王朝秦，不修攻战之备[14]。

注　释

①**庸夫**：普通人，这里是指仆人。②**奇**：以之为奇。③**私**：私通。④**无谋**：没有媒人。⑤**不睹**：不再相见，意思是断绝关系，不再往来。⑥**遗**：赠送。⑦**知**：通"智"，聪明。⑧**不**：通"否"。⑨**引**：拿起。⑩**且**：将要。⑪**相**：担任相国。⑫**间**：离间，这里指的是离间君臣关系的人。⑬**变辞**：变诈之辞。⑭**修**：准备。

译　文

齐闵王被淖齿杀死以后，他儿子法章改变姓名，隐藏在莒地太史家里做用人。太史敫（jiǎo）的女儿，对法章的言谈举止感到很奇怪，认为他不是个普通的人，很怜爱他，并且私下里经常拿衣服给他穿，拿食物给他吃，和他私通。后来莒地的人和齐国出亡的臣子聚会，寻求闵王的儿子，想要立他为齐王。法章于是向莒地的人说明了自己的真实身份。莒地的人共同将法章拥立为齐襄王。法章立为齐襄王后，就以太史氏女做王后，生了一个儿子名叫建。太史敫说："我的女儿是没有媒人而自行出嫁的，我不承认她属于我的家族，她污辱了我的一生！"太史敫终身不见王后。王后很有德行，并不因为父亲不见自己的缘故而失去做子女的礼节。齐襄王去世后，儿子建继位为齐王。王后侍奉秦国谨慎小心，与诸侯结交讲信用，所以齐王建在位有四十多年没有受到战争的损害。

秦昭王曾经派遣使者送给王后一副玉连环，说："齐国人足智多谋，能够解开这环吗？"王后把玉连环拿出来让群臣观看，群臣不知道怎样能解开。王后于是取过椎子来捶破玉连环，然后向秦国使者道歉说："我已经小心谨慎地解开了。"到了王后病重将死的时候，她告诫齐王建说："群臣里面可以重用的是某人。"齐王建说："请让我写下来。"王后说："好。"齐王建于是取过笔和木简来听取王后的遗嘱。王后说："我已经忘记了！"王后死后，后胜做了齐国的相国，他接受了很多秦国间谍送的黄金美玉，派宾客到秦国去，归来说的都是一些变诈之辞，劝说齐王去朝拜秦国，从不修整国内的攻守战备。

卷十四　楚策一

荆宣王问群臣

原　文

荆宣王问群臣曰："吾闻北方之畏昭奚恤也，果诚何如？"群臣莫对。江乙对曰："虎求百兽而食之，得狐，狐曰：'子无敢食我也。天帝使我长百兽[1]，今子食我，是逆天帝命也。子以我为不信，吾为子先行，子随我后，观百兽之见我而敢不走乎[2]？'虎以为然，故遂与之行。兽见之皆走。虎不知兽畏己而走也，以为畏狐也。今王之地方五千里[3]，带甲百万[4]，而专属之昭奚恤。故北方之畏奚恤也，其实畏王之甲兵也[5]，犹百兽之畏虎也。"

注　释

①**长**：为……的首领。②**走**：逃走。③**地方**：地，土地。方，方圆。④**带甲**：佩戴铠甲的士兵。⑤**其实**：事情的真相。

译　文

楚宣王问群臣说："我听说北方各国畏惧昭奚恤，果真是这样？"大臣们没有谁回答。江乙回答说："老虎寻找各种野兽吃，捉住了一只狐狸。狐狸说：'您是不敢吃我的。老天爷派我来做百兽的首领，现在你要是吃了我，这就是违抗老天爷的命令啊！你要是认为我的话不可靠，我就走在你的前面，你跟随在我的后头，看看野兽们见了我还有敢不逃跑的吗？'老虎认为它讲得有道理，所以就跟它一道走。野兽们见到了它们，都逃跑了。老虎不知道野兽们是害怕自己才逃跑的，还以为它们是害怕狐狸呢。现在大王的国土纵横五千里，拥有甲兵上百万，而专归昭奚恤掌管。所以北方各国害怕昭奚恤，其实是害怕大王的甲兵，就像百兽害怕老虎一样啊。”

邯郸之难

原　文

邯郸之难，昭奚恤谓楚王曰：“王不如无救赵，而以强魏；魏强，其割赵必深矣。赵不能听，则必坚守，是两弊也[1]。”景舍曰：“不然，昭奚恤不知也。夫魏之攻赵也，恐楚之攻其后。今不救赵，赵有亡形[2]，而魏无楚忧，是楚、魏共赵也。害必深矣！何以‘两弊’也？且魏令兵以深割赵，赵见亡形，而有楚之不救己也，必与魏合而以谋楚。故王不如少出兵，以为赵援。赵恃楚劲[3]，必与魏战，魏怒于赵之劲[4]，而见楚救之不足畏也，必不释赵。赵、魏相弊，而齐、秦应楚则魏可破也。”楚因使景舍起兵救赵。邯郸拔[5]，楚取睢、濊之间。

注　释

①**两弊**：指两败俱伤。②**亡形**：形势危亡。③**劲**：强大，坚强而有力。④**劲**：积极兴奋的精神或情绪。⑤**拔**：攻下。

译　文

邯郸之战，昭奚恤对楚宣王说：“君王不如不援救赵国，而使魏国的力量增强。魏国的力量强大，恐怕割取赵国的土地一定很多了。赵国不顺从，那么必定坚守，这是使他们两败俱伤的好办法。”景舍说：“不是这样的，昭奚恤是不了解实际情况的呀。魏国想要进攻赵国，却又担心楚国会从后面攻击它。如果我们不援救赵国的话，赵国便会面临陷入危亡之势，而魏国却没有楚国攻打魏国的后顾之忧，这就相当于楚、魏两国在共同攻打赵国，赵国需要割让的土地必将会更多了。为何说赵、魏将会‘两败俱伤’？再说魏国又不用损伤兵力，便可以从赵国割得更多的土地，赵国出现了危亡之势，又因为楚国没有对它施以援助，它必定会去和魏国联合，一起去进攻楚国。因此，大王不如少量地出兵，但仍去援救赵国，赵国凭借楚国的援助，必将会和魏国对抗，而魏国对赵国力量的增强必将感到恼怒，又看出楚国的救助其实是不值得畏惧的，它便必定不会放松对赵国的攻打。赵国、魏国互相削弱了彼此的国力，齐、秦两国便可以趁着楚国帮助赵国，赵、魏两国互相攻战的时机去攻打魏国，那样的话，魏国必将会被打败。”楚国因此派景舍领兵援救赵国。赵国的邯郸被魏国攻占以后，楚国占取了睢水、濊水之间的大片土地。

江乙欲恶昭奚恤于楚王

原　文

江乙欲恶昭奚恤于楚王，而力不能，故为梁山阳君请封于楚[1]。楚王曰：“诺。”昭奚恤曰：“山阳君无功于楚国，不当封[2]。”江乙因得山阳君与之共恶昭奚恤。

注　释

①**山阳君**：魏臣。山阳，在今河南修武西北。②**不当封**：不应该加封。

译　文

江乙想要在楚王面前陷害昭奚恤，可是自己又觉得力量不够，因此就去为山阳君请求楚国的封赐。楚王说：“可以。”昭奚恤却说：“山阳君没有为楚国建功，不应当受到封赐。”江乙因此才得到山阳君的支持，和他一起去陷害昭奚恤。

魏氏恶昭奚恤于楚王

原　文

魏氏恶昭奚恤于楚王[1]，楚王告昭子。昭子曰：“臣朝夕以事听命，而魏入吾君臣之间，臣大惧。臣非畏魏也！夫泄吾君臣之交[2]，而天下信之，是其为人也近苦矣[3]！夫苟不难为之外[4]，岂忘为之内乎？臣之得罪无日矣。”王曰：“寡人知之，大夫何患？”

注　释

①**魏氏**：此指山阳君。因为他是魏人，所以这样称呼。②**泄**：泄露。③**苦**：恶毒。此处又暗指江乙。④**夫苟不难为之外**：即“夫苟外为之不难”的倒装。其意为假如一个外国人这样做感到不难。

译　文

魏氏在楚王那里陷害昭奚恤，楚王把这事告诉了昭奚恤。昭奚恤说：“我无论早晚都在大王身边听候差遣，现在魏国人却介入我们君臣之间，我感到非常害怕。我不是怕魏国，是怕他们泄露我们君臣的言论，让天下人相信他们的鬼话，这种人，他的为人近乎毒辣了！假使他们不怕为了害人而把事情泄露到魏国，又怎么能忘记为了害人而破坏我们君臣关系呢？我获罪的时间可能没有几天了。”楚王说：“我了解你，卿家忧虑什么？”

江乙恶昭奚恤

原　文

江乙恶昭奚恤[1]，谓楚王曰：“人有以其狗为有执而爱之[2]。其狗尝溺井。其邻人见狗之溺井也，欲入言之。狗恶之，当门而噬之[3]。邻人惮之[4]，遂不得入言。邯郸之难，楚进兵大梁，取矣。昭奚恤取魏之宝器，以居魏知之[5]，故昭奚恤常恶臣之见王。

注　释

①**江乙**：又名江一、江尹。②**有执**：善于守门。执，守门。③**噬**：咬。④**惮**：惧怕。⑤**以**：因，一说应作“臣”。

译　文

江乙要毁谤昭奚恤，就去对楚王说：“有个人认为他的狗很会看门，因此很喜欢它。这狗曾有一次向井里撒尿，他的邻居看到狗向井里撒尿，就想去告诉它的主人；狗恨这邻居，就挡着门咬他。邻居怕狗，就不能进去告诉。邯郸遭到战难时，楚国进兵夺取大梁。昭奚恤掠取魏国的宝器，因为我居住在魏国，所以知道这件事，因此昭奚恤从来就不愿意让我来见大王。”

江乙欲恶昭奚恤于楚

原　文

江乙欲恶昭奚恤于楚，谓楚王曰："下比周[1]，则上危，下分争[2]，则上安，王亦知乎？愿王勿忘也。且人有好扬人之善者，于王何如？"王曰："此君子也，近之。"江乙曰："有人好扬人之恶者，于王何如？"王曰："此小人也，远之。"江乙曰："然则且有子杀其父，臣弑其主者，而王终已不知者，何也？以王好闻人之美，而恶闻人之恶也。"王曰："善，寡人愿两闻之[3]。"

注　释

①**比周**：互相结党营私。②**分争**：钩心斗角。③**两闻**：两方面的话都听取，好事、坏事都听。

译　文

江乙想要在楚国中伤昭奚恤，对楚宣王说："在下位的人结党营私，那么居上位的人就危险，在下位的人互相争夺，那么居上位的人就安全。大王知道这个道理吗？希望大王不要忘记。有人喜欢宣扬别人善良的地方，大王认为这个人怎么样？"楚宣王说："这人是君子，接近他。"江乙说："如果有这么一个人，他喜欢说别人的坏话和缺点，大王您认为这个人如何？"楚王说："这个人是个小人，我要避开他。"江乙说："然而，那些儿子杀死自己的父亲，大臣杀死自己的国君的人，但大王却始终都不知道，这是什么缘故呢？都是因为您只喜欢听那些赞美别人优点的好话，而不喜欢听那些揭露别人缺点的坏话的缘故呀！"楚王说："你说得很对，以后我两方面的话都要听。"

江乙说于安陵君

原　文

江乙说于安陵君曰[1]："君无咫尺之功[2]，骨肉之亲，处尊位，

受厚禄，一国之众，见君莫不敛衽而拜[3]，抚委而服[4]，何以也？”曰：“王过举而已[5]。不然，无以至此。”

江乙曰：“以财交者，财尽而交绝，以色交者，华落而爱渝[6]。是以嬖女不敝席[7]，宠臣不避轩[8]。今君擅楚国之势，而无以深自结于王，窃为君危之。”安陵君曰：“然则奈何？”“愿君必请从死，以身为殉，如是必长得重于楚国。曰：“谨受令[9]。”

注　释

①**安陵君**：名缠，楚宣王的宠臣。安陵，楚国地名，在今河南郾城东南，不是魏国的安陵。②**无咫尺之功**：形容没有一点功劳。咫，古代长度名。咫尺，比喻微小。③**敛衽**：敛袂，整一整衣袖。④**抚委**：拍打礼服。委，礼服。⑤**过举**：过分抬举。⑥**华落**：美色衰落。华，同“花”。**渝**：改变。⑦**嬖女**：受宠幸的美女。**不敝席**：不等席子破了。言时间之短。敝，退；一说，避是“敝”字之误，亦通。⑧**轩**：古代一种前顶较高而有帷幕的车子，供大夫以上官员乘坐。⑨**受令**：接受教导。

译　文

江乙向安陵君游说说：“您对楚国没有一点儿功劳，与楚王没有血缘关系，却身居尊贵的地位，享受优厚的俸禄，整个国家的人，看见您没有一个不整理衣袖参拜，拍打礼服表示服从的，凭什么？”安陵君说：“这是因为君王过分抬举罢了。不是这样，没有什么原因能达到这种地步。”

江乙说：“用财物交往的人，财物用尽交情就断绝；用女色交往的人，美色衰减爱心就会改变。因此受宠幸的美女不等坐席破就被疏远了，受宠幸的臣子不等车破退回就不被信任了。如今您独揽楚国的权势，而自己不用什么办法与君王深交，我私下里为您感到危险。”安陵君说：“既然如此，那么怎么办？”江乙说：“希望您一定向君王请求跟他一起死，把自己做君王的殉葬品。如此一定能在楚国长久得到重用。”安陵君说：“虚心地接受您的教导。”

原　文

三年而弗言[1]。江乙复见曰：“臣所为君道[2]，至今未效。君不用臣之计，臣请不敢复见矣。”安陵君曰：“不敢忘生之言，未得间也[3]。”

于是，楚王游于云梦，结驷千乘，旌旗蔽日，野火之起也若云霓，兕虎嗥之声若雷霆，有狂兕䍧(xiáng)车依轮而至，王亲引弓而射，壹发而殪[4]。王抽旃旄而抑兕首[5]，仰天而笑曰："乐矣，今日之游也。寡人万岁千秋之后[6]，谁与乐此矣？"安陵君泣数行而进曰："臣入则编席，出则陪乘[7]。大王万岁千秋之后，愿得以身试黄泉[8]，蓐蝼蚁，又何如得此乐而乐之。"王大说，乃封缠为安陵君[9]。

君子闻之曰："江乙可谓善谋，安陵君可谓知时矣[10]。"

注　释

①**三年而弗言**：三年没有说江乙教给他的话。②**道**：方法，计谋。③**未得间**：没有找到机会。间，空隙，机会。④**云梦**：楚国大泽名，在今湖北安陆。**结**：连接。**驷**：四马。**霓**：虹。**嗥**：野兽吼叫。**兕**：犀牛。**䍧**：快步而行。⑤**旃**：旗的曲柄。**旄**：古时旗杆头上用旄牛尾作的装饰。**抑**：按着，压住。⑥**万岁千秋**：犹喻死去。⑦**编席**：次席，紧坐在楚王的下面。**陪乘**：陪坐一辆车。⑧**身试黄泉**：亲身试探黄泉，以身相殉，跟君王一起死。⑨**缠**：安陵君名。⑩**知时**：知道时机，会掌握时机。

译　文

安陵君三年没说江乙教的话。江乙又进见安陵君说："我所教您的计谋，时至今日没有见效。您不用我的计谋，我不敢再来见您了。"安陵君说："不敢忘记先生的话，是没有找到有利时机说。"

在这时候，楚宣王到云梦游猎，四匹马拉的车子上千辆，旌旗遮住了太阳，点燃的大火像云彩霓虹，犀牛、老虎嗥叫的声音像雷霆，有一只发狂的犀牛依着车辆快步来到近前，宣王亲自拉弓而射，一箭就射死了。宣王抽出由旄牛尾装饰的旗帜的曲柄压住犀牛的头，仰天大笑说："真快乐呀，今天的游猎。寡人死去以后，跟谁一起有这样的快乐呢？"安陵君流着眼泪进见说："臣下进入王宫紧坐在大王的下面，外出则与君王同乘一辆车。大王万岁千秋之后，我希望跟随您一起死，给王当草席以防御蝼蛄蚂蚁，又哪里有比这种欢乐更欢乐的事情。"宣王非常高兴，于是就封他为安陵君。

君子听到这件事说："江乙可以说是善于出谋划策，安陵君可以说是会掌握时机。"

楚王问于范环

原　文

楚王问于范环曰："寡人欲置相于秦，孰可[1]？"对曰："臣不足以知之。"王曰："吾相甘茂可乎？"范环对曰："不可。"王曰："何也？"曰："夫史举，上蔡之监门也[2]。大不如事君，小不如处室，以苛廉闻于世[3]，甘茂事之顺焉。故惠王之明，武王之察，张仪之好谮[4]，甘茂事之，取十官而无罪[5]，茂诚贤者也，然而不可相秦。秦之有贤相也，非楚国之利也。且王尝用滑于越而纳句章[6]，昧之难，越乱，故楚南察濑胡而郡江东。计王之功所以能如此者[7]，越乱而楚治也。今王以用之于越矣，而忘之于秦，臣以为王钜速忘矣[8]！王若欲置相于秦乎？若公孙郝者可。夫公孙郝之于秦王，亲也[9]。少与之同衣，长与之同车，被王衣以听事[10]，真大王之相已。王相之，楚国之大利也。"

注　释

①**孰**：谁。②**监门**：看守城门的小官。③**苛廉**：精细廉洁。④**好谮**：好进谗言。⑤**取十官**：官职一连被提升了十次。⑥**纳**：得到。⑦**计**：估计。⑧**钜速忘**：太过于健忘。⑨**亲**：亲戚。⑩**被**：通"披"，穿着。

译　文

楚王问范环道："寡人我想在秦国安排一个相国，谁可以呢？"范环回答说："我不能知道这事。"楚王说："我派甘茂做相国可以吗？"范环回答说："不行。"楚王说："为什么呢？"范环说："史举原是上蔡的看门人。往大说他不知道怎样侍奉君王，往小说他处理不好家务事，却能以精细廉洁的作风闻名于世，甘茂去侍奉他一定能和睦相处。由此可见，像惠王那样聪明，武王那样明察，张仪那样喜欢挑人长短，如果让甘茂去侍奉他们，获得十个官职也不会有罪，甘茂实在是一个有德有才的人，然而不可以让他去秦做相国。因为如果秦国有了贤相，对楚国而言则是不利的呀。大王您曾派召滑前往越国去做事，因而也得到了越地的句章；虽然当时楚国出现了唐昧之难，但因为越国的内乱，所以楚国还可以统治着越国南边的濑湖，并将楚国的边境一直扩张到了江东。估计大王您之所以能有如此功绩，都是因为越国遭受了内乱，而楚国却治理得很好的缘故。现在大王已经在越国施行了这种治世的办法，却不记得在秦国施用这种办法，我不理解大王为什么会如此健忘呀。您如果想要推荐人去秦国担任相国的话，那公孙郝这人是合适的。公孙郝对秦王而言是亲戚。他们少年时曾同穿一套衣服，长大后也曾同乘坐一辆马车，直到现在公孙郝还经常穿着秦王的衣服上朝听政，他可的确应当是大王推荐给秦国的相国呀。您推荐他在秦国担任相国的话，就将会对楚国大有好处呀。”

苏秦为赵合从说楚威王

原　文

苏秦为赵合从，说楚威王曰[1]：“楚，天下之强国也。大王，天下之贤王也。楚地西有黔中、巫郡[2]，东有夏州[3]、海阳，南有洞庭、苍梧，北有汾、陉之塞[4]、郇阳[5]。地方五千里，带甲百万，车千乘，骑万匹，粟支十年，此霸王之资也。夫以楚之强与大王之贤，天下莫能当也。今乃欲西面而事秦，则诸侯莫不西面而朝于章台之下矣[6]。秦之所害于天下莫如楚，楚强则秦弱，楚弱则秦强，此其势不两立。故为王至计，莫如从亲以孤秦。大王不从亲，秦必起两军：一军出武关；一军下黔中。若此，则鄢、郢动矣。臣闻治之其未乱，为之其未有也；患至而后忧之，则无及已[7]。故愿大王早计之。

“大王诚能听臣，臣请令山东之国，奉四时之献，以承大王之明制，委社稷宗庙，练士厉兵，在大王之所用之。大王诚能听臣之愚计，则韩、魏、齐、燕、赵、卫之妙音美人必充后宫矣。赵、代良马橐(tuó)他[8]，必实于外厩。故从合则楚王，横成则秦帝。今释霸王之业，而有事人之名，臣窃为大王不取也。夫秦虎狼之国也，有吞天下之心。秦，天下之仇雠也，横人皆欲割诸侯之地以事秦，此所谓养仇而奉雠者也。夫为人臣而割其主之地，以外交强虎狼之秦，以侵天下，卒有秦患，不顾其祸。夫外挟强秦之威，以内劫其主，以求割地，大逆不忠，无过此者。故从亲，则诸侯割地以事楚；横合，则楚割地以事秦。此两策者，相去远矣，有亿兆之数。两者大王何居焉？故弊邑赵王[9]，使臣效愚计，奉明约，在大王命之。”

楚王曰：“寡人之国，西与秦接境，秦有举巴蜀并汉中之心。秦，虎狼之国不可亲也。而韩、魏迫于秦患，不可与深谋，恐反人以入于秦[10]，故谋未发而国已危矣。寡人自料以楚当秦，未见胜焉。内与群臣谋不足恃也。寡人卧不安席，食不甘味，心摇摇如悬旌[11]，而无所终薄。今君欲一天下，安诸侯，存危国，寡人谨奉社稷以从。”

注释

①**楚威王**：名熊商。应为楚威王七年事。②**巫郡**：在今四川巫山一带。③**夏州**：在今湖北汉阳北。④**汾**：在今河南襄城东北。**陉**：即陉山。⑤**郇阳**：即旬关，在今陕西旬阳县东。⑥**章台**：秦台名。在今陕西咸阳。⑦**已**：同“矣”。⑧**橐他**：骆驼。⑨**赵王**：赵肃侯。⑩**恐反人以入于秦**：此句谓唯恐他们背叛楚国，反把楚国的计谋告诉秦国。⑪**如悬旌**：形容心情不安，有如悬挂的旌旗。

译文

苏秦为赵国合纵的事去游说楚威王道：“楚国是天下的强国。大王是天下最贤德的君主。楚国的土地西面有黔中和巫郡，东面有夏州和海阳，南面有洞庭湖和苍梧山，北面有汾水和陉山、郇阳这些险要的地势。土地纵横五千里，披甲带胄的士兵有百万，战车千辆，战马万匹，粮食可支付十年，这些都是造成霸业的资本。依靠楚国的强大和大王的贤德，天下没有谁能抵挡。如今却想到西面去侍奉秦国，那么诸侯没有哪个不到西面在章台之下朝拜了。秦国所憎恶的，对天下诸侯来说就是楚国了，楚国强盛秦国就要衰弱，楚国衰弱秦国就要强盛，这两国是势不两立的。因此我替大王切实考虑，不如实行合纵，结成亲密关系来孤立秦国。大王如果不实行合纵，秦国必定发动两路军队：一路军队从武关出发；一路军队沿黔中而下。若是这样，鄢陵和郢都就要被震动了。我听说治理国事要在它还没有发生骚乱之时，预防灾难要在它还没有萌生之际，祸患来到后再忧虑，就来不及了。所以希望大王早定大计。

"大王若是真能听信我的话，我愿让山东六国，奉献四季贡品，遵从大王的明令法制，把社稷宗庙委托给楚国管理，训练兵士，随时听从大王的调遣。大王若是真能听从我愚笨的计划，那么韩、魏、齐、燕、赵、卫的善歌美女必定站满您的后宫。赵和代的良马骆驼，必定装满您外面的畜圈。因此说合纵成功，楚国为王；连横成功，秦国称帝。如今您抛弃霸主的事业，却要得到侍奉别人的名声，我私自认为大王太不值得。再说秦是虎狼之国，早有吞食天下的野心。秦国是天下人的仇敌，主张连横的人都想割取诸侯的土地去侍奉秦国，这就是所说的养育仇敌，侍候仇人。作为人臣的却要割取自己君主的土地，到外面去结交强暴如虎狼的秦国，以剥夺诸侯的利益，结果产生秦患，没有谁顾及国家灾难。他们在外面依仗强秦的威力，在国内逼迫自己的国君，寻求割地给秦国，历史上的大逆不道，没有超过这些人的。因此合纵形成，诸侯就会割地侍奉楚国；连横成功，楚国就得割地去侍奉秦国。这两种策略相距太远了，能有十万八千里，这两种策略大王选择哪一种呢？因此敝国赵王派我来呈献愚计，接受您英明的约定，我们愿意遵从大王命令。"

楚王说："寡人我的国家，西边和秦国接境，秦国早有攻占巴蜀吞并汉中的野心。我本来就知道秦是虎狼之国，不可亲近。而魏、韩两国又被秦国的侵扰所苦恼，我不可能和他们有深远的计划，唯恐他们反叛后归服秦国，那样，计谋还没有实行，国家已经危险了。寡人我自己估计以楚国抵挡秦国，未见能战胜他们。回到宫中与群臣商量，他们又不可靠。我躺在床上不能安眠，吃饭尝不出香味，心里摇摇荡荡的，像悬挂的旗子没有个着落。现在您想帮助统一天下，安抚诸侯，保存危亡的国家，寡人我敬以全国相从。"

张仪为秦破从连横

原文

张仪为秦破从连横，说楚王曰："秦地半天下，兵敌四国，被山带河，四塞以为固。虎贲(bēn)之士百余万[1]，车千乘，骑万匹，粟如

丘山。法令既明，士卒安难乐死。主严以明，将知以武。虽无出兵甲，席卷常山之险，折天下之脊，天下后服者先亡。且夫为从者，无以异于驱群羊而攻猛虎也。夫虎之与羊，不格明矣[2]。今大王不与猛虎而与群羊，窃以为大王之计过矣。

"凡天下强国，非秦而楚，非楚而秦。两国敌侔交争[3]，其势不两立。而大王不与秦，秦下甲兵，据宜阳，韩之上地不通；下河东，取成皋，韩必入臣于秦。韩入臣，魏则从风而动。秦攻楚之西，韩、魏攻其北，社稷岂得无危哉？且夫约从者，聚群弱而攻至强也。夫以弱攻强，不料敌而轻战，国贫而骤举兵[4]，此危亡之术也。

"臣闻之，兵不如者，勿与挑战；粟不如者，勿与持久。夫从人者，饰辩虚辞[5]，高主之节行，言其利而不言其害，卒有楚祸，无及为已，是故愿大王之熟计之也。

注　释

①**虎贲之士**：指勇猛的兵士。②**格**：格斗，抗争。③**侔**：相当。④**骤**：频繁。⑤**饰辩虚辞**：即指说话夸夸其谈，花言巧语。

译　文

张仪为秦国破坏合纵实现连横之后，就去游说楚王道："秦国占有天下一半的土地，兵力可以抵挡四方的国家，山绕河围，四境可谓坚固。勇猛的战士有百余万人，战车千辆，战马万匹，粮食堆积如山。法令早已严明，士兵不怕艰难乐于效命。君主威严明察，将领聪敏威武。即使不用出动多少军队，也可以席卷常山天险，犹如折断天下诸侯的脊梁，凡是天下最后屈服的必先灭亡。再说那些主张合纵的人，他们和驱赶羊群去攻击猛虎没有什么不同。虎对于羊来说，不必格斗胜负自明。如今大王不与老虎为伍却与绵羊结群，我私下认为大王的计谋错了。

"大概天下的强国，不是秦国就是楚国，不是楚国就是秦国。两国势均力敌互相争斗，一定是势不两立。如果大王不亲附秦国，秦国出兵占领宜阳，韩国的上党就会被切断；秦国攻下河东，夺取成皋，韩国一定会投降，归顺秦国为臣。韩国归顺以后，魏国就会闻风而动。秦国攻打楚国的西面，韩、魏进攻楚国的北面，楚国怎么会不危险呢？再说组织合纵的人，聚集一些弱国去攻打极强的国家，以弱国攻打强国，不估量对方的力量而轻易交战，国家贫穷却频繁用兵，这是招致危亡的做法。

“我听说兵力不如敌国强，不要和人家挑战；粮食不如人家的多，就不要打持久战。鼓吹合纵的人，夸夸其谈，花言巧语，赞扬君主的操守品行，只说他们有利的一面，不讲他们不利的一面，一旦招来楚国的祸害，就来不及收拾了，因此希望大王认真地考虑这个问题。

原文

“秦西有巴蜀，方船积粟[1]，起于汶山[2]，循江而下，至郢三千余里。舫船载卒[3]，一舫载五十人，与三月之粮，下水而浮，一日行三百余里；里数虽多，不费马汗之劳。不至十日而距扞关，扞关惊，则从竟陵已东，尽城守矣，黔中、巫郡非王之有已。

“秦举甲出之武关，南面而攻，则北地绝[4]。秦兵之攻楚也，危难在三月之内，而楚恃诸侯之救[5]，在半岁之外，此其势不相及也。夫恃弱国之救，而忘强秦之祸，此臣之所以为大王之患也。且大王尝与吴人五战三胜而亡之，陈卒尽矣；有偏守新城而居民苦矣。臣闻之，攻大者易危，而民弊者怨于上。夫守易危之功，而逆强秦之心，臣窃为大王危之。

“且夫秦之所以不出甲于函谷关十五年以攻诸侯者，阴谋有吞天下之心也。楚尝与秦构难[6]，战于汉中。楚人不胜，通侯、执珪死者七十余人，遂亡汉中。楚王大怒，兴师袭秦，战于蓝田，又却。此所谓两虎相搏者也。夫秦、楚相弊[7]，而韩、魏以全制其后，计无过于此者矣，是故愿大王熟计之也。

注释

①**方船：**两条船并联在一起称为“方船”。②**汶山：**即岷山，位于今四川茂县西北方向。③**舫船：**即上文所说的“方船”。④**北地：**楚地，指今河南信阳北部地区。⑤**恃：**依靠，依赖。⑥**构难：**发生冲突。⑦**相弊：**互相削弱。弊，疲敝。

译文

“秦国向西占有巴蜀，再并合两船装满粮食，从汶山出发，沿江而下，到达郢都只不过三千余里。再并合两船载上士兵，一舫可载上五十人和三个月的粮食，顺水而下，一天可走三百余里，路程虽然长，然而不费牛马的力气，不用十天就能到达扞（hàn）关；扞关吃紧，那么夷陵以东全都要筑城而守，黔中、巫郡将不属大王所有了。

“秦国发兵出武关，向南进攻，那么就和楚国北部边地断绝联系。秦军攻打楚国，危险期在三个月之内，而楚国等待诸侯救援，要半年以上，这肯定来不及。依靠弱国援救而忘记强秦的祸患，这是我替大王担忧的道理。再说，大王曾经和吴国交战，虽然五战三胜消灭了吴国，但阵地上的士兵都死光了，楚军又远守新夺取的城邑，而活着的百姓就苦了。我听说，进攻强大的国家易遭危险，百姓疲惫就怨恨君上。追求易遭危险的功业，而违背强秦的心意，我暗地里替大王感到危机。

“再说秦国之所以十五年没有从函谷关出兵攻打诸侯，是因为有吞并天下的雄伟计划。楚国曾与秦国发生冲突，在汉中开战。楚人没有取胜，通侯和执珪这样爵位的人死了七十多，终于失掉汉中。大王非常生气，又发兵攻击秦国，在蓝田交战，又被打败。这就是所说的两虎相斗。秦国、楚国互相削弱，而韩、魏两国却保存实力，趁机控制楚国的后方。没有比两虎相斗更错误的计策啦，所以希望大王仔细地考虑这个问题。

原文

“秦下兵攻卫、阳晋，必扃（jiōng）天下之匈[1]，大王悉起兵以攻宋，不至数月而宋可举。举宋而东指，则泗上十二诸侯，尽王之有已。凡天下所信约从亲坚者苏秦，封为武安君而相燕，即阴与燕王谋破齐共分其地[2]。乃佯有罪[3]，出走入齐，齐王因受而相之。居二年而觉，齐王大怒，车裂苏秦于市。夫以一诈伪反覆之苏秦，而欲经营天下，混一诸侯，其不可成也亦明矣。

“今秦之与楚也，接境壤界，固形亲之国也。大王诚能听臣，臣请秦太子入质于楚，楚太子入质于秦，请以秦女为大王箕帚之妾，效万家之都，以为汤沐之邑，长为昆弟之国，终身无相攻击。臣以为计无便于此者[4]。故敝邑秦王，使使臣献书大王之从车下风，

须以决事[5]。”

楚王曰：“楚国僻陋，托东海之上[6]。寡人年幼，不习国家之长计。今上客幸教以明制，寡人闻之，敬以国从。”乃遣使车百乘，献骇鸡之犀、夜光之璧于秦王。

注　释

①**扃天下之匈：**指封锁诸侯的交通要道。扃，窗户，在此引申为关闭。②**阴：**暗中。③**佯：**假装。④**计无便于此者：**指没有比这更好的计策了。⑤**须：**等待，等候。⑥**托：**依托。

译　文

“如果秦楚联盟，秦发兵攻占卫和阳晋两地，必定封锁天下的交通要道，大王再发动全部军队攻打宋国，用不了几个月就可以占领宋国。攻下宋国然后一直向东，那么泗水流域各小诸侯国就会全归大王所有了。天下信守合纵盟约坚定的人只有苏秦，他被封为武安君，在燕国做了相国以后，就暗中与燕王商议攻破齐国，瓜分其土地，于是假装得罪燕王，从燕国逃亡到齐国，齐王就收留了他，并且让他担任相国。过了两年才被发觉，齐王非常恼火，在街市上把苏秦五马分尸，靠一个欺诈虚伪的苏秦，就想在天下创业、统一各国，那不可能成功也是很明白的了。

“如今秦国和楚国，国境相接土地相连，地形上本来就是亲近友邻。大王如果真能听从我，我将请秦国太子到楚国做人质，楚国太子到秦国做人质，让秦王的女儿做侍奉大王的姬妾，进献居民万户的都邑作为大王的汤沐邑，两国长久地做兄弟邻邦，一辈子互不攻击。我认为没有比这更好的计策了。所以敝国秦王派我来向大王递交盟书，我等待大王的答复。”

楚王说：“楚国偏僻鄙陋，寄身东海边上，寡人我年幼，不懂得治国长远之计。现在承蒙贵客的英明教导，我已领教，我国愿意听从您的主意。”于是派出百辆车子，向秦王进献骇鸡之犀和夜光之璧。

威王问于莫敖子华

原　文

威王问于莫敖子华曰[1]：“自从先君文王以至不穀之身，亦有不

为爵劝，不为禄勉[2]，以忧社稷者乎？”莫敖子华对曰：“如华不足知之矣。”王曰：“不于大夫[3]，无所闻之。”莫敖子华对曰：“君王将何问者也？彼有廉其爵，贫其身，以忧社稷者；有崇其爵，丰其禄，以忧社稷者；有断脰(dòu)决腹，一瞑而万世不视[4]，不知所益，以忧社稷者；有劳其身，愁其志，以忧社稷者；亦有不为爵劝，不为禄勉，以忧社稷者。”

王曰：“大夫此言，将何谓也？”莫敖子华对曰：“昔令尹子文[5]，缁帛之衣以朝，鹿裘以处；未明而立于朝，日晦而归食[6]；朝不谋夕，无一月之积[7]。故彼廉其爵，贫其身，以忧社稷者，令尹子文是也。

“昔者叶公子高[8]，身获于表薄，而财于柱国；定白公之祸[9]，宁楚国之事；恢先君以揜(yǎn)方城之外[10]，四封不侵，名不挫于诸侯[11]。当此之时也，天下莫敢以兵南乡，叶公子高食田六百畛(zhěn)[12]。故彼崇其爵，丰其禄，以忧社稷者，叶公子高是也。

“昔者吴与楚战于柏举[13]，两御之间夫卒交。莫敖大心抚其御之手[14]，顾而大息曰[15]：‘嗟乎子乎！楚国亡之日至矣！吾将深入吴军，若扑一人[16]，若捽(zuó)一人[17]，以与大心者也，社稷其为庶几乎！’故断脰决腹，壹瞑而万世不视，不知所益，以忧社稷者，莫敖大心是也。

注　释

①**威王**：即楚威王，楚怀王父亲。**莫敖子华**：担任莫敖官职的子华。莫敖，楚国官名，地位仅次于令尹、司马，掌管传达君王命令和接受君王咨询的事务。子华，名章。②**文王**：指楚文王。**劝**：勉励。**勉**：鼓励，劝勉。③**不于大夫**：不向大夫询问。④**断脰决腹**：砍头剖腹。脰，项也。**一瞑**：一旦闭上眼睛，一旦死去。鲍本："瞑，不视也，谓死。"⑤**令尹**：楚国百官之长，出领大军，入主政事，相当于丞相。**子文**：姓斗，名谷于菟，字子文，楚成王时为令尹。⑥**日晦**：天黑。⑦**积**：积存，此指存粮。⑧**叶公子高**：姓沈，名诸梁，字子高，封于叶邑（在今河南叶县），故称叶公。⑨**白公之祸**：

楚平王娶太子建的妻为夫人，想杀建，建逃亡，死在国外。建之子名胜，楚惠王二年召胜返楚，封为白公，后胜起兵自立为王，惠王出走。叶公子高领兵击败白公，惠王复位。⑩**恢：**扩大。**先君：**此指楚惠王。**揜：**复取，收复。**方城：**山名，在今河南叶县。⑪**挫：**挫折，屈辱。⑫**南乡：**向南进攻。乡，同“向”。**食田：**指国君封赏给大臣作为食禄的田地。**畛：**古代计算田地的单位，千亩为一畛。⑬**吴与楚战于柏举：**吴国与楚国在柏举交战。楚昭王十年（前506），吴王阖闾与楚国在柏举交战，楚军被打得大败，吴军攻占郢都，楚昭王逃走。柏举，楚国地名，在今湖北麻城东北。⑭**莫敖大心：**即沈尹戌，又称左司马戌，楚庄王曾孙，叶公子高之父，柏举之战中战死。⑮**大息：**即太息，长叹。⑯**扑：**倒，打倒。⑰**捽：**揪，捉住。

译　文

楚威王向莫敖子华询问说：“从先君楚文王一直到我自身，有不因为爵位的勉励，不因为俸禄的鼓励，而为国家忧虑的人吗？”莫敖子华回答说：“像我这样的人还不能了解这些。”威王说：“不向大夫询问，就没有地方听到这些事了吗？”莫敖子华回答说：“君王准备询问一些什么样的人？在那些人中有为官清廉，自身贫困，而忧虑国家的人，有使自己爵位升高，使自己俸禄丰厚，而忧虑国家的人，有甘愿砍头剖腹，一旦闭上眼睛就会永远看不到这个世界，不懂得个人利益，而忧虑国家的人，有情愿使自己身体劳累，为自己的志向所愁苦，而忧虑国家的人；也有不为爵位的勉励，不为俸禄的鼓励，而忧虑国家的人。”威王说：“大夫的这些话，说的是哪些人呢？”

莫敖子华回答说：“从前令尹子文，穿着黑色绸衣上朝，回家就穿鹿皮缝制的粗衣，天不亮就站在朝廷上等候朝见，天黑才回家吃饭，家里穷得朝不保夕，没有一个月的存粮。所以为官清廉，自身贫困，而忧虑国家的人，令尹子文正是这样。

“从前，叶公子高，其貌不扬有柱国之才，他平定了白公胜挑起的内乱，稳定了楚国的形势，扩大了先君的领土，收复了方城以北的地方，四境不受侵犯，使楚王没有受到诸侯的屈辱。在这个时候，天下诸侯没有谁敢率兵向南进攻楚国的，楚王封给叶公子高作为食禄的田地六十万亩。所以说那些使自己爵位升高，使俸禄丰厚，而忧虑国家的人，叶公子高正是这样。

“从前，吴国与楚国在柏举打仗，双方战车间士兵交战。莫敖大心抚摸着给他驾车人的手，回头长叹一声说：‘唉，楚国灭亡的日子到了！我准备深入吴国军队，假如打倒一个，或者捉住一个，就和大心我的命相当了，如果楚国人都能这样，国家差不多不会灭亡！’所以说那些甘愿砍头剖腹，一旦闭上眼睛就会永远看不到这个世界，不懂得个人利益，而忧虑国家的人，莫敖大心正是这样。

原　文

“昔吴与楚战于柏举，五战入郢。君王身出[1]，大夫悉属，百姓离散。棼冒勃苏曰[2]：‘吾被坚执锐[3]，赴强敌而死，此犹一卒也，不若奔诸侯[4]。’于是嬴粮潜行[5]，上峥山[6]，逾深谿，蹠(zhí)穿膝暴[7]，七日而薄秦王之朝[8]，雀立不转，昼吟宵哭。七日不得告[9]，水浆无入口，瘨而殚闷，旄不知人。秦王闻而走之[10]，冠带不相及，左奉其首，右濡其口，勃苏乃苏。秦王身问之：‘子孰谁也[11]？’棼冒勃苏对曰：‘臣非异[12]，楚使新造盩棼冒勃苏。吴与楚人战于柏举，五战入郢，寡君身出，大夫悉属，百姓离散。使下臣来告亡[13]，且求救。’秦王顾令之起：‘寡人闻之，万乘之君得罪一士[14]，社稷其危，今此之谓也。’遂出革车千乘，卒万人，属之子蒲与子虎[15]，下塞以东，与吴人战于浊水而大败之，亦闻于遂浦。故劳其身，愁其思，以忧社稷者，棼冒勃苏是也。

● 楚昭王疏者下船

“吴与楚战于柏举，五战入郢。君王身出，大夫悉属，百姓离散。蒙穀结斗于宫唐之上[16]，舍斗奔郢曰：‘若有孤[17]，楚国社稷其庶几乎！’遂入大宫，负离次之典以浮于江，逃于云梦之中。昭王反郢，五官失法，百姓昏乱；蒙穀献典，五官得法，而百姓大治。比蒙穀之功，多与存国相若，封之执圭，田六百畛。蒙穀怒曰：‘穀非人臣，社稷之臣，苟社稷血食，馀岂患无君乎？”遂自弃于磨山之中[18]，至今无胄。故不为爵劝，不为禄勉，以忧社稷者，蒙穀是也。”

王乃大息曰：“此古之人也，今之人，焉能有之耶？”莫敖子华对曰：“昔者先君灵王好小要[19]，楚士约食，冯而能立[20]，式而能起[21]。食之可欲，忍而不入；死之可恶，然而不避。华闻之其君好发者，其臣抉拾。君王直不好，若君王诚好贤，此五臣者，皆可得而致之。”

注 释

①**君王身出**：楚昭王逃亡国外。君王，即楚昭王。②**棼冒勃苏**：即申包胥。棼冒，楚国姓氏，勃苏与“包胥”音近，因封于申，故称申包胥。③**被**：同“披”。**坚**：指坚固的铠甲。**锐**：指锐利的兵器。④**奔诸侯**：到别国求救。⑤**赢**：装足，装满。⑥**峥山**：险峻的山。⑦**蹠**：脚掌。**暴**：损伤。⑧**薄**：迫近，此指到达。**秦王**：指秦哀公。⑨**告**：此指秦国救援楚国的回答。⑩**走之**：向他跑去。⑪**孰谁**：即谁。⑫**非异**：不是别人。鲍本：“言非它人。”⑬**告亡**：报告楚王逃亡在外。⑭**得罪**：冒犯。⑮**属**：同“嘱”，嘱托。**子蒲、子虎**：均为秦国将领。⑯**蒙穀**：楚国将领。⑰**孤**：此指嗣君。蒙穀认为楚昭王逃亡在外，生死不知，所以说“若有孤”。⑱**磨山**：山名，在今湖北当阳东。⑲**小要**：细腰。要，同“腰”。⑳**冯**：同“凭”，靠，依靠。㉑**式**：同“轼”，车前横木，供人扶靠，此有“凭靠”的意思。

译 文

从前，吴、楚两国在柏举交战，吴军连攻三次，攻入楚都，楚君逃亡，大夫跟随，百姓流离失所，棼冒勃苏说：‘我如果身披铠甲，手执武器与强敌作战，不幸战死，其作用也只像一个普通士卒而已，还不如向诸侯去求援。’于是，他背着干粮秘密出发，越过高山峻岭，渡过深水溪谷，鞋子穿烂了，脚掌磨破了，裤子破了，露出了膝盖；走了七天，到了秦王的朝廷，殷切翘望，希望得到秦王的帮助；日夜哭泣，希望得到秦王的同情。经过七天七夜，也未能面告秦王。他就这样，滴水不进，以致头昏眼花，气绝晕倒，不省人事。秦王知道后来不及系好衣帽就跑来看他，左手捧着他的头，右手给他灌水，勃苏才慢慢苏醒过来。秦王亲自问他：‘你是什么人？’棼冒勃苏回答说：‘我不是别人，是楚王派来的因不死于国难新获罪的棼冒勃苏。吴、越两国正在柏举交战，吴国连攻三次，进入楚都，楚君逃亡，大夫跟随，百姓流离失所。敝国君王特派我来报告楚国面临的亡国大祸，并且请求援救。’秦王一再要他起身，他一直不起。秦王说：‘我听说，万乘大国的君王，如果得罪了志士，国家就会危险，如今就是这样。’于是，秦王派出战车千辆，兵士万人，让公子蒲和公子虎带领，出边关，向东挺进，与吴军战于浊水之上，大败吴军，又听说还在遂浦作战。所以，我说的那个劳其筋骨，苦其心志，而忧虑国家安危的，就是棼冒勃苏。

“吴国与楚国在柏举交战，经过三次战斗进入郢都。楚昭王逃亡，大夫们全部跟随，百姓妻离子散。蒙榖在宫唐这个地方与吴军交战，他放弃战斗奔回郢都说：‘如果还有嗣君，楚国的社稷就差不多可以保存下来吧！’于是就进入楚王的宫殿，背起楚国的法律典籍顺江漂浮而下，逃往云梦泽中。楚昭王返回郢都，五官无法可依，百姓困惑混乱，蒙榖献出法律典籍，五官有法可循，百姓得到了很好的治理。比较一下蒙榖的功劳，可以和保全国家政权相同，楚王封他执珪的爵位，赏赐土地六百轸。蒙榖很生气地说：‘我不只是君王的臣子，也是国家的臣子，如果社稷的神灵受到祭祀，我难道忧虑国家没有君主吗？’于是就隐居到磨山之中，至今他的子孙也没有在显要地位的人。所以说不为爵位的勉励，不为俸禄的鼓励，而忧虑国家的人，蒙榖正是这样。”

楚王长叹了一口气说：“这些都是古代的人，现在的人，哪能有这样的呢？”莫敖子华回答说：“从前，先君灵王喜欢细腰的人，楚国的士人就节减食物，弄得他们靠着东西才能站住，扶着东西才能起来。吃饭是人的正常欲望，但却忍着不吃；死亡是人们所憎恶的事情，然而却不躲避。我听说：‘那些国君喜欢射箭的，他们的臣子也准备射箭的工具，学习射箭。’君王只是不喜欢贤才罢了，如果君王的确喜欢贤明的人，以上说的这五种贤臣，就都可以得到并使他们自己前来。”

卷十五　楚策二

术视伐楚

原　文

术视伐楚[1]，楚令昭鼠以十万军汉中[2]。昭雎胜秦于重丘，苏厉谓宛公昭鼠曰："王欲昭雎之乘秦也，必分公之兵以益之[3]。秦知公兵之分也，必出汉中[4]。请为公令辛戎谓王曰：'秦兵且出汉中'。则公之兵全矣[5]。"

注　释

①**术视**：秦国将领。②**昭鼠**：楚国将领。**军**：驻扎。③**益**：增加。④**出**：出兵。⑤**全**：保全。

译　文

术视率秦兵进攻楚国，楚国派昭鼠率领十万大军进驻汉中。昭雎在重丘打败秦军，苏厉对宛公昭鼠说："楚王想让昭雎乘胜进攻秦国，一定会分出您的一部分兵力去增强昭雎的力量。一旦秦国知道你的兵力被分散了，必定会趁机出兵进军汉中的。我愿意为您让华阳君芈戎对楚王表明'秦国将要出兵进军汉中'。那样的话，你的军队就得以保全了呀。"

楚怀王拘张仪

原　文

楚怀王拘张仪[1]，将欲杀之。靳尚为仪谓楚王曰[2]："拘张仪，

秦王必怒。天下见楚之无秦也[3]，楚必轻矣。”又谓王之幸夫人郑袖曰[4]：“子亦自知且贱于王乎[5]？”郑袖曰：“何也？”尚曰：“张仪者，秦王之忠信有功臣也。今楚拘之，秦王欲出之。秦王有爱女而美，又简择宫中佳丽好玩习音者[6]，以欢从之；资之金玉宝器，奉以上庸六县为汤沐邑[7]，欲因张仪内之楚王。楚王必爱，秦女依强秦以为重，挟宝地以为资，势为王妻以临于楚。王惑于虞乐[8]，必厚尊敬亲爱之而忘子，子益贱而日疏矣。”郑袖曰：“愿委之于公，为之奈何？”曰：“子何不急言王，出张子。张子得出，德子无已时，秦女必不来，而秦必重子。子内擅楚之贵，外结秦之交，畜张子以为用[9]，子之子孙必为楚太子矣，此非布衣之利也[10]。”郑袖遽说楚王出张子。

注释

①**楚怀王拘张仪**：楚怀王十六年，张仪游说怀王与齐国绝交，并佯称秦国愿献商於六百里土地给楚国，楚、齐绝交后，张仪却以六里相欺，怀王大怒，发兵攻秦，先后在丹阳、蓝田被秦国打得大败。怀王十八年，秦、楚讲和，张仪又为秦国出使楚国，怀王恼怒张仪的欺骗，就拘留了他。②**靳尚**：楚怀王的宠幸之臣，和张仪关系亲近。③**楚之无秦**：楚国丧失了秦国的邦交。④**郑袖**：楚怀王宠幸的妃子。⑤**且贱于王**：指将被大王所轻视，即失宠于怀王。⑥**简择**：挑选。⑦**上庸**：秦国地名，位于今湖北的竹山一带。⑧**虞**：通“娱”，娱乐。⑨**畜**：畜养，收留。⑩**布衣之利**：一般的利益。

译文

楚怀王拘留张仪，准备杀掉他。靳尚替张仪对楚怀王说：“拘留张仪，秦王一定大怒。天下诸侯看到楚国失掉与秦国的邦交，楚国一定会被轻视了。”靳尚又去对楚王宠幸的夫人郑袖说：“您也自己知道将要被大王轻视的原因了吧？”郑袖问：“这是为何？”靳尚回答道：“张仪，是非常忠诚于秦王的大臣，并且对秦国有功，如今楚王却把他给拘禁了，秦王想要让楚王放了张仪。秦王宠爱这个很漂亮的女儿，为了使她高兴，秦王还挑选了宫中既美丽又精通音乐的宫女来陪嫁；并且还送给她很多金玉宝器，把秦国的上庸六县赠予她，以此来为她提供享乐的费用，想要通过张仪把她嫁给君王为妻。楚王一定会很喜爱她，秦王的女儿又有强秦来依靠，必然会被重视，还有珠宝土地这么多资本，必然会成为楚王的妻子而君临楚国。楚王就会沉迷于娱乐，一定会更加敬重宠爱她，而把你给忘了。你会一天比一天更为轻贱，被忽视。”郑袖说：“我愿意将此事委托给您，我该怎么办呢？”靳尚说：“您为何不马上劝谏君王，把张仪给放了。如果张仪能够释放，一定会永远感激您的恩德，秦王的女儿也一定不会嫁到楚国来，而且秦国一定会尊重您。这样，您在国内就会独占高贵的地位，在国外与秦国结下深交，畜养张仪为您所用，您的子孙一定为楚国太子了，这可不是一般的利益。”郑袖立刻去说服楚王放出张仪。

四国伐楚

原　文

四国伐楚[1]，楚令昭雎将以距秦[2]。楚王欲击秦，昭雎不欲。桓臧为昭雎谓楚王曰：“雎战胜，三国恶楚之强也，恐秦之变而听楚也，必深攻楚以劲秦[3]。秦王怒于战不胜，必悉起而击楚，是王与秦相罢[4]，而以利三国也。战不胜秦，秦进兵而攻。不如益昭雎之兵[5]，令之示秦必战。秦王恶与楚相弊而令天下[6]，秦可以少割而收害也[7]。秦、楚之合，而燕、赵、魏不敢不听，三国可定也。”

注　释

①**四国**：秦、燕、赵、魏四国。②**距**：通“拒”，抗拒。③**劲**：加强。④**罢**：通“疲”，疲惫。⑤**益**：增加。⑥**恶**：害怕。⑦**收**：结束。

译　文

秦、燕、赵、魏四国联合起来一同进攻楚国，楚王派昭雎率兵以抵抗秦军。楚王想要兴兵去出击秦军，昭雎却没有同意。桓臧便替昭雎对楚王说道：“如果昭雎战胜了秦国，燕、赵、魏三国将会忌恨楚国的强大，同时又会惧怕秦国改变主意和楚国联合，他们必定会加紧步伐去进攻楚国，以增强秦国的力量。秦国会因为战败而激愤，便会将全国的兵力全都发动起来去进攻楚国；这样的话，秦、楚两国就会因争战不已而互相削弱，从而会让燕、赵、魏三国坐享渔翁之利。如果我们不能战胜秦国，秦国就会发兵攻打我国。因此不如增强昭雎的兵力，让他做出决战的样子给秦国看。秦王本来就讨厌和楚国进行疲劳战而使天下诸侯得利，这样秦国就可能割让一点土地以结束战争。如果秦国、楚国联合，燕国、赵国、魏国就不敢不听从命令，三国就安定了。”

楚襄王为太子之时

原　文

楚襄王为太子之时，质于齐[1]。怀王薨[2]，太子辞于齐王而归。齐王隘之[3]：“予我东地五百里，乃归子。子不予我，不得归。”太子曰：“臣有傅[4]，请追而问傅。”傅慎子曰：“献之地，所以为身也。爱地不送死父，不义。臣故曰，献之便。”太子入，致命齐王曰：“敬献地五百里。”齐王归楚太子。

太子归，即位为王。齐使车五十乘，来取东地于楚。楚王告慎子曰：“齐使来求东地，为之奈何？”慎子曰：“王明日朝群臣，皆令献其计。”上柱国子良入见[5]。王曰：“寡人之得求反[6]，主坟墓[7]、复群臣、归社稷也，以东地五百里许齐。齐令使来求地，为之奈何？”

子良曰：“王不可不与也。王身出玉声，许强万乘之齐而不与，则不信，后不可以约结诸侯。请与而复攻之。与之信，攻之武。臣故曰与之。”子良出，昭常入见[8]。王曰：“齐使来求东地五百里，为之奈何？”昭常曰：“不可与也。万乘者，以地大为万乘。今去东地五百里，是去战国之半也，有万乘之号而无千乘之用也，不可。臣故曰勿与。常请守之。”

注　释

①**质于齐**：在齐国作为人质。②**薨**：古代诸侯或大官的死称为薨。③**隘**：阻拦，阻挡。④**傅**：指太子的老师。⑤**上柱国**：官职名。**子良**：楚国臣子。⑥**反**：通“返”，

返回。⑦**主**：主持之意。⑧**昭常**：楚国臣子。

译　文

楚襄王做太子时，曾在齐国做人质。当接到怀王去世的消息，太子就去向齐王辞行请求回国。齐王阻止他回国，说："把楚国东边的五百里土地给我，就可以让你回去。如果你不给我割地，就不放你回去。"太子说："我有个师傅，让我去问问他。"太子的师傅慎子说："给齐国割让土地，能保全你自己；舍不得土地就不能回国为你父亲送葬，这是不道义。所以我说还是割让土地有利。"太子入朝，回报齐闵王说："我愿意敬献五百里土地。"齐闵王这才放太子回国。

太子归国后，就即位为王。不久，齐国派五十辆兵车到楚国接受东边的土地。楚王告诉慎子道："齐国派人来要东边的土地，对这事怎么办好呢？"慎子说："大王明天朝见群臣，让他们都献出自己的计谋。"第二天，上柱国子良来拜见楚王。楚王说："我能够回到楚国来，主持先王的祭祀，使群臣各归其位，国家不至于灭亡，是因为我答应给齐国割让东地五百里。现在齐国派使臣来索要土地，这可怎么办呢？"

子良说："大王不可不交出土地。大王的话是金口玉言，已经答应了具有万辆兵车的强齐，如果不给他，就不能取信于人。以后也没法再和诸侯结约。请先给齐国割地，然后再出兵攻打齐国。给齐国割地，表示守信用；攻打它，表示不示弱。所以我认为还是割地给齐国。"子良出来以后，昭常进来拜见楚王。楚王说："齐国使者来索取东地五百里，该怎么办呢？"昭常说："不能给他。万乘大国，是因为土地广阔才成为万乘大国的。如果割去东地五百里，这就割掉了国家的一半啊，这样楚国虽然有万乘大国的名号，却没有千乘之国的实际，这样做不行。所以我说不能给齐国割地。我愿意守卫东地。"

原　文

昭常出，景鲤入见[1]。王曰："齐使来求东地五百里，为之奈何？"景鲤曰："不可与也。虽然，楚不能独守。王身出玉声，许万乘之强齐也而不与，负不义于天下。楚亦不能独守。臣请西索救于秦[2]。"景鲤出，慎子入，王以三大夫计告慎子曰："子良见寡人曰：'不可不与也，与而复攻之。'常见寡人曰：'不可与也，常请守之。'鲤见寡人曰：'不可与也，虽然楚不能独守也，臣请索救于秦。'寡人

谁用于三子之计？”

慎子对曰：“王皆用之。”王怫(fú)然作色曰[3]：“何谓也？”慎子曰：“臣请效其说，而王且见其诚然也。王发上柱国子良车五十乘，而北献地五百里于齐。发子良之明日[4]，遣昭常为大司马，令往守东地。遣昭常之明日，遣景鲤车五十乘，西索救于秦。”王曰：“善。”乃遣子良北献地于齐。遣子良之明日，立昭常为大司马，使守东地。又遣景鲤西索救于秦。

子良至齐，齐使人以甲受东地。昭常应齐使曰：“我典主东地[5]，且与死生。悉五尺至六十[6]，三十余万，弊甲钝兵，愿承下尘。”齐王谓子良曰：“大夫来献地，今常守之何如？”子良曰：“臣身受命弊邑之王，是常矫也。王攻之。”

齐王大兴兵，攻东地，伐昭常。未涉疆，秦以五十万临齐右壤[7]。曰：“夫隘楚太子弗出，不仁；又欲夺之东地五百里，不义。其缩甲则可[8]，不然，则愿待战。”齐王恐焉。乃请子良南道楚，西使秦，解齐患。士卒不用，东地复全。

注　释

①**景鲤**：楚国臣子。②**索救**：寻求救助。③**怫然**：指生气的样子。④**明日**：第二天。⑤**典主**：管理。⑥**五尺至六十**：从儿童到六十岁的老人。⑦**临**：逼近。⑧**缩甲**：退兵。

译　文

昭常出来以后，景鲤进去拜见楚王。楚王说：“齐国使者来索取东地五百里，对此怎么办呢？”景鲤说：“不能给他。虽然如此，但是楚国不能单凭自己的力量守住东地。大王口出玉言，亲口答应了万乘之强齐却不给，在天下人面前背上了不讲信用的罪名，我愿意往西到秦国去请求支援。”景鲤出来以后，慎子又进去，楚王把三个大夫的主意都告诉了慎子，说：“子良对我说：‘不能不给齐国割地，给了以后再进攻它。’昭常对我说：‘不能给齐国割地，我愿意守卫东地。’景鲤对我说：‘不能给齐国割地，虽然如此，但是楚国不能独自守卫东地，我愿意到秦国去请求救兵。’我不知道对他们三个人的意见该采纳谁的好？”

慎子回答说：“大王对他们三个人的主意全部采纳。”楚王满脸不高兴地说：“你这是什么意思？”慎子说：“请让我说说我的想法，然后大王就会知道事情确需如此。大王派遣上柱国子良带领五十辆兵车，往北到齐国去进献东地五百里；派遣子良的第二天，再任命昭常为大司马，让他去守卫东地；派遣昭常的第二天，再派景鲤带领五十辆车，往西到秦国去请求救兵。”楚王说：“好。”于是派子良往北到齐国去献地。派遣子良的第二天，又任命昭常为大司马，让他去守卫东地，又派遣景鲤往西到秦国去请求救兵。

子良到了齐国，齐国才派人领着军队去接收东边的土地。昭常应付齐使说：“我主管把守东边的土地，将准备与它共死生。已经全部征发从小到老的人共有三十余万。虽说只有破弊的甲胄和使钝的兵器，也愿意迎接入侵者的烟尘。”齐王听说之后就对子良说：“子良大夫来献土地，可是昭常现在守卫它，这是怎么回事？”子良说：“我是亲自接受敝国大王的命令，这一定是昭常假奉圣旨。请大王攻打他。”

齐王调动大军进攻东地，攻伐昭常。还没有进入东地疆界，秦国就以五十万军队迫近齐国右边。秦将说道：“阻挡楚太子，不准出境奔丧，是不仁的行为；又想夺取楚国东边的土地五百里，是不义的行为。如果你们收兵就算了，不然的话，我们愿意等待这场战争。”齐王害怕发生这种事情。于是就请子良向南返回楚国讲和，派人到西边劝说秦国，这样才解除齐国的战祸。楚国没有用一兵一卒，却保全了东边的土地。

女阿谓苏子

原文

女阿谓苏子曰[1]：“秦栖楚王[2]，危太子者，公也。今楚王归，太子南[3]，公必危。公不如令人谓太子曰：‘苏子知太子之怨己也，必且务不利太子。太子不如善苏子，苏子必且为太子入矣[4]。’”苏子乃令人谓太子。太子复请善于苏子。

注释

①**女阿：**楚国太子的保姆。**苏子：**指苏秦。此章所言事实与历史极不相符，恐为拟托文字。②**栖：**止息，扣留。③**太子南：**太子向南回到楚国。太子，指楚怀王的太子，

即顷襄王。④**为太子入：**为太子归楚。

译　文

楚国太子的保姆对苏秦说："使秦国扣留楚王，使太子受到危害的人，都是您。如果楚王能回国，太子能由齐国南归楚国，您一定危险了。您不如派人对太子说：'如果苏秦知道太子怨恨自己必将设法使太子不利。太子不如和苏子友善，苏子一定将帮助太子回到楚国。'"苏秦于是就派人去说服太子。太子也再一次请求和苏秦友善。

卷十六　楚策三

苏子谓楚王

原　文

苏子谓楚王曰："仁人之于民也，爱之以心，事之以善言；孝子之于亲也，爱之以心，事之以财；忠臣之于君也，必进贤人以辅之。今王之大臣父兄，好伤贤以为资[1]，厚赋敛诸臣、百姓，使王见疾于民[2]，非忠臣也；大臣播王之过于百姓[3]，多赂诸侯以王之地，是故退王之所爱，亦非忠臣也，是以国危。臣愿无听群臣之相恶也，慎大臣、父兄，用民之所善，节身之嗜欲，以安百姓。人臣莫难于无妒而进贤。为主死易，垂沙之事，死者以千数。为主辱易，自令尹以下，事王者以千数。至于无妒而进贤，未见一人也。故明主之察其臣也，必知其无妒而进贤也。贤臣之事其主也，亦必无妒而进贤。夫进贤之难者，贤者用且使己废[4]；贵且使己贱，故人难之[5]。"

注　释

①**资**：凭借。②**见**：被。**疾**：恨。③**播**：扩散，散布。④**废**：废弃不用，这里是说不再得以重用。⑤**难之**：以之为难，难以做到这种事。

译　文

有人对楚王说："讲仁德的人对于人民，要用真心爱护他们，用好话安慰他们。孝子对于双亲，也要用真心爱父母，用钱财奉养父母。忠臣对于君王，一定要推举有才能的人辅佐朝政。现在大王的臣子和亲戚，喜欢伤害有才能的人作为进身的阶梯，又向一些官吏和百姓征收厚重的赋税，结果使大王被人民怨恨，这些都不是忠臣。这些大臣还在老百姓中大肆散播大王的过失，又把大王的土地割赠给诸侯以谋私利，使得大王心爱的土地遭到损失，这也不是忠臣的作为啊！因此，国家就危险了。我希望大王不要听信群臣的互相中伤，要慎重对待大臣、父兄，注意任用老百姓认为好的人才，节制自身的嗜欲，并且给老百姓以帮助。作为臣下没有比不忌妒而推荐贤人更难的了。为君主效死，是容易的事，在垂沙的战事中，死去的人就要用千来计数，为君主忍辱，是容易的事，从令尹以下，侍奉大王的人也要用千来计数。至于不嫉妒而推荐贤人，还没有见过一人呢！所以英明的君主考察他的臣下，一定要知道他能否不忌妒而推荐贤人。即使是贤人侍奉君主，也必须做到没有嫉妒地推举有才能的人。由此可见，推举有才能的人是多么难的事情。因为有才能的人被任用了，将要使自己失掉手中的权柄，将要使自己的地位下降，所以人们难以做到这种事。”

张仪之楚

原 文

张仪之楚，贫。舍人怒而欲归[1]。张仪曰：“子必以衣冠之敝[2]，故欲归。子待我为子见楚王。”当是之时，南后、郑袖贵于楚。张仪见楚王，楚王不说[3]。张子曰：“王无所用臣，臣请北见晋君。”楚王曰：“诺。”张子曰：“王无求于晋国乎？”王曰：“黄金、珠玑、犀象出于楚，寡人无求于晋国。”张子曰：“王徒不好色耳？”王曰：“何也？”张子曰：“彼郑、周之女，粉白墨黑[4]，立于衢闾，非知而见之者以为神。”楚王曰：“楚，僻陋之国也，未尝见中国之女如此其美也[5]，寡人之独何为不好色也？”乃资之以珠玉[6]。

南后、郑袖闻之大恐，令人谓张子曰：“妾闻将军之晋国，偶有金千斤[7]，进之左右[8]，以供刍秣(mò)[9]。”郑袖亦以金五百斤。张子辞楚王曰：“天下关闭不通[10]，未知见日也[11]，愿王赐之觞[12]。”王曰：“诺。”乃觞之。张子中饮[13]，再拜而请曰[14]：“非有他人于此也，愿

王召所便习而觞之[15]。”王曰：“诺。”乃召南后、郑袖而觞之。张子再拜而请曰：“仪有死罪于大王。”王曰：“何也？”曰：“仪行天下遍矣，未尝见人如此其美也。而仪言得美人，是欺王也。”王曰：“子释之[16]。吾固以为天下莫若是两人也。”

注　释

①**舍人**：张仪的随从。②**敝**：破烂。③**说**：通“悦”，高兴。④**粉白墨黑**：形容妆容美丽。⑤**中国**：中原。⑥**资**：资助。⑦**偶**：我。⑧**左右**：左右随从，其实是送给张仪本人。⑨**刍秣**：马食用的草料。⑩**关闭**：交通闭塞，道路不通。⑪**见日**：相见之日。⑫**觞**：酒杯，这里是说饮酒。⑬**中饮**：喝酒喝到一半的时候。⑭**再拜**：拜两次。⑮**便习**：左右亲近的人。⑯**释**：释怀，放心。

译　文

张仪到楚国之后，财物用尽。舍人都很生气想回去。张仪说：“你们必是因为衣帽破了，所以想回去。你们等着我替你们去见楚怀王。”正在这时，南后和郑袖受到楚王的宠幸。张仪见到楚王时，楚王起初很不高兴。张仪说：“大王如果没有用得着我的地方，我请求到北边去见三晋的君主。”楚王说：“请便。”张仪又说：“大王对三晋没有什么需求吗？”楚王说：“黄金、珍珠、玑珠、犀革、象牙这些贵重的东西都是产自楚国，三晋对我而言没有什么想要的。”张仪说：“那大王您不喜欢美色吗？”楚王说：“什么意思？”张仪说：“郑国及周国的女子，一个个全都粉白黛黑，打扮得十分美丽地站立在大街巷口当中，如果别人不知情的话，第一次看到她们的时候，还会真以为她们都是仙女下凡呢。”楚王说：“楚国地处偏远，从来没有见到过中原的女子是如此之美丽的，我怎么会独独不喜欢美色呢？”于是就将珍珠和玉器赠送给张仪。

南后和郑袖听到之后，十分惊恐，让人去对张仪说：“我们听说将军要到三晋去，赶巧手里有千两黄金，愿意进献给您左右的随从，作为养马的草料钱。”郑袖也将金石五百斤赠送给了张仪。张仪在与楚王辞别的时候说道：“现在天下各国交通阻隔，道路不通，不知道我什么时候才能够再和大王相见，希望大王能赐给我酒宴作别。”楚王说：“好的。”于是就设酒宴和张仪共饮。酒喝到一半的时候，张仪对着楚王拜了两次，请求说道：“现在这儿没有外人，希望大王可以将左右亲近之人邀请过来一起畅饮。”楚王说：“好的。”于是就将南后和郑袖两人找来，一同饮酒。张仪又拜了两次向楚王请罪说：“我对大王犯下了死罪呀。”楚王说：“为什么这么说呢？”张仪说：“我走遍全天下，还从来没有见过像南后、郑袖二位这样漂亮的美人，我却还声称要去为您找美人，这就如同是在欺骗大王您哪！”楚王说：“您放心好了。我原本就认为天底下的美女谁也没有她们两人漂亮。”

楚王令昭雎之秦重张仪

原文

楚王令昭雎之秦重张仪[1]。未至，惠王死。武王逐张仪。楚王因收昭雎以取齐[2]。桓臧为雎谓楚王曰：“横亲之不合也[3]，仪贵惠王而善雎也。今惠王死，武王立，仪走，公孙郝、甘茂贵。甘茂善魏，公孙郝善韩。二人固不善雎也，必以秦合韩、魏。韩、魏之重仪，仪有秦而雎以楚重之。今仪困秦而雎收楚，韩、魏欲得秦，必善二人者[4]。将收韩、魏轻仪而伐楚，方城必危。王不如复雎[5]，而重仪于韩、魏。仪据楚势，挟魏重，以与秦争。魏不合秦，韩亦不从，则方城无患。”

注释

①**重**：推重。②**收昭雎以取齐**：因为张仪和昭雎关系很好，楚国原本是想通过昭雎推重张仪去讨好秦国，现在秦国将张仪赶走，楚国便将昭雎召回，怀王想让昭雎转而拉拢齐国。收，召回。取，取悦。③**不合**：没有成功。④**二人**：指甘茂和公孙郝。⑤**复**：恢复。

译文

楚王派昭雎前往秦国，以帮助张仪获取秦国的重用（因为张仪和昭雎关系很好）。昭雎还没来得及前往秦国，秦惠王就已经死了。武王即位以后，将张仪赶走了。楚王因此也就将昭雎拘留了起来，想要以此去讨好齐国。臧桓为昭雎对楚王说道：“秦、韩、魏三国的连横阵线之所以没能成功，是因为秦惠王重用了张仪，而张仪和昭雎的交情很好。现在惠王死了，武王即位。如今张仪逃跑，公孙郝和甘茂得势。甘茂原来就和魏国关系密切，公孙郝和韩国关系密切。这两人本来就不和昭雎要好，所以一定主张秦国联合韩、魏二国。韩、魏两国当初之所以倚重张仪，是因为张仪有秦国作为自己的后台，是昭雎借助了楚国的势力去帮助张仪，才让他得到秦国的重用。如今张仪被秦国赶跑了，处境十分困顿，昭雎又被楚国拘捕了起来，韩、魏两国想要争取秦国的话，必将会对甘茂和公孙郝非常友善。这两人便会联合起韩、魏两国，贬斥张仪，去攻打楚国，这样的话，楚国的方城必将面临危险之境了。大王您不如让昭雎的地位得以恢复，让张仪再度得到韩、魏两国的重用。张仪凭借楚国的势力，再加上魏国对他的重用，便可以去和秦国对抗，这样一来，魏国和秦国就不会联合，韩国和秦国也不会联合了，楚国的方城也就不会再有什么忧患了。"

五国伐秦

原　文

五国伐秦。魏欲和，使惠施之楚[1]，楚将入之秦而使行和。杜赫谓昭阳曰[2]："凡为伐秦者楚也。今施以魏来，而公入秦。是明楚之伐而信魏之和也[3]。公不如无听惠施，而阴使人以请听秦。"昭子曰："善。"因谓惠施曰："凡为攻秦者魏也。今子从楚为和，楚得其利，魏受其怨。子归，吾将使人因魏而和。"

惠子反[4]，魏王不说[5]。杜赫谓昭阳曰："魏为子先战，折兵之半，谒病不听，请和不得，魏折而入齐、秦，子何以救之？东有越累[6]，北无晋，而交未定于齐、秦，是楚孤也。不如速和。"昭子曰："善。"因令人谒和于魏。

注　释

①**惠施**：魏国的相国。②**杜赫、昭阳**：楚国的大臣。③**明**：表明。④**反**：通"返"，返回。⑤**说**：通"悦"，喜悦。⑥**越累**：越国这个隐患。

译　文

楚、燕、韩、赵、魏五国联合讨伐秦国。魏国首先想求和，就派惠施到了楚国。楚国准备让他到秦国去，让他去讲和。楚臣杜赫对昭阳说："所有参加讨伐秦国的诸侯，是以楚为首领。如今惠施奉魏王之命而来，您却同意他到秦国去，这就表明了楚国主战，也使秦国相信魏国求和。大人您不如别听从魏相惠施的，而自己暗地里派人请求听从于秦国。”昭阳说：“好吧。”于是就派人对惠施说：“讨伐秦国的五国之中，魏国是首领。如今您要是和楚国一起去与秦国讲和，必然是楚国得到好处，魏国却被怨恨。相国您回去吧，我将差遣人打着魏国的名号去和秦国谈判和解。”

于是惠施就返回了魏国，魏王十分不高兴。杜赫又对昭阳说道：“魏国替您首先出战，结果一半的兵力都损耗了，声称陷入困境请求援助，没人应，请求议和又未能得到允许。如果魏国反过来投奔齐国和秦国了，您该怎样挽回这种局面呢？到那时东边有越国这个后患，北边又失掉三晋的援助，更何况和齐、秦的邦交还没有确定下来，这样楚国就将陷入孤立无援境地，不如赶快与魏国和好。”昭阳说：“好的。”于是昭阳就差遣人去与魏国和解。

唐雎见春申君

原文

唐雎见春申君曰[1]：“齐人饰身修行得为益，然臣羞而不学也。不避绝江河，行千余里来，窃慕大君之义[2]，而善君之业。臣闻之，贲、诸怀锥刃而天下为勇[3]，西施衣褐而天下称美。今君相万乘之楚，御中国之难[4]，所欲者不成，所求者不得，臣等少也。

“夫枭棋之所以能为者[5]，以散棋佐之也[6]。夫一枭之不胜五散，亦明矣。今君何不为天下枭，而令臣等为散乎？”

注释

①**唐雎**：人名，魏人。**春申君**：楚国的相国黄歇。②**窃**：暗地里。③**贲、诸**：孟贲、专诸，古代的勇士。④**御**：防御。**中国**：中原之国。⑤**枭**：六博彩名，棋子上刻枭鸟形，枭就是幺（yāo），博头；六博得枭者胜。⑥**散**：六博彩名，枭之外，其他五个棋子为散，即五白，博得五白可以胜枭。所以说，一个枭子不能战胜五个散子。

译文

唐雎见到春申君之后说：“齐国人装扮自己、修炼言行是为了获得金钱地位，然而我以此为羞，不学他们。现在我不避涉江渡河之险，步行千余里来到这里，是因为心里仰慕您的高尚情操，并且想帮助您管理好政事。我听说，孟贲、专诸即使怀揣锥子一样的武器，天下的人也认为他们是勇士；西施即使身穿粗布衣服，天下的人也称她为美人。现在您身为万乘楚国的国相，抵挡着中原诸侯这样的大敌，可是您想要实现的事却没有实现，想得到的东西却得不到，就是因为缺少像我这样的人。

“枭棋之所以能够取胜，是因为有散棋帮助它，单独一个枭棋不能战胜五个散棋，这是很明显的事。现在您为什么不做天下的枭子，而让我们做散子呢？”

卷十七　楚策四

或谓楚王

原　文

或谓楚王曰："臣闻从者欲合天下以朝大王[1]，臣愿大王听之也。夫因诎为信[2]，旧患有成，勇者义之；摄祸为福，裁少为多，知者官之[3]。夫报报之反，墨墨之化[4]，唯大君能之[5]。祸与福相贯，生与亡为邻，不偏于死，不偏于生，不足以载大名。无所寇艾(yì)[6]，不足以横世[7]。夫秦捐德绝命之日久矣[8]，而天下不知。今夫横人嚂(lán)口利机[9]，上干主心[10]，下牟百姓，公举而私取利，是以国权轻于鸿毛，而积祸重于丘山。"

注　释

①**从者**：主张合纵的人。②**诎**：通"屈"，委屈。③**知者**：有智慧的人。④**报报之反，墨墨之化**：意思是循环往复地转换。报，反复。墨，通"默"。⑤**大君**：大智慧的人，聪慧的人。⑥**寇艾**：贼寇的侵扰。⑦**横世**：纵横一世。⑧**捐德绝命**：捐弃道德，不顾性命。⑨**嚂口利机**：口口声声地说着获利的机会。⑩**干**：干扰，迷惑。

译　文

有人对楚王说："我听说主张合纵的人想要联合天下诸侯来朝拜大王，所以我希望大王听听我的看法。一般地说，在委屈的环境里伸张正义，在忧患之中奋力搏击有所建树，这是勇敢的人义不容辞的事。预见到祸患而能把它变成福事，掌握着少数而能把它变成多数，这是聪明的人分内的事。世界上的事物，反反复复地轮回，无声无息地变化，只有高贵的人能驾驭它。祸和福相通，生和死相连，不专一于赴死，不致力于求生，就不能够获得大名。没有经受贼寇的侵扰，就不能够无敌于天下。很长时间以来，秦国都在将道德捐弃，不顾百姓的性命，只是天下人不知道罢了。现在那些主张连横的人，口口声声都在说着其中可以获取的利益，对上足以蛊惑君主之心，对下足以侵害百姓之利，一旦国家有什么行动，那些主张连横的人便趁机为自己谋取利益。因此，国家的政权变得比鸿毛还要轻，而积下的祸端却比丘山还要高耸。”

庄辛谓楚襄王

原 文

庄辛谓楚襄王曰[1]：“君王左州侯[2]，右夏侯[3]，辇从鄢陵君与寿陵君[4]，专淫逸侈靡，不顾国政，郢都必危矣。”襄王曰：“先生老悖(bèi)乎[5]？将以为楚国妖祥乎[6]？”庄辛曰：“臣诚见其必然者也。非敢以为国妖祥也。君王卒幸四子者不衰，楚国必亡矣。臣请辟于赵[7]，淹留以观之。”庄辛去之赵，留五月，秦果举鄢、郢、巫、上蔡、陈之地，襄王流掩于城阳。于是使人发驺，征庄辛于赵。庄辛曰：“诺。”

庄辛至，襄王曰：“寡人不能用先生之言，今事至于此，为之奈何？”庄辛对曰：“臣闻鄙语曰[8]：‘见兔而顾犬，未为晚也；亡羊而补牢，未为迟也。’臣闻昔汤、武以百里昌，桀、纣以天下亡。今楚国虽小，绝长续短[9]，犹以数千里，岂特百里哉[10]？

“王独不见夫蜻蛉乎[11]？六足四翼，飞翔乎天地之间，俯啄蚊虻而食之，仰承甘露而饮之，自以为无患[12]，与人无争也。不知夫五尺童子，方将调饴胶丝，加己乎四仞之上，而下为蝼蚁食也。

注 释

①**庄辛**：楚国大臣，楚庄王的后代，以庄为氏。②**州侯**：楚襄王近臣，因州邑是他的封地，故称之为州侯。③**夏侯**：为楚襄王近臣，因夏邑是他的封地，故称之为夏

侯。④**辇从**：跟随在楚王的辇车之后，亦指鄢陵君与寿陵君为楚王的宠臣。⑤**悖**：昏乱、糊涂。⑥**妖祥**：指不祥。⑦**辟**：通“避”，躲避。⑧**鄙语**：俗语。⑨**绝长续短**：截取长的，把短的补上。⑩**特**：仅仅，只。⑪**蜻蛉**：蜻蜓。⑫**患**：祸患。

译文

庄辛对楚襄王说：“君王左边是州侯，右边是夏侯，车后跟从着鄢陵君与寿陵君，一味地过着淫乱、放荡、奢侈、糜烂的生活，不照看国家政事，郢都必定危险。”襄王说：“先生老糊涂了吗？还是认为楚国将遇到不祥呢？”庄辛说：“我当然看到了这事情的必然后果，不敢认为国家遇到不祥。大王始终宠幸这四个人，不知自制，楚国必然要灭亡了。请允许我到赵国躲避，居留在那里来看事情的变化。”庄辛离开楚国到了赵国，在赵国逗留了五个月后，秦国果然攻占了鄢、郢、巫、上蔡和陈等地。楚襄王流亡藏匿在城阳。他于是派遣专人，调动车马赶到赵国，征召庄辛回国。庄辛说：“好。”

庄辛回到楚国，襄王对他说：“我当初没能听先生的忠告，现在事情已到了这种地步，怎么办呢？”庄辛回答说：“我听俗话说：‘看见了兔子，再回头嗾使猎犬，并不算晚；羊跑丢了，再补羊圈，也不算迟。’我听说从前商汤和周武王凭借百里的地盘昌盛起来，而桀、纣虽然据有天下，却终于亡国。如今楚国虽然不大，截长补短，也还有好几千里地盘，岂止百里呢？

“大王难道不曾看见过蜻蜓吗？它六只脚，四只翅膀，在天地之间飞翔。它俯身啄食蚊虻，仰头吸饮甘露，自以为没有什么灾祸，跟人也没有什么竞争。它完全不知道那五尺来高的小孩，正在调和糖浆，抹在丝网上，将它从两三丈高的地方粘了下来，丢给蝼蛄和蚂蚁吃了。

原文

“蜻蛉其小者也，黄雀因是以[1]。俯啄白粒，仰栖茂树，鼓翅奋翼，自以为无患，与人无争也。不知夫公子王孙，左挟弹，右摄丸[2]，将加己乎十仞之上，以其颈为招。昼游于茂树，夕调乎酸碱，倏忽之间，坠于公子之手。

“夫黄雀其小者也，黄鹄(hú)因是以[3]。游于江海，淹乎大沼[4]，俯噣鳝鲤，仰啮蔆衡，奋其六翮，而凌清风，飘摇乎高翔，自以为无患，与人无争也。不知夫射者，方将修其碆(bō)卢[5]，治其矰缴(zēngzhuó)[6]，将

加己乎百仞之上。被礛磻[7]（bō），引微缴，折清风而抎矣[8]。故昼游乎江河，夕调乎鼎鼐。

“夫黄鹄其小者也，蔡圣侯之事因是以[9]。南游乎高陂，北陵乎巫山，饮茹溪流，食湘波之鱼，左抱幼妾，右拥嬖女，与之驰骋乎高蔡之中[10]，而不以国家为事。不知夫子发方受命乎宣王[11]，系己以朱丝而见之也。

● 蜻蜓

“蔡圣侯之事其小者也，君王之事因是以。左州侯，右夏侯，辇从鄢陵君与寿陵君，饭封禄之粟，而戴方府之金[12]，与之驰骋乎云梦之中，而不以天下国家为事。不知夫穰侯方受命乎秦王，填黾（miǎn）塞之内[13]，而投己乎黾塞之外。”

襄王闻之，颜色变作，身体战栗。于是乃以执珪而授之为阳陵君[14]，举淮北之地也。

注释

①因：和……一样。②摄：拿。③黄鹄：即天鹅。④淹：栖息。⑤碆卢：弓箭。⑥缯缴：带有丝绳的箭。⑦磻：锐利的箭。⑧抎：通“陨”，陨落。⑨蔡圣侯：一说为蔡灵侯。⑩高蔡：地名，位于今河南上蔡。⑪子发：楚国之臣。⑫方府：国库。⑬黾塞：位于今河南信阳一带。⑭执珪：较高的一种爵位。

译文

“蜻蜓还算是小的哩，黄雀也是如此啊。它俯身啄食白米粒，仰头飞在繁茂的树间栖息。它张开翅膀，奋翼飞翔，自以为没有什么灾祸，跟人也没有什么竞争。它完全不知道那公子王孙，正左手把着弹弓，右手挟着弹丸，将它从七八丈高的地方打了下来，拿它的脖颈作箭靶子。它白天还在繁茂的树间飞翔游玩，晚上就被人加上作料做成了菜肴。真是一转眼的工夫，就掉在公子王孙的手中了。

“黄雀还算是小的哩，黄鹄也是如此啊。它在江海上飞翔，在沼泽中栖息，俯身啄食鱼类，仰头咬食菱角和香草。它鼓起翅膀，乘着清风，在高空自由自在地飞翔，自以为没有什么灾祸，跟人也没有什么竞争。它完全不知道那猎人射手正修治弓矢，整理带有丝绳的节，将它从七八十丈的高空中射下来。它带着锋利的箭镞，拖着细细的丝绳，逆着清风掉下来了。它白天还在江河中嬉游，晚上就被人煮在鼎锅里了。

“黄鹄还算是小的哩，蔡圣侯的事情也是这样的啊。他南游高陂，北登巫山，饮马于茹溪，品尝湘水的鱼，左手抱着年轻的妃子，右手抱着宠幸的侍女，跟他们在高蔡纵马驱车，尽情游乐，而不把国家大事放在心上。他完全不知道那子发正接受楚宣王的命令，要用红绳捆绑着他去见楚宣王哩。

“蔡圣侯的事情还算是小的哩，大王的事情也是这样的啊。您左有州侯，右有夏侯，车驾后面还跟着鄢陵君和寿陵君，吃着从封地取来的粮食，装载着国库里的钱财，跟他们扬鞭驱车，在云梦泽尽情游乐，而不把国家大事放在心上。大王哪里知道那穰侯正接受秦王的命令，率领大军越过黾塞，攻进楚国境内，把大王赶到黾塞之外去。”

楚襄王听了这一番话，脸色大变，浑身战栗。他于是授给庄辛“执珪”爵位，封他为阳陵君，终于攻取了淮北一带的土地。

天下合从

原　文

天下合从，赵使魏加见楚春申君曰[1]：“君有将乎？”春申君曰：“有矣，仆欲将临武君[2]。”魏加曰：“臣少之时好射，臣愿以射譬之[3]，可乎？”春申君曰：“可。”加曰：“异日者，更羸与魏王处京台之下[4]，仰见飞鸟。更羸谓魏王曰：‘臣为王引弓虚发而下鸟。’魏王曰：‘然则射可至此乎？’更羸曰：‘可。’有间，雁从东方来，更羸以虚发而下之。魏王曰：‘然则射可至此乎？’更羸曰：‘此孽也。’王曰：‘先生何以知之？’对曰：‘其飞徐而鸣悲。飞徐者，故疮痛也；鸣悲者，久失群也。故疮未息而惊心未去也。闻弦音，引而高飞，故疮陨也。’

今临武君尝为秦孽，不可为拒秦之将也！”

注　释

①**春申君**：即楚相国黄歇，战国四公子之一。②**临武君**：楚国的将军。③**以射譬之**：用射箭打个比方。譬，比喻，打比方。④**更羸**：人名。

译　文

天下诸侯联合抗秦。赵国派魏加去见楚国的春申君说："您安排大将了吗？"春申君说："有了，我想让临武君做大将军。"魏加说："我年轻时喜欢射箭，我今天愿意用射箭做个比喻可以吗？"春申君说："可以。"魏加说："有一天，更羸和魏王站在高台之下，抬头看见飞鸟。更羸就对魏王说：'我为大王表演一个拉弓虚射却可以使鸟掉下来的技能。'魏王说：'可是射技能达到这种水平吗？'更羸说：'可以。'过了一会儿，大雁从东方飞来，更羸虚射一箭竟使雁应声而落。魏王说：'可是射箭怎么能出现这种结果呢？'更羸说：'这是有箭伤的鸟。'魏王说：'先生怎么知道的？'更羸回答说：'它飞得很慢，鸣声又很悲切。飞得慢是因为原先的伤口疼，鸣声悲切是因为长久失群。因为原来的伤口没有好，再加上惊恐的心情还没平复，所以听到弓弦的声音，就尽力高飞，结果是原先的创口破裂使它掉下来。'现在临武君也曾经被秦兵击败，犹如惊弓之鸟，所以不能让他做对抗秦兵的将领。"

楚考烈王无子

原　文

楚考烈王无子，春申君患之，求妇人宜子者进之，甚众，卒无子。

赵人李园，持其女弟[1]，欲进之楚王，闻其不宜子，恐又无宠，李园求事春申君为舍人，已而谒归，故失期[2]。还谒，春申君问状[3]。对曰："齐王遣使求臣女弟，与其使者饮，故失期。"春申君曰："聘入乎[4]？"对曰："未也。"春申君曰："可得见乎？"曰："可。"于是园乃进其女弟，即幸于春申君。知其有身[5]，园乃与其女弟谋。

园女弟承间说春申君曰："楚王之贵幸君，虽兄弟不如。今君

相楚王二十余年，而王无子，即百岁后[6]，将更立兄弟。即楚王更立，彼亦各贵其故所亲，君又安得长有宠乎？非徒然也，君用事久，多失礼于王兄弟，兄弟诚立，祸且及身[7]，奈何以保相印、江东之封乎？今妾自知有身矣，而人莫知，妾之幸君未久，诚以君之重而进妾于楚王，王必幸妾。妾赖天而有男，则是君子之为王也，楚国封尽可得，孰与其临不测之罪乎？”春申君大然之[8]。乃出园女弟谨舍，而言之楚王。楚王召入，幸之。遂生子男，立为太子，以李园女弟立为王后。楚王贵李园，李园用事。

注释

①**女弟**：即妹妹。②**故**：故意。③**状**：情况。④**聘入**：下聘礼。⑤**有身**：有身孕。⑥**百岁**：去世的委婉表达。⑦**及**：到达。⑧**然**：认为对。

译文

楚考烈王没有儿子，春申君很忧愁，寻求宜于生子的妇人进献给楚王，虽然进献了许多妇人，却始终没能生儿子。

赵国人李园领来他的妹妹想进献给楚王，听人说妹妹没有生子之相，又恐怕不能得宠。后来李园就请求侍奉春申君，当了他门上的舍人。不久请假回家，又故意延误归期。归来之后谒见春申君，春申君就询问原因，李园回答道：“齐王派使者来求娶我的妹妹，我因为和那个使者喝酒而延误了归期。”春申君问：“下聘礼了吗？”李园回答说：“还没有。”春申君问：“我能见一见吗？”李园回答说：“可以。”于是李园就把他的妹妹进献了，很快就为春申君所宠幸。后来李园的妹妹知道自己有了身孕，李园就与妹妹一起谋议。

李园的妹妹找个机会劝说春申君道：“楚王宠信您的心情，即使是兄弟也不如。到如今您做楚王的相国已有二十多年，可是楚王没有儿子，等到楚王死后，将要再立兄弟为王。如果楚国的王位更换，他们也将各自使自己的亲信得到尊位，您又怎么能长久保持宠信的地位呢？不仅仅是这样，您执掌政权已经很久了，对楚王的兄弟一定有很多失礼之处，如果楚王的兄弟真的继位为王，祸患就会降临到您的身上，您又怎能使您的相印得以保全、江东的封地得以守护呢？如今我自己知道已有身孕了，可是别人都不知道。再说我得到您宠爱的时间还不长，如果真能依靠您高贵的地位把我进献给楚王，楚王必定喜欢我。假使我仰赖上天生下一男，那么这就是您的儿子做了楚王，您就可以得到整个楚国，这与让您面临不测的祸患相比，哪个更好呢？”春申君非常同意她的建议，于是就将李园的妹妹转移到隐蔽的地方，并向楚王说了进献李园妹妹的事。于是楚王就把她召入宫中，即得临幸。后来果真生下了个男婴，被册立为太子，李园的妹妹被册封为王后。楚王很看重李园，李园很快掌权。

原文

李园既入其女弟为王后，子为太子，恐春申君语泄而益骄，阴养死士[1]，欲杀春申君以灭口，而国人颇有知之者。

春申君相楚二十五年，考烈王病[2]。朱英谓春申君曰：“世有无妄之福[3]，又有无妄之祸。今君处无妄之世，以事无妄之主，安不有无妄之人乎？”春申君曰：“何谓无妄之福？”曰：“君相楚二十余年矣，虽名为相国，实楚王也。五子皆相诸侯。今王疾甚，旦暮且崩，太子衰弱，疾而不起。而君相少主，因而代立当国，如伊尹、周公。王长而反政，不，即遂南面称孤[4]，因而有楚国。此所谓无妄之福也。”春申君曰：“何谓无妄之祸？”曰：“李园不治国，王之舅也；不为兵将，而阴养死士之日久矣。楚王崩，李园必先入，据本议制断君命，秉权而杀君以灭口。此所谓无妄之祸也。”春申君曰：“何谓无妄之人？”曰：“君先仕臣为郎中，君王崩，李园先入，臣请为君剸其胸[5]杀之。此所谓无妄之人也。”

伊尹

春申君曰："先生置之，勿复言已！李园，软弱人也，仆又善之，又何至此？"朱英恐，乃亡去。

后十七日，楚考烈王崩，李园果先入，置死士，止于棘门之内。春申君后入，止棘门。园死士夹刺春申君，斩其头，投之棘门外，于是使吏尽灭春申君之家。而李园女弟，初幸春申君有身，而入之王所生子者，遂立为楚幽王也。

是岁[6]，秦始皇立九年矣，嫪毐亦为乱于秦。觉，夷三族，而吕不韦废。

注　释

①**阴**：暗地里，偷偷地。②**病**：指重病。古人小病称为"疾"，病得很严重才称为"病"。③**妄**：出乎意料。④**南面称孤**：面向南边称王。古时君王坐北朝南，"孤"是君王的自称，因此说"南面称孤"。⑤**剸**：刺，插。⑥**是岁**：这一年。

译　文

李园已经使妹妹进了宫，并且被册封为王后，儿子又被册封为太子，李园很担心春申君说话泄露出真相，并且会变得更加骄横，就暗地里养了一批刺客，打算把春申君杀了灭口，但是楚国内也有知道此事的人。

春申君辅佐楚王二十五年的时候，考烈王病得很厉害。这时朱英对春申君说："世间有出人意料的洪福，也有始料不及的横祸。现在您正处在出人意料的世界里，去侍奉出人意料的君主，怎能得不到出人意料的人呢？"春申君说："什么是出人意料的福呢？"朱英说："您在楚国做相国有二十多年了，虽然名叫相国，实际上是楚国的王。五个儿子都做了诸侯的辅臣。如今大王病得很重，早晚将死，太子又很弱小。一旦大王病得站不起来，您就得做少主的相国，因此就得代少主掌管国政，像伊尹、周公一样。等到少主长大之后再把国家政权还给少主，不这样的话，就面向南边称王，通过这样完全占有楚国。这就是所说的出人意料的福。"春申君说："出人意料的祸又是指什么呢？"朱英回答说："李园不是楚国的相国，只是楚王的大舅子，他没有手握兵权，但是背地里却养了一批刺客。一旦楚王驾崩，李园必定会首先进宫，按照他原本的打算专断楚王的命令，把持大权，把您杀了灭口，这就是所说的意料之外的祸患。"春申君说："出乎意料的人又是指什么呢？"朱英回答说："您先让我担任宫中侍卫之职，一旦楚王驾崩，李园首先入宫的话，我请求替您把刀插进他的胸膛，杀了他。这就是所说的出人意料的人啊！”春申君说：“先生您还是将此事搁置起来吧！不要再说这些话了。李园是个非常软弱的人，我对他又很友善，他又怎能做出这样的事呢？”朱英非常恐惧，于是就逃亡了。

十七天之后，楚考烈王驾崩。李园果真率先入宫，把刺客们隐藏在棘门内。之后春申君进宫，刚到了棘门，李园的刺客们就两面夹击刺杀春申君，斩下了春申君的首级，扔到棘门以外，于是又派人将春申君一家都给灭了。而李园的妹妹，当初被春申君临幸怀孕，后来又被进献给楚王，生下的儿子，就被立为楚幽王。

同年，也就是秦始皇即位第九年，嫪毐也祸乱秦国，被发现了之后，被诛灭三族，当时的秦相吕不韦也因此事被废黜。

卷十八　赵策一

晋毕阳之孙豫让

原　文

晋毕阳之孙豫让[1]，始事范、中行氏而不说[2]，去而就知伯，知伯宠之。及三晋分知氏，赵襄子最怨知伯，而将其头以为饮器。豫让遁逃山中曰："嗟乎！士为知己者死，女为悦己者容。吾其报知氏之仇矣。"

乃变姓名，为刑人[3]，入宫涂厕，欲以刺襄子。襄子如厕，心动，执问涂者，则豫让也。刃其杇（wū）[4]，曰："欲为知伯报仇。"左右欲杀之。赵襄子曰："彼义士也，吾谨避之耳。且知伯已死，无后，而其臣至为报仇，此天下之贤人也。"卒释之。

豫让又漆身为厉[5]，灭须去眉，自刑以变其容，为乞人而往乞，其妻不识，曰："状貌不似吾夫，其音何类吾夫之甚也。"又吞炭为哑变其音。其友谓之曰："子之道甚难而无功，谓子有志则然矣，谓子智则否。以子之才，而善事襄子，襄子必近幸子；子之得近而行所欲，此甚易而功必成。"豫让乃笑而应之曰："是为先知报后知，为故君贼新君，大乱君臣之义者无此矣[6]。凡吾所谓为此者，以明君臣之义，非从易也。且夫委质而事人，而求弑之，是怀二心以事君也。吾所为难，亦将以愧天下后世人臣怀二心者。"

居顷之，襄子当出，豫让伏所当过桥下。襄子至桥而马惊，襄子曰："此必豫让也。"使人问之，果豫让。于是赵襄子面数豫让曰："子不尝事范、中行氏乎？知伯灭范、中行氏，而子不为报仇，反委质事知伯。知伯已死，子独何为报仇之深也？"豫让曰："臣事范、中行氏，范、中行氏以众人遇臣，臣故众人报之；知伯以国士遇臣，臣故国士报之。"襄子乃喟然叹泣曰："嗟乎！豫子！豫子之为知伯，名既成矣，寡人舍子，亦以足矣[7]。子自为计，寡人不舍子。"使兵环之。

豫让曰："臣闻明主不掩人之义[8]，忠臣不爱死以成名[9]。君前已宽舍臣，天下莫不称君之贤。今日之事，臣故伏诛[10]，然愿请君之衣而击之，虽死不恨。非所望也，敢布腹心。"于是襄子义之，乃使使者持衣与豫让。豫让拔剑三跃，呼天击之曰："而可以报知伯矣。"遂伏剑而死。死之日，赵国之士闻之，皆为涕泣。

注　释

①**毕阳：**晋国的侠义之士。②**说：**通"悦"，喜欢。③**刑人：**受过刑的人。④**刃其杇：**将瓦刀磨得锋利。杇，瓦刀。⑤**漆身为厉：**用漆涂遍全身，生满癞疮。厉，通"癞"。⑥**无此：**没有超过这个的。⑦**以：**通"已"，已经。⑧**掩：**阻挡。⑨**爱：**吝惜。⑩**故：**通"固"，原本。

译　文

晋国的侠客毕阳的孙子豫让起初侍奉范、中行氏，可是豫让不得意，就离开范、中行氏来到智伯这里，智伯很宠信他。直到韩、魏、赵瓜分智氏，赵襄子最恨智伯，因此把智伯的头骨做成饮器。豫让逃跑到山中，自言自语地说："啊！士为了解自己的人而献身，女子为喜欢自己的人而打扮。让我为智氏报仇吧。"

于是他改换姓名，做贱役，进宫去涂饰厕所，想要乘机刺杀赵襄子。赵襄子到厕所去，心有异感，捉拿涂饰厕所的人来查问，原来就是豫让。豫让露出匕首对襄子说："我就是想为智伯报仇！"左右的随从想杀掉豫让。赵襄子说："他是个讲义气的人，我应谨慎地躲开他。况且智伯已经死了，没有后代，他的臣子来为他报仇，这是天下的贤士啊！”终于把豫让释放了。

豫让又用漆来涂抹身体，使身上长满恶疮，好像生了恶病；还除去胡须，拔掉眉毛，自己用刀毁改了面容，装成乞丐去讨饭。他的妻子认不出他，说道：“这人形状面貌不像我的丈夫，但他的声音怎么和我的丈夫相像得很呢？”豫让于是又口吞烧红的炭，成为哑子，改变了声音。他的友人对他说：“你所采用的办法很困难而又没有什么功效，说你有志向吧，倒真是这样的；但说你聪明吧，可就说不上了。如果用你的才干，去很好地侍奉赵襄子，赵襄子一定会亲近、宠幸你；你得到了赵襄子的亲近然后再实行你报仇的计划，这就很容易而且一定能够成功。”豫让竟笑着回答他道：“照你所说的这样做，就是为先前的知己去向后来的知己报仇，为过去的君主去杀害现在的君主，大乱君臣之间道义的做法，没有比这更厉害的了。我之所以干这种事，是为了表明君臣之间的大义，并非要干容易干的事。再说委身去侍奉人家，却又寻求刺杀他，这是怀着两个心眼去侍奉君王。我之所以干这难办的事，也是要羞愧今天和后代那些怀有二心的臣子。”

过了不久，赵襄子正当外出，豫让埋伏在他必须通过的桥梁下。赵襄子一到桥上，他的马就受了惊。赵襄子说：“一定是豫让在这里。”他派人去查问，果然是豫让。于是赵襄子当面数落豫让道：“你不是曾经侍奉过范、中行氏吗？智伯灭掉了范、中行氏，而你不为他们报仇，反而委身侍奉智伯。智伯已经死了，你又为什么硬要为他报仇呢？”豫让回答说：“当我侍奉范、中行氏时，他们只把我当作普通的人看待，所以我也就用普通人的态度报答他们；而智伯把我当作国士看待，所以我就用国士的态度报答他。”于是赵襄子用怜惜的口吻感叹说：“唉！豫让啊，由于你为智伯报仇，已经使你成为忠臣义士了。而寡人对待你，也算是仁至义尽。你自己想一想吧，寡人不能再释放你了！”于是赵襄子就下令卫士把豫让包围起来。

这时豫让又对赵襄子说：“据臣所知，一个贤臣不阻挡人家的忠义之行，一个忠臣为了完成志节不爱惜自己的生命。君王以前已经宽恕过我一次，天下没有不为这件事赞扬君王的。今天我到这里行刺，按理您应在这里将我处死。不过我想得到君王的王袍，准许我在这里刺它几下，那样的话即使我死了也没有遗憾了。不知君王能否成全我的愿望？”赵襄子为了成全豫让的志节，就当场脱下自己的王袍由侍臣交给豫让。只见豫让接过王袍以后拔出佩剑，跳了三跳，奋而起身用剑刺王袍仰天呼喊道：“啊！天哪！我终于可以为智伯报仇了！”说完就自杀而死。赵国的忠义之士听说以后，都为他痛哭流涕。

秦韩围梁燕赵救之

原　文

秦、韩围梁，燕、赵救之。谓山阳君曰："秦战而胜三国[1]，秦必过周、韩而有梁；三国而胜秦，三国之力虽不足以攻秦，足以拔郑[2]。计者不如构三国攻秦[3]。"

注　释

①**三国**：指魏、燕、赵三国。②**拔**：攻下。③**计**：考虑。**构**：联合。

译　文

秦、韩联合围攻魏都大梁，燕、赵两国去救助魏国。有人对山阳君说："如果秦国战胜三国，秦军必然越过周地和韩地占有大梁。如果三国战胜秦国，三国的力量，即使不能攻破秦国，也足可以攻陷韩国的新郑。替韩国考虑，不如联合燕、赵去进攻秦国。"

腹击为室而钜

原　文

腹击为室而钜[1]，荆敢言之主。谓腹子曰："何故为室之钜也？"腹击曰："臣羁旅也[2]，爵高而禄轻，宫室小而帑不众[3]。主虽信臣，百姓皆曰：'国有大事，击必不为用。'今击之钜宫，将以取信于百姓也。"主君曰："善。"

注　释

①**钜**：巨大。②**羁旅**：漂泊在外、寄寓他乡之人。③**帑**：古同"孥"，儿女亲人。

译　文

腹击建造了一座巨大的宫室，荆敢将这件事告诉给了主君。主君问腹击说道："你为什么要建造如此巨大的宫室呢？"腹击说："臣下是寄寓他乡之人，爵位虽然很高而俸禄却很低，宫室狭小而且亲人随从不多。主君您虽然信任我，可是百姓们却都说：‘一旦国家有什么大事发生的时候，腹击必定不会被委以重用。’现在我之所以建造如此巨大的宫室，就是想要凭借它来取得百姓们的信任啊。”主君说：“你说得很对。”

赵收天下且以伐齐

原 文

赵收天下，且以伐齐[1]。苏秦为齐上书说赵王曰：“臣闻古之贤君，德行非施于海内也，教顺慈爱非布于万民也[2]，祭祀时享非当于鬼神也[3]。甘露降，风雨时至，农夫登[4]，年谷丰盈，众人喜之，而贤主恶之。今足下功力非数痛加于秦国，而怨毒积怒非素深于齐也。臣窃外闻大臣及下吏之议，皆言主前专据以秦为爱赵而憎齐。臣窃以事观之，秦岂得爱赵而憎齐哉！欲亡韩吞两周之地，故以齐为饵，先出声于天下[5]，欲邻国闻而观之也。恐其事不成，故出兵以佯示赵、魏。恐天下之惊觉，故微韩以贰之[6]。恐天下疑己，故出质以为信[7]。声德于与国，而实伐空韩[8]。臣窃观其图之也[9]，议秦之谋计必出于是。且夫说士之计皆曰：‘韩亡三川，魏灭晋国，市朝未罢而祸及于赵。且物固有势异而患同者，又有势同而患异者。昔者楚人久伐而中山亡。今燕尽齐之北地，距沙丘而至钜鹿之界三百里；距于扞关，至于榆中千五百里。秦尽韩、魏之上党，则地与国都邦属而壤界者七百里。秦以三军强弩坐羊肠之上，即地去邯郸百二十里。且秦以三军攻王之上党而危其北，则句注之西非王之有也。今逾句注、禁常山而守，三百里通于燕之唐、曲逆，此代马、胡驹不东，而昆山之玉不出也。此三宝者，又非王之有也。今从于强秦久之伐齐，臣恐其祸出于是矣。昔者，五国之王尝合横而谋伐

赵，三分赵国壤地，著之盘盂，属之仇柞。五国之兵出有日矣，齐乃西师以禁秦国，使秦发令素服而听，反温、枳、高平于魏，反三公、什清于赵，此王之明知也。夫齐事赵，宜正为上交；今乃以抵罪取伐，臣恐其后事王者之不敢自必也。今王收齐，天下必以王为义。齐危社稷以事王，天下必重王。然则齐义，王以天下就之，下至齐暴，王以天下禁之，是一世之命制于王已。臣愿大王深与左右群臣详计某言，先事成虑而熟图之也。"

注　释

①**且：**将要。②**布：**遍布。③**时享：**四时的供享之物。④**登：**丰登，丰收。⑤**先出声于天下：**指先制造舆论，让天下人都以为怎么样。⑥**微韩以贰之：**少量地向韩国征兵以便于让天下人信以为真。⑦**质：**人质。⑧**空韩：**孤立无援的韩国。⑨**图：**意图，图谋。

译　文

赵国联合诸侯，准备进攻齐国。苏秦为齐国上书赵王说："我听说古代的贤君，虽然他的英明政治措施尚未施行于全国，他的思想教育、仁爱之心尚未遍及百姓，祭神祭鬼的四时供享尚未符合鬼神的要求，可是，风调雨顺，农民年年丰收。这样，人民喜悦，贤主因无德而获福却心情忧惧不安。现在，您对秦国既未出大力，又未建奇功，齐国对您也未深恶痛绝，可是，我听说，群臣在议论，都说大王以前总认为秦国爱怜赵国而怨怪齐国。我根据事实看，秦国怎能怨怪齐国而爱怜赵国呢？只因想消灭韩国，并吞两周之地，所以才拿齐国当诱饵，事先造出舆论，放出口风，使邻国听了都以为秦要伐齐，而对秦国放心，失去警惕。秦国怕他的计谋不能实现，所以假意出兵，做给赵国和魏国看，又怕诸侯警觉，所以向韩国征兵，迷惑天下人的耳目。又怕诸侯疑惑自己，所以派出人质，以取得信任。这样，在舆论上尽力宣扬秦国对盟国如何友好，实际却要暗中进攻孤立无援的韩国。我已经看出了秦国的意图，它的计谋一定是这样的。再说游说之士的计谋都说韩国灭亡了三川之地，魏国灭亡了晋国的绛邑之地，早市没有停止，赵国就已经遭受灾祸。再说事情本来有形势不同而祸患相同的，又有形势相同而祸患不同的。从前楚国人连年被诸国进攻，而赵国乘机灭亡了中山。如今燕国全部占领了齐国北部的土地，从沙丘到钜鹿的边界三百里，从北部边境到扞关，直到榆中一千五百里。秦国全部占据了韩国、魏国的上党，那么秦国的土地就和赵国的都城及所管辖的地方有七百里边境接壤。秦国用三军中的弩箭手据守在羊肠险要的地方，那么此地距离邯郸只有一百二十里。况且秦国率领三军进攻君王的上党地区并危害它的北部，那么句注以西的土地就不是君王的了。如令越过句注、关闭常山禁止通行，此地到达燕国的唐地、曲逆有三百里，这样代地、胡地的马匹就不能向东来，昆山的宝玉也不能运出，这三样宝物，也不是君王所有的了。如今顺从强大的秦国长时间地进攻齐国，臣下害怕祸患就从这里产生。从前，五国的君主曾经采用连横之策谋划进攻赵国，把赵国的土地分成三份，盟约刻在盘盂一类的青铜器上，互相联合起来就在主客敬酒之间。正当五国即将出兵的日子里，齐国却向西出兵制止秦国，使秦国废除称帝之令，穿上白色的凶服谢罪听令，把温地、枳地、高平归还给魏国，把三公、什清归还给赵国，这是君王清楚知道的。齐国侍奉赵国，应该说是向上交往，如今却把这种交往抵偿罪责对它进攻，臣下害怕这以后侍奉君王的人一定不敢与您交往了。如今君王联合齐国，天下诸侯一定认为君王仁义。齐国就会拿整个国家来侍奉君王，天下诸侯一定尊重君王。这样一来，那么齐国就会认为赵国仁义，君王凭借天下诸侯的拥护屈就齐国，处在下位的齐国一旦凶暴，君王就率领天下诸侯制止它，这就是一个时代的命运控制在君王手里了。在下希望大王和左右群臣一起深入详细地按我说的话谋划一下，在事情成功之前深思熟虑一下是否有道理。”

齐攻宋奉阳君不欲

原　文

齐攻宋，奉阳君不欲[1]。客谓奉阳君曰：“君之春秋高矣[2]，而封地不定，不可不熟图也[3]。秦之贪，韩、魏危，燕、楚正[4]，中山之地薄[5]，宋罪重，齐怒深，残伐乱宋，定身封，德强齐，此百代之一时也[6]。”

注　释

①**奉阳君：**即李兑。②**春秋：**指年岁，年龄。③**熟图：**仔细图谋，深思熟虑。④**正：**应为“匹”，通“僻”，偏僻，偏远。⑤**薄：**贫瘠。⑥**百代之一时：**百年得以一遇的大好时机。

译文

齐国准备去攻打宋国，赵国的奉阳君李兑不想和齐国联合起来采取行动。有人对奉阳君劝说道："您的年纪已经很大了，可是封地却还没有确定，您不能不为这事深思熟虑、仔细图谋呀。秦国人一向是贪得无厌的，而韩、魏两国又和秦国邻近，如果您的封地定在了韩、魏两国的话，一定会凶多吉少的；如果定在了燕、楚两国，又太过于偏远了；中山国的土地很贫瘠，因为宋康王罪孽很深，齐国对宋康王非常痛恨憎恶，如果您和齐国一起将那个无道的宋国消灭掉，便可以确定自己的封地，又将会对齐国有恩，他们必将会感激您，这可真是个百年才得以一遇的大好时机呀！"

苏秦为赵王使于秦

原文

苏秦为赵王使于秦，反[1]，三日不得见。谓赵王曰："秦乃者过柱山[2]，有两木焉：一盖呼侣[3]，一盖哭。问其故，对曰：'吾已大矣，年已长矣；吾苦夫匠人且以绳墨案规矩刻镂我[4]。'一盖曰：'此非吾所苦也[5]，是故吾事也[6]；吾所苦夫铁钻然，自入而出夫人者[7]。'今臣使于秦，而三日不见，无有谓臣为'铁钻'者乎？"

注释

①**反**：通"返"，返回。②**乃者**：以前，从前。③**盖**：大概。④**绳墨**：用来取直所用的工具。**规矩**：用来取方所用的工具。⑤**苦**：痛苦。⑥**吾事**：我的分内之事。⑦**"自入"句**：意指自己（铁钻）进去而使别人（木屑）出来。铁钻，即铁楔（xiē）。

译文

苏秦为赵王出使到秦国去，当他返回赵国时，连续三天赵王没有接见他。他就去对赵王说："我以前从柱山经过，发现了两棵树。一棵可能在呼唤它的伴侣，一棵可能在哭泣。我问它们为什么这样。其中一棵树回答说：'我已经长大了，年纪也不小了，我最苦恼的是那些木匠，他们将利用墨斗线锯开我，按着圆规或矩尺的划线刻削我。'另一棵树回答说：'这不是我苦恼的事情，这本来就是我们的职分。我所苦恼的是那个大铁楔子，把它凿进来木屑就出去了。'这次我出使到秦国，回来三天您也没有接见我，难道不也是将我看作用来钻木的铁钻一样，想钻进的时候就钻进，想退出的时候就退出，任意地摆布我吗？”

赵王封孟尝君以武城

原　文

赵王封孟尝君以武城[1]。孟尝君择舍人以为武城吏，而遣之曰：“鄙语岂不曰[2]：‘借车者驰之，借衣者被之’哉？”皆对曰：“有之。”孟尝君曰：“文甚不取也[3]。夫所借衣车者，非亲友则兄弟也。夫驰亲友之车，被兄弟之衣，文以为不可。今赵王不知文不肖，而封之以武城，愿大夫之往也[4]，毋伐树木[5]，毋发屋室[6]，訾(zī)然使赵王悟而知文也谨[7]，使可全而归之。”

注　释

①**赵王**：即赵惠文王。**武城**：赵国邑名，在今山东武城县西。②**鄙语**：俗语。③**不取**：不可取。④**大夫**：指孟尝君派去的这些门客。⑤**毋**：不要。⑥**发**：应为“废”，破坏。⑦**訾**：察看、估量、衡量。

译　文

赵王把武城封给孟尝君，孟尝君挑选自己的舍人去做武城的官吏，在将要出发的时候说：“俗话难道不是说过：‘那借的车子可以任意驰骋，借的衣服可以随便披上吗？’”舍人都回答说：“有这样的话。”孟尝君说：“我认为这话太不足取。所借的衣服或车子，不是亲友的就是兄弟的。乱赶亲友的车子，乱披兄弟的衣服，我认为是不可以的。如今赵王不知道我的无能，而将武城封赏给了我。希望你们到了那以后，不要任意砍伐树木，也不要破坏房屋，经过察看、衡量这一切使赵王醒悟过来，明白我是一个谨慎的人。这样的话，我们才可以管理好武城，以后才能够将其完好地归还给他。”

卷十九　赵策二

苏秦从燕之赵

原　文

苏秦从燕之赵[1]，始合从[2]，说赵王曰[3]：“天下之卿相人臣，乃至布衣之士，莫不高贤大王之行义，皆愿奉教陈忠于前之日久矣。虽然，奉阳君妒[4]，大王不得任事，是以外客游谈之士，无敢尽忠于前者。今奉阳君捐馆舍，大王乃今然后得与士民相亲，臣故敢献其愚，效愚忠。

“为大王计，莫若安民无事，请无庸有为也。安民之本，在于择交[5]。择交而得则民安，择交不得则民终身不得安。请言外患：齐、秦为两敌，而民不得安；倚秦攻齐，而民不得安；倚齐攻秦，而民不得安。故夫谋人之主，伐人之国，常苦出辞断绝人之交，愿大王慎无出于口也。

“请屏左右[6]，白言所以异，阴阳而已矣[7]。大王诚能听臣，燕必致毡裘狗马之地，齐必致海隅鱼盐之地，楚必致橘柚云梦之地，韩、魏皆可使致封地汤沐之邑，贵戚父兄皆可以受封侯。夫割地效实[8]，五伯之所以覆军禽将而求也[9]；封侯贵戚，汤、武之所以放杀而争也[10]。今大王垂拱而两有之[11]，是臣之所以为大王愿也。

注　释

①**从燕之赵**：苏秦为建立合纵盟约，先到燕国游说，之后又去赵国。②**始合从**：开始推行合纵之策。从，同“纵”。③**赵王**：即赵肃侯。④**奉阳君**：赵王的弟弟。苏秦去燕国之前，打算先游说赵国，但遭到了奉阳君的冷遇，因此才先游说燕国。⑤**择交**：选择邦交。⑥**屏**：屏退。⑦**阴阳**：在此暗指合纵与连横。⑧**实**：财富。⑨**五伯**：指春秋五霸，即齐桓公、晋文公、宋襄公、楚庄公、秦穆公。**禽**：通“擒”，擒获。⑩**汤、武**：即商汤、周武。⑪**垂拱**：垂手、拱手，即指非常容易，不费力气。

译　文

苏秦从燕国来到赵国，开始宣传合纵主张，游说赵王道：“从天下的卿相大臣，一直到平民百姓，没有谁不推崇大王的道德义气，很久以来都希望在您面前领受教益、陈述忠心。虽然这样说，但奉阳君嫉贤妒能，大王又不能亲理此事，因此疏远了各地的宾客和游说士人，更不敢到大王面前进献忠心。如今奉阳君已经去世，大王从今以后就能和各方人士相互亲近，因此我才敢进献自己鄙陋的计划，以一片愚忠报效大王。

“替大王考虑，最好是使人民安定，不要有过多约束。使人民安定的根本在于选择邦交。邦交选择得恰当就能使人民安定；选择得不恰当，那么人民就不得安定。请让我说说赵国的外患：如果齐、秦两国都成为赵国的敌国，人民就得不到安宁；倚仗秦国去攻打齐国，人民得不到安宁；倚仗齐国去攻打秦国，人民也得不到安宁。所以那些想要图谋别人的君主、进攻别的国家的人，总是冥思苦想地编造动听的话来断绝和人家的邦交。我希望大王慎重，不要说出这样的话来。

“请您退下左右的人，让我谈谈改变合纵和连横趋势的方法。大王若能真听我的意见，燕国一定送来盛产毡裘和狗马的土地，齐国一定送来盛产鱼盐的海边土地，楚国必定送来盛产橘柚的云梦土地，韩、魏也都能把国内封地送给您，还有供您洗盥的县邑，大王的显贵亲戚和家族都可以得地封侯。割取土地和获取财物，那是从前的五伯不惜兵败将擒而极力追求的东西，使显贵的亲戚得以封侯，就是商汤、周武也得用争战和捕杀的办法才能争取到。现在大王不费心力就可兼而有之，这是我替大王所希望得到的。

原　文

“大王与秦，则秦必弱韩、魏；与齐，则齐必弱楚、魏。魏弱

则割河外，韩弱则效宜阳[1]。宜阳效则上郡绝[2]，河外割则道不通。楚弱则无援。此三策者，不可不熟计也[3]。夫秦下轵(zhǐ)道则南阳动[4]，劫韩、包周则赵自销铄[5]，据卫、取淇则齐必入朝[6]。秦欲已得行于山东，则必举甲而向赵。秦甲涉河逾漳[7]，据番吾，则兵必战于邯郸之下矣。此臣之所以为大王患也。

“当今之时，山东之建国[8]，莫若赵强。赵地方二千里，带甲数十万，车千乘，骑万匹，粟支十年；西有常山，南有河、漳，东有清河，北有燕国。燕固弱国，不足畏也。且秦之所畏害于天下者莫如赵。然而秦不敢举兵甲而伐赵者，何也？畏韩、魏之议其后也。然则韩、魏，赵之南蔽也[9]。秦之攻韩、魏也，则不然。无有名山大川之限，稍稍蚕食之，傅之国都而止矣。韩、魏不能支秦[10]，必入臣于秦，秦无韩、魏之隔，祸必中于赵矣。此臣之所以为大王患也。

“臣闻尧无三夫之分，舜无咫尺之地，以有天下。禹无百人之聚，以王诸侯。汤、武之卒不过三千人，车不过三百乘，立为天子。诚得其道也。是故明主外料其敌国之强弱，内度其士卒之众寡[11]、贤与不肖，不待两军相当，而胜败存亡之机节，固已见于胸中矣，岂掩于众人之言，而以冥冥决事哉[12]！

注　释

①**效**：指献出。②**上郡**：一说为上党。③**熟**：仔细。④**轵道**：在今河南济源一带。⑤**销铄**：削弱。⑥**卫**：位于今河南濮阳一带。**淇**：即淇城。⑦**涉河逾漳**：渡过黄河，越过漳水。河，专指黄河。漳，漳水。⑧**山东**：崤山以东。⑨**蔽**：屏障。⑩**支**：应付。⑪**度**：忖度，估测。⑫**冥冥**：昏暗，在此指不清楚、糊涂。

译　文

“如果大王与秦结交，那么秦国必然侵略韩、魏；与齐国结交，齐国必然侵略楚、魏。魏国衰弱了就得割让河外，韩国衰弱了就会进献宜阳。宜阳进献了，上郡的路就被隔断；河外割让了，道路就不能通行至上郡。楚国再衰落下去，赵国就孤立无援。

这三个方面的策略，不可不仔细考虑。秦攻取轵道，那么南阳就危险；威逼韩国，包围周都，那么赵国就会自己削弱；占据卫国，夺取淇城，那么齐就一定向秦称臣。秦的贪欲既已从山东各国得到满足，那么就一定发兵进攻赵国。秦军队渡过黄河，越过漳水，占据番吾，那么秦、赵两国的军队就一定要在邯郸城下交战了。这是我替大王所忧虑的。

"当前，崤山以东的国家没有比赵更强大的了。赵国的领土纵横两千里，战士数十万，战车千辆，战马万匹，粮食能支持十年；西面有恒山，南面有黄河、漳水，东面有清河，北面有燕。燕本来是个弱国，不值得害怕。秦国在诸侯中所畏忌的莫过于赵国。然而秦不敢发兵攻打赵国的原因是什么呢？担心韩和魏在背后暗算它。既然如此，那么韩和魏就是赵国南面的屏障了。秦国攻打韩和魏却不是这样的，韩、魏没有名山大川等险地，秦可以慢慢地蚕食它们，直到逼近它们的国都才算完。韩、魏不能对付秦国，就一定会向秦国称臣；秦国没有韩、魏两国的阻隔，那么战祸就会落到赵国头上了。这是我替大王所忧虑的。

"我听说，尧的领地不足三百亩，舜没有尺寸之地，但他们拥有了天下；禹没有百人的村落，却统领了天下诸侯。商汤、周武的士卒不过三千人，战车不过三百辆，却做了天子。这是因为他们确实掌握了一定的方法。所以圣明的君主对外能预测他的敌国的强弱，对内能估量他的士兵数量及素质的优劣，不等两军对垒，对于决定胜败存亡的关键所在就早已成竹在胸了，难道能被众人的言论所蒙蔽，稀里糊涂地去决定大事吗？

原　文

"臣窃以天下地图案之。诸侯之地五倍于秦，料诸侯之卒，十倍于秦。六国并力为一，西面而攻秦，秦破必矣。今见破于秦[1]，西面而事之[2]，见臣于秦。夫破人之与破于人也，臣人之与臣于人也，岂可同日而言之哉！夫横人者[3]，皆欲割诸侯之地以与秦成。与秦成[4]，则高台榭、美宫室，听竽瑟之音，察五味之和，前有轩辕，后有长姣，美人巧笑，卒有秦患，而不与其忧。是故横人日夜务以秦权恐吓诸侯，以求割地。愿大王之熟计之也。

"臣闻明王绝疑去谗[5]，屏流言之迹，塞朋党之门[6]，故尊主广

地强兵之计，臣得陈忠于前矣。故窃为大王计，莫如一韩、魏、齐、楚、燕、赵[7]，六国从亲[8]，以傧(bīn)畔秦[9]。令天下之将相，相与会于洹水之上，通质刑白马以盟之[10]。

"约曰[11]：秦攻楚，齐、魏各出锐师以佐之[12]，韩绝食道，赵涉河、漳，燕守常山之北。秦攻韩、魏，则楚绝其后，齐出锐师以佐之，赵涉河、漳，燕守云中。秦攻齐，则楚绝其后，韩守成皋，魏塞午道，赵涉河、漳、博关，燕出锐师以佐之。秦攻燕，则赵守常山，楚军武关，齐涉渤海，韩、魏出锐师以佐之。秦攻赵，则韩军宜阳，楚军武关，魏军河外，齐涉清河，燕出锐师以佐之。诸侯有先背约者，五国共伐之。六国从亲以摈秦，秦必不敢出兵于函谷关以害山东矣！如是则伯业成矣[13]！"

赵王曰："寡人年少，莅国之日浅[14]，未尝得闻社稷之长计。今上客有意存天下，安诸侯，寡人敬以国从。"乃封苏秦为武安君，饰车百乘，黄金千镒，白璧百双，锦绣千纯，以约诸侯。

注　释

①**见破于秦**：指被秦国所打败。②**事**：侍奉，臣奉。③**横人者**：主张连横的人。④**与秦成**：与秦国联盟。⑤**绝疑去谗**：排除疑惑，摒弃谗言。⑥**塞**：堵塞，塞住。⑦**一**：与之保持一致。⑧**从亲**：合纵，建立友好邦交。从，通"纵"。⑨**傧畔**：排斥、背叛。傧，通"摈"，摈弃。畔，通"叛"。⑩**通质**：互相交换人质。⑪**约**：盟约。⑫**佐**：辅佐。⑬**伯业**：霸业。⑭**莅**：执掌。

译　文

"我私下里根据天下地图来考察，诸侯六国的土地五倍于秦国，估计六国的士兵十倍于秦国。六国齐心协力结为一体，向西攻打秦国，秦国一定能被打败。现在却被秦国打败，向西侍奉秦国，臣服于秦国。打败别人和被别人打败，让别人向自己称臣和自己向别人称臣，怎么能同日而语呢？主张连横的人，都想割让各国的土地来和秦国讲和，和秦国讲和就能把楼台亭阁建得更高大，把房屋修得更华丽，每天听优美的音乐，品尝美味的佳肴，前面有华丽的马车，后面有体态修长的美人，美女在其间娇声嬉笑。一旦遭受秦国的祸害，游说连横的人却不分担诸侯的忧患。所以那些讲连横的人整天凭借着秦国的威势恐吓诸侯，以求得割地。希望大王认真考虑这个问题。

“我听说英明的君主断绝疑虑、远离谗臣，清除流言的滋生地，堵塞结党的门径。为促成君主地位尊贵，土地扩展，兵力强大的计谋，因此我才敢以忠心陈述在大王面前。所以我为大王考虑，不如统一韩、魏、齐、楚、燕、赵六国步伐，实行合纵来对抗秦国。使天下诸侯的将相，一齐到洹水那里集会，互派人质，以杀白马的仪式结盟。

盟约可以这样写：如果秦国进攻楚国，齐、魏分别派出精锐部队帮助楚国，韩国断绝秦国运粮道路，赵军渡过黄河、漳水，燕国把守常山北面。如果秦国进攻韩、魏，楚国就断绝秦国的后路，齐国派出精锐部队帮助韩魏，赵军渡过黄河、漳水，燕国把守云中。秦国如果攻打齐国，那么楚国就切断秦国的后路，韩国守卫成皋，魏国把守午道，赵国渡过黄河、漳水，开往博关，燕国派出精锐部队来援助齐国。秦国如果攻打燕国，那么赵国就守卫常山，楚国驻军武关，齐国沿渤海而上，韩和魏派出精锐部队去援助燕国。秦国如果攻打赵国，那么韩国就驻军宜阳，楚国驻军武关，魏国驻军河外，齐国沿清河而上，燕国派精锐部队来支援赵国。诸侯有先背弃盟约的，其他五国就联合起来讨伐它。六国合纵相亲来排斥秦国，秦国一定不敢从函谷关出兵来危害山东六国了。如果这样，那么就可以成就霸王大业了。”

赵王说：“我年纪轻，执掌国政的时间短，不曾听说过使国家长治久安的计谋。现在贵客有意保全天下，安定诸侯，我愿意让整个国家听从您的安排。”于是封苏秦为武安君，让他带上有纹饰的车子百辆，黄金千镒，白璧百双，锦绣千匹，去邀结诸侯。

张仪为秦连横说赵王

原　文

张仪为秦连横，说赵王曰：“弊邑秦王使臣敢献书于大王御史[1]。大王收率天下以傧(bīn)秦[2]，秦兵不敢出函谷关十五年矣。大王之威，行于天下山东。弊邑恐惧慑伏[3]，缮甲厉兵[4]，饰车骑，习驰射，力田积粟，守四封之内，愁居慑处，不敢动摇，唯大王有意

督过之也[5]。

“今秦以大王之力，西举巴蜀，并汉中，东收两周而西迁九鼎，守白马之津。秦虽辟远[6]，然而心忿悁含怒之日久矣[7]。今宣君有敝甲钝兵[8]，军于渑池，愿渡河逾漳，据番吾，迎战邯郸之下。愿以甲子之日合战[9]，以正殷纣之事。敬使臣先以闻于左右。

“凡大王之所信以为从者，恃苏秦之计[10]。荧惑诸侯[11]，以是为非，以非为是，欲反覆齐国而不能，自令车裂于齐之市。夫天下之不可一亦明矣。

“今楚与秦为昆弟之国[12]，而韩、魏称为东蕃之臣，齐献鱼盐之地，此断赵之右臂也。夫断右臂而求与人斗，失其党而孤居，求欲无危，岂可得哉？今秦发三将军，一军塞午道，告齐使兴师度清河，军于邯郸之东；一军军于成皋，驱韩、魏而军于河外；一军军于渑池。约曰：‘四国为一以攻赵，破赵而四分其地’。

注　释

①**大王御史**：暗指赵王。②**傧**：通“摈”，排斥。③**慑伏**：十分害怕，顺从、屈服。④**缮甲厉兵**：修缮铠甲磨快兵器。缮，修缮。⑤**督过**：监督过错。⑥**辟**：通“僻”，指偏僻。⑦**心忿悁含怒**：心中十分怨恨恼怒。⑧**宣君**：一说应为寡君。⑨**甲子之日**：周武王讨伐纣王得胜之日。⑩**恃**：倚仗、倚恃。⑪**荧惑**：蒙惑，蛊惑。⑫**昆弟之国**：像兄弟一样亲近的国家。

译　文

张仪替秦王推行连横主张，去劝说赵王道：“敝国秦惠王派我斗胆向大王的御史献上书信。大王带领天下诸侯来排斥秦国，秦兵不敢走出函谷关已有十五年了。大王的威力，遍布天下和山东六国。敝国上下恐惧屈服，因此修缮铠甲磨快兵器，修理战车，练习骑射，尽力耕田，积聚粮食，守卫在四境之内，愁苦居住，惶恐生活，不敢妄动，只等着大王有心来指责我们的过错。

“如今秦国仰仗大王的威力，西边收复巴蜀，吞并汉中，东边征服东、西两周，把象征天子的九鼎运移到西方，镇守白马渡口。秦国虽然偏远，但是心中却怨恨恼怒很久了。如今秦王有破烂的铠甲和磨钝的兵器，军队驻扎在渑池，希望渡过黄河与漳水占领番吾，到邯郸城下请你们迎战，希望在甲子之日和贵国作战，以仿效武王伐纣的故事。所以秦王才派臣恭敬地奏报大王左右。

“一般说来，大王之所以信奉并推行合纵的主张，不过是仗着苏秦的计谋。苏秦蒙惑诸侯，颠倒是非黑白，但是苏秦想要推翻齐国却没有成功，结果反而为自己招来杀身之祸，在齐国被处以五马分尸的酷刑。由此看来，天下显然是不能联合为一的。

“现在楚和秦两国已成兄弟友邦，而韩、魏也已在东边称臣，齐国又献出盛产鱼盐的土地，这就砍断了赵国的右臂。您想，断了右臂还要和人打仗，失去自己的同伴而孤独生活，却想要不遇危险，这难道可以得到吗？如今秦王派出三将率领军队，一路军队堵塞午道，命令齐国急速发兵渡过清河，驻军在邯郸的东边；一路军队驻扎在成皋，再驱使韩、魏的军队驻扎在河外；另一路军队驻扎在渑池。我们发誓说：四国团结一致攻打赵国，破赵以后由四国瓜分赵国领土。

原 文

“是故不敢匿意隐情[1]，先以闻于左右[2]。臣窃为大王计，莫如与秦遇于渑池，面相见而身相结也。臣请案兵无攻，愿大王之定计。”

赵王曰：“先王之时[3]，奉阳君相，专权擅势，蔽晦先王，独制官事。寡人宫居，属于师傅，不能与国谋。先生弃群臣，寡人年少，奉祠祭之日浅，私心固窃疑焉。以为一从不事秦，非国之长利也。乃且愿变心易虑，剖地谢前过以事秦[4]。方将约车趋行，而适闻使者之明诏。”于是乃以车三百乘入朝渑池，割河间以事秦。

注 释

①**匿**：指隐匿，隐藏。②**左右**：指近臣。③**先王**：在此指赵肃侯。④**剖地**：割地。

译 文

“臣不敢隐瞒这种情形，首先告诉大王左右的侍臣。经臣私下替大王谋划，大王不如和秦王在渑池地方相会，会见以后就可交换意见联络感情。臣可以请秦兵暂时停止进攻，恳请大王迅速决定方略。”

赵王说：“在先王掌政时候，奉阳君做相国，他仗势专权，蒙蔽先王，独理政事。

我深居宫中，归老师管教，不能参与国家施政计划。先王抛弃群臣，离开人世，我还年轻，礼拜宗庙，管理国事的时间又太短，心里也本来暗暗怀疑这种做法。觉得为了一个合纵政策就不去侍奉秦国，并不是治理国家的长久之计。于是就想改变计划，割让土地补偿以前的过错去侍奉秦王。正要预备套车前去，恰好听说使者拿着秦王诏令来了。”于是赵王就率领三百辆兵车，到渑池去朝见秦王，又割让河间的土地献给秦国。

武灵王平昼闲居

原　文

武灵王平昼闲居[1]，肥义侍坐[2]，曰："王虑世事之变，权甲兵之用，念简、襄之迹[3]，计胡、狄之利乎？"

王曰："嗣立不忘先德，君之道也；错质务明主之长，臣之论也。是以贤君静而有道民便事之教，动有明古先世之功。为人臣者，穷有弟长辞让之节[4]，通有补民益主之业。此两者，君臣之分也。今吾欲继襄主之业，启胡、翟之乡，而卒世不见也。敌弱者，用力少而功多，可以无尽百姓之劳，而享往古之勋。夫有高世之功者，必负遗俗之累；有独知之虑者，必被庶人之恐。今吾将胡服骑射以教百姓，而世必议寡人矣。"

肥义曰："臣闻之，疑事无功，疑行无名。今王即定负遗俗之虑，殆毋顾天下之议矣。夫论至德者，不和于俗，成大功者，不谋于众。昔舜舞有苗[5]，而禹袒入裸国，非以养欲而乐志也，欲以论德而要功也。愚者暗于成事，智者见于未萌，王其遂行之。"王曰："寡人非疑胡服也，吾恐天下笑之。狂夫之乐，知者哀焉；愚者之笑，贤者戚焉。世有顺我者，则胡服之功未可知也。虽驱世以笑我，胡地、中山吾必有之。"

注　释

①**平昼：**平日里。②**肥义：**赵国的臣子。③**简、襄：**指先王赵简子、赵襄子。④**穷：**在此指不得志。⑤**有苗：**即三苗，古代的一个部落。

译　文

武灵王白天没事闲坐着，肥义在旁陪伴，他说："大王考虑过世事的风云变幻，权衡过军队的争霸作用，回忆过简主和襄主的英雄业绩，算计过夺得胡、狄土地的利益吗？"

武灵王说："继位的君主不忘先人的恩德，这是君王的基本道德，相互商讨积极施行明主的长远计划，这是大臣议论的正题。因此圣贤的国君在没事的时候就要对人民进行为国出力的教育，有战争的时候要昭显古代的功绩。身为臣子的人，即使在不得志之时也要具有尊老谦让的节操，官运亨通之时要对人民和国君有所裨益。这两者就是君主和臣子的本分。如今我想要继续开拓襄主的事业，扩展胡、翟地区，但是到现在为止还没有成效。胡、翟之地兵力薄弱，不用花费很大的力气就能取得较多的功业，百姓不必费尽辛劳，就能获得媲美先人的功勋。拥有很大功绩的人，一定会被世俗牵累；有独特思想的人，一定会被普通人所怨恨。如今我打算教育百姓穿胡服练习骑射，世人也必定会非议我。"

肥义说："我听说，做事犹豫不决就不可能成功，行动在即还顾虑重重就绝不会成名。如今大王既然已经决定承担世俗的非议，还是不要管天下人说长道短。那些讨论最新道德标准的人不能和世俗意见相合，建立伟大功业的人不能总和大家商议。昔日舜跳苗族的舞蹈，禹裸露着身子进入裸身的部落，并不是因为想要放纵情欲、怡乐心志，而是因为想要宣扬道德，立下功绩。愚蠢之人在事情完成之后还搞不清楚，聪慧之人在事情还没有发生之前就洞悉了，大王您还是赶紧施行吧。"赵武灵王说："我并非疑虑'胡服骑射'，而是害怕天下人嘲笑我。轻狂之人所快乐的事，智慧之人却会悲哀；愚蠢之人为之兴奋的事，贤明者却会忧心。倘若有支持我的世人，那么改穿胡服的功绩就无法估量。即使所有的人都嘲笑我，我也一定要占有胡地中山这块土地。"

原　文

王遂胡服。使王孙緤（xiè）告公子成曰[1]："寡人胡服且将以朝，亦欲叔之服之也。家听于亲，国听于君，古今之公行也；子不反亲，臣不逆主，先王之通谊也。今寡人作教易服而叔不服，吾恐天下议之

也。夫制国有常，而利民为本，从政有经，而令行为上。故明德在于论贱，行政在于信贵。今胡服之意，非以养欲而乐志也。事有所出，功有所止。事成功立，然后德且见也。今寡人恐叔逆从政之经，以辅公叔之议。且寡人闻之，事利国者行无邪，因贵戚者名不累。故寡人愿募公叔之义[2]，以成胡服之功。使绁谒之叔，请服焉。”

公子成再拜曰：“臣固闻王之胡服也，不佞寝疾[3]，不能趋走，是以不先进。王今命之，臣固敢竭其愚忠。臣闻之，中国者，聪明睿知之所居也，万物财用之所聚也，贤圣之所教也，仁义之所施也，《诗》《书》《礼》《乐》之所用也，异敏技艺之所试也，远方之所观赴也，蛮夷之所义行也。今王释此，而袭远方之服，变古之教，易古之道，逆人之心，畔学者[4]，离中国，臣愿大王图之。”

使者报王。王曰：“吾固闻叔之病也。”即之公叔成家，自请之曰：“夫服者，所以便用也；礼者，所以便事也。是以圣人观其乡而顺宜，因其事而制礼，所以利其民而厚其国也。被发文身，错臂左衽，瓯越之民也。黑齿雕题[5]，鳀(tí)冠秫(shú)缝[6]，大吴之国也。礼服不同[7]，其便一也。是以乡异而用变，事异而处易。是故圣人苟可以利其民，不一其用；果可以便其事，不同其礼。

注　释

①王孙绁：赵国的臣子。公子成：赵武灵王的叔父。②募：通“慕”。③不佞：不才，是一种谦虚的表达。④畔：通“叛”，背叛。⑤黑齿雕题：把牙齿染黑，在额头上雕饰。题，指额头。⑥鳀：一种体积很大的鱼类。秫缝：缝制粗糙。⑦礼服：礼法和服装。

译　文

于是武灵王穿上胡人服装，并派王孙绁向公子成转告自己的话说：“我已穿上胡服，并将要上朝听政，也想让你穿上胡服。人们说在家里听从长辈，在朝廷听从君王，这是古往今来公认的德行；儿子不反对父母，大臣不违背君主，这是自先王以来共通的道理。如今我已决定改穿胡服，如果你不穿，唯恐天下人要议论这件事。治理国家要有法度，并且要以利民为根本；从事政事要有规则，并且要以政令能够很好地执行为最根本的规则。因此昭显德政关键在于对地位卑贱的民众有益，执行政令关键在于使显贵之人服从。如今我改穿胡服，并非为了放纵情欲、怡乐心志。事业有所始，功绩有所成。事业成就、功名树立，德政就会显现出来。如今我害怕王叔违逆了从政的规则，所以才帮助您分析一下。并且我曾听闻，只要做的是对国家有益的事，你的行为就不会歪斜，通过贵族行事，就不会招致非议。因此我想要仰仗王叔的高义，建立改穿胡服的功勋。因此特意派王孙绁拜见王叔，希望您能够改穿胡服。”

公子成又一次地拜谢说：“我原本就听闻大王已经改穿胡服了，只是因为我不才，卧病在床，不能快走，所以才没有赶快去觐见大王。如今大王既已给我下了命令，我因此才敢尽一下我的愚忠。我曾听闻，中原地区是聪明而睿智的人的生活居住之所，是万物钱财积聚的地方，是贤圣之人训教的地方，是仁义道德实施的地方，是学习《诗》《书》《礼》《乐》并加以运用的地方，是施展奇思巧艺的地方，是远方之人前来观摩学习的地方，是蛮夷之地人民效仿的地方。如今大王却丢弃这些，改穿遥远偏僻的部落的服装，这是变更古代的教育，改变古代的原则，违逆人民的心意，背弃了所学的东西，遗弃了中原的文化。我恳请大王仔细考虑此事。”

王孙绁就把王叔的话禀报给了赵王。赵王说：“我原本就听闻王叔病了。”于是就立刻赶往王叔公子成家，亲自对公子成说：“衣服，是为了穿着方便；礼仪，是为了方便做事。所以古代的圣贤都在考察当地习俗之后才制定适宜的举措，按照当地的实际情况来拟定礼仪制度，因为这样做既对人民有利，又能使国家获益。散发文身，两臂交错，衣襟在左边，这是瓯越人的民风习俗。把牙齿染黑，在额头上雕饰，头上戴着鱼皮帽，身上穿着粗拙缝制的衣服，这是大吴国的民风习俗。虽然礼仪和衣服不一样，但是能够得到便利这一点却是相同的。这样由于地方不同，民风习俗就也会不同，情况不一样，处理事情的礼制也会发生改变。所以圣贤的君主倘若是能给百姓带来好处的，他们就不会统一习俗；假使能够对行事有所便利，就决不实行同样的礼制。

原 文

“儒者一师而礼异，中国同俗而教离，又况山谷之便乎！故去就之变[1]，知者不能一；远近之服，贤圣不能同。穷乡多异，曲学多辩。不知而不疑，异于己而不非者，公于求善也。今卿之所言者，俗也。吾之所言者，所以制俗也。今吾国东有河[2]、薄洛之水，与

齐、中山同之，而无舟楫之用。自常山以至代、上党，东有燕、东胡之境，西有楼烦、秦、韩之边，而无骑射之备。故寡人且聚舟楫之用，求水居之民，以守河、薄洛之水；变服骑射，以备其燕、三胡、秦、韩之边。且昔者简主不塞晋阳，以及上党，而襄主兼戎取代，以攘诸胡，此愚知之所明也。先时中山负齐之强兵，侵掠吾地，系累吾民，引水围鄗，非社稷之神灵，即鄗几不守。先王忿之，其怨未能报也。今骑射服，近可以备上党之形，远可以报中山之怨。而叔也顺中国之俗以逆简、襄之意，恶变服之名，而忘国事之耻，非寡人所望于子！”

公子成再拜稽首曰：“臣愚不达于王之议，敢道世俗之闻。今欲继简、襄之意，以顺先王之志，臣敢不听令。”再拜。乃赐胡服。

赵文进谏曰：“农夫劳而君子养焉，政之经也；愚者陈意而知者论焉，教之道也；臣无隐忠，君无蔽言，国之禄也[3]。臣虽愚，愿竭其忠。”王曰：“虑无恶扰，忠无过罪，子其言乎！”

赵文曰：“当世辅俗[4]，古之道也；衣服有常，礼之制也；循法无愆，民之职也。三者，先圣之所以教。今君释此，而袭远方之服，变古之教，易古之道，故臣愿王之图之。”王曰：“子言世俗之闻。常民溺于习俗，学者沉于所闻。此两者所以成官而顺政也，非所以观远而论始也。且夫三代不同服而王，五伯不如教而政。知者作教，而愚者制焉；贤者议俗，不肖者拘焉。夫制于服之民，不足与论心，拘于俗之众不足与致意[5]。故势与俗化，而礼与变俱，圣人之道也。承教而动，循法无私，民之职也。知学之人，能与闻迁；达于礼之变，能与时化。故为己者不待人，制今者不法古，子其释之。”

注释

①**去就**：指舍弃和接受。②**河**：特指黄河。③**禄**：福禄，福气。④**当**：随着。⑤**致意**：说明意图。

译文

儒者虽然师承相同，可礼仪却是两样，中原之国虽然习俗相同，可教化却不一样，更何况那深山野处的生活习惯呢？因此风俗的扬弃或接受的变化，再聪明的人也不能使它固定为一；远方或近地的服饰，即使是圣贤也不能使它相同。偏僻的乡村风俗多怪异，邪曲的学说多诡辩。对于不明白的事情不要随便怀疑，不随便对和自己不一样的事物进行非议，这样才能无私地求善。如今您所说的，只是普通人的看法；而我所说的，正是要改变这些平常的看法。如今在我们赵国的东边有黄河与漳水，我们与齐国、中山国共同拥有它们，但是我们却没有战船可以使用。从常山到代郡、上党郡一带，我们的东面有燕国和东胡相邻，西面又和楼烦、秦国、韩国接壤，但是我们却没有骑兵部队进行防备。因此我才打算制造战船，召集生活在水上的人，用来守护黄河与漳水；改穿胡服，学习骑射之术，用来防守与燕、三胡、秦国、韩国接壤的边境。昔日先王简主不将自己局限于晋阳和上党，先王襄主又兼并了戎、狄，攻取了代郡，以此攘除胡人，这是愚笨的人和智者都能明白的。以前中山国依恃着齐国强大的兵力，侵略我们赵国的国土，掳掠我们的百姓，把水引进来淹灌鄗城，倘若没有社稷神灵的佑护，鄗（hào）城几乎就要防守不住了。先王十分愤怒，到现在还未能报仇。如今穿胡服练骑射，从近处说可以守护上党这样的地形，从长远来说可以把当年中山的仇给报了。但是王叔您却先要沿袭中原地区的习俗，违逆先王简主和襄主的意愿，仇视改穿胡服的策略，却忘了国家的耻辱，这并不是我对您的期望啊！”

王叔公子成再次叩拜稽首，说道：“我很愚笨，不能领会大王的谋略，因此才敢说出世俗之见。如今大王打算继承先王简主和襄主的意愿，以顺应先王的遗志，我今天怎能不听从呢！”公子成又拜了拜。于是武灵王就赐给了公子成一套胡服。

赵文向武灵王进谏说：“农夫辛苦地劳作，君子进行管理，这是治理政事的根本原则；愚钝之人陈述看法，智慧之人进行最后决策，这是进行教育的方法；臣子不向君王隐瞒逆耳的进忠之言，君主不使进谏之路受到阻塞，这是国家社稷之福气。虽然我很愚钝，但是我依然想要竭尽自己的忠诚。”武灵王说：“一个人如果意志坚定就不会被邪恶所扰乱，如果忠心耿耿就不会有什么罪过，您还是直说吧。”

赵文说：“适应世道顺从民风民俗，这是古时就已经存在的规则；衣服有固定的样式，这是自古以来礼法的约定；遵守法律没有罪过，这是人民的职责。这三者是古时先贤对人们的教导。如今君王您抛弃这些，改穿处于遥远之地胡人的衣服，变更古时的教导，变革古时的道理，因此我希望大王您能够仔细考虑此事。”赵武灵王说：“您的话只是世俗之所见。一般的人往往会沉溺于旧俗，读书之人又往往拘泥于有限的见闻，这两类人只会做官、听从命令，无法高瞻远瞩，进行始创。夏、商、周三代所穿着的服装虽然不同但却都称王于天下；春秋五霸虽然政教不同但却使得国家大治。智慧之人制定法令，愚钝之人只能为法令所约束；圣贤之士讨论习俗，没有才能的人只能被旧的习俗约束。那些被旧的习俗礼法所约束的人，不值得与之交心；那些世俗之见的民众，不值得向他们讲明你的意图。因此习俗要随着时势发生变化，礼法要和变化相一致，这是圣贤之人治国的法则啊！接受教育并能加以变通，遵守法制公正无私，这才是百姓的天职啊。真正的智慧善学之人，能随着见闻的不同改变看法；真正通晓礼法的人，能够随着时势的变化而改变。所以说为自己做事不用等待别人，治理当今世事的人不用完全效法古代，您还是不要再提此事了！”

原文

赵造谏曰：“隐忠不竭，奸之属也。以私误国，贼之类也。犯奸者身死，贼国者族宗。有此两者，先圣之明刑，臣下之大罪也。臣虽愚，愿尽其忠，无遁其死。”王曰：“竭意不讳，忠也；上无蔽言，明也。忠不辟危，明不距人。子其言乎。”赵造曰：“臣闻之，圣人不易民而教，知者不变俗而动。因民而教者，不劳而成功，据俗而动者，虑径而易见也。今王易初不循俗，胡服不顾世，非所以教民而成礼也。且服奇者志淫，俗辟者乱民。是以莅国者不袭奇辟之服[1]，中国不近蛮夷之行，非所以教民而成礼者也。且循法无过，修礼无邪，臣愿王之图之。”

王曰：“古今不同俗，何古之法？帝王不相袭，何礼之循？宓戏、神农教而不诛[2]，黄帝、尧、舜诛而不怒。及至三王，观时而制法，因事而制礼，法度制令，各顺其宜；衣服器械，各便其用。故礼世不必一其道，便国不必法古。圣人之兴也，不相袭而王；夏

殷之衰也，不易礼而灭。然则反古未可非，而循礼未足多也。且服奇而志淫，是邹、鲁无奇行也[3]；俗辟而民易，是吴、越无俊民也[4]。是以圣人利身之谓服，便事之谓教。进退之谓节，衣服之制，所以齐常民，非所以论贤者也。故圣与俗流，贤与变俱。谚曰：‘以书为御者不尽于马之情，以古制今者，不达于事之变。’故循法之功不足以高世，法古之学不足以制今。子其勿反也。”

注　释

①**辟**：通“僻”，怪僻。②**宓戏**：即指伏羲。③**邹、鲁无奇行**：邹国人和鲁国人都衣着奇特，但是却产生了很多圣贤之人，如孔子、孟子等。④**俊民**：才俊之民。

译　文

赵造又向赵武灵王劝谏道：“隐藏逆耳的忠言，不竭尽忠诚，这就等于是奸臣；为了个人利益贻误国事，这就等于是谋乱之臣。奸佞之人应当处死，危害国家之人要灭族。这两点，古代圣贤已经立下了很明确的刑罚，同时也是身为人臣所犯的最为严重的罪过了。我虽然很愚钝，但是我仍愿竭尽忠诚，不想躲避死亡。”赵王说：“没有任何隐讳地把意见全部都说出来，这是忠臣；君王不阻塞进谏，这是明主。忠诚之臣不躲避危险，圣明之主不拒绝大臣的进谏，您还是直说吧！”赵造说：“我曾听闻，圣人不会更改百姓的习俗，再对他们进行教化；智慧之人不会改变民俗，再采取行动。按照民俗进行教导，不用花费很多的劳苦就能获得成功；按照习俗采取行动，考虑问题很简单就会收到效果。如今大王您要变更原来的做法而不遵守习俗，改穿胡人的衣服还不顾及世人的非议，这不是教化百姓遵行礼法的方式。并且穿上奇异之装，会使得人心志淫靡，以怪僻为习俗就会使民心混乱。因此治理国家的人不该穿奇异的服装，生活在中原的人不该学习蛮夷人的行为方式，这不是教化百姓遵行礼法的方式。并且遵循古法就不会犯什么错误，依循古礼节就不会有邪恶。我恳请大王能够仔细考虑此事。”

● 伏羲

武灵王说：“自古至今习俗并不相同，应该向古时的什么时候效仿呢？各个帝王时的礼法并不是一脉相承的，应该依循哪位帝王的礼法呢？伏羲氏和神农氏只进行教化却不诛杀；黄帝、尧、舜，虽然诛杀但是却并不株连。到了三代圣王的时候，就按照具体的时势制定法度，按照实际情况来制定礼仪习俗。法度、政令按照实际形势制定与之适宜的，衣服器械各自都以便于使用为基准。因此整治社稷用不着只走一条路，只要是有益于国家，没有必要一定取法古代。出现圣人，并不是由于承袭古代才称霸天下；夏、殷两朝的衰落，也并不是由于礼法的改变才灭亡的。这样的话反叛古法，未必就可以非议，遵循礼法，未必就应该赞赏。并且倘若穿着奇特就会使人心志淫靡的话，邹国和鲁国就不会有杰出独特之人了；倘若民俗怪僻人们更会轻浮散漫的话，吴国和越国就不会有才俊之士了。因此圣人才将利于穿戴的称为衣服，把益于行事的称为教化。进退的礼节、服饰制作的规定，只是为了使百姓一致，并非用来评估是否贤明的。所以圣人会伴随习俗的改变而改变，贤人能跟着变化而变化。俗话说：‘按照书本知识来驾驭马车，就无法使马充分施展能力；按照古法整治当世，就无法通晓当今世事的变化。’因此遵循古法立下的功业无法超过当世，效仿古人之法就无法将当世治理好。您不要再反对了。”

卷二十　赵策三

平原君谓平阳君

原　文

平原君谓平阳君曰："公子牟游于秦，且东，而辞应侯。应侯曰：'公子将行矣，独无以教之乎！'曰：'且微君之命命之也[1]，臣固且有效于君。夫贵不与富期而富至[2]，富不与粱肉期而粱肉至，粱肉不与骄奢期而骄奢至，骄奢不与死亡期而死亡至[3]。累世以前[4]，坐此者多矣[5]。'应侯曰：'公子之所以教之者厚矣[6]。'仆得闻此[7]，不忘于心。愿君之亦勿忘也。"平阳君曰："敬诺。"

注　释

①**微**：没有。②**期**：约定。③**期**：约会，期望。④**累世**：世世代代。⑤**坐**：这里是指毁败于。⑥**厚**：深刻。⑦**仆**：自谦之辞。

译　文

平原君对平阳君说："公子牟到秦国游历，将要向东回到魏国的时候，去向应侯辞行。应侯说：'公子快要走了，难道没有什么教导我的吗？'公子牟说：'假如没有您的命令命令我，臣下本来也将有话献给您。尊贵的人不跟财富约会，而财富自然到来；那些已经富裕的人，即便不去追求美味珍馐（xiū），美味珍馐也会不期而至；已经享受到了美味珍馐的人，即便不去追求骄奢淫逸，骄奢淫逸也会随之而来；那些已经骄奢淫逸的人，即便不去追求败亡，败亡也会因之而来。世世代代以来，因为这样的情况而被毁灭的，的确是太多了呀。'应侯说道：'公子您对我的这些教诲，的确是太深刻有道理了呀。'我听了这些话，必将永远铭记在心。希望您（平阳君赵豹）也不要忘记呀。”平阳君说道：“我将谨遵这些教导。”

秦赵战于长平

原　文

秦、赵战于长平，赵不胜，亡一都尉。赵王召楼昌与虞卿曰[1]：“军战不胜，尉复死，寡人使卷甲而趋之，何如？”楼昌曰：“无益也，不如发重使而为媾。”虞卿曰：“夫言媾者[2]，以为不媾者军必破，而制媾者在秦。且王之论秦也，欲破王之军乎？其不邪？”王曰：“秦不遗余力矣，必且破赵军。”虞卿曰：“王聊听臣，发使出重宝以附楚、魏[3]。楚、魏欲得王之重宝，必入吾使。赵使入楚、魏，秦必疑天下合从也，且必恐。如此则媾乃可为也。”

赵王不听，与平阳君为媾，发郑朱入秦[4]，秦内之。赵王召虞卿曰：“寡人使平阳君媾秦，秦已内郑朱矣，子以为奚如？”虞卿曰：“王必不得媾，军必破矣，天下之贺战者皆在秦矣。郑朱，赵之贵人也，而入于秦，秦王与应侯必显重以示天下[5]。楚、魏以赵为媾，必不救王。秦知天下不救王，则媾不可得成也。”赵卒不得媾，军果大败。王入秦，秦留赵王而后许之媾。

注　释

①**楼昌**：赵国的大臣，秦臣楼缓的弟弟。②**媾**：求和。③**重宝**：贵重的宝物。④**郑朱**：赵国的臣子。⑤**应侯**：即范雎，秦国的相国。

译　文

秦国、赵国在长平交战，赵国没有胜利，死了一个都尉。赵孝成王召见楼昌和虞卿说：“军队没有打胜，都尉又战死了一个，寡人派全部甲兵袭击秦军，怎么样？”楼昌说：“没有好处，不如派出一个重要使者和秦国讲和。”虞卿说：“那些谈论讲和的人，认为不讲和军队一定失败。但是控制议和的一方却是秦国，以大王您之见，秦国是想要击破赵军呢，还是不想击破赵军呢？”赵王说：“秦国会全力以赴攻打我军，必然是想要击破我军。”虞卿说道：“大王您暂且听从于我，派遣使者带上贵重的宝物，前去依附于楚、魏。楚国和魏国想要获得大王您那贵重的宝物，必然会让我们的使臣进入楚、魏两国。一旦我们赵国的使者进入了楚、魏两国，秦国必然会怀疑天下的诸侯已经建立了合纵联盟，并且必然会心怀恐惧。这样一来，与秦国的议和就能够成功了。”

赵王没有听取虞卿的计策，和平阳君商议与秦国议和，派遣臣子郑朱前往秦国。秦国让郑朱进入了秦国。赵王又召见虞卿问：“我派平阳君去与秦国商议和解，秦国已经接纳了郑朱，你觉得会怎么样呢？”虞卿说：“大王您必定不能和解，赵军必然会被击破，天下庆贺战争获胜的诸侯，必定都属于秦国一方。郑朱，乃是赵国显贵之人，前往秦国，秦王与应侯范雎必然会很隆重地接待他，以此向天下诸侯表明，楚国和魏国认为赵国已经与秦国和解了，肯定不会再救援赵军。秦国知晓天下诸侯都不会前来救助赵国，那么议和就不可能获得成功了。”赵国终于没能与秦国讲和，军队果然被打得大败。赵王入秦朝拜，秦国扣留赵王后答应赵国讲和。

秦围赵之邯郸

原　文

秦围赵之邯郸[1]。魏安釐王使将军晋鄙救赵[2]。畏秦，止于汤阴，不进。魏王使客将军辛垣衍间入邯郸[3]，因平原君谓赵王曰[4]：“秦所以急围赵者，前与齐闵王争强为帝，已而复归帝，以齐故。今齐已益弱。方今唯秦雄天下，此非必贪邯郸，其意欲求为帝。赵诚发使尊秦昭王为帝，秦必喜，罢兵去。”平原君犹豫未有所决。

此时鲁仲连适游赵[5]，会秦围赵[6]。闻魏将欲令赵尊秦为帝，乃见平原君曰：“事将奈何矣？”平原君曰：“胜也何敢言事[7]？百万之众折于外，今又内围邯郸而不能去。魏王使将军辛垣衍令赵帝秦。今其人在是[8]，胜也何敢言事？”

鲁连曰：“始吾以君为天下之贤公子也，吾乃今然后知君非天

下之贤公子也。梁客辛垣衍安在？吾请为君责而归之[9]。”平原君曰：“胜请召而见之于先生。”平原君遂见辛垣衍曰：“东国有鲁连先生[10]，其人在此，胜请为绍介而见之于将军。”辛垣衍曰：“吾闻鲁连先生，齐国之高士也。衍，人臣也，使事有职。吾不愿见鲁连先生也。”平原君曰：“胜已泄之矣。”辛垣衍许诺。

鲁连见辛垣衍而无言。辛垣衍曰：“吾视居北围城之中者，皆有求于平原君者也。今吾视先生之玉貌，非有求于平原君者，曷为久居此围城之中而不去也？”

鲁连曰：“世以鲍焦无从容而死者[11]，皆非也。今众人不知，则为一身。彼秦者，弃礼义而上首功之国也[12]。权使其士，虏使其民。彼将肆然而为帝，过而遂正于天下，则连有赴东海而死矣。吾不忍为之民也！所为见将军者，欲以助赵也。”辛垣衍曰：“先生助之奈何？”鲁连曰：“吾将使梁及燕助之。齐、楚则固助之矣。”

辛垣衍曰：“燕则吾请以从矣。若乃梁，则吾乃梁人也，先生恶能使梁助之耶[13]？”鲁连曰：“梁未睹秦称帝之害故也，使梁睹秦称帝之害，则必助赵矣。”

注　释

①**邯郸**：赵国的都城，位于今河北邯郸。②**魏安釐王**：魏昭王之子。③**辛垣衍**：魏国的臣子。**间**：偷偷地。④**因**：通过。**平原君**：赵惠文王之弟，赵国的相国，封于东武城，与齐国的孟尝君、魏国的信陵君、楚国的春申君一起并称战国四公子。⑤**鲁仲连**：又名鲁连，齐国人。⑥**会**：恰逢，赶上。⑦**胜**：平原君的名。⑧**是**：代词，这里。⑨**责而归之**：指责他使他回去。⑩**东国**：指齐国，因为齐国在东面。⑪**鲍焦**：周代的隐士，相传自杀而死。**从容**：指广阔的胸怀。⑫**上首功之国**：是一个崇尚斩掉别人首级为功劳的国家，即指秦国崇尚武力。上，通“尚”，崇尚。首功，以别人的首级为功。⑬**恶**：表示诘问，怎能。

译　文

秦军包围了赵国的都城邯郸。魏国安釐王派将军晋鄙领兵救援赵国。晋鄙惧怕秦军，驻扎荡阴，不敢再前进。魏王派客籍将军辛垣衍乘围困不紧时潜入邯郸，通过平原君对赵孝成王说："秦国之所以急于围困赵国，是从前秦昭王和齐湣王互相争胜称帝，不久秦昭王取消了帝号，就是由于齐湣王废去帝号的缘故。如今齐国已经日益衰弱。当今只有秦王能称雄天下了，这次秦国的行动不一定是贪图攻占邯郸，它的用意是想要称帝。赵国果真派出使者尊奉秦昭王为帝，秦王一定高兴，就会撤兵离邯郸而去。"平原君心里犹豫没有作出什么决断。

这时候鲁仲连恰巧在赵国游历，正遇到秦军围困邯郸。听说魏国打算使赵国尊奉秦王为帝，就去拜见平原君说："您对这件事准备怎么办？"平原君说："赵胜我怎么敢谈论这件事情？百万军队在外面遭到损失，如今秦兵又深入国内围困邯郸而不能使他们撤离。魏王派将军辛垣衍使赵国称秦王为帝。现在这个人还在这里，赵胜我还怎么敢谈论这件事？"

鲁仲连说："最初我把您当作天下的贤明公子，我从今以后才知道您不是天下的贤明公子。魏国的客将军辛垣衍在哪里？请让我为您责备他并且打发他回去。"平原君说："请让我把他召来跟先生会面吧。"平原君于是召见辛垣衍道："齐国有一位鲁仲连先生，这个人正在这里，请让我介绍他跟将军会面吧。"辛垣衍说："我听说鲁仲连先生是齐国的高士，我辛垣衍，是做臣子的，出使到赵国，有自己的职责。我不愿会见鲁仲连先生。"平原君说："这事我已经泄露了。"辛垣衍这才勉强答应了。

鲁仲连会见辛垣衍后没有说话。辛垣衍说："我看那些居住在这座被围的城中的人，都对平原君有所需求。现在我看先生的仪容尊貌，不像是有求于平原君的，为什么要在这座被围的城中久待而不离开呢？"

鲁仲连说："世上那些认为鲍焦是由于心胸狭隘而死的人，都是不对的。现在一般的人不了解鲍焦死的意义，就认为他只是为了自身的利益而死。那秦国是一个抛弃礼义而崇尚斩首之功的国家。它以权诈的手段役使士卒，用对待奴隶的办法役使百姓。秦国假如肆无忌惮地称帝，甚而统治整个天下，那么，我鲁仲连只有跳进东海而死了！我不能容忍做它的百姓！我会见将军的目的，是想借此帮助赵国啊。"辛垣衍说："先生怎样帮助它呢？"鲁连说："我将使魏国及燕国来帮助它。至于齐、楚二国，本来就在帮助它了。"

辛垣衍说："燕国嘛，那我认为它是会听从的。至于魏国，我自己就是魏国人，先生又怎么能使魏国来帮助它呢？”鲁连说：“魏国还没有看到秦国称帝的危害罢了，假使魏国看到了秦国称帝的危害，就一定会帮助赵国了。”

原 文

辛垣衍曰：“秦称帝之害将奈何？”鲁仲连曰：“昔齐威王尝为仁义矣[1]，率天下诸侯而朝周。周贫且微，诸侯莫朝，而齐独朝之。居岁余，周烈王崩，诸侯皆吊，齐后往。周怒，赴于齐曰：‘天崩地坼，天子下席。东藩之臣田婴齐后至，则斫之[2]。’威王勃然怒曰：‘叱嗟，而母婢也。’卒为天下笑。故生则朝周，死则叱之，诚不忍其求也。彼天子固然，其无足怪。”

辛垣衍曰：“先生独未见夫仆乎？十人而从一人者，宁力不胜，智不若耶[3]？畏之也。”鲁仲连曰：“然梁之比于秦若仆耶？”辛垣衍曰：“然。”鲁仲连曰：“然吾将使秦王烹醢梁王[4]。”辛垣衍怏然不悦曰[5]：“嘻，亦太甚[6]矣，先生之言也！先生又恶能使秦王烹醢梁王？”

鲁仲连曰：“固也，待吾言之。昔者，鬼侯[7]、鄂侯[8]、文王[9]，纣之三公也。鬼侯有子而好，故入之于纣，纣以为恶，醢鬼侯。鄂侯争之急，辩之疾，故脯鄂侯[10]。文王闻之，喟然而叹，故拘之于牖里之库[11]，百日而欲舍之死。曷为与人俱称帝王，卒就脯醢之地也？

“齐闵王将之鲁，夷维子执策而从[12]，谓鲁人曰：‘子将何以待吾君？’鲁人曰：‘吾将以十太牢待子之君。’维子曰：‘子安取礼而来待吾君？彼吾君者，天子也。天子巡狩，诸侯辟舍，纳筦键[13]，摄衽抱几，视膳于堂下，天子已食，退而听朝也。’鲁人投其籥，不果纳。不得入于鲁，将之薛，假途于邹[14]。当是时，邹君死，闵王欲入吊。夷维子谓邹之孤曰：‘天子吊，主人必将倍殡柩，设北面于南方，然后天子南面吊也。’邹之群臣曰：‘必若此，吾将伏剑而死。’故不敢入于邹。邹、鲁之臣，生则不得事养，死则不得饭含[15]。然且欲行天子之礼于邹、鲁之臣，不果纳。

“今秦万乘之国，梁亦万乘之国。俱据万乘之国，交有称王之名，睹其一战而胜，欲从而帝之，是使三晋之大臣不如邹、鲁之仆妾也。且秦无已而帝，则且变易诸侯之大臣。彼将夺其所谓不肖，而予其所谓贤；夺其所憎，而与其所爱。彼又将使其子女谗妾为诸侯妃姬，处梁之宫，梁王安得晏然而已乎[16]？而将军又何以得故宠乎？”

于是，辛垣衍起，再拜谢曰：“始以先生为庸人，吾乃今日而知先生为天下之士也。吾请去，不敢复言帝秦[17]。”秦将闻之，为却军五十里[18]。适会魏公子无忌夺晋鄙军以救赵击秦[19]，秦军引而去。于是平原君欲封鲁仲连。鲁仲连辞让者三[20]，终不肯受。平原乃置酒，酒酣，起前以千金为鲁连寿。鲁连笑曰：“所贵于天下者士者，为人排患、释难、解纷乱而无所取也。即有所取者，是商贾之人也，仲连不忍为也。”遂辞平原君而去，终身不复见。

注　释

①**齐威王**：即田婴齐。②**斫**：斩，杀。③**不若**：指不如，不及，比不上。④**烹醢**：古代的两种很残忍的酷刑。烹，用鼎镬煮人。醢，剁成肉酱。⑤**怏然**：很不开心的样子。然，……的样子。⑥**甚**：过分。⑦**鬼侯**：商纣王的大臣，封地位于今河北临漳。⑧**鄂侯**：商纣王的大臣，封地位于今山西宁乡。⑨**文王**：即周文王。⑩**脯**：肉干。⑪**牖里**：亦作“羑里”，地名，位于今河南汤阴。⑫**夷维子**：夷维，本为地名，此人以城邑为自己的姓，故称夷维子。**执策**：拿着马鞭。策，马鞭。⑬**筦键**：钥匙。⑭**假途**：借道。⑮**饭含**：把粮食放到死人嘴里，把玉放在死人嘴里，这是古人丧葬习俗。⑯**晏然而已**：相安无事。⑰**帝秦**：以秦为帝。⑱**却军**：退却军队。⑲**无忌**：即魏安釐王的弟弟信陵君。他设计取得兵符，杀掉将军晋鄙，夺取了军权，帮助赵国战胜秦国。⑳**辞让者三**：再三推辞。

译文

辛垣衍说："秦国称帝后会有什么祸患呢？"鲁仲连说："从前，齐威王曾经奉行仁义，率领天下诸侯而朝拜周天子。当时，周天子贫困又弱小，诸侯们没有谁去朝拜，唯有齐国去朝拜。过了一年多，周烈王逝世，齐王奔丧去迟了，新继位的周显王很生气，派人到齐国报丧说：'天子逝世，如同天崩地裂般的大事，新继位的天子也得离开宫殿居丧守孝，睡在草席上，东方属国之臣田婴齐居然敢迟到，当斩。'齐威王听了，勃然大怒，骂道：'呸！您母亲原先还是个婢女呢！'最终被天下传为笑柄。齐威王之所以在周天子活着的时候去朝见，死了就破口大骂，实在是忍受不了新天子的苛求啊。那些做天子的本来就是这个样子，也没什么值得奇怪的。"

辛垣衍说："先生难道没有看见那奴仆吗？他们十个人跟从一个主人，难道是他们的力量敌不过他，智慧赶不上他吗？是因为惧怕主人。"鲁仲连说："如此说来，魏国和秦国相比就像奴仆吗？"辛垣衍说："是的。"鲁仲连说："既然如此，那么，我将让秦王烹煮魏王，把他剁成肉酱。"辛垣衍气恨不服，很不高兴地说："噫，也太过分了，先生的言论！先生又怎么能让秦王烹煮梁王把他剁成肉泥呢？"

鲁仲连说："当然啊，等我说吧。从前，鬼侯、鄂侯、周文王是商纣王所封的三个诸侯。鬼侯有一个女儿长得很美，所以将她进献给纣王。纣王却认为她很丑，于是把鬼侯剁成肉酱。鄂侯为鬼侯争辩得厉害，所以又把鄂侯做成肉干。周文王听说后，喟然叹息，因而被纣王关在牖里的监狱中，囚禁了百天，想要把他置于死地。为什么魏国与秦国都是称王称帝的平等国家，却要自居卑下终于趋向那被人宰割的地位呢？

"齐闵王将要到鲁国去，夷维子给他做侍从，对鲁人说：'你将用什么来款待我的君主呢？'鲁人说：'我将用牛、羊、猪各十头来款待你的君主。'夷维子说：'你从哪里取来这种礼节来款待我的君主呢？我的那位君主是天子啊！天子外出巡行视察各地，诸侯要让出自己的宫室而去别的地方避居，还要把所掌管的钥匙交给天子，自己提起衣襟，捧着几案，在堂下小心地伺候天子进餐。等到天子进餐完毕，然后退回朝堂处理政事。'鲁人听后关闭了城门，没有接纳齐闵王入境。闵王不能进入鲁国，将要到薛邑去，向邹国借道通行。在这个时候，邹国国君死了，闵王想要吊丧。夷维子对已故邹君的儿子说：'天子来吊丧，主人一定要把灵柩移到相反的方位，在南边设立朝北的灵堂，然后让天子向南祭吊。'邹国的群臣说：'一定要像这样做，我们将自杀而死。'所以闵王也不敢进入邹国。邹、鲁二国的臣子，当他们的国君活着的时候，不能够侍奉供养，死后也不能以礼装殓。然而当齐国想叫他们向齐行天子之礼的时候，也没有接受。

“如今秦国是拥有万辆兵车的大国，魏国也是拥有万辆兵车的大国。都是拥有万辆兵车的大国，互有称王的名分；不过看到秦国打了一次胜仗，就想要尊奉它为帝，这是使（赵、韩、魏）三国的大臣还不如邹、鲁二国的仆妾啊！况且秦国如果贪欲不止终于称帝，就将更换诸侯的大臣。它将会夺去它认为不贤者的权位，而把权位给予它所认为的贤人；它将会剥夺它所憎恨的人的利益，而给予它所偏爱的人。它又将让本国的惯于谗毁他人的妾妇，去充作诸侯的妃姬，住在魏王的宫廷中，魏王怎么能够平安无事呢？而将军又怎么能够得到原来的宠幸地位呢？”

于是，辛垣衍起身，对鲁仲连拜了两拜谢罪说：“最初我把先生当作平庸的人，我现在才认识到先生是天下的贤士。我请求离开这里，不敢再谈尊秦为帝的事了。”秦国将领听到这个消息，为此退兵五十里。恰巧遇上魏国信陵君夺得了晋鄙的军队来援救赵国，袭击秦军，秦军撤离了邯郸。于是平原君想要加封鲁仲连。鲁仲连辞谢推让多次，始终不肯接受。平原君就设置酒席宴请他，酒兴正浓的时候，平原君起身，走到鲁仲连面前，拿出千金厚礼为鲁仲连祝寿。鲁仲连笑着说：“对于天下之士来说，所宝贵的东西，是为人排除忧患、解除苦难、消除纷乱而不要什么报酬。如果要什么酬劳，这就是做买卖的商人了，仲连我不忍心做这种人。”于是辞别平原君走了，终生没有再来见他。

卷二十一　赵策四

虞卿谓赵王

原文

虞卿谓赵王曰[1]："人之情，宁朝人乎？宁朝于人也？"赵王曰："人亦宁朝人耳，何故宁朝于人？"虞卿曰："夫魏为从主[2]，而成者范座也。今王能以百里之地，若万户之都，请杀范座于魏[3]。范座死，则从事可移于赵。"赵王曰："善。"乃使人以百里之地，请杀范座于魏。魏王许诺，使司徒执范座[4]，而未杀也。

范座献书魏王曰："臣闻赵王以百里之地，请杀座之身。夫杀无罪范座，薄故也；而得百里之地，大利也。臣窃为大王美之。虽然[5]，而有一焉，百里之地不可得，而死者不可复生也，则主必为天下笑矣！臣窃以为与其以死人市[6]，不若以生人市也。"

又遗其后相信陵君书曰[7]："夫赵、魏，敌战之国也。赵王以咫尺之书来，而魏王轻为之杀无罪之座，座虽不肖[8]，故魏之免相也。尝以魏之故，得罪于赵。夫国内无用臣，外虽得地[9]，势不能守。然今能守魏者，莫如君矣。王听赵杀座之后，强秦袭赵之欲，倍赵之割，则君将何以止之？此君之累也。"信陵君曰："善。"遽言之王而出之[10]。

注　释

①**虞卿**：赵国的相国。②**从**：通“纵”，合纵。③**范座**：魏国的相国。④**司徒**：古代的官职名，主要负责管理土地和民政。⑤**虽然**：虽然这样。然，这样。⑥**市**：交换，买卖。⑦**相**：相国。**信陵君**：即魏公子无忌，魏安釐王的弟弟。⑧**不肖**：不才，没有才能。⑨**虽**：即使。⑩**遽**：急忙，立刻。**出**：释放。

译　文

虞卿对赵王说：“就人的一般感情来说，是情愿受人朝拜呢，还是宁可去朝拜别人？”赵王说：“人都是情愿受人朝拜，怎么会宁可朝拜别人呢？”虞卿说：“魏国是纵约的盟主，而最可恨的人就是范座。如今大王如能用百里的土地，或万户的都城，请求魏王杀死范座。范座一死，那么纵约盟主就可以转移到赵国手里。”赵王说：“好。于是就派人以百里土地，请求魏王在魏国杀死范座。魏王答应了，就命令司徒逮捕范座，一时还没有执行死刑。

范座给魏王上书说：“我听说赵王用一百里土地，请求杀死我。杀死无辜的范座是小事一桩；得到百里之地是极大的便宜，我私下里替大王感到高兴。虽然如此，可还有一个问题，如果得不到百里之地，而死了的人又不能活过来，那么大王一定会被天下人耻笑了！我私下里认为，与其拿死人来做交易，不如用活人来做交易。”

范座又给接替他职位的信陵君一封信，写道：“赵国和魏国是势均力敌的国家。赵王凭一封短信派人来到魏国，而大王就轻易地要为他们杀害无辜的范座，我范座虽然没有才能，但也是魏国免了职的相国。我曾经因顾全魏国的缘故而得罪了赵国。将来在国内没有可用的大臣，在外边即使得到土地，也势必不可能守住。然而，如今能够守护魏国的人，没有谁赶上您了。大王听信赵国杀死我之后，就会增强秦国袭击赵国的欲望，不承认赵国割让的土地，那么您预备用什么去阻止战事？这是您的隐患啊！”信陵君说：“对。”立即找魏王谈，终于使范座获释。

客见赵王

原　文

客见赵王曰：“臣闻王之使人买马也，有之乎？”王曰：“有之。”“何故至今不遣？”王曰：“未得相马之工也[1]。”对曰：“王何

不遣建信君乎？”王曰：“建信君有国事，又不知相马。”曰：“王何不遣纪姬乎[2]？”王曰：“纪姬妇人也，不知相马。”对曰：“买马而善，何补于国？”王曰：“无补于国。”“买马而恶，何危于国？”王曰：“无危于国。”对曰：“然则买马善而若恶[3]，皆无危补于国。然而王之买马也，必将待工。今治天下，举错非也[4]，国家为虚戾，而社稷不血食，然而王不待工，而与建信君，何也？”赵王未之应也。客曰：“郭燕之法，有所谓柔痈者，王知之乎？”王曰：“未之闻也。”“所谓柔痈者，便辟左右之近者，及夫人优爱孺子也[5]。此皆能乘王之醉昏，而求所欲于王者也。是能得之乎内，则大臣为之枉法于外矣。故日月晖于外，其贼在于内[6]，谨备其所憎，而祸在于所爱。”

注　释

①**工**：指善于相马的人，犹言相马的行家。②**纪姬**：赵王宠姬。③**若**：犹或。④**举错**：亦作“举措”，选拔废弃。⑤**优爱孺子**：宠爱优者和美女。⑥**贼**：害，毛病。

译　文

有位客人拜见赵王说：“臣下听说大王要派人购买马匹，有这件事吗？”赵王说：“有这件事。”客人说：“什么缘故至今不派人去？”赵王说：“还没有找到相马的行家。”客人说：“大王为什么不派遣建信君去呢？”赵王说：“建信君有国家大事，又不懂得相马。”客人说：“大王为什么不派遣纪姬去呢？”赵王说：“纪姬是个妇人，不懂得相马。”客人说：“如果买马买的是良马，对国家有什么补益？”赵王说：“对国家没有什么补益。”客人说：“买马如果买了劣马，对国家有什么危害？”赵王说：“对国家没有什么危害。”客人说：“既然这样，那么买良马或是买劣马，都对国家没有危害或补益。然而大王买马的时候，一定要等待相马的行家。如今治理天下，选拔废才却不是这样，国家将成为荒野，社稷灭亡，祖宗不能享用血食，然而大王却不等待善治国的行家，而把它交给建信君，为什么？”赵王没有回答。客人说：“郭偃的治国之法，有人把它叫‘柔痈’的，大王听说过吗？”赵王说：“没有听说过。”客人说：“所谓柔痈，是指您左右受宠幸的大臣以及您的夫人、优者和美女。这些人都能乘大王昏醉之机，对大王寻求所想要的东西。这些人如果在宫廷内得手，那么大臣就在外面为他们贪赃枉法。

所以日月在外面放出光辉，但毛病却藏在里面，谨慎防备他所憎恶的人，可是祸患却出自他所亲爱的人身上。”

赵太后新用事

原　文

赵太后新用事[1]，秦急攻之。赵氏求救于齐。齐曰：“必以长安君为质[2]，兵乃出。”太后不肯，大臣强谏。太后明谓左右：“有复言令长安君为质者，老妇必唾其面[3]。”

左师触龙愿见太后[4]，太后盛气而胥之[5]。入而徐趋，至而自谢，曰：“老臣病足，曾不能疾走，不得见久矣。窃自恕，而恐太后玉体之有所郄也[6]，故愿望见太后。”太后曰：“老妇恃辇而行[7]。”曰：“日食饮得无衰乎？”曰：“恃粥耳。”曰：“老臣今者殊不欲食，乃自强步，日三四里，少益嗜食，和于身也。”太后曰：“老妇不能。”太后之色少解。

左师公曰：“老臣贱息舒祺[8]，最少，不肖。而臣衰，窃爱怜之。愿令得补黑衣之数[9]，以卫王宫，没死以闻。”太后曰：“敬诺。年几何矣？”对曰：“十五岁矣。虽少，愿及未填沟壑而托之[10]。”太后曰：“丈夫亦爱怜其少子乎？”对曰：“甚于妇人。”太后笑曰：“妇人异甚。”对曰：“老臣窃以为媪之爱燕后贤于长安君[11]。”曰：“君过矣，不若长安君之甚。”

左师公曰：“父母之爱子，则为之计深远。媪之送燕后也，持其踵为之泣[12]，念悲其远也，亦哀之矣。已行，非弗思也，祭祀必祝之，祝曰：‘必勿使反。’岂非计久长，有子孙相继为王也哉？”太后曰：“然。”左师公曰：“今三世以前，至于赵之为赵，赵主之子孙侯者，其继有在者乎？”曰：“无有。”

曰：“微独赵[13]，诸侯有在者乎？”曰：“老妇不闻也。”“此其近者祸及身，远者及其子孙。岂人主之子孙则必不善哉？位尊而无功，奉厚而无劳，而挟重器多也[14]。今媪尊长安君之位，而封之以膏腴之地，多予之重器，而不及今令有功于国。一旦山陵崩[15]，长安君何以自托于赵？老臣以媪为长安君计短也，故以为其爱不若燕后。”太后曰：“诺，恣君之所使之。”于是为长安君约车百乘质于齐，齐兵乃出。

子义闻之曰[16]：“人主之子也，骨肉之亲也，犹不能恃无功之尊，无劳之奉，而守金玉之重也，而况人臣乎？”

注　释

①**赵太后**：赵孝成王的母后。②**长安君**：赵太后的小儿子。③**老妇**：赵太后对自己的谦称。④**左师**：官职名。**触龙**：人名，赵国的臣子。⑤**盛气**：十分生气。⑥**郄**：有病，不舒服。⑦**恃**：依靠，依仗。⑧**贱息**：谦称，指自己的儿子。⑨**黑衣**：因宫中卫士所穿的衣服为黑色，所以借此指代卫士。⑩**未填沟壑**：指还没有死。⑪**媪**：对赵太后的尊称。**燕后**：赵太后将自己的女儿嫁给了燕国国君，故言燕后。⑫**踵**：脚后跟。⑬**微独赵**：不仅仅是赵国。微，表示否定。⑭**挟**：掌控。⑮**山陵崩**：古时对国君、诸侯以及王后的死的委婉表达。⑯**子义**：赵国的有才之士。

译　文

赵太后刚执政，秦国急速前来攻打，赵国向齐国请求救援。齐王说：“一定要拿长安君来做质子，才出兵。”赵太后不同意，大臣们极力劝谏。赵太后明白地对她身边的臣下说：“有再说叫长安君去做人质的，我一定要吐他一脸唾沫！”

左师触龙说他希望谒见太后。太后盛气凌人地等待着他。触龙进宫以后慢慢地小步移动，到了太后面前道歉说：“我的脚有毛病，竟然不能快跑，很久不能谒见太后了，我私下宽恕自己，但我担心太后的贵体有所疲劳，所以希望谒见太后。”太后说：“我靠车子行走。”触龙问：“每天的饮食该不会减少吧？”太后说：“靠食粥罢了。”触龙说：“我近来很不想吃东西，就自己勉强步行，每天走他三四里，才稍微增加了食欲，身体也感到舒适了。”太后说：“我可不能够做到。”太后脸上的怒色稍微有所缓解。

左师公说：“我的儿子舒祺，年龄最小，不成器，可是我已经衰老了，总是宠爱他，希望能让他做一名宫中的卫士，来保卫王宫。因此我冒着死罪来向太后请求了。”太后说：“好吧，他年岁多大了？”触龙答道：“十五岁了。虽还年轻，我想趁自己未死之前，把他托付给您。”太后问道：“男子汉也宠爱自己的小儿子吗？”触龙答道：“比女人家还厉害。”太后笑着说：“女人家宠爱小儿子特别厉害。”触龙答道：“我私自认为太后疼爱燕后胜过疼爱长安君。”太后说：“你错了，我疼爱燕后远不如疼爱长安君那么厉害。”

左师公说：“父母疼爱自己的子女，就替他作长远打算。您老人家送燕后出嫁的时候，握着她的脚后跟，为她而哭泣，这是因为想到她要离家远嫁，心中悲伤，也哀怜她啊。燕后走了以后，不是不想她啊，但每当祭祀，总要为她祝福，祈祷道：‘一定别让她回来呀！’这难道不是为她作长远打算，希望她有子孙后代世世为王吗？”太后说：“是的。”左师公说：“从现在起，上推到三代以前，甚至到赵国建国的时候，赵国国君的子孙封侯的，他们的后代还有在侯位的吗？”太后答道：“没有。”

左师公说：“不只是赵国，就是别的诸侯的子孙，他们的后代还有在侯位的吗？”太后答道：“我没有听说过。”左师公说：“这说明，他们当中遭祸早的，祸患及于自身；遭祸晚的，祸患及于子孙。难道国君的子孙们就一定不好吗？只是因为他们地位尊贵却没有什么功勋，俸禄优厚却没有什么劳绩，而且还拥有大量贵重器物啊！如今太后使长安君地位尊贵，又封给他肥沃的土地，赐给他贵重的器物，却不趁现在让他为国立功。一旦太后逝世，长安君凭什么在赵国立脚呢？我觉得太后为长安君所做的打算不够长远啊，所以认为您疼爱他不如疼爱燕后。”太后说：“好。那就听凭你派遣他吧。”于是为长安君整备了一百乘车马，送他到齐国去做质子。齐国这才出兵救援赵国。

子义听说后，评论道：“国君的儿子，是国君亲生的骨肉，都还不能依靠没有功勋而取得的尊贵地位，没有劳绩而取得的优厚俸禄，也不能保住贵重的金玉器物，更何况臣子呢？”

卷二十二　魏策一

乐羊为魏将而攻中山

原　文

乐羊为魏将而攻中山[1]**。其子在中山，中山之君烹其子而遗之羹。乐羊坐于幕下而啜之**[2]**，尽一杯。文侯谓睹师赞曰**[3]**：“乐羊以我之故，食其子之肉。”赞对曰：“其子之肉尚食之，其谁不食！”乐羊既罢中山**[4]**，文侯赏其功而疑其心。**

注　释

①**乐羊**：魏国的将军。②**啜**：喝。③**睹师赞**：魏国的臣子。④**罢中山**：攻下中山。公元前 408 年，魏国派乐羊进攻中山，公元前 406 年攻取中山。罢，解除、除掉，此指攻取、攻下。一说，罢，归也，指乐羊从中山归来。

译　文

乐羊做魏国的将领率军攻打中山。那时他的儿子正在中山国内，中山的君主把他的儿子煮了并做成肉羹送给他。乐羊坐在军帐下端着肉羹吃起来，一杯全吃尽了。魏文侯对睹师赞说：“乐羊为了我的国家，竟吃了自己儿子的肉。”睹师赞回答说：“他儿子的肉尚且敢吃，难道还有谁的肉他不敢吃呢！”乐羊收服中山之后，魏文侯虽赏赐了他的战功，但也怀疑他的心地了。

魏公叔痤病

原 文

魏公叔痤(cuó)病[1]，惠王往问之。曰："公叔病即不可讳[2]，将奈社稷何？"公叔痤对曰："痤有御庶子公孙鞅，愿王以国事听之也。为弗能听，勿使出竟[3]。"王弗应，出而谓左右曰："岂不悲哉！以公叔之贤，而谓寡人必以国事听鞅，不亦悖(bèi)乎[4]！"

公叔痤死，公孙鞅闻之，已葬，西之秦，孝公受而用之[5]。秦果日以强，魏日以削。此非公叔之悖也，惠王之悖也。悖者之患，固以不悖者为悖。

注 释

①**公叔痤**：公叔为氏，名痤，魏国相国。②**即不可讳**：这已是无法避讳的。③**竟**：通"境"，边境。④**悖**：谬误，荒谬。⑤**孝公**：即秦孝公渠梁。

译 文

魏国的公叔痤病了，魏惠王前往问候他道："公叔病重，就不能避讳；你去世后，我们的国家怎么办呢？"公叔痤答道："我有一位家臣叫公孙鞅，希望大王任用他来治理国家大事。如果不能任用他，那就一定不要让他逃出魏国国境。"魏惠王没有答应，他出来后对身边的人说："难道不可悲吗？像公叔那样的贤明，却叫我一定要任用公孙鞅来治理国家大事，不也是糊涂的吗？"

公叔痤死了，公孙鞅听说后，赶紧逃出魏国，向西到了秦国，秦孝公接待并且重用了他。秦国果然日渐强大，魏国果然日益削弱。这不是公叔的糊涂啊，是魏惠王的糊涂啊！糊涂人的毛病，原本就在把不糊涂的人当作糊涂人！

张仪为秦连横说魏王

原 文

张仪为秦连横，说魏王曰："魏地方不至千里，卒不过三十万。

地四平，诸侯四通，条达辐凑[1]，无有名山大川之阻。从郑至梁不过百里，从陈至梁二百余里。马驰人趋，不待倦而至梁。南与楚境，西与韩境，北与赵境，东与齐境，卒戍四方，守亭障者参列。粟粮漕庾（yǔ）不下十万[2]。魏之地势，故战场也。魏南与楚而不与齐，则齐攻其东；东与齐而不与赵，则赵攻其北；不合于韩，则韩攻其西；不亲于楚，则楚攻其南。此所谓四分五裂之道也。

“且夫诸侯之为从者，以安社稷、尊主、强兵、显名也。合从者一天下，约为兄弟，刑白马以盟于洹水之上，以相坚也。夫亲昆弟同父母，尚有争钱财，而欲恃诈伪反覆苏秦之余谋[3]，其不可成亦明矣。大王不事秦，秦下兵攻河外，拔卷、衍、燕、酸枣，劫卫取晋阳，则赵不南。赵不南则魏不北，魏不北则从道绝，从道绝则大王之国欲求无危不可得也。秦挟韩而攻魏，韩劫于秦，不敢不听。秦、韩为一国，魏之亡可立须也[4]，此臣之所以为大王患也。为大王计，莫如事秦，事秦则楚、韩必不敢动；无楚、韩之患，则大王高枕而卧，国必无忧矣。

“且夫秦之所欲弱莫如楚，而能弱楚者莫如魏。楚虽有富大之名，其实空虚；其卒虽众，多然而轻走，易北，不敢坚战。魏之兵南面而伐，胜楚必矣。夫亏楚而益魏，攻楚而适秦，嫁祸安国[5]，此善事也。大王不听臣，秦甲出而东，虽欲事秦而不可得也。

“且夫从人多奋辞而寡可信[6]，说一诸侯之王，出而乘其车；约一国而反，而成封侯之基。是故天下之游士，莫不日夜扼腕、瞋目、切齿以言从之便，以说人主。人主览其辞，牵其说，恶得无眩哉？臣闻积羽沉舟，群轻折轴，众口铄金，故愿大王之熟计之也。”魏王曰：“寡人蠢愚，前计失之。请称东藩，筑帝宫，受冠带，祠春秋，

效河外。”

注　释

①**辐：**车轮上的条。**凑：**通“辏”，车轴。②**漕庾：**运河、粮仓。③**苏秦之余谋：**苏秦此时已经被处死，故称“余谋”。④**立须：**马上就可以等到。须，等待。⑤**嫁祸安国：**嫁祸于楚国，使魏国得以安定。⑥**奋辞：**夸谈之言辞。

译　文

张仪为秦国连横之事，去游说魏哀王道：“魏国土地纵横不到一千里，士兵不超过三十万人。四处土地平旷，四方诸侯都能通过，犹如车轮辐条都集聚在车轴上一般，更没有高山深川的阻挡。从郑国到魏国，不过一百里，从陈国到魏国只有二百余里。人奔马跑，等不到疲倦已到魏国。南边与楚国接境，西边与韩国接境，北边与赵国接境，东边与齐国接境，魏国士兵只好把守四方。守境的小亭和屏障接连排列。运粮的河道和储米的粮仓，不少于十万。魏国的地势，原来就是适合作战的地方。如果魏国帮助楚国而不帮助齐国，齐国就要攻打你们东面；到东边去帮助齐国而不帮助赵国，赵国就会攻打你们北面；不和韩国联合，那么韩国就会攻打你们西面；不和楚国亲善，那么楚国就会攻打你们南面。这就是所说的四分五裂的道路。

“并且诸侯之所以建立合纵联盟，是为了国家社稷的安定，君主能够受到尊重，兵力得以增强，名声能够远扬。合纵者想要诸侯联盟，约定为兄弟一样亲近的国家，在洹水之上杀白马歃血结盟，使彼此之间的关系更为巩固。但是即使是同父同母的亲兄弟，尚且会彼此争夺钱财，想要倚仗诡诈伪善、反反复复的苏秦残留下的计谋，合纵不会成功这已经是显而易见了。倘若大王您不与秦国亲近，秦国就会发兵攻打河外地区，一旦攻下了卷、衍、燕、酸枣之地，挟持卫国进攻晋阳，那么赵国就不能向南进攻了；倘若赵国不能向南进攻，那么魏国就无法向北进攻，这样合纵之事就会失败；合纵失败了，大王您的国家再想没有危险就不可能了。秦国挟持韩国讨伐魏国，韩被秦所控制，不敢不听命于秦国。秦国和韩国联手之后，魏国很快就会灭亡了，这就是我替大王您忧虑的原因所在。替大王您打算，没有什么能比得上臣事秦国的了；如果您臣事秦国，那么楚国和韩国必然不敢对您进攻；消除了楚国和韩国的忧患，大王您就高枕无忧了，国家必然没有忧患了。

“并且秦国最想要削弱的国家，没有超过楚国的；而最能使楚国得以削弱的国家，没有超过魏国的。楚国虽然享有富裕强大的名声，但其实都是徒有虚名。楚国兵士虽然很多，但动辄会逃跑，不敢坚持战斗。倘若魏军南下讨伐楚国，必定会战胜楚国。使楚国受到亏损，魏国得以强大，进攻楚国，满足秦王的心愿，嫁祸于楚国，使魏国国内得以安定，这是善事啊。倘若大王您不听从我的建议，等到秦国发兵东进讨伐，那时候即使想要臣事秦国，也已经是不可能的了。

"再说主张合纵的人多数夸大其词而少有可以信赖的，说动了一个诸侯的君主，出来就乘坐人家的车子，联合一个诸侯返回故国，只要成功就有了封侯的基础。因此天下游说之士，没有不是每天都捏着手腕子，瞪着眼睛，咬牙切齿地高谈合纵的便宜，去游说各国君主。做人主的看到这些言辞，被他的空话牵动，怎么能不头昏目眩呢？我听说羽毛多了也可压沉船，轻的东西多了可以压断车轴，众口一词可以熔化金属，所以希望大王仔细考虑这事！"魏王说："我太愚蠢，以前的计划错了。请允许我自称东方藩臣，修筑秦王行宫，接受衣帽的规格，春秋两季贡献祭品，并献上河外的土地。"

张子仪以秦相魏

张子仪以秦相魏[1]，齐、楚怒而欲攻魏。雍沮谓张子曰[2]："魏之所以相公者，以公相则国家安，而百姓无患。今公相而魏受兵，是魏计过也。齐、楚攻魏，公必危矣。"张子曰："然则奈何？"雍沮曰："请令齐、楚解攻[3]。"雍沮谓齐、楚之君曰[4]："王亦闻张仪之约秦王乎[5]？曰：'王若相仪于魏，齐、楚恨仪，必攻魏。魏战而胜，是齐、楚之兵折，而仪固得魏矣；若不胜，魏必事秦以持其国，必割地以赂王。若欲复攻，其敝不足以应秦[6]。'此仪之所以与秦王阴相结也。今仪相魏而攻之，是使仪之计当于秦也，非所以穷仪之道也。"齐、楚之王曰："善。"乃遽解攻于魏。

注　释

①**张子仪**："子"字衍入。②**雍沮**：魏人。③**请令齐、楚解攻**：请让我去解除齐、楚的进攻。④**齐、楚之君**：指齐愍王、楚怀王。⑤**秦王**：秦惠王。⑥**其敝**：齐楚疲敝。

译　文

张仪依靠秦国的势力到魏国做相国，齐、楚发怒了想要攻打魏国。雍沮对张仪说："魏国之所以让您做相国，他们认为您做相国，国家就可以安宁，并且百姓不会有忧患。如今您做了相国，魏国却遭受兵祸，这是魏国的计划错了。倘若齐、楚进攻魏国，您的处境必然危险了。"张仪说："既然这样，那怎么办呢？"雍沮说："请允许我去让齐、楚解除围攻。"雍沮去对齐、楚的君主说："大王也听说张仪和秦惠王订密约了吗？张仪曾说：'大王如果让我做魏的相国，因为齐、楚恨我，就必定攻打魏国。若是魏国战胜了，这样齐、楚的兵力就会受到挫折，我当然就掌握魏国了；如果魏国打不胜，魏必然来侍奉秦国，以维持它国家的政权，必然要割让土地贿赂大王。如果齐、楚想再攻打魏，他们以破败的形势本不配和秦国周旋。'这就是张仪和秦王背后相勾结的地方。如今张仪在魏做相国，你们就进攻魏国，这是促使张仪的计谋在秦国兑现，不是使张仪处于困境的办法。"齐、楚的君王都说："对。"于是立即解除围攻魏国的命令。

卷二十三　魏策二

魏惠王死

原　文

魏惠王死，葬有日矣。天大雨雪，至于牛目[1]，坏城郭，且为栈道而葬。群臣多谏太子者，曰："雪甚如此而丧行，民必甚病之[2]。官费又恐不给，请弛期更日[3]。"太子曰："为人子而以民劳与官费用之故，而不行先王之丧，不义也。子勿复言。"群臣皆不敢言，而以告犀首。犀首曰："吾未有以言之也，是其唯惠子乎[4]！请告惠子。"

惠子曰："诺。"驾而见太子曰："葬有日矣。"太子曰："然。"惠公曰："昔王季历葬于楚山之尾，栾(luán)水啮其墓[5]，见棺之前和。文王曰：'嘻！先君必欲一见群臣百姓也夫，故使栾水见之。'于是出而为之张于朝[6]，百姓皆见之，三日而后更葬。此文王之义也。今葬有日矣，而雪甚及牛目，难以行，太子为及日之故，得毋嫌于欲亟葬乎？愿太子更日。先王必欲少留而扶社稷、安黔首也，故使雪甚。因弛期而更为日，此文王之义也。若此而弗为，意者羞法文王乎？"太子曰："甚善。敬弛期，更择日。"

惠子非徒行其说也，又令魏太子未葬其先王而因又说文王之义。说文王之义以示天下，岂小功也哉！

注　释

①**至于牛目**：此指雪深及牛眼。②**病**：不满。③**弛期**：延期。弛，通“迟”，延迟。④**惠子**：即惠施。⑤**栾水**：即漏水。⑥**张**：设帐。

译　文

魏惠王死了，安葬的日子已经定下，却遭逢天降大雪，积雪到了牛的眼睛那么深，通往外城的路已经不通，打算修栈道以安葬。群臣都去谏阻太子。都说：“雪下得这么大还要送殡，人民一定叫苦连天。官费又恐怕不够用，请暂缓时间，更改日期。”太子说：“作为儿子，因为人民辛苦和官费不够的缘故，就不按期举行先王的丧礼，这是不义的行为。你们不要再说了。”群臣都不敢再去讲，而把这件事禀告了犀首。犀首说：“我没什么可说的，也许只有惠子可以吧！请对惠子说吧。”

惠子说：“好吧。”就驾车前去拜见太子，说道：“安葬的日子已经定下了吗？”太子说：“是的。”惠子说：“昔日周王季历下葬在楚山脚下，水浸坏了墓穴，棺材前面的木头都露出来了。文王说：‘唉！先君必定是想要见见大臣、人民，才让水冲坏了棺材。’于是就将棺木取出，在早上为他设立灵棚，百姓都前来拜见，三天之后又重新下葬。这是文王的道义啊。如今安葬的日子已经定下了，但是雪下得太大，都到了牛的眼睛那么深了，举行安葬之礼太难，太子您为了按期下葬的原因，难道不是有些过于急躁了吗？希望太子能够择日再举行葬礼，先王必然是想要稍稍多待一会儿，扶持国家社稷，安慰百姓，所以才让雪下得那么大。因此还是推迟葬期另择良日吧，这可是文王的道义啊。倘若不这么做，或许是把效法文王视作耻辱吧？”太子说：“实在是太好了。敬请推迟日期，另择良日。”

惠子不仅使自己的主张得以实行，还既让魏太子没有如期安葬先王，又讲述了文王的道义。为天下人讲述文王的道义，这怎么能算是小事呢？

五国伐秦无功而还

原　文

五国伐秦，无功而还。其后，齐欲伐宋，而秦禁之。齐令宋郭之秦[1]，请合而以伐宋。秦王许之。魏王畏齐、秦之合也，欲讲于秦[2]。

谓魏王曰："秦王谓宋郭曰：'分宋之城，服宋之强者，六国也。乘宋之敝[3]，而与王争得者，楚、魏也。请为王毋禁楚之伐魏也，而王独举宋。王之伐宋也，请刚柔而皆用之。如宋者[4]，欺之不为逆，杀之不为雠者也。王无与之讲以取地，既已得地矣，又以力攻之，期于啖（dàn）宋而已矣[5]。'

"臣闻此言，而窃为王悲，秦必且用此于王矣。又必且困王以求地，既已得地，又且以力攻王。又必讲王，因使王轻齐，齐、魏之交已丑[6]，又且收齐以更索于王。秦尝用此于楚矣，又尝用此于韩矣，愿王之深计之也[7]。秦善魏不可知也已。故为王计，太上伐秦，其次宾秦[8]，其次坚约而详讲，与国无相仇也。秦、齐合，国不可为也已。王其听臣也，必无与讲。

注释

①**宋郭**：齐国的臣子。②**讲**：讲和。③**敝**：通"弊"，疲惫。④**如**：像。⑤**啖**：吃，吞下。⑥**已丑**：已经恶化。⑦**深计**：仔细考虑。⑧**宾**：通"摈"，摈弃，摒弃。

译文

韩、赵、魏、齐、楚五国攻打秦国，然而没有获得任何战绩就收兵了。后来齐国想要攻打宋国，而秦国却从旁制止，于是齐王就派使臣宋郭西去秦国，目的是跟秦国组成连横之盟共同伐宋，秦昭王答应了。这时魏昭王很恐惧齐、秦的连横，就准备跟秦国讲和。

苏秦对魏昭王说："秦王对宋郭说：'瓜分宋国的城池，并且征服宋国的，是六国。乘宋国疲惫，而和齐王争夺战利品的，是楚、魏。所以请齐王不要禁止楚国攻打魏，而齐王可以单独去攻打宋国。齐王去攻打宋国时，请刚柔并用。像宋这种国家，欺凌它不算不义，灭亡它不算结仇。齐王不必用跟宋讲和来获得土地，假如已经得到了土地，还可用武力去攻打，目的只在吞并宋国。'

"臣下听了这些话，私下替大王悲哀，秦国一定会用这种方法对待大王，也一定将会使大王陷入困境来索求土地，已经获得土地，又将用武力进攻大王。又一定会同大王讲和，于是使大王轻视齐国，齐国、魏国的邦交恶化了，又将拉拢齐国更加向大王勒索。秦国曾经对楚国用过这种策略，也曾对韩国用过这种策略，希望大王深入考虑这件事。秦对魏友好用心深不可测。所以替大王考虑，最上策是进攻秦国，其次是摒弃秦国，再次是同盟国坚守信约而同秦国假装讲和，同其他国家彼此不结仇。秦国、齐国联合，国家就不可能保持下去了。大王还是听从臣下的，一定不要同秦国讲和。

原 文

“秦权重，魏冉明孰，是故又为足下伤秦者，不敢显也。天下可令伐秦，则阴劝而弗敢图也[1]。见天下之伤秦也，则先鬻（yù）与国而以自解也[2]。天下可令宾秦，则为劫于与国而不得已者。天下不可，则先去，而以秦为上交以自重也。如是人者，鬻王以为资者也，而焉能免国于患？免国于患者，必穷三节[3]而行其上。上不可则行其中；中不可则行其下；下不可则明不与秦两生以残秦，使秦皆无百怨百利，唯已之曾安。令足下鬻之以合于秦，是免国于患者之计也。臣何足以当之？虽然，愿足下之论臣之计也。

“燕，齐雠国也[4]；秦，兄弟之交也。合仇国以伐婚姻，臣为之苦矣。黄帝战于涿鹿之野，而西戎之兵不至；禹攻三苗，而东夷之民不起。以燕伐秦，黄帝之所难也，而臣以致燕甲而起齐兵矣。

“臣又遍事三晋之吏，奉阳君、孟尝君、韩珉、周冣（zuì）、韩余为从而下之，恐其伐秦之疑也。又身自丑于秦，初之请焚天下之秦符者[5]，臣也；次传焚符之约者，臣也；欲使五国约闭秦关者，臣也。奉阳君、韩余为既和矣，苏修、朱婴既皆阴在邯郸，臣又说齐王而往败之。天下共讲，因使苏修游天下之语，而以齐为上交，兵请伐魏，臣又争之以死。而果西因苏修重报。臣非不知秦权之重也，然而所以为之者，为足下也。”

注 释

①**阴劝**：暗中劝解。②**鬻**：出卖，背叛。③**必穷三节**：必须详尽地说明三策。三节，

即上文所说的太上伐秦、其次宾秦、其次坚约而详讲，与国无相仇也。④**雠国：**敌国。⑤**符：**即符节，用作派遣使者或调兵时的凭证，符节上刻有文字，分为两半，一半由外出的使者或出征将帅保管，另一半由朝廷保管。

译　文

“秦国权势过大，魏冉又熟悉诸侯之事，因此即使有为您损伤秦国的，也不敢明显地表现出来。天下诸侯可以号令攻伐秦国，就会有人暗中劝告而不敢图谋伐秦了。看到天下诸侯损伤秦国，就先出卖盟国来自我解脱。天下诸侯能够号令摒弃秦国，受到盟国的胁迫而不得已响应。天下诸侯无法做到，自己就会首先背叛诸侯，而把秦国作为上等的邦交来保全自己。像这样的人，把出卖大王作为资本，怎能免除国家的祸患呢？免除国家祸患的人，一定详尽地说明三等策略而首先推行上等的，上等策略行不通就推行中等的，中等策略行不通就推行下等的。下等策略行不通就明确表示不同秦国俱存来损伤秦国，使秦国不择利害的多少，只有阻止魏国两败俱伤的举动才能得到自己的安宁。让您出卖盟国来向秦国求和，这样免除国家祸患的计策，臣下怎么知道它的可取之处呢？既然如此，希望您能研究臣下的计策。

“燕与齐是仇敌之国，与秦国是兄弟之邦。联合仇敌去攻打有姻亲关系的国家，臣认为这是很难办的事。古时黄帝和蚩尤战于涿鹿之野时，西戎的军队并没有来支援。而大禹攻打三苗时，东夷的军民也没起来参战。由此可见，用燕、齐等国来攻打秦国，就连黄帝都感到为难，可是臣却能发动燕、齐两国之军。

“臣又遍交韩、赵、魏三国的官员，例如奉阳君、孟尝君、韩珉、周冣、韩余为等人，臣曾在他们的门下做过事，他们怀疑讨伐秦国之举。又因为他们都遭受秦国的排斥，于是臣就做了一件事，请求烧掉天下诸侯所持前往秦国的符节。接着臣又通知焚烧符节的诸侯，目的是使五国断绝和秦国的来往。奉阳君、韩余为等人都采取同一步骤，而苏修、朱婴他们都匿居在邯郸。臣又去游说齐王去破坏苏、朱的盟约。假如天下诸侯都主张合纵，因而使苏修谈论天下诸侯们的意向，并且准备和齐国缔结邦交，然后再向秦国要求齐军伐魏，臣以死来谏阻。最后果然在西方的苏修再提出报告，臣并非不知秦国权势之大，然而臣所以要这样做，一切都是为了您。”

齐魏战于马陵

原文

齐、魏战于马陵，齐大胜魏，杀太子申，覆十万之军。魏王召惠施而告之曰[1]："夫齐，寡人之仇也，怨之至死不忘，国虽小，吾常欲悉起兵而攻之，何如？"对曰："不可。臣闻之，王者得度[2]，而霸者知计。今王所以告臣者，疏于度而远于计。王固先属怨于赵[3]，而后与齐战[4]。今战不胜，国无守战之备，王又欲悉起而攻齐，此非臣之所谓也。王若欲报齐乎，则不如因变服折节而朝齐[5]，楚王必怒矣[6]。王游人而合其斗[7]，则楚必伐齐，以休楚而伐罢齐，则必为楚禽矣，是王以楚毁齐也。"魏王曰："善。"乃使人报于齐，愿臣畜而朝[8]，田婴许诺。张丑曰："不可。战不胜魏，而得朝礼，与魏和而下楚，此可以大胜也。今战胜魏，覆十万之军，而禽太子申，臣万乘之魏而卑秦、楚，此其暴戾定矣[9]。且楚王之为人也，好用兵而甚务名，终为齐患者，必楚也。"田婴不听，遂内魏王，而与之并朝齐侯再三。赵氏丑之[10]。楚王怒，自将而伐齐，赵应之，大败齐于徐州。

● 孙膑马陵伏努

注　释

①**魏王**：指魏惠王。②**度**：法度。③**属怨于赵**：同赵国结下仇怨。指魏惠王二十八年（前 342）魏国同宋国、韩国兴兵伐赵，围困邯郸。④**与齐战**：是指魏惠王二十九年(前341)，齐国为救赵国，派孙膑、田忌领兵败魏于桂陵。⑤**变服**：更换君主的服装。⑥**楚王**：指楚威王。⑦**游**：游说。⑧**臣畜**：称臣。缪文远本："畜，养也。臣畜，犹称臣也。"⑨**此其暴戾定矣**：这将使齐王暴戾是一定的了。⑩**丑**：羞耻。

译　文

齐国、魏国在马陵交战，齐国把魏国打得大败，杀死了魏国太子申，消灭魏军十万人。魏王召来惠施告诉他说："齐国是寡人的仇敌，仇怨至死也不会忘记，魏国虽然很小，我常想调全部兵力进攻齐国，怎么样？"惠施回答说："不可以这样做。臣下听说，为王者要适合法度，称霸者要懂得计谋。现在大王告诉臣下的，离法度和计谋太远了。大王本来先同赵国结下了仇怨，而后又同齐国作战。现在没打胜，国家没有守卫作战的后备，大王又要调全部兵力进攻齐国，这不是臣下主张的做法。大王如果想报复齐国，不如就更换君主的服装屈己下人去朝拜齐国，楚王一定会发怒。大王派人到齐、楚两国游说，促成它们的争斗，那么楚国一定会进攻齐国，以强大的楚国去进攻疲敝的齐国，齐国就一定会被楚国击败，这是大王用楚国来毁掉齐国。"魏王说："太好了。"就派人向齐国报告，魏王愿意称臣朝拜，田婴答应了。张丑说："不行。打不赢魏国，而能够让魏国行朝见之礼，与魏国联合而降服楚国，这可以获得大胜。现在战胜了魏国，消灭十万魏军，而且擒获了太子申，使拥有万辆兵车的魏国臣服，轻视秦国、楚国，齐王暴戾是一定的了。况且楚王的为人，喜欢用兵而且贪图虚名，最终成为齐国祸患的，一定是楚国了。"田婴不听从，于是接纳了魏王，并同他多次朝见齐侯。赵国感到羞耻。楚王大怒，自己率兵进攻齐国，赵国响应，在徐州把齐国打得大败。

田需死

原　文

田需死，昭鱼谓苏代曰[1]："田需死，吾恐张仪、薛公、犀首之有一人相魏者。"代曰："然则相者以谁而君便之也？"昭鱼曰："吾

欲太子之自相也[2]。”代曰：“请为君北见梁王，必相之矣。”昭鱼曰：“奈何？”代曰：“君其为梁王，代请说君。”昭鱼曰：“奈何？”对曰：“代也从楚来，昭鱼甚忧。代曰：‘君何忧？’曰：‘田需死’，吾恐张仪、薛公、犀首有一人相魏者。’代曰：‘勿忧也。梁王，长主也，必不相张仪。张仪相魏，必右秦而左魏。薛公相魏，必右齐而左魏。犀首相魏，必右韩而左魏。梁王，长主也，必不使相也。’代曰：‘莫如太子之自相。是三人皆以太子为非固相也，皆将务以其国事魏，而欲丞相之玺[3]。以魏之强，而持三万乘之国辅之[4]，魏必安矣。故曰，不如太子之自相也。’”遂北见梁王，以此语告之，太子果自相。

注　释

①**昭鱼：**楚国相国。②**太子：**魏太子，名遬（sù），即魏昭王。③**玺：**印章。④**三万乘之国：**指秦国、韩国、齐国。

译　文

田需死了，昭鱼对苏代说：“田需死了，我担心张仪、薛公、公孙衍之中有一个人做魏国相国。”苏代说：“那么用谁做相国对您有利呢？”昭鱼说：“我想让魏国太子自己做相国。”苏代说：“请让我为您北上见魏王，一定让魏太子做相国。”昭鱼说：“怎么办呢？”苏代说：“您大概是为魏王着想，请允许我去为您游说。”昭鱼说：“那又能怎么办呢？”苏代回答说：“就说我从楚国来，昭鱼很担心。我问：‘您有什么担忧的？’昭鱼回答说：‘田需死了，我担心张仪、薛公、公孙衍之中有一个人做魏国相国。’我说：‘不用担忧。魏王，是位年长成熟的君主，一定不会任命张仪为相国。张仪如做了魏国相国，一定亲近秦国而疏远魏国。薛公做了魏国相国，一定亲近齐国而疏远魏国。公孙衍做了魏国相国，一定亲近韩国而疏远魏国。魏王，是位年长成熟的君主，一定不会让他们做相国。’我说：‘不如让太子自己做相国。这三个人都会认为太子本来不该做相国，都将尽力用他们的国家来服侍魏国，想得到魏国的丞相大印。凭魏国的强大，有三个拥有万辆兵车的国家的辅助，一定很安全了。所以说不如太子自己做相国。’”苏代于是北上去拜见魏王，把这番话告诉了魏王，魏国太子果真自己做了相国。

卷二十四　魏策三

秦败魏于华

原　文

秦败魏于华，魏王且入朝于秦[1]。周䜣(xīn)谓魏王曰[2]："宋人有学者，三年反而名其母[3]。其母曰：'子学三年，反而名我者，何也？'其子曰：'吾所贤者无过尧、舜，尧、舜名。吾所大者无大天地，天地名。今母贤不过尧、舜，母大不过天地，是以名母也。'其母曰：'子之于学者，将尽行之乎？愿子之有以易名母也。子之于学也，将有所不行乎？愿子之且以名母为后也。'今王之事秦，尚有可以易入朝者乎？愿王之有以易之，而以入朝为后。"魏王曰："子患寡人入而不出邪？许绾为我祝曰[4]：'入而不出，请殉寡人以头。'"周䜣对曰："如臣之贱也，今人有谓臣曰：'入不测之渊而必出，不出，请以一鼠首为女殉者。'臣必不为也。今秦不可知之国也，犹不测之渊也，而许绾之首，犹鼠首也。内王于不可知之秦，而殉王以鼠首，臣窃为王不取也。且无梁孰与无河内急？"王曰："梁急。""无梁孰与无身急？"王曰："身急。"曰："以三者，身，上也，河内，其下也。秦未索其下，而王效其上，可乎？"

注　释

①**魏王**：指魏安釐王。②**周䜣**：魏国大臣。③**名其母**：称呼他母亲的名字。④**祝**：

发誓。

译文

秦国在华阳打败了魏国。魏王将要到秦国去朝见秦王。周䜣对魏王说："宋国有个求学的人，出门在外三年回来后直呼母亲的名字。他的母亲说：'你求学三年，回来后反而直呼我的名字，为什么？'她的儿子说：'我所知道贤明的人，没有超过尧、舜的，尧、舜称呼名字，我所知道大的事物，没有超过天地的，天地称呼名字。现在母亲贤不过尧、舜，母亲大不过天地，因此称呼母亲名字。'他的母亲说：'你对自己所学的，准备全部实行吗？希望你改过，不要称呼我的名字。你对于自己所学的，准备有些地方暂且不实行吗？希望你姑且把称呼母亲名字的事放在后边。'现在大王侍奉秦国，还有改换入秦朝见的办法吗？希望大王用别的办法改换它，把入秦朝见放在后边考虑。"魏王说："您是担忧寡人进入秦国而出不来吗？许绾对我发誓说：'如果进去了出不来，请用我的头为您殉葬。'"周䜣回答说："像臣下这样地位低下，如果现在有人对臣下说：'进入不可测的深渊一定能出来，出不来用一个老鼠脑袋为你殉葬。'臣下一定不去做。如今秦国是个不可了解的国家，犹如不可测的深渊；而许绾的脑袋，犹如老鼠的脑袋。使大王陷入不可知的秦国，而用一个老鼠脑袋来为大王殉葬，臣下私下替大王不取这种方式。况且失去大梁与失去河内哪个更紧急呢？"魏王说："失去大梁更紧急。""失去大梁和失去自己的生命，哪个更紧急呢？"魏王说："丢掉性命更紧急。"周祈说："从这三者看，身家性命是最主要的，失去河内是最次要的。秦国还没有索取最次要的，而大王却献上最主要的，可以这样做吗？"

原文

王尚未听也。支期曰[1]："王视楚王[2]。楚王入秦，王以三乘先之；楚王不入，楚、魏为一，尚足以捍秦。"王乃止。王谓支期曰："吾始已诺于应侯矣[3]，今不行者欺之矣。"支期曰："王勿忧也。臣使长信侯请无内王[4]，王待臣也。"

支期说于长信侯曰："王命召相国。"长信侯曰："王何以臣为？"支期曰："臣不知也，王急召君。"长信侯曰："吾内王于秦者，宁以为秦邪？吾以为魏也。"支期曰："君无为魏计，君其自为计。且安死乎？安生乎？安穷乎？安贵乎？君其先自为计，后为魏计。"

长信侯曰："楼公将入矣[5]，臣今从。"支期曰："王急召君，君不行，血溅君襟矣。"长信侯行，支期随其后，且见王，支期先入谓王曰："伪病乎而见之，臣已恐之矣。"长信侯入见王，王曰："病甚奈何？吾始已诺应侯矣，意虽道死，行乎？"长信侯曰："王毋行矣！臣能得之于应侯，愿王无忧。"

注　释

①**支期**：魏国人。②**楚王**：指楚考烈王。一说，指楚襄王。③**应侯**：即秦国相国范雎。④**长信侯**：亲秦的魏国相国。⑤**楼公**：即楼缓，赵国人。

译　文

魏王还是不听。支期说："大王先看楚王。如果楚王去秦国，大王用三辆车抢在他的前面；楚王不去秦国，楚、魏联合为一，还足可以抵抗秦国。"魏王才没有出发。魏王对支期说："我开始已经答应秦国应侯了，现在不去是欺骗人家。"支期说："大王不要忧虑。臣下让长信侯请求不让大王去秦国，大王请等待臣下。"

支期对长信侯说："大王下命令召见相国。"长信侯说："大王为什么召见我呢？"支期说："臣下不知道，大王召您速去。"长信侯说："我送大王去秦国，难道是为了秦国吗？我是为了魏国。"支期说："您不要为魏国打算了，您还是为自己考虑一下吧。您想怎样死呢？怎样活呢？怎样穷困？怎样富贵？您还是先为自己打算，然后再为魏国打算吧。"长信侯说："楼缓要来了，让臣下随他同去。"支期说："大王紧急召见您，您不去，血就要溅到你的衣襟上了。"长信侯才走了，支期跟在他的后面，将要见到魏王，支期先走进去对魏王说："您伪装得了重病接见他，臣下已经恐吓他一番了。"长信侯进来拜见魏王，魏王说："病得这么厉害，怎么办呢？我开始已经答应应侯了，心想若死在道上，还走吗？"长信侯说："大王不要去了！臣下能得到应侯的许可免召您入秦，希望大王不要忧虑。"

齐欲伐魏

原　文

齐欲伐魏，魏使人谓淳于髡曰："齐欲伐魏，能解魏患唯先生也。敝邑有宝璧二双、文马二驷[1]，请致之先生。”淳于髡曰：“诺。”入说齐王曰：“楚，齐之仇敌也；魏，齐之与国也。夫伐与国，使仇敌制其余敝，名丑而实危，为王弗取也。”齐王曰：“善。”乃不伐魏。

客谓齐王曰：“淳于髡言不伐魏者，受魏之璧、马也。”王以谓淳于髡曰：“闻先生受魏之璧、马，有诸？”曰：“有之。”“然则先生之为寡人计之何如？”淳于髡曰：“伐魏之事不，魏虽刺髡，于王何益？若诚不便，魏虽封髡，于王何损？且夫王无伐与国之诽[2]，魏无见亡之危，百姓无被兵之患，髡有璧、马之宝，于王何伤乎？”

● 拱璧

注释

①文：通“纹”，指彩绘。②诽：非议。

译文

齐国要讨伐魏国，魏国派人对淳于髡说：“齐国要讨伐魏国，能够解除魏国祸患的只有先生了。敝国有两对宝贵的璧玉，两辆四马拉的有纹彩的马车，请允许我把这些送给先生。”淳于髡说：“好吧。”就入宫对齐王说：“楚国，是齐国的仇敌；魏国，是齐国的盟国。进攻盟国，让仇敌乘自己疲惫来挟制自己，名声很坏实质上也很危险，我替大王感到不可取。”齐王说：“好。”于是就不去攻打魏国了。

有一位客人对齐王说：“淳于髡劝说大王不去攻打魏国，是因为他收受了魏国赠送的宝璧和宝马啊。”齐王拿这话去问淳于髡道：“我听说先生收受了魏国的宝璧和宝马，有这事吗？”淳于髡回答说：“有这事。”“既然如此，那么先生替寡人怎么考虑的呢？”淳于髡说：“如果讨伐魏国的事是有利的，魏国即使刺杀我，对于大王来说，有什么好处呢？如果讨伐魏国确实不利，魏国即使封赏我淳于髡，对大王又有什么损害呢？况且大王不会遭到讨伐盟国的非议，魏国没有被灭亡的危险，百姓没有兵灾的祸患，我淳于髡得到璧玉、马匹这些宝物，对于大王又有什么损伤呢？”

秦将伐魏

原 文

秦将伐魏。魏王闻之，夜见孟尝君[1]，告之曰："秦且攻魏，子为寡人谋，奈何？"孟尝君曰："有诸侯之救则国可存也。"王曰："寡人愿子之行也。"重为之约车百乘。

孟尝君之赵，谓赵王曰："文愿借兵以救魏。"赵王曰："寡人不能。"孟尝君曰："夫敢借兵者，以忠王也。"王曰："可得闻乎？"孟尝君曰："夫赵之兵非能强于魏之兵，魏之兵非能弱于赵也。然而赵之地不岁危[2]，而民不岁死，而魏之地岁危，而民岁死者，何也？以其西为赵蔽也。今赵不救魏，魏歃(shà)盟于秦[3]，是赵与强秦为界也，地亦且岁危，民亦且岁死矣。此文之所以忠于大王也。"赵王许诺，为起兵十万，车三百乘。

又北见燕王曰："先日公子常约两王之交矣[4]。今秦且攻魏，愿大王之救之。"燕王曰："吾岁不熟二年矣，今又行数千里而以助魏，且奈何？"田文曰："夫行数千里而救人者，此国之利也。今魏王出国门而望见军，虽欲行数千里而助人，可得乎？"燕王尚未许也。田文曰："臣效便计于王，王不用臣之忠计，文请行矣，恐天下之将有大变也。"王曰："大变可得闻乎？"曰："秦攻魏，未能克也，而台已燔，游已夺矣。而燕不救魏，魏王折节割地，以国之半与秦，秦必去矣。秦已去魏，魏王悉韩、魏之兵，又西借秦兵，以因赵之众，以四国攻燕，王且何利？利行数千里而助人乎？利出燕南门而望见军乎？则道里近而输又易矣，王何利？"燕王曰："子行矣，寡人听子。"乃为之起兵八万，车二百乘，以从田文。

魏王大说[5]曰："君得燕、赵之兵甚众且亟矣。"秦王大恐，割地请讲于魏。因归燕、赵之兵而封田文。

注　释

①**孟尝君**：即田文，战国四公子之一，此时担任魏国的相国。②**岁**：每年。③**歃盟**：歃血为盟。古代订盟的一种仪式，杀牲饮血，表示诚意。④**常**：通"尝"，曾经。⑤**说**：通"悦"，高兴。

译　文

秦国将要讨伐魏国。魏王听说，夜里去见孟尝君，告诉他说："秦国将要进攻魏国了，您替寡人谋划一下，怎么办？"孟尝君说："有诸侯援救的国家就可以保存下来。"魏王说："寡人希望您能出行游说。"魏王郑重地为孟尝君准备了百辆马车。

孟尝君来到赵国，对赵王说："我希望从赵国借些军队去救魏国。"赵王说："寡人不能借。"孟尝君说："我冒昧地借兵的原因，是为了以此效忠大王啊。"赵王说："可以说给我听听吗？"孟尝君说："赵国的军队并非比魏国的军队战斗力强，魏国的军队也并非比赵国的军队战斗力弱。只是赵国境内年年没有危机，百姓年年也没有大的死亡；但是魏国境内却年年遭受危机，每年都有大量百姓死亡，原因是什么呢？这是由于魏国在西边是赵国的屏障。倘若现在赵国不援助魏国，魏国就会和秦国歃血为盟，如此一来，赵国就和强大的秦国接壤了，并且赵国境内将年年有危机，百姓每年也将大量死亡。这就是我所说的效忠于大王您啊。"于是赵王答应借兵给魏国，调遣军队十万人，战车三百辆。

孟尝君又北上拜见了燕王，说："以前家父经常为燕、魏两王的交往约会，现在秦国将要进攻魏国了，希望大王救救魏国。"燕王说："我国已经连续两年收成不好，现在又要跋涉几千里去援助魏国，这将怎么办呢？"孟尝君说："跋涉几千里去拯救别人，这将给国家带来好处。现在魏王出城门盼望燕军，其他诸侯即使想跋涉几千里来帮助，可以做到吗？"燕王还是没有答应。孟尝君说："臣下献上好的计策给大王，大王却不采用臣下忠诚的计策，我请求离开了，恐怕天下将有大的变化了。"燕王说："您说的大的变化，可以让我听听吗？"孟尝君说："秦国攻打魏国，不能攻克，但是游观的台榭已被烧毁，游观的乐趣已被夺走了。然而燕国却不去援救魏国，魏王屈节割地，把国土的一半送给秦国，秦国一定会撤兵。秦兵撤离魏国后，魏王倾韩国、魏国的全部军队，又西借秦国军队，再依靠赵国军队，用四个国家的力量攻打燕国，大王将会得到什么好处呢？难道好处是自己跋涉几千里来帮助人吗？难道好处是出燕国的南门而盼望援军吗？那么对于四国军队来说道路与乡里很近，补给给养又很容易，大王还能得到什么好处呢？”燕王说：“您走吧，寡人听从您的了。”于是为孟尝君发兵八万，战车二百辆，跟从孟尝君。

魏王大喜，说：“您借燕国、赵国的军队多而且快。”秦王很害怕，割让土地同魏国讲和。魏国于是归还了燕国、赵国的军队并且封赏了孟尝君。

魏将与秦攻韩

原　文

魏将与秦攻韩，无忌谓魏王曰：“秦与戎翟(dí)同俗[1]，有虎狼之心，贪戾好利而无信，不识礼义德行，苟有利焉，不顾亲戚兄弟，若禽兽耳。此天下之所同知也，非所施厚积德也[2]。故太后母也，而以忧死；穰侯舅也，功莫大焉，而竟逐之；两弟无罪，而再夺之国。此于其亲戚兄弟若此，而又况于仇雠之敌国也[3]？今大王与秦伐韩益近秦，臣甚或之[4]，而王弗识也，则不明矣。群臣知之，而莫以此谏，则不忠矣。

注　释

①**翟**：通“狄”，古族名。②**施厚**：即施恩惠。③**也**：乎。④**或**：同“惑”。

译　文

魏国将要同秦国一同去攻打韩国，无忌对魏王说：“秦国与戎狄习俗相同，有虎狼一样的心肠，贪暴好利不守信用，不知道礼义德行，假如有利可图，就不管亲戚兄弟，像禽兽一般。这是天下人所共知的，根本不是施恩惠、积德行的国家。因此秦太后虽然是秦昭王的母亲，却因为忧愁而死，穰侯是秦昭王的舅舅，没有谁的功劳比他大，竟然被放逐了；高陵君、泾阳君两个弟弟没有罪过，却两次剥夺他们的封地。这样看来他对自己的亲戚兄弟都如此，更何况对于结仇的敌国呢？现在大王同秦国讨伐韩国，这就更加接近秦国，臣下很不理解。而大王还是不明白这个道理，那就是不明智了。群臣对此事很清楚，却没有谁劝谏，那就是没尽忠心。

原文

“今夫韩氏以一女子承一弱主[1]，内有大乱，外安能支强秦、魏之兵，王以为不破乎？韩亡，秦尽有郑地，与大梁邻，王以为安乎？王欲得故地，而今负强秦之祸也，王以为利乎？秦非无事之国也，韩亡之后，必且更事[2]，更事必就易与利，就易与利，必不伐楚与赵矣。是何也？夫越山逾河，绝韩之上党而攻强赵，则是复阏（è）与之事也[3]，秦必不为也。若道河内，倍邺、朝歌，绝漳、滏之水，而以与赵兵决胜于邯郸之郊，是受智伯之祸也，秦又不敢。伐楚，道涉谷行三千里而攻黾隘之塞[4]，所行者甚远，而所攻者甚难，秦又弗为也。若道河外，背大梁，而右上蔡、召陵[5]，以与楚兵决于陈郊[6]，秦又不敢也。故曰，秦必不伐楚与赵矣，又不攻燕与齐矣。韩亡之后，兵出之日，非魏无攻矣。秦故有怀、茅、刑丘[7]，城垝（guǐ）津[8]，以临河内，河内之共、汲莫不危矣[9]。秦有郑地，得垣雍[10]，决荥泽而水大梁[11]，大梁必亡矣。王之使者大过矣，乃恶安陵氏于秦[12]，秦之欲许之久矣[13]。然而秦之叶阳、昆阳与舞阳、高陵邻[14]，听使者之恶也，随安陵氏而欲亡之。秦绕舞阳之北以东临许，则南国必危矣。南国虽无危，则魏国岂得安哉？且夫憎韩不爱安陵氏可也，夫不患秦之不爱南国，非也。

注释

①**一女子**：指韩桓惠王之母，即韩太后。**弱主**：指韩桓惠王，此时年少。②**更事**：再生事端。③**阏与之事**：指公元前270年秦国派胡阳攻打赵国的阏与，赵将赵奢大破秦军。④**涉谷**：地名，通往楚国的险路。**黾隘**：亦作“冥厄”，楚国北方险塞，在今河南信阳市与湖北应山县之间。⑤**上蔡**：地名，在今河南上蔡县。**召陵**：地名，在今河南漯河。⑥**陈**：地名，在今河南周口市淮阳区。⑦**怀**：地名，在今河南武陟县。⑧**城垝津**：在垝津筑城。垝津，地名，在今河南滑县。⑨**共**：地名，在今河南辉县。**汲**：地名，在今河南卫辉西南。⑩**垣雍**：地名，在今河南原阳县西北。⑪**荧泽**：即荥泽，古泽名，

在今河南郑州市西北古荥镇北。⑫**安陵**：是魏国的一个附属小国，魏襄王时封，在今河南鄢陵西北。⑬**许**：地名，在今河南许昌市。⑭**叶阳**：地名，在今河南叶县。**昆阳**：地名，在今河南叶县北二十五里。**舞阳**：地名，在今河南舞阳县。

译文

“现在韩国靠一个女子辅佐一个幼主，国内出现大的混乱，对外又怎能抵抗强大的秦、魏军队，大王还认为攻不破韩国吗？韩国灭亡了，秦国全部占有了原属于郑国的土地，就将与大梁为邻了，大王认为能安全吗？大王想要收回原来失去的土地，而今却遭受上强秦的祸患，大王认为这样有利吗？秦国绝非不爱滋事的国家，韩国灭亡以后，必定将会再生事端，再生事端一定索取容易占领和有利可图之地，索取容易占领和有利可图之地，一定不会进攻楚国和赵国。这是为什么呢？越过高山大河，横穿韩国的上党而去攻打强大的赵国，那么就将重演阏与败北的旧事，秦国一定不会去做。如果取道河内，背朝邺邑、朝歌，渡过漳水、滏水，在邯郸的郊外同赵国军队决一胜负，这将遭到智伯遭到的大祸，秦国又不敢。去进攻楚国，取道跋涉三千里去攻打黾隘的边塞，要走的路太远，要进攻的目标又太难，秦国不会去做。假如取道河外，背朝大梁，右靠上蔡、召陵，在陈地郊外同楚军决战，秦国又不敢。所以说，秦国一定不会进攻楚国和赵国，又不会进攻燕国和齐国。韩国灭亡之后，秦国出兵的时候，除了魏国再没有可以进攻的了。秦国本来有怀、茅、刑丘，再在垝津筑城，来紧逼河内，河内的共、汲等地没有不危急的了。秦国占领郑地，取得垣雍，掘开荥泽水淹大梁，大梁一定会失守。大王的使者犯了一个大错，竟向秦国中伤安陵氏，秦国很久就想占领许地了。然而秦国的叶阳、昆阳与魏国的舞阳、高陵为邻，秦国听了使者的中伤之言，随后就将灭亡安陵氏了。秦军绕过舞阳的北面向东逼近许地，那么魏国的南方就危险了。南方即使没有危险，魏国难道就能得到安宁吗？再说憎恨韩国、不爱惜安陵氏，还算可以，而不担心秦国占领南方土地，就不对了。

原文

“异日者，秦乃在河西[1]，晋国之去梁也[2]，千里有余，有河山以兰之[3]，有周、韩而间之。从林军以至于今[4]，秦十攻魏，五入国中，边城尽拔，文台堕[5]，垂都焚[6]，林木伐，麋鹿尽，而国继以围。又长驱梁北，东至陶、卫之郊[7]，北至乎阚[8]，所亡乎秦者，山南、山北、河外、河内，大县数百，名都数十。秦乃在河西，晋国之去大梁也

尚千里，而祸若是矣，又况于使秦无韩而有郑地，无河山以兰之，无周、韩以间之，去大梁百里，祸必百此矣。异日者，从之不成也，楚、魏疑而韩不可得而约也。今韩受兵三年矣[9]，秦挠之以讲，韩知亡，犹弗听，投质于赵，而请为天下雁行顿刃。以臣之观之，则楚、赵必与之攻矣。此何也？则皆知秦之欲无穷也，非尽亡天下之兵而臣海内之民，必不休矣。是故臣愿以从事乎王，王速受楚、赵之约而挟韩之质，以存韩为务，因求故地于韩，韩必效之。故此则士民不劳而故地得，其功多于与秦共伐韩，然而无与强秦邻之祸。

注释

①**河西**：即西河之外，指今山西、陕西两省间黄河南段以西的地方。②**晋国**：指晋国故都绛、魏国故都安邑一带。③**兰**：通“拦”。④**林军**：即军于林，指林乡之战。林乡，在今河南新郑东。⑤**文台**：地名，在今山东菏泽西北。⑥**垂都**：地名，在今山东曹县北。⑦**陶**：地名，在今山东菏泽定陶区。**卫**：地名，在今河南滑县东。⑧**阚**：地名，在今山东汶上县西南。⑨**受兵**：遭受兵祸。

译文

“以前，秦国还在河西之外，晋国旧都绛与安邑一带距离大梁有千余里，靠有河山遮挡，又有周、韩在中间隔开。从林乡之战一直到现在，秦国十次进攻魏国，五次攻入国中。边境的城邑都被攻破，文台被毁坏，垂都被焚烧，林木遭砍伐，麋鹿被杀尽，接着国都被围困。秦军又长驱直入魏国北部，东面到了陶、魏两地的郊外，北面到了阚，被秦国侵占的地方，有中条山南、中条山北、黄河以南、黄河以北，大的县邑有数百个，有名的都邑数十个。秦国还在河西之外，晋国故都绛与安邑一带距大梁还有千里之遥，而祸患达到如此程度，更何况让秦国没有韩国的阻隔而据有郑地，失去了河山的遮挡，失去了周、韩的阻隔，距离大梁只有百里的路程，祸患一定超过这百倍了。等到他日，即使想合纵也不能成功了，楚国、魏国就会互相猜疑而韩国更不可能来缔结盟约。现在韩国遭受兵祸已有三年，秦国想使它屈服求和，韩国知道要被灭亡了依然不听命，给赵国送去人质，请求联合天下诸侯如雁阵前行，杀钝士兵的兵刃。以臣下看来，楚国、赵国一定会同韩国一道攻击秦国。这是为什么呢？因为都知道秦国的贪欲无休无止，不全部消灭天下的军队而使海内的百姓臣服，一定不会罢休。因此臣下愿意用合纵的力量来侍奉大王，大王赶快接受楚、赵的盟约挟持韩国的人质，把保存韩国作为急务，凭这些向韩国索要原来失去的土地，韩国一定会献上这些土地。像这样，士兵、百姓不付辛劳就得到了原来失去的土地，这个功绩要比同秦国一起讨伐韩国大得多，而且能避免同强秦为邻的祸患。

原文

“夫存韩、安魏而利天下，此亦王之大时已[1]。通韩之上党于共、宁[2]，使道已通，因而关之，出入者赋之[3]，是魏重质韩以其上党也。共有其赋，足以富国，韩必德魏、爱魏、重魏、畏魏，韩必不敢反魏，韩是魏之县也。魏得韩以为县，则卫、大梁、河外必安矣。今不存韩，则二周必危，安陵必易。楚、赵大破，燕、齐甚畏，天下之西向而驰秦，入朝为臣之日不久矣。”

注释

①**已**：同“也”。②**通韩之上党于共、宁**：沟通韩国的上党到共、宁两地的交通。宁，宁邑，在今河南淇县。③**赋之**：征收来往商人的赋税。

译文

“再说能够保存韩国、安定魏国而对天下有利，这也是大王施展抱负的大好时机。沟通韩国上党到共、宁两地的交通，使道路畅通后，随之而设立关卡，出入的人交纳赋税，这是因为韩国把它的上党交给了魏国作为重要的抵押。魏国同韩国共分赋税，足可以使国家富强，韩国一定感激魏国、爱戴魏国、尊重魏国、惧怕魏国，韩国一定不敢反对魏国，韩国将是魏国的一个县了。魏国得到韩国作为自己的一个县，那么卫地、大梁、河外一定安全了。现在不保存韩国，东、西周一定危险，安陵必被秦军夺走。楚、赵两国如再被秦军大败，燕国、齐国会更加惧怕，天下诸侯会面向西方争着奔向秦国，入朝称臣的日子不会太远了。”

魏太子在楚

原文

魏太子在楚。谓楼子于鄢陵曰[1]：“公必且待齐[2]、楚之合也，以

救皮氏。今齐、楚之理必不合矣。彼翟子之所恶于国者，无公矣。其人皆欲合齐、秦外楚以轻公，公必谓齐王曰：'魏之受兵，非秦实首伐之也，楚恶魏之事王也，故劝秦攻魏。'齐王故欲伐楚，而又怒其不己善也，必令魏以地听秦而为和。以张子之强[3]，有秦、韩之重[4]，齐王恶之，而魏王不敢据也[5]。今以齐、秦之重，外楚以轻公，臣为公患之。钧之出地，以为和于秦也，岂若由楚乎？秦疾攻楚，楚还兵，魏王必惧，公因寄汾北以予秦而为和，合亲以孤齐。秦、楚重公，公必为相矣。臣意秦王与樗里疾之欲之也[6]，臣请为公说之[7]。"

乃谓樗里子曰："攻皮氏，此王之首事也，而不能拔，天下且以此轻秦。且有皮氏，于以攻韩、魏，利也。"樗里子曰："吾已合魏矣，无所用之。"对曰："臣愿以鄙心意公[8]，公无以为罪[9]。有皮氏，国之大利也，而以与魏，公终自以为不能守也，故以与魏。今公之力有余守之，何故而弗有也？"

樗里子曰："奈何？"曰："魏王之所恃者[10]，齐、楚也；所用者，楼鼻、翟强也。今齐王谓魏王曰：'欲讲攻于齐，王兵之辞也。'是弗救矣。楚王怒于魏之不用楼子，而使翟强为和也，怨颇已绝之矣。魏王之惧也见亡，翟强欲合齐、秦外楚，以轻楼鼻，楼鼻欲合秦、楚外齐，以轻翟强。公不如按魏之和，使人谓楼子曰：'子能以汾北与我乎[11]？请合于楚外齐，以重公也，此吾事也。'楼子与楚王必疾矣。又谓翟子：'子能以汾北与我乎？必合于齐，外于楚，以重公也。'翟强与齐王必疾矣。是公外得齐、楚以为用，内得楼鼻、翟强以为佐[12]，何故不能有地于河东乎？"

注释

①**楼子**：魏国的臣子。②**待**：等到。③**张子**：指张仪。④**重**：重视。⑤**据**：依靠，依附。⑥**樗里疾**：秦国名将，秦惠文王的弟弟。樗里，地名。因居住在樗里，名疾而

称樗里疾。⑦说：游说。⑧意：推测，揣摩。⑨无：通“毋”。⑩恃：倚仗，仰仗。⑪汾：汾河。⑫佐：辅佐。

译 文

魏国太子在楚国做人质。派人到鄢陵对楼鼻说：“先生一定要等待齐国、楚国联合起来，来拯救皮氏。现在看齐国、楚国的形势一定不会联合。况且那翟强在魏国所厌恶的，没有超过先生的了。他的人都想联合齐国、秦国疏远楚国来轻视先生，先生一定会对齐王说：‘魏国遭到兵祸，并非秦国首先攻打它，楚国憎恨魏国服侍大王，所以才劝说秦国攻打魏国的。’齐王因此要讨伐楚国，并且恼怒楚国对自己不亲善，一定会让魏国用土地服从秦国来求和。凭着张仪的本事，拥有秦国、韩国雄厚的实力，齐王憎恶他，而魏王也不敢仗恃张仪。现在翟强等人以齐国、秦国雄厚的实力，疏远楚国来轻视先生，臣下为先生担忧。齐国与楚国割让土地用来同秦国讲和，难道会听凭楚国任意而为吗？秦国猛攻楚国，楚国收兵，魏王一定害怕，先生于是就可献出汾水以北之地送给秦国求和，同秦国和亲来孤立齐国。秦国、楚国重视先生，先生一定能做相国。臣下料想秦王和樗里疾想要的就是这些，臣下请求替先生去游说。”

于是使者对樗里疾说：“攻下皮氏，这是秦王要做的第一位要事，而不能攻下，天下诸侯将因此轻视秦国。况且占据皮氏，来进攻韩国、魏国，是非常便利的。”樗里疾说：“我已同魏国讲和，没有借用皮氏的必要了。”使者回答说：“臣下愿意用自己鄙俗的心理来揣度一下先生，先生不要因此怪罪。据有皮氏，对国家是非常有利的，而把它送还给魏国，先生始终自认为不能守住它，所以给了魏国。现在先生有余力来据守皮氏，为什么不去占有它呢？”

樗里疾说：“那该怎么办呢？”那人说：“魏王所依仗的是齐国和楚国；所重用的人是楼鼻和翟强。现在齐王对魏王说：‘想和秦国讲和还是想进攻秦国，都取决于掌握军事主动权的人。’这就是说齐国本不想援助魏国。楚王气愤魏国不用楼子，而让翟强和齐、秦两国联合；楚王怨恨魏国，打算断交的想法已经表现出来了。魏王害怕被灭亡，翟强想联合齐、秦两国，疏远楚国，以压抑楼子；楼子想联合秦、楚两国疏远齐国，以压抑翟强。您不如控制和魏国讲和的主动权，派人对楼子说：‘您能把汾河以北给我吗？我愿意联合楚国疏远齐国，以便抬高您，这是我力所能及的事。’楼子和楚王一定答应得很痛快。再对翟强说：‘您能把汾河以北给我吗？我一定能替您联合齐国疏远楚国，以便抬高您。’翟强和齐王一定答应得很痛快。这样，您对外可以得到齐国和楚国的支持，对内可以得到楼子和翟强的帮助，为什么不能在西河以东占有皮氏呢？”

卷二十五　魏策四

秦攻韩之管

原　文

秦攻韩之管[1]，魏王发兵救之。昭忌曰[2]："夫秦强国也，而韩、魏壤挈（qiè）[3]，不出攻则已，若出攻，非于韩也，必于魏也。今幸而于韩，此魏之福也。王若救之，夫解攻者，必韩之管也；致攻者，必魏之梁也。"魏王不听，曰："若不因救韩，韩怨魏，西合于秦，秦、韩为一，则魏危。"

秦果释管而攻魏。魏王大恐，谓昭忌曰："不用子之计而祸至，为之奈何？"昭忌乃为之见秦王曰："臣闻明主之听也，不以挟私为政，是参行也[4]。愿大王无攻魏，听臣也。"秦王曰："何也？"昭忌曰："山东之从，时合时离，何也？"秦王曰："不识也。"曰："天下之合也，以王之不必也[5]；其离也，以王之必也。今攻韩之管，国危矣，未卒而移兵于梁，合天下之从，无精于此者矣。以为秦之求索，必不可支也。故为王计者，不如制赵。秦已制赵，则燕不敢不事秦，荆、齐不能独从。天下争敌于秦，则弱矣。"

秦王乃止。

注　释

①**管**：韩国城邑，在今河南郑州北。②**昭忌**：人名。疑为楚国人，在魏国做官。

③**壤挈**：土地接壤。④**参行**：参考众人之说而行事。⑤**不必**：没有决定，指没有确定进攻的目标。

译　文

秦国进攻韩国的管邑，魏王发兵援救韩国。昭忌说："秦国是一个强国，而韩、魏两国与之接壤，秦国不进攻就罢了，如果要向外进攻，不会向韩国进攻，一定会向魏国进攻。现在幸而进攻韩国，这是魏国的福气。大王如果去援救，解除围攻的，一定是韩国的管邑，招致围攻的，一定是魏国的大梁。"魏王不听，说："如果不趁此援救韩国，韩国就会怨恨魏国，它向西与秦国联合，秦、韩一体，那么魏国就危险了。"

秦国果然放弃了管邑来攻打魏国。魏王大为恐惧，对昭忌说："没有听从您的计策而灾祸临头了，对这事可怎么办呢？"昭忌这才为此事去见秦王说："臣下听说贤明的君主听政，不带私心处理政事，这就要参考众人的意见而行动。希望大王不要进攻魏国，听从我的意见。"秦王说："为什么？"昭忌说："峭山以东六国的合纵，时而联合，时而分离，为什么？"秦王说："不清楚。"昭忌说："天下诸侯联合，是因为大王的进攻目标没确定；它们分裂，是因为大王的攻击目标已经确定。现在进攻韩国的管邑，韩国已经危险了，没有结果就把军队向魏国转移，使天下诸侯合纵，没有比这更适宜的时机了。各国都会认为秦国的贪婪求索，自己一定无法抗拒。所以替大王考虑，不如去制服赵国。秦国一旦控制了赵国，那么燕国就不敢不侍奉秦国，楚国、齐国不能单独合纵。如果天下诸侯争着与秦国为敌，那么秦国就会衰弱了。"

秦王这才停止攻打魏国。

信陵君杀晋鄙

原　文

信陵君杀晋鄙[1]，救邯郸，破秦人，存赵国，赵王自郊迎[2]。唐雎谓信陵君曰[3]："臣闻之曰，事有不可知者，有不可不知者；有不可忘者，有不可不忘者。"信陵君曰："何谓也？"对曰："人之憎我也，不可不知也；吾憎人也，不可得而知也。人之有德于我也，不可忘也；吾有德于人也，不可不忘也。今君杀晋鄙，救邯郸，破

秦人，存赵国，此大德也。今赵王自郊迎，卒然见赵王，臣愿君之忘之也。”信陵君曰：“无忌谨受教。”

注 释

①**信陵君杀晋鄙**：公元前257年，魏国的信陵君无忌设计取得兵符，杀掉晋鄙，夺取了军权，领兵数万，帮助赵国战胜秦国。②**郊**：郊外。③**唐雎**：魏国之臣。

译 文

信陵君杀了晋鄙，救了邯郸，打败了秦军，保存了赵国，赵王亲自到城外去迎接他，唐雎对信陵君说：“我听说过，事情有不能知道的，必有不能不知道的，有不能忘记的，也有不能不忘记的。”信陵君说：“你讲的是什么呢？”唐雎回答说：“别人憎恨我，不可不知道；我憎恨别人，别人不能够得知。别人对我有恩德，不可以忘记；我对别人有恩德，不可以不忘记。如今您杀了晋鄙，救了邯郸，败了秦军，保存了赵国，这就是大恩大德啊。现在赵王亲自到城外来迎接您，突然间见到赵王，我希望您忘掉自己的功劳。”信陵君说：“无忌小心谨慎地接受先生的指教。”

魏王与龙阳君共船而钓

原 文

魏王与龙阳君共船而钓[1]，龙阳君得十余鱼而涕下。王曰：“有所不安乎？如是，何不相告也？”对曰：“臣无敢不安也。”王曰：“然则何为涕出？”曰：“臣为臣之所得鱼也。”王曰：“何谓也？”对曰：“臣之始得鱼也，臣甚喜，后得又益大，今臣直欲弃臣前之所得矣。今以臣凶恶，而得为王拂枕席。今臣爵至人君，走人于庭，辟人于途。四海之内，美人亦甚多矣，闻臣之得幸于王也，必褰裳而趋王。臣亦犹曩臣之前所得鱼也，臣亦将弃矣，臣安能无涕出乎？”魏王曰：“误！有是心也，何不相告也？”于是布令于四境之内曰：“有敢言美人者族[2]。”

由是观之，近习之人，其挚谄也固矣，其自幂系也完矣。今由

千里之外，欲进美人，所效者庸必得幸乎？假之得幸[3]，庸必为我用乎？而近习之人相与怨，我见有祸，未见有福；见有怨，未见有德，非用知之术也[4]。

注　释

①**龙阳君**：战国时魏王的男幸，得宠于魏王。②**族**：灭族。③**假**：假设。④**知**：通“智”。

译　文

魏王和龙阳君同在一条船上钓鱼，龙阳君钓了十多条鱼却哭了起来。魏王说：“你内心感到有些不安吗？既然如此，何不告诉我呢？”龙阳君说：“臣下不敢不安。”魏王说：“那么为什么流泪呢？”龙阳君说：“臣下为臣下钓的鱼流泪。”魏王说：“为什么这样说呢？”龙阳君回答说：“臣下刚钓到鱼的时候，臣下很高兴，后钓到的鱼更加大了，现在臣下简直就想抛弃先前所钓到的鱼。如今凭臣下这样丑陋，却能够为大王拂拭枕席。现在臣下的爵位竟达到了君，在朝廷上人们见了我要趋步而行，在道路上人们见了我要马上回避。四海之内美人多得很，听说臣下受到大王的宠幸，一定会提起衣裙奔向大王。臣下也就像臣下先前所钓到的鱼一样，臣下也将被抛弃了，臣下怎能不流泪呢？”魏王说：“您错了！有这样的想法，为什么不告诉我呢？”因此魏王在国内发布号令说：“有敢再来谈论美人的灭他的全族。”

由此看来，受君王宠信的人，他们施展献媚的手段也是理所当然的，他们自我保护的办法也是充分的。现在有人想从千里之外进献美人，可献来的美人难道就能得到宠信吗？假如能得到宠信，难道一定能为他所用吗？而且进献来的美人会一起怨恨他，这样，只会有祸，不会有福；只会遭怨恨，不会有益处，这不是运用智谋的办法。

秦罢邯郸

原　文

秦罢邯郸[1]，攻魏，取宁邑。吴庆恐魏王之构于秦也[2]，谓魏王曰：“秦之攻王也，王知其故乎？天下皆曰王近也[3]。王不近秦，秦之所去[4]。皆曰王弱也。王不弱二周[5]，秦人去邯郸，过二周而

攻王者，以王为易制也。王亦知弱之召攻乎？”

注　释

①**秦罢邯郸：**指周赧王五十八年（前257）秦攻邯郸不下，撤离。②**吴庆：**魏国大臣。③**近：**亲近，此指亲近秦国。④**去：**除去，除掉。⑤**不弱二周：**不比东、西二周弱。

译　文

秦国停止攻打邯郸，而来进攻魏国，攻下了宁邑。吴庆担心魏王同秦国讲和，对魏王说：“秦国进攻大王，大王知道它的原因吗？天下诸侯都说大王亲近秦国。其实大王并不亲近秦国，恰恰是秦国所要除掉的。天下诸侯都说大王国力弱小，其实大王的国家并不弱于东、西二周，秦国人离开邯郸，越过二周进攻大王的原因，是认为大王容易被挟制，大王也该知道软弱招致进攻了吧？”

秦王使人谓安陵君

原　文

秦王使人谓安陵君曰[1]：“寡人欲以五百里之地易安陵，安陵君其许寡人？”安陵君曰：“大王加惠，以小易大，甚善。虽然，受地于先生，愿终守之，弗敢易。”秦王不说。安陵君因使唐雎使于秦[2]。秦王谓唐雎曰：“寡人以五百里之地易安陵，安陵君不听寡人，何也？且秦灭韩亡魏，而君以五十里之地存者，以君为长者，故不错意也[3]。今吾以十倍之地请广于君，而君逆寡人者，轻寡人与？”唐雎对曰：“否，非若是也。安陵君受地于先王而守之，虽千里不敢易也，岂直五百里哉[4]？”秦王怫然怒，谓唐雎曰：“公亦尝闻天子之怒乎？”唐雎对曰：“臣未尝闻也。”秦王曰：“天子之怒，伏尸百万，流血千里。”

唐雎曰：“大王尝闻布衣之怒乎[5]？”秦王曰：“布衣之怒，亦免冠徒跣，以头抢地尔[6]。”唐雎曰：“此庸夫之怒也，非士之怒也。

夫专诸之刺王僚也[7]，彗星袭月；聂政之刺韩傀也[8]，白虹贯日；要离之刺庆忌也[9]，仓鹰击于殿上。此三子者，皆布衣之士也，怀怒未发，休祲(jìn)降于天[10]，与臣而将四矣。若士必怒，伏尸二人，流血五步，天下缟素，今日是也。”挺剑而起，秦王色挠[11]，长跪而谢之曰：“先生坐，何至于此，寡人谕矣[12]。夫韩、魏灭亡，而安陵以五十里之地存者，徒以有先生也。”

注　释

①**安陵君：**安陵国的君主，曾附属于魏国。②**唐雎：**人名，安陵君的臣子。③**错意：**在意。④**直：**通“只”，仅仅。⑤**布衣：**指平民百姓。⑥**抢：**指撞击。⑦**专诸：**人名，春秋时期吴国公子派去行刺吴王僚的刺客。⑧**聂政：**人名，春秋时期韩国严仲子派去行刺相国韩傀的刺客。⑨**要离：**人名，春秋时期吴王阖闾派去行刺庆忌的刺客。**庆忌：**吴王僚的儿子。⑩**休祲：**征兆。⑪**挠：**屈挠。⑫**谕：**明白。

译　文

秦王派人对安陵君说：“寡人想用五百里的土地换取安陵，安陵君大概能答应寡人吧？”安陵君说：“大王施舍恩惠，能够用我们的小片土地换取您大片土地，太好了。虽然如此，可是我是从先王那里接受的土地，愿意永远守护它，不敢交换。”秦王很不高兴。安陵君于是派唐雎出使秦国。秦王对唐雎说：“寡人用五百里的土地换安陵，安陵君不听从寡人，为什么呢？再说秦国灭了韩国、亡了魏国，而安陵君却凭五十里的土地保存了下来，是因为我认为安陵君是一个忠厚的长者，所以没加理会。现在我用十倍的土地请求扩大他的地盘，而安陵君却违背寡人的旨意，是轻视寡人吗？”唐雎回答说：“不，不是像您说的那样。安陵君从先王那里接受了土地并守护它，即使有千里土地也不敢交换，岂止五百里呢？”秦王勃然大怒，对唐雎说：“先生也曾听说天子发怒吗？”唐雎回答说：“臣下不曾听说过。”秦王说：“天子发怒，就会尸横百万，血流千里。”

唐雎说：“大王曾听说过平民百姓发怒吗？”秦王说：“平民百姓发怒，也不过脱下帽子光着脚，用头撞地罢了。”唐雎说：“这是庸夫发怒，并非勇士发怒。专诸刺杀王僚，彗星扫过月亮；聂政刺杀韩傀，白色的长虹贯穿了太阳；要离刺杀庆忌，苍鹰搏击于大殿之上。这三个人都是平民中的勇士，心怀怒气尚未发作，凶兆就会从天而降，加上臣下就将有四个人了。如果一定要让勇士发怒，就将会倒下两具尸体，血流五步，天下人都将穿起白色的孝服，今天就会这样。”唐雎挺着宝剑站了起来。秦王面露屈服的神色，直起腰谢罪说：“先生请坐，何至于此，寡人明白了。韩国、魏国相继灭亡，而安陵却能凭五十里的土地保存下来，只因为有先生啊。”

卷二十六　韩策一

申子请仕其从兄官

原　文

申子请仕其从兄官，昭侯不许也。申子有怨色。昭侯曰："非所学于子者也。听子之谒而废子之道乎[1]？又亡其行子之术而废子之谒乎[2]？子尝教寡人循功劳、视次第，今有所求，此我将奚听乎？"申子乃辟舍请罪，曰："君真其人也！"

注　释

①**谒**：请求。②**亡其**：还是，表示选择。

译　文

申不害替他的堂兄求官，昭侯不答应。申不害面带怨恨之色。昭侯说："难道这不是跟您学的吗？您是想让我答应您的请求而废弃您执政的主张呢？还是实践您的主张而拒绝您的请求呢？您曾经教导我，要按照人的功劳进行奖赏，安排官职。如今您有请求，您将让我听从哪一个？"申不害于是就离开坐席上前请罪说："您可真是按照我的学说行事的人啊！"

苏秦为楚合从说韩王

原　文

苏秦为楚合从说韩王曰[1]："韩北有巩、洛[2]、成皋之固，西有宜阳、常阪之塞，东有宛、穰、洧水，南有陉山，地方千里，带甲

数十万。天下之强弓劲弩皆自韩出。溪子、少府、时力、距来，皆射六百步之外。韩卒超足而射，百发不暇止，远者达胸，近者掩心。韩卒之剑戟皆出于冥山、棠溪、墨阳、合伯。邓师、宛冯、龙渊、大阿，皆陆断马牛，水击鹄雁，当敌即斩。坚甲、盾、鞮鍪[3]、铁幕[4]、革抉[5]、㕹芮（fá ruì）[6]，无不毕具。以韩卒之勇，被坚甲，跖劲弩，带利剑，一人当百，不足言也。夫以韩之劲与大王之贤，乃欲西面事秦，称东藩，筑帝宫，受冠带，祠春秋，交臂而服焉。夫羞社稷而为天下笑，无过此者矣。是故愿大王之熟计之也。大王事秦，秦必求宜阳、成皋。今兹效之，明年又益求割地。与之，即无地以给之，不与，则弃前功而后更受其祸。且夫大王之地有尽，而秦之求无已。夫以有尽之地而逆无已之求，此所谓市怨而买祸者也，不战而地已削矣。臣闻鄙语曰：'宁为鸡口，无为牛后。'今大王西面交臂而臣事秦，何以异于牛后乎？夫以大王之贤，挟强韩之兵，而有牛后之名，臣窃为大王羞之。"

韩王忿然作色，攘臂按剑，仰天太息曰："寡人虽死[7]，必不能事秦。今主君以楚王之教诏之，敬奉社稷以从。"

注　释

①**楚**：疑应为"赵"。②**巩、洛**：地名，分别位于今河南巩义、洛阳。③**鍪**：头盔。④**铁幕**：保护手臂的铁器。⑤**革抉**：保护肩膀的皮质物品。⑥**㕹芮**：系盾用的绶带。⑦**虽**：即使。

译　文

苏秦为了赵国合纵的事，对韩王游说道："韩国北边有险固的巩地、洛地、成皋这些城邑，西边有宜阳、常阪这些要塞，东边有宛地、穰地、洧水，南边有陉山，有土地方圆上千里，精锐之兵几十万。天下的强弓硬弩都是出自韩国，溪子、少府、时力、距来这些良弓，射程都能达到六百步以外。韩国的士卒抬脚踏地射箭，能不停歇地连续射上百支箭，远一些的能够穿入胸膛，近些的能够射入心脏。韩国兵卒的剑戟都是产自冥山、棠溪、墨阳、合伯。邓师、宛冯、龙渊、太阿的宝剑，在陆地都能把牛马砍断，在水中都能击中天鹅、大雁，与敌人交战立即就能将敌人斩杀。坚固的铠甲、盾牌、头盔、铁护臂、革制的护肩、系盾的绶带，这些没有一样韩国不具备。依靠韩国士兵的勇敢，披上坚固的铠甲，脚踏强劲的大弩，佩带锋利的宝剑，一人可以抵挡一百人，这些都是不值得一说的。凭韩国的强大和大王的贤明，竟然要向西服侍秦国，自称秦国东面的藩国，为秦王修筑行宫，接受秦国的冠带制度，供奉春秋祭祀的祭品，拱手臣服。使国家蒙受羞辱并被天下人耻笑，没有比这更糟的了。所以我希望大王您能够好好考虑考虑。倘若大王您臣事秦国，秦国必定会索要宜阳、成皋，假若您把这两个地方献给秦王，明年他会再要求得到更多的土地。把土地割给秦国，这样持续下去韩国就将没有土地可以割让了；如若不割给土地的话，那您就会前功尽弃，之后就更会遭受秦国的祸害。并且大王您的国土是有限的，但秦国的贪欲却没有停止的时候。以有限的土地去迎合无休无止的贪欲，这就是人们所说的自己花钱购买仇怨和祸患，这样没有进行战争，土地就已经穷尽了。我曾经听闻这样的俗语：'宁做鸡嘴，不做牛腚。'如今大王向西面的秦国拱手称臣，这与做牛腚又有什么分别呢？大王您如此贤明，拥有强劲的韩军，却要得到牛腚的名声，我暗地里替大王您感到惭愧。"

韩王脸带怒气，挥动胳膊手按宝剑，对着天长叹一声说："即使我死了，也必定不能够臣服于秦国。今天先生您对我言说赵王的教导，我将恭敬地把国家社稷奉上听从于您。"

张仪为秦连横说韩王

原　文

张仪为秦连横说韩王曰："韩地险恶，山居，五谷所生[1]，非麦而豆；民之所食，大抵豆饭藿（huò）羹[2]；一岁不收，民不餍糟糠；地方不满九百里，无二岁之所食。料大王之卒，悉之不过三十万，而厮徒负养在其中矣[3]，为除守徼亭障塞，见卒不过二十万而已矣。秦带甲百余万，车千乘，骑万匹，虎贲之士，跿（tú）跔（jū）科头，贯颐奋戟者[4]，至不可胜计也。秦马之良，戎兵之众，探前趹后，蹄间三

寻者[5]，不可称数也。山东之卒[6]，被甲冒胄以会战，秦人捐甲徒裎(chéng)以趋敌[7]，左挈人头，右挟生虏。夫秦卒之与山东之卒也，犹孟贲之与怯夫也，以重力相压，犹乌获之与婴儿也。夫战孟贲、乌获之士，以攻不服之弱国，无以异于堕千钧之重，集于鸟卵之上，必无幸矣。诸侯不料兵之弱，食之寡，而听从人之甘言好辞，比周以相饰也，皆言曰：'听吾计则可以强霸天下。'夫不顾社稷之长利，而听须臾之说，诖误人主者，无过于此者矣。

"大王不事秦，秦下甲据宜阳[8]，断绝韩之上地，东取成皋、宜阳，则鸿台之宫、桑林之苑非王之有已。夫塞成皋，绝上地[9]，则王之国分矣。先事秦则安矣，不事秦则危矣。夫造祸而求福，计浅而怨深，逆秦而顺楚，虽欲无亡，不可得也。故为大王计，莫如事秦。秦之所欲莫如弱楚，而能弱楚者莫如韩。非以韩能强于楚也，其地势然也。今王西面事秦以攻楚，为敝邑，秦王必喜。夫攻楚而私其地，转祸而说秦，计无便于此者也。是故秦王使使臣献书大王御史，须以决事。"韩王曰："客幸而教之，请比郡县，筑帝宫，祠春秋，称东藩，效宜阳。"

注释

①**五谷**：即稻、粟、麦、黍、稷五种粮食作物。②**藿羹**：豆叶做的菜羹。③**厮徒负养**：杂役和苦力。④**虎贲之士**：指勇猛的人。**跿跔科头，贯颐奋戟**：这些都是勇猛不怕牺牲的表现。跿跔，单脚跳跃。科头，没戴头盔。贯颐，捧着脸。奋戟，高举战戟。⑤**寻**：一寻等于三尺。⑥**山东**：崤山以东。⑦**徒裎**：赤身裸体。⑧**甲据**：发兵占据。⑨**上地**：即上党之地。

译文

张仪替秦国连横游说韩王说："韩国地势险恶，百姓山中而居，所出产的粮食，不是麦子就是豆子，民众所吃的，大部分是豆饭和豆叶羹，一年收成不好，老百姓就会连糟糠都吃不饱。韩国土地方圆不足九百里，积存的粮食不够两年用的。估计大王的士卒，全集中起来也超不过三十万，并且杂役和苦力全算在其中，再为您除去守卫边境关卡要塞的，能够见到的士卒不超过二十万罢了。而秦国披戴铠甲的精锐部队就有百万之多，战车上千辆，骁骑万匹，勇猛的兵卒，奔腾跳跃，高举战戟，甚至连铠甲都不戴就冲锋陷阵的，无法计算。秦国的战马品种优良，士卒众多。抬起前蹄蹬直后腿，前后蹄之间一跃能有二十四尺，这样的战马多得数都数不过来。崤山以东的士卒，就是披戴着盔甲前来迎战，秦兵即使不披戴盔甲赤身裸体，也能把敌人打败，左手提着人头，右手挟持着俘虏。秦兵的士卒与崤山以东的士卒进行比较，就好比是勇猛的孟贲对战懦夫一样；如果再用重兵相压，就好比是大力士乌获对战婴儿一样。用像乌获、孟贲一样勇猛的士卒，去攻打不臣服的弱国，这和把千钧重的东西压在鸟卵上没有什么差别，必定没有幸存的。倘若诸侯们不估量一下自己兵力的衰弱、粮食的困乏，却听信主张合纵的说客的花言巧语，互相勾结营私欺诈，都说：'只要您听从于我的谋略，就能够称霸天下。'不顾及国家社稷的长远利益，而只听信一时的空话，欺骗君主，没有什么能超过这的了。

"大王如果不服侍秦国，秦国发兵占据宜阳，断绝韩国上党的交通，向东攻取成皋、宜阳，那么鸿台宫、桑林苑，就不归大王所有了。或者封锁成皋、隔绝上党，那么大王的国家就分裂了。先服侍秦国就可以安宁，不服侍秦国就会出现危险。倘若在灾祸中寻求福气，因为所用之计太短浅而结下很深的怨恨，违逆秦国却顺从于楚国，那么即使不想让国家灭亡，也是办不到的。所以替大王您考虑，最好是臣事秦国。秦国所想要的，没有什么比使楚国削弱更强烈的了，而能够使楚国削弱的，没有哪个国家能比上韩国。这并非由于韩国比楚国强大，而是韩国的地势使然。如今大王您倘若能够臣事西面的秦国而攻打楚国，为敝国做事，我们秦王必定十分高兴。围攻楚国而私占楚国的土地，把祸患转嫁于楚国并能取悦于秦王，没有什么计策能比这更有利可图了。所以秦王派遣使臣我向大王献书，等待大王您的裁决。"韩王说："有幸能够得到客卿的赐教，请把韩国作为秦国的一个郡县，为秦王修筑行宫，在春秋季节进献祭祀的礼品，自称为东面的藩国，并将宜阳进献给秦王。"

卷二十七　韩策二

楚围雍氏五月

原　文

楚围雍氏五月[1]，韩令使者求救于秦，冠盖相望也，秦师不下殽（xiáo）[2]。韩又令尚靳使秦[3]，谓秦王曰："韩之于秦也，居为隐蔽，出为雁行。今韩已病矣，秦师不下殽。臣闻之，唇揭者齿寒，愿大王之熟计之。"宣太后曰："使者来者众矣，独尚子之言是。"召尚子入。宣太后谓尚子曰："妾事先王也，先王以其髀加妾之身，妾困不支也；尽置其身妾之上，而妾弗重也，何也？以其少有利焉。今佐韩，兵不众，粮不多，则不足以救韩。夫救韩之危，日费千金，独不可使妾少有利焉。"

尚靳归书报韩王，韩王遣张翠[4]。张翠称病，日行一县。张翠至，甘茂曰[5]："韩急矣，先生病而来。"张翠曰："韩未急也，且急矣。"甘茂曰："秦重国知王也，韩之急缓莫不知。今先生言不急，可乎？"张翠曰："韩急则折而入于楚矣，臣安敢来？"甘茂曰："先生毋复言也。"

甘茂入言秦王曰："公仲柄得秦师，故敢捍楚。今雍氏围，而秦师不下殽，是无韩也。公仲且抑首而不朝[6]，公叔且以国南合于楚。楚、韩为一，魏氏不敢不听，是楚以三国谋秦也。如此则伐秦

之形成矣。不识坐而待伐，孰与伐人之利？”秦王曰：“善。”果下师于殽之救韩。

注　释

①**雍氏**：韩地名。②**殽**：崤山。③**尚靳**：韩国的臣子。④**张翠**：韩国的臣子。⑤**甘茂**：秦国的大臣。⑥**抑首**：低着头。

译　文

楚围困雍氏五个月了，韩国派使者向秦国求救，使者络绎不绝，彼此能够望见出使的车盖，而秦国军队就是不下崤山。韩国又派尚靳出使秦国，尚靳对秦王说：“韩国对待秦国，平时作为秦国的屏障，出兵时像大雁一样列队前行。如今韩国遇到危难，秦国军队却不下崤山援救。臣下听说，掀起嘴唇，牙齿就会感到寒冷，希望大王仔细考虑一下。”宣太后说：“使者来得很多，只有尚靳的话是对的。”于是召尚靳进去拜见。宣太后对尚靳说：“我侍奉先王的时候，先王把他的大腿搭在我的身上，我感到疲乏不能支撑。把他的身体完全放在我的身上，我就感受不到他有多重，为什么呢？因为他对我稍有益处。如今帮助韩国，士卒不众，粮食不多，就不够用来救助韩国。解救韩国的危难，每天耗费千金，却唯独不能使我获得一点儿好处。”

尚靳回来向韩王上书报告，韩王就派大臣张翠再到秦国。但是张翠声称有病，一天只能走一个县的路程。张翠到了秦国，甘茂说：“韩国形势已如此紧急了吗？先生病了还要前来。”张翠说：“韩国形势还没有紧急，将要紧急了。”甘茂说：“秦国强大君王贤明，韩国形势紧急与否，没有什么不知道的。如今先生却说不紧急，这可以吗？”张翠说：“韩国倘若真的紧急的话，就会转过来投靠楚国，我怎么还能来？”甘茂说：“先生您不用再说了。”

甘茂入朝对秦王言说此事，说道：“倘若公仲能够掌控秦军，就能够对抗楚国。如今韩城雍氏被困围，但秦军却不东下崤山出兵援助，这样秦国就会丧失韩国这个盟国。并且公仲耷拉着头也不上朝，公叔必将与南面的楚国联合。如果楚、韩联合的话，魏国就不敢不听从楚国，这样楚国就会利用楚、韩、魏三国之力对秦国有所图谋。如此一来，讨伐秦国的联盟就建成了。难道不知道是坐着等待被人讨伐好还是讨伐别人好吗？”秦王说：“好吧。”于是果真发兵东下崤关去救助韩国。

韩傀相韩

原 文

韩傀相韩，严遂重于君[1]，二人相害也。严遂政议直指[2]，举韩傀之过。韩傀以之叱之于朝。严遂拔剑趋之，以救解[3]。于是严遂惧诛，亡去[4]，游求人可以报韩傀者。

至齐，齐人或言：“轵(zhǐ)深井里聂政[5]，勇敢士也，避仇隐于屠者之间。”严遂阴交于聂政[6]，以意厚之。聂政问曰：“子欲安用我乎？”严遂曰：“吾得为役之日浅，事今薄[7]，奚敢有请？”于是严遂乃具酒，觞聂政母前。仲子奉黄金百镒，前为聂政母寿。

聂政惊，愈怪其厚，固谢严仲子[8]。仲子固进，而聂政谢曰：“臣有老母，家贫，客游以为狗屠，可旦夕得甘脆以养亲。亲供养备，义不敢当仲子之赐。”严仲子辟人[9]，因为聂政语曰：“臣有仇，而行游诸侯众矣。然至齐，闻足下义甚高。故直进百金者，特以为夫人粗粝(lì)之费[10]，以交足下之欢，岂敢以有求邪？”

聂政曰：“臣所以降志辱身，居市井者，徒幸而养老母[11]。老母在，政身未敢以许人也。”严仲子固让，聂政竟不肯受。然仲子卒备宾主之礼而去。

久之，聂政母死，既葬[12]，除服[13]。聂政曰：“嗟乎！政乃市井之人，鼓刀以屠，而严仲子乃诸侯之卿相也，不远千里，枉车骑而交臣，臣之所以待之，至浅鲜矣，未有大功可以称者，而严仲子举百金为亲寿，我虽不受，然是深知政也。夫贤者以感忿睚眦之意，而亲信穷僻之人，而政独安可嘿然而止乎[14]？且前日要政，政徒以老母。老母今以天年终，政将为知己者用。”

注 释

①**严遂：**韩国的臣子。②**政：**通“正”，正直。③**以：**因为。④**亡：**逃亡。⑤**轵：**齐地名，位于今河南济源南。⑥**阴：**暗地里。⑦**薄：**临近，逼近。⑧**固：**坚决。⑨**辟：**通“避”，避开。⑩**粗粝：**粗糙的米。⑪**徒：**仅仅，只不过。⑫**既：**已经。⑬**除：**脱下。⑭**嘿然：**沉默的样子。嘿，通“默”，沉默。

译 文

韩傀做韩国相国的时候，严遂也受到了韩王的重用，两个人彼此忌恨。严遂议事公正直接指斥韩傀的行为，列举韩傀的过失。韩傀于是就在朝廷上叱骂他，严遂拔出宝剑追杀韩傀，由于别人的救助才解了围。于是严遂害怕被韩傀杀害，逃出韩国，游荡在外，寻找可以向韩傀报仇的人。

到了齐国，齐国有人说：“轵地深井里的聂政，是一个勇士，躲避仇人隐藏在屠夫之中。”严遂就暗中与聂政交往，有意厚待他。聂政问严遂说：“您想让我干什么？”严遂说：“我有幸能为您效劳的日子还很短，然而现在事情又很急迫，怎么敢有所求呢？”于是严遂就准备酒菜，向聂政母亲敬酒。严遂又拿出百镒黄金，为聂政母亲祝寿。

聂政很吃惊，更加奇怪他何以厚礼相待，坚决辞谢严遂的盛情。严遂坚持进献，聂政辞谢说：“我有老母亲，家中贫寒，游荡他乡，以杀狗为业，能够早晚得到些甜美香软的食物奉养老母，母亲的供养已经够用，按情理实在不敢接受您的赏赐。”严遂避开周围的人，于是对聂政说：“我有仇要报，曾游访过许多诸侯国。这样到了齐国，听说您很讲义气，所以直接送上百金，也只不过是作为老夫人粗茶淡饭的费用，以此讨您的欢心，怎么敢有什么要求呢？”

聂政说：“我所以降低志向，辱没身份，隐居在市井之中，只是为奉养老母。老母活着，我的生命不敢交给别人。”严遂极力推让，聂政始终不肯接受礼物。然而严遂还是完成了宾主之礼才离开。

过了很久，聂政的母亲死了，安葬完毕，除去了丧服。聂政说：“唉，我只是个市井平民，动刀杀畜罢了，而严遂却是诸侯的卿相，他不远千里，委屈车马来结交我，我对待他的情分，太浅薄了，没有可以称道的大功劳，而严遂却拿出百金为我的母亲祝寿，我虽然没有接受，然而他是深深理解我的人。贤德的人因为心中有令人激愤、怒目而视的仇恨，而来亲近穷困僻远的人，我怎么可以默然不动呢？况且韩遂以前约请我，我只是因为有老母。老母如今已享尽天年，我将为知己者报仇。”

原文

遂西至濮阳，见严仲子曰："前所以不许仲子者，徒以亲在。今亲不幸，仲子所欲报仇者为谁？"严仲子具告曰："臣之仇韩相傀。傀又韩君之季父也[1]，宗族盛，兵卫设，臣使人刺之，终莫能就。今足下幸而不弃，请益车骑壮士以为羽翼。"政曰："韩与卫，中间不远，今杀人之相，相又国君之亲，此其势不可以多人。多人不能无生得失，生得失则语泄，语泄则韩举国而与仲子为仇也，岂不殆哉！"遂谢车骑人徒，辞，独行仗剑至韩。

韩适有东孟之会[2]，韩王及相皆在焉，持兵戟而卫者甚众。聂政直入，上阶刺韩傀。韩傀走而抱哀侯，聂政刺之，兼中哀侯，左右大乱。聂政大呼，所杀者数十人。因自皮面抉眼[3]，自屠出肠，遂以死。

韩取聂政尸暴于市，县购之千金[4]。久之莫知谁子。政姊闻之，曰："弟至贤，不可爱妾之躯[5]，灭吾弟之名，非弟意也。"乃之韩。视之曰："勇哉！气矜之隆。是其轶贲、育而高成荆矣[6]。今死而无名，父母既殁，兄弟无有，此为我故也。夫爱身不扬弟之名，吾不忍也。"乃抱尸而哭之曰："此吾弟轵深井里聂政也。"亦自杀于尸下。

● 齐聂政姊

晋、楚、齐、卫闻之曰："非独政之

能，乃其姊者，亦列女也。”聂政之所以名施于后世者，其姊不避菹醢（zū hǎi）之诛[7]以扬其名也。

注　释

①**季父**：叔父。②**适**：恰巧，适逢。③**皮面抉眼**：割破脸，挖出眼睛。④**县**：通“悬”，悬赏。⑤**妾**：女子对自己的卑称。⑥**轶**：超过。**贲、育**：即孟贲、夏育，两人都非常勇武。⑦**菹醢**：古代非常残忍的一种刑法，把人剁为肉酱。

译　文

于是向西到了淮阳，见到严遂说：“以前没有答应您的原因，只是因为老母还在。如今老母不幸谢世，请问您想报仇的人是谁？”严遂把全部情况都告诉聂政说：“我的仇人，是韩国相国韩傀，韩傀又是韩王的叔父，家族庞大，卫兵设置严密，我曾派人刺杀他，一直没能成功。现在有幸承蒙您不抛弃我，请让我为您多准备车马、壮士作为随从。”聂政说：“韩国与卫国之间相距不远，如今去杀人家的相国，相国又是韩王的至亲，在这种形势下不可以多带人，人多了不能保证不出差错，出了差错就会泄露秘密，泄露秘密就会使韩国举国上下与您为仇，岂不是危险了。”于是辞谢了车马随从，告别而去，独自持剑来到韩国。

恰逢韩国在东孟举行盛会，韩王和相国韩傀都在那里，手持武器护卫的人很多。聂政径直闯入，奔上台阶刺杀韩傀。韩傀逃跑中抱住了韩哀侯，聂政用剑刺他，同时刺中了哀侯，左右的人大乱。聂政大吼，被他杀死的人有几十个，于是聂政自己刺烂脸面，挖出眼睛，自己剖腹，流出了肠子，很快就死去了。

韩国把聂政暴尸在市场上，悬赏千金想知道他的名字，过了很久，没有人知道他究竟是谁。聂政的姐姐听说后，说：“我的弟弟非常贤能，我不应该吝惜自己的身躯，而泯灭了弟弟的英名，虽然这并不是弟弟的本意。”于是她来到韩国，看到聂政的尸体说：“勇敢啊！浩气雄壮，这样壮烈的行为超过了孟贲、夏育，高过了成荆。现在弟弟死了，却没留下名字，父母已经去世，又没有其他兄弟，弟弟这样做是为了不牵连我的缘故啊。吝惜自己的身躯而不传扬弟弟的英名，我不忍心这样做。”她就抱着聂政的尸体哭着说：“这是我的弟弟，轵地深井里的聂政。”说完，也自杀在聂政的尸体旁。

晋、楚、齐、卫等国的人听说后，都说：“不只是聂政勇敢，就是他的姐姐也是一个刚烈女子。”聂政之所以能名传后世，是因为他的姐姐不怕自己被剁成肉酱而传扬他的名声。

卷二十八　韩策三

或谓韩王

原　文

或谓韩王曰："秦王欲出事于梁[1]，而于攻绛、安邑，韩计将安出矣？秦之欲伐韩以东窥周室甚，唯寐忘之。今韩不察，因欲与秦，必为山东大祸矣[2]。秦之欲攻梁也，欲得梁以临韩[3]，恐梁之不听也，故欲病之以固交也。王不察，因欲中立，梁必怒于韩之不与己，必折为秦用[4]，韩必举矣。愿王熟虑之也。

"不如急发重使之赵、梁，约复为兄弟，使山东皆以锐师戍韩、梁之西边，非为此也，山东无以救亡，此万世之计也。秦之欲并天下而王之也[5]，不与古同。事之虽如子之事父，犹将亡之也；行虽如伯夷，犹将亡之也；行虽如桀、纣，犹将亡之也。虽善事之无益也，不可以为存，适足以自令亟亡也[6]。然则山东非能从亲，合而相坚如一者，必皆亡矣。"

注　释

①**出事于梁**：指对魏国发动战事。②**山东**：崤山以东，这里指崤山以东的诸侯国。③**临**：兵临。④**折**：反过来。⑤**并**：兼并。⑥**适**：恰恰。

译　文

有人对韩王说："秦王要对魏国发动战争，想要攻取绛地、安邑，韩国将要制定怎样的策略呢？秦王想要进攻韩国，进而窥探周朝的欲望很强烈，恐怕只有睡着了才能忘记。如今假如韩国不了解情况，就想与秦国建交，一定会酿成崤山以东六国的大祸。秦国要进攻魏国，是想在得到魏国之后兵临韩国，担心魏国不听从，所以就想使它陷入困境来巩固邦交。如果大王不详察，就想保持中立，魏国必然会恼怒韩国不帮助自己，一定会掉头为秦国所驱使，韩国一定会被攻下，希望大王仔细考虑这件事。

“您不如赶紧派特使前往赵、魏两国，与他们结成兄弟一样友好的邦交，让崤山以东的六国都派出精锐部队戍守韩、魏两国西面的边界，不这样的话崤山以东的国家都将无法救亡图存，这是恩泽万世的长远之计。秦国想要兼并诸侯，称王于天下，它和以往的称王不同。侍奉秦国即使是如同儿子侍奉父亲一样，最终仍然会被秦国灭亡；做事即使是像伯夷禅让王位一样高尚，也仍然会被灭掉；做事即使是像夏桀、殷纣那样无道，但仍将被灭掉。即使好好侍奉秦国，也不会有什么好处，凭借这个不能使自己得以保存，反而会加速自己的灭亡。这样看来倘若山东六国不能建立合纵联盟，坚守盟约，团结一致的话，必将都会被秦所灭。”

谓郑王

原文

谓郑王曰：“昭釐侯[1]，一世之明君也；申不害[2]，一世之贤士也。韩与魏敌侔之国也，申不害与昭釐侯执珪而见梁君[3]，非好卑而恶尊也，非虑过而议失也。申不害之计事曰：‘我执珪于魏，魏君必得志于韩，必外靡于天下矣，是魏弊矣。诸侯恶魏必事韩，是我免于人一之下，而信于万人之上也。夫弱魏之兵而重韩之权，

● 韩昭侯敝绔待功

莫如朝魏。’昭釐侯听而行之，明君也；申不害虑事而言之，忠臣也。今之韩弱于始之韩，而今之秦强于始之秦。今秦有梁君之心矣，而王与诸臣不事为尊秦以定韩者，臣窃以为王之明为不如昭釐侯，而王之诸臣忠莫如申不害也。

“昔者，穆公一胜于韩原而霸西州[4]，晋文公一胜于城濮而定天下，此以一胜立尊令、成功名于天下。今秦数世强矣，大胜以十数，次胜以百数，大之不王，小之不霸，名尊无所立，制令无所行，然而春秋用兵者，非以求主尊成名于天下也。

“昔先王之攻，有为名者，有为实者。为名者攻其心，为实者攻其形。昔者，吴与越战，越人大败，保于会稽之上，吴人入越而户抚之。越王使大夫种行成于吴，请男为臣，女为妾，身执禽而随诸御[5]。吴人果听其辞，与成而不盟，此攻其心者也。其后越与吴战，吴人大败，亦请男为臣，女为妾，反以越事吴之礼事越，越人不听也，遂残吴国而禽夫差，此攻其形者也。今将攻其心乎，宜使如吴，攻其形乎，宜使如越。夫攻形不如越，而攻心不如吴，而君臣上下少长贵贱毕呼霸王，臣窃以为犹之井中而谓曰：‘我将为尔求火也。’”

注　释

①**昭釐侯**：韩昭侯。②**申不害**：为韩昭侯时的相国。③**执珪**：大臣朝见君王时需手持珪玉，这里是指向魏王称臣。④**韩原**：地名，位于今山西芮城东北方向。⑤**禽**：禽鸟，这里指拜见别人时携带的礼物。**御**：下层的管事的人。

译　文

有人对郑王说：“韩昭侯是一代明君，相国申不害是一代贤德之臣，韩、魏是势力相当的两个国家，相国申不害和韩昭侯手执珪玉前去会见魏王，并非喜好卑微讨厌尊贵，也不是考虑错误，计策有过失。申不害考虑这件事的时候说：‘我拿着珪玉向魏称臣，魏王必然感觉很得志，这样他必然会在外被其他诸侯所击败，这样魏就会很疲敝。诸侯们厌恶魏国，必定会与韩国友好。这样我虽然位居魏王一人之下，但却受到高居万人之上的尊重。因此，削弱魏军，使韩国的权势得到尊重，最好的计策就是朝拜魏王。’韩昭侯听从并且实行了申不害的这个计策，是个明君；申不害考虑此事并献计，是忠臣。如今的韩国虽然比之前的韩国要衰弱，而如今的秦国强于之前的秦国。现在秦王有着和魏王一样的心意，但是大王与臣子们却不再尊重侍奉秦国以此安定韩国，我私下里认为大王没有昭侯明智，而大王您的臣子们也没有申不害忠心。

“昔日，秦穆公在韩原打了一次大胜仗，就在西部称霸，晋文公在城濮打了一次大胜仗，就在天下占有重要地位。这些都是凭借一次大胜仗就称霸诸侯，名扬天下。如今秦国几代都很强盛，大的胜仗打了几十次，小的胜仗就有上百次，打了胜仗未能称王，打了小胜也未能称霸，没有立下尊崇的名分，制度法令也未能得到推行，但是春秋时期使用武力战争，难道就不是为了立下尊崇的名分，扬名于天下吗？

“昔日先王发动的进攻，有为声名的，有为实利的。追求声名的攻其内心，追求实利的要攻其形体。以前，吴、越交战，越国败得很惨，在会稽山上得以保存，吴国侵入越国，监视、镇抚他们。越王勾践让大夫文种前往吴国，请求让越国的男子做吴国奴隶，女子做吴国人的小妾，亲自带着礼品跟在管事人的后面。吴国人果真答应了他们的请辞，同越王议和，但是不和它结盟，这就是攻其内心啊！后来越吴两国交战，吴国大败，也请求让男子做越国的奴隶，女子为越国人做小妾，吴国反过来用越国侍奉吴国的方式侍奉越国，但越王却没有答应，于是就灭掉了吴国，擒获了吴王夫差，这就是攻其形体啊！如今想要攻心，就要像吴国那样；想要攻其形体，就要使自己像越国那样。倘若攻其形体没有越国那么彻底，攻其心理不像吴国那样宽容，君臣上下，无论长幼，贫富贵贱，都高呼称王称霸，我私下里觉得这就好比是自己掉进了井里，却对人说‘我将替你找火’一样。”

东孟之会

原　文

“东孟之会，聂政、阳坚刺相兼君[1]。许异蹴哀侯而殪之[2]，立以为郑君[3]。韩氏之众无不听令者，则许异为之先也。是故哀侯为君[4]，而许异终身相焉。而韩氏之尊许异也，犹其尊哀侯也。今日郑君不可得而为也，虽终身相之焉，然而吾弗为云者，岂不为过

谋哉！

“昔齐桓公九合诸侯，未尝不以周襄王之命。然则虽尊襄王，桓公亦定霸矣。九合之尊桓公也，犹其尊襄王也。今日天子不可得而为也，虽为桓公，吾弗为云者，岂不为过谋而不知尊哉？韩氏之士数十万，皆戴哀侯以为君，许异独取相焉者无他；诸侯之君无不任事于周室也，而桓公独取霸者，亦无他也。今强国将有帝王之亹(wěi)[5]，而以国先者，此桓公、许异之类也，岂可不谓善谋哉？夫先与强国之利，强国能王[6]，则我必为之霸；强国不能王，则可以辟其兵，使之无伐我。然则强国事成，则我立帝而霸，强国之事不成，犹之厚德我也。今与强国，强国之事成则有福，不成则无患，然则先与强国者，圣人之计也。”

注释

①**相**：指韩相韩傀。②**许异**：韩国的臣子。③**郑**：郑国，此时已经被韩国吞并，郑国的都城成了韩国的都城，因此史书中经常用郑指代韩国。④**哀侯**：即上面所提到的韩王。⑤**强国**：指秦国。**亹**：征兆。⑥**王**：称王。

译文

“东孟集会上，聂政和阳坚行刺韩相韩傀，并且还刺伤了韩哀侯。大臣许异故意用脚踢韩哀侯，让他装死，后来韩哀侯成为国君，韩国的百姓没有不听从他的命令的，那是许异所做的表率。因此韩哀侯做国君的时候，许异终生都是韩国的相国。韩国人尊崇许异，就像尊崇韩王一样。如今韩国的国君不可能再像以前一样受人尊崇了，但是终生为相也是好事，如果我们不这样的话，岂不是谋划错了吗？

“昔日齐桓公九次会盟天下诸侯，未尝不是打着周襄王命令的名号。但是诸侯们虽然尊崇周襄王，齐桓公的霸业还是建成了。天下人尊崇齐桓公，就像尊崇周襄王一样。如今的周天子已经不能再受尊重了，即使是做齐桓公也不错啊，我们不这样，岂不是失策，并且不知道受人尊崇吗？韩国有几十万的百姓，都拥戴哀侯做韩国的国君，唯独许异担任韩国的相国，这没有其他原因；各个诸侯国的君主没有不在周王室任职的，却只有齐桓公建立了霸业，这也没其他原因。如今秦国有称帝的兆头，韩国先和秦国联合，这是像齐桓公和许异一样的做法啊。这怎能不被称为善于谋划呢？先与强国联合会获得好处；倘若强国能够称王的话，那么我就必然可以称霸一方；倘若强国不能称王的话，那么也可以躲避战祸，不会被强国讨伐。这样，倘若强国称王成功了，我也就可以称霸一方；倘若强国称王未能成功，它也会深深地感激我。现在与强国联合，强国称王的大事成功了，就会有福；称王的大事没有成功，也不会有什么祸害。这样来看，先与强国联合，这是圣人的谋略。”

卷二十九　燕策一

苏秦将为从北说燕文侯

原　文

苏秦将为从[1]，北说燕文侯曰："燕东有朝鲜[2]、辽东，北有林胡、楼烦，西有云中、九原，南有呼沱、易水。地方二千余里，带甲数十万，车七百乘，骑六千匹，粟支十年。南有碣石、雁门之饶，北有枣栗之利，民虽不由田作，枣栗之实足食于民矣。此所谓天府也。夫安乐无事，不见覆军杀将之忧，无过燕矣。大王知其所以然乎？

"夫燕之所以不犯寇被兵者[3]，以赵之为蔽于南也。秦、赵五战，秦再胜而赵三胜。秦、赵相弊，而王以全燕制其后，此燕之所以不犯难也。且夫秦之攻燕也，逾云中、九原，过代、上谷，弥地踵道数千里[4]，虽得燕城，秦计固不能守也。秦之不能害燕亦明矣。今赵之攻燕也，发兴号令，不至十日，而数十万之众军于东垣矣。度呼沱，涉易水，不至四五日距国都矣。故曰，秦之攻燕也，战于千里之外，赵之攻燕也，战于百里之内。夫不忧百里之患而重千里之外，计无过于此者。是故愿大王与赵从亲，天下为一，则国必无患矣。"

燕王曰："寡人国小，西迫强秦，南近齐、赵。齐、赵，强国也，今主君幸教诏之，合从以安燕，敬以国从。"于是赍苏秦车马金帛

以至赵[5]。

注　释

①**从**：通“纵”，合纵。②**朝鲜**：指今朝鲜半岛。③**被兵**：遭受战争的祸患。④**踵**：足迹。⑤**赍**：赠予，赠送。

译　文

苏秦想要合纵，到北方游说燕文侯说：“燕国东面有朝鲜、辽东，北面有林胡、楼烦，西面有云中、九原，南面有呼沱河、易水。土地方圆二千余里，披甲的士卒几十万，战车七百辆，战马六千匹，粟米足够十年支用。南面有碣石、雁门的丰饶物产，北面有盛产枣和栗子的有利条件，百姓即使不从事田间劳作，枣和栗子的果实也足够让百姓们食用，这就是所说的天然的府库。国家安乐无事，遭受不到军队覆灭、将军被杀的忧患，这么多有利条件没有谁能超过燕国的。大王知道国家安宁无事的原因吗？

“燕国之所以没有遭到贼寇的进犯和战乱祸患，是因为赵国在南面做了屏障。秦、赵两国五次发生战争，秦国胜了两次，而赵国胜了三次。秦、赵两国彼此都疲敝了，但是大王却以整个燕国控制了赵国的后方，这就是燕国没有遭到侵犯的原因。况且秦国如果攻打燕国，要越云中、九原，经过代地、上谷，就会踏出几千里满是足迹的道路，即使能够打下燕国的城池，也不能守得下来，秦国不能来攻打燕国的道理是显而易见的。如果赵国攻打燕国，赵王下令出兵，不超过十天，几十万的大军就能够集结到东垣这里。渡过呼沱河和易水，不用四五天就能够到达燕国的都城。所以说秦国攻打燕国，要在千里之外开战；而赵国攻打燕国，战事却在百里之内。不去担心百里之内的忧患而眼盯着千里之外的事情，这是非常严重的战略失误。所以我希望您能够和赵国结成战略同盟，诸侯国都联合起来，燕国就没有什么要去担心的了。”

燕王说：“我们燕国弱小，西面担心着强秦进攻，南面靠近齐国、赵国。齐国、赵国都是诸侯国中的强国，如今受到了您的指点，让我加入合纵联盟来使国家长治久安，我愿意把整个国家交给您来安排。”而后给苏秦提供了车辆钱币礼品，让他到赵国谈合纵的事。

燕文公时

原　文

燕文公时，秦惠王以其女为燕太子妇。文公卒，易王立。齐宣王因燕丧攻之，取十城。武安君苏秦为燕说齐王，再拜而贺，因仰而吊。齐王按戈而却曰[1]："此一何庆吊相随之速也？"对曰："人之饥所以不食乌喙者[2]，以为虽偷充腹[3]，而与死同患也。今燕虽弱小，强秦之少婿也。王利其十城，而深与强秦为仇。今使弱燕为雁行[4]，而强秦制其后，以招天下之精兵，此食乌喙之类也。"

齐王曰："然则奈何？"对曰："圣人之制事也，转祸而为福，因败而为功。故桓公负妇人而名益尊，韩献开罪而交愈固[5]，此皆转祸而为福，因败而为功者也。王能听臣，莫如归燕之十城，卑辞以谢秦。秦知王以己之故归燕城也，秦必德王；燕无故而得十城，燕亦德王。是弃强仇而立厚交也。且夫燕、秦之俱事齐，则大王号令天下皆从。是王以虚辞附秦，而以十城取天下也。此霸王之业矣。所谓转祸为福，因败成功者也。"

齐王大说，乃归燕城，以金千斤谢其后，顿首涂中[6]，愿为兄弟而请罪于秦。

注　释

①**却**：使退却。②**乌喙**：一种有毒的东西。③**偷**：暂且。④**雁行**：像大雁飞行一样，按顺序前进。在此指充当先锋。⑤**开罪**：得罪。⑥**涂**：通"途"。

译　文

燕文公在位的时候，秦惠王把他的女儿嫁给了燕国太子。燕文公去世以后，太子易王继承了王位，齐国趁着燕国遭遇国丧的时候进攻燕国，连着攻下了十座城池。武安君苏秦为了燕国去游说齐王，他两次行跪拜礼表示庆贺，接着又仰面吊唁。齐王按住手边的兵器喝令他退却，说道：“为什么在庆贺之后这么快就跟着吊唁？”苏秦答道：“人在饥饿的时候之所以不去吃有毒的食物，就是因为虽然吃下去能暂时充饥，但毒死和饿死一样都非常痛苦。如今燕国虽然弱小，但燕王却是强大秦国的女婿。大王贪图十个城池却和强秦结下了深深的仇恨，如果让弱小的燕国做前锋，而强大的秦国在后方支援，招揽天下的精兵来进攻齐国，这就如同您吃下了有毒的食物一样。”

齐王问道：“这可该怎么办呢？”苏秦答道：“圣人做事，能够把坏事变成好事，让失败转变为成功。所以虽然齐桓公好女色，但声名依然更加显赫；韩献子得罪了赵盾，却让两个人的交情更加深厚，这就是将坏事变成好事、把失败转为成功的例子。大王如果愿意听从我的计策，不如把燕国的十座城池还回去，用恳切的言辞向秦国道歉。秦王知道大王您是因为秦国的关系才归还这十座城池，一定会感激你；而燕王不费周折就收回了自己的城池，必然会对大王感恩戴德。这就是把强敌转化为友好的邦交。而且如果燕国、秦国都跟齐国建立了友好邦交，其他诸侯国也都会听从大王的号令。这样一来，虽然大王对秦国说了些谦恭的话，但却用十座城池换来了各诸侯国的遵从，这是建立霸业的功绩。这就是所谓的变坏为好，变失败为成功。”

齐王非常高兴，于是归还了燕国的城邑，随后送金千斤表示谢罪，并且在道路上叩头，希望结为兄弟之国，向秦国谢罪。

苏代谓燕昭王

原　文

苏代谓燕昭王曰：“今有人于此，孝若曾参、孝己[1]，信如尾生高，廉如鲍焦、史鳝(qiū)[2]，兼此三行以事王，奚如？”王曰：“如是足矣。”对曰：“足下以为足，则臣不事足下矣。臣且处无为之事，归耕乎周之上地，耕而食之，织而衣之。”王曰：“何故也？”对曰：“孝如曾参、孝己，则不过养其亲耳；信如尾生高，则不过不欺人耳；廉如鲍焦、史鳝，则不过不窃人之财耳。今臣为进取者也。臣以为廉不与身俱达[3]，义不与生俱立。仁、义者，自完之道也，非进取之术也。”

王曰："自忧不足乎？"对曰："以自忧为足，则秦不出殽塞，齐不出营丘，楚不出疏章[4]。三王代位，五伯改政，皆以不自忧故也。若自忧而足，则臣亦之周负笼耳[5]，何为烦大王之廷耶？昔者楚取章武，诸侯北面而朝；秦取西山[6]，诸侯西面而朝。曩者，使燕毋去周室之上[7]，则诸侯不为别驾而朝矣。臣闻之，善为事者，先量其国之大小，而揆(kuí)其兵之强弱[8]，故功可成，而名可立也；不能为事者，不先量其国之大小，不揆其兵之强弱，故功不可成而名不可立也。今王有东向伐齐之心，而愚臣知之。"

注　释

①**孝己：**传说中商代高宗武丁之子，以孝行著，遭后母谗言，被放逐而死。后人常用其作孝子的典范。②**鲍焦：**周代隐士。**史鳝：**春秋时卫国人，字子鱼，又称史鱼。③**达：**显贵。④**疏章：**水名，即沮章河，流经湖北，在江陵入长江。⑤**之周负笼：**回到周地老家去种地。笼，装土的工具。⑥**西山：**山名，在河南洛阳市附近。⑦**周室之上：**即周朝的上地。⑧**揆：**揣度，度量。

译　文

苏代对燕昭王说："现在如果有一个人，孝行像曾参、孝己一样，守信像尾生高一样，廉正像鲍焦、史鳝一样，同时具备这三种品行来侍奉大王，大王您认为怎么样？"燕王说："我所要的臣子只要具备这些就足够了。"苏代接着说："大王您要是觉得这样才够的话，那我就不能侍奉大王了。我还是什么都不做，回到周朝的土地上，自己耕种来解决吃饭问题，自己织布来解决穿衣问题。"燕王说："这是为什么呢？"苏代回答说："孝行能像曾参、孝己，则不过能奉养父母罢了；守信像尾生高那样，只是不骗人罢了；廉正如鲍焦、史鳝，也不过是不会偷别人的东西罢了。现在我是个追求进取的人，我觉得廉不可能使人显贵，义不能使人生存。仁、义是自我完善的理论，不是进取的手段。"

燕王说："自我完善不就够了吗？"苏代回答说："如果认为自我完善就够了的话，那么秦国的军队就不会出到崤山的边塞之外，齐国的军队不会出到营丘之外，楚国的军队不会出过沮章河。三王的更替，五霸的接连称雄，都是因为不满足于自我完善的缘故。如果只满足于自我完善，那么我也只是回到周朝的土地上去种地罢了，为什么还要在大王的朝堂上啰唆呢？从前，楚国攻占章武，各国诸侯都到北面去朝拜；秦国攻占了西山，各国诸侯都到西面去朝拜。如果当初没有让燕国从周朝的上地撤离，那么诸侯就不用掉转车辆去朝拜别的国家了。我听说，善于处理国事的人，先估算自己国家的大小，再揣度自己兵力的强弱，这样才可以功成名立。不善于处理国事的人，之前不估算自己国家的大小，不揣度自己兵力的强弱，这样就不能功成名立。现在大王您有向东讨伐齐国的想法，我可以看得出来。”

原文

王曰：“子何以知之？”对曰：“矜（jīn）戟（dǐ）砥剑[1]，登丘东向而叹，是以愚臣知之。今夫乌获举千钧之重[2]，行年八十而求扶持。故齐虽强国也，西劳于宋，南罢于楚，则齐军可败，而河间可取。”

燕王曰：“善。吾请拜子为上卿，奉子车百乘，子以此为寡人东游于齐，何如？”对曰：“足下以爱之故与，则何不与爱子与诸舅、叔父、负床之孙[3]？不得，而乃以与无能之臣，何也？王之论臣，何如人哉？今臣之所以事足下者，忠信也，恐以忠信之故见罪于左右。”

王曰：“安有为人臣尽其力，竭其能，而得罪者乎？”对曰：“臣请为王譬。昔周之上地尝有之。其丈夫宦三年不归，其妻爱人[4]。其所爱者曰：‘子之丈夫来，则且奈何乎？’其妻曰：‘勿忧也，吾已为药酒而待其来矣。’已而其丈夫果来，于是因令其妾酌药酒而进之。其妾知之，半道而立。虑曰：‘吾以此饮吾主父，则杀主父；以此事告吾主父，则逐吾主母。与杀吾主父、逐吾主母者，宁佯踬（zhì）而覆之[5]。’于是因佯僵而仆之。其妻曰：‘为子远行来之，故为美酒，今妾奉而仆之。’其丈夫不知，缚其妾而笞之。故妾所以笞者，忠信也。今臣为足下使于齐，恐忠信不谕于左右也。臣闻之曰：‘万乘之主，不制于人臣；十乘之家，不制于众人；匹夫徒步之士，不

制于妻妾。’而又况于当世之贤主乎？臣请行矣，愿足下之无制于群臣也。”

注　释

①**矜**：持。**砥**：磨刀石，这里指磨剑。②**乌获**：齐武王时的勇士。③**负床之孙**：指年纪小只能扶着床，不会走路的小孙子。④**爱**：私通。⑤**颠**：跌倒。

译　文

燕王说："你是怎么看出来的？"苏代回答说："您总是手握着戟或者磨砺宝剑，登上山丘向东叹息，所以我猜到您是想要攻打齐国。打个比方说，乌获是有名的勇士，能举得起千钧重的东西，等他到了八十，也会站立不住，要人扶持。同样，齐国虽然是个大国，但是在西边因为宋国而劳累，在南边因为楚国而疲惫，那么齐国是可以被打败的，而河间这块地方也是可以取得的。"

● 忠妾救夫

燕王说："太好了。我想要让您担任上卿，给您准备一百乘车，您用这些为我到东边的齐国离间游说，怎么样？"苏代回答说："大王因为偏爱才赏赐东西，那何不把这些东西赏给您疼爱的儿子和您的各位舅父、叔叔以及那靠床站着还不会走路的孙子呢？他们得不到这些东西，而把这些东西赏我这个没有什么能力的人，这是为什么呢？大王您看我，到底是什么样的人呢？我之所以侍奉大王，为的是忠信，我很担心因为我的忠信而被大王左右亲近的人所怪罪。"

燕王说："哪有作为人家的臣子用尽自己的力量、竭尽自己的才能，反而获罪的？"苏代回答说："我给大王说一个比喻吧。从前周朝的上地曾经有这样的事。有一家的丈夫出外做官三年没有回来，他的妻子和别人私通。私通的那人对他的妻子说：'你的丈夫回来了，咱们可怎么办？'他的妻子说：'不用担心，我已经准备了毒酒，等他回来就毒死他。’没多久，丈夫果然回来了，他的妻子于是让侍妾倒了毒酒给他送去。侍妾知道其中缘由，走到半路停下来考虑说：‘我把这个毒酒拿给男主人喝，就会是毒死男主人；把这件事告诉男主人，那么女主人就会被赶出家门。比起毒死男主人或者将女主人赶出家门，我还是假装跌倒把酒泼了吧。’于是她假装跌倒，把酒泼了。妻子对丈夫说：‘我想到你走了那么远的路回来，所以特地准备了美酒，如今让侍妾送过来，她却跌倒把酒泼了。’丈夫不知道实情，把侍妾绑起来鞭打。所以说，这个侍妾之所以被鞭打，是因为尽忠守信。现在，我为大王出使齐国，恐怕我的尽忠守信不能被大王亲近的人所理解。我听说：‘拥有万乘的君主，不会被臣子所左右；拥有十乘的家长，不会被众人左右；一般的没有车的士，不会被妻妾所左右。’更何况是当今世上英明的君王呢？我这就准备出发了，希望大王不要被手下的臣子左右。”

苏秦北见燕昭王

原文

苏秦北见燕昭王曰[1]：“臣，东周之鄙人也。窃闻王义甚高甚顺，鄙人不敏，窃释锄耨而干大王[2]。至于邯郸，所闻于邯郸者，又高于所闻东周。臣窃负其志，乃至燕廷，观王之群臣下吏，大王天下之明主也！”王曰：“子之所谓天下之明主者，何如者也？”对曰：“臣闻之，明主者务闻其过，不欲闻其善。臣请谒王之过。夫齐、赵者，王之仇雠也；楚、魏者，王之援国也。今王奉仇雠以伐援国，非所以利燕也。王自虑此，则计过；无以谏者，非忠臣也。”

王曰：“寡人之于齐、赵也，非所敢欲伐也。”曰：“夫无谋人之心，而令人疑之，殆；有谋人之心，而令人知之，拙；谋未发而闻于外，则危。今臣闻王居处不安，食饮不甘，思念报齐，身自削甲扎[3]，曰：‘有大数矣！’妻自组甲絣[4]，曰：‘有大数矣[5]！’有之乎？”王曰：“子闻之，寡人不敢隐也。我有深怨积怒于齐，而欲报之，二年矣。齐者，我仇国也，故寡人之所欲伐也。直患

国弊力不足矣！子能以燕敌齐，则寡人奉国而委之于子矣。”对曰：“凡天下之战国七，而燕处弱焉。独战则不能，有所附则无不重。南附楚，则楚重；西附秦，则秦重；中附韩、魏，则韩、魏重。且苟所附之国重，此必使王重矣。今夫齐王，长主也，而自用也。南攻楚五年，稸积散[6]；西困秦三年，民憔悴，士罢弊；北与燕战，覆三军，获二将；而又以其余兵南面，而举五千乘之劲宋，而包十二诸侯[7]。此其君之欲得也，其民力竭也，安犹取哉？且臣闻之，数战则民劳，久师则兵弊。”

王曰：“吾闻齐有清济、浊河[8]，可以为固；有长城、巨防，足以为塞。诚有之乎？”对曰：“天时不与，虽有清济、浊河，何足以为固？民力穷弊，虽有长城、巨防，何足以为塞？且异日也，济西不役[9]，所以备赵也；河北不师，所以备燕也。今济西、河北尽以役矣，封内弊矣。夫骄主必不好计，而亡国之臣贪于财。王诚能毋爱宠子、母弟以为质，宝珠玉帛以事其左右，彼且德燕而轻亡宋，则齐可亡已！”王曰：“吾终以子受命于天矣！”曰：“内寇不与[10]，外敌不可距[11]。王自治其外，臣自报其内，此乃亡之之势也！”

注　释

①**苏秦句**：“苏秦死，其弟苏代欲继之……见燕王哙”，此不符合史实。今据郭希汾《战国策详注》、缪文远《战国策新校注》更改为：“苏秦北见燕昭王”。②**锄耨**：指除草的工具。耨，小手锄。③**扎**：甲叶，由皮革制成。④**绁**：穿甲的绳索。⑤**大数**：天道法则，即说上天会有报应。⑥**稸**：通“蓄”。⑦**十二诸侯**：指淮泗之间的小国。⑧**清济、浊河**：清澈的济水，浑浊的黄河。⑨**不役**：免于征发，养兵备敌。⑩**内寇不与**：内乱不和。⑪**距**：通“拒”。

译　文

苏秦北上去拜见燕昭王，说：“我是东周的一个乡野小民，听说大王您德义高尚，很能顺应人心，我虽然没有才能，还是私下丢掉了锄耨来为大王效命。途经邯郸的时候，在那里听到大王的声誉，又比我在东周时所听到的评价更高。我暗自坚定自己的意愿，来到燕国的朝廷，拜会了大王的百官群臣，这下才最终确定大王真是天下的明君。”燕昭王说:“您所说的‘天下的明君’，到底指的是什么样的人呢？”苏代回答说:“我听说，作为一个明君，一定很在意了解自己不足的地方，而不喜欢别人总是夸赞自己的优点。让我来告诉大王您的不足之处。齐国和赵国是大王的敌国，楚国和魏国是大王的盟国。现在大王尊奉敌国去进攻盟国，这样做对燕国的未来没有好处，大王您自己考虑一下，就知道这是一项错误的计策。如果作为臣子不能规谏，就算不上是忠臣。”

燕王说:“我对于齐国和赵国，可不敢想着去进攻。”苏代说:“没有图谋别人的心意，却让人对自己产生怀疑，这很危险；有图谋人家的心意，却被对方知道了，这很无能；图谋的计划还没有实施，便已经泄露出去，这是自处于危险。现在，我听说大王您坐立不安，饮食无味，一心想要找齐国报仇。您亲自动手制作铠甲上的甲叶，说:‘上天自会有报应的！’您的妻子亲自搓制穿甲片的绳索，说:‘上天自会有报应的！’有这回事吗？”燕王说:“既然您知道这事，我也就不敢隐瞒了。我燕国和齐国有深仇大恨，想报齐国的仇已有二年多了。齐国是我的敌国，正是我所要讨伐的，我只是担心国家疲惫，力量不够而已。您如果能让燕国打败齐国，那么我就把燕国完全托付给您了。”苏代回答说:“天下互相攻战的国家共有七个，燕国在其中算是一个弱国。单独作战不可能战胜，可是如果依附别的任何一个国家，那个国家都会因此更加强大。南边依附楚国，那么楚国就更强大；西边依附秦国，那么秦国就更强大；中间依附韩国、魏国，韩国、魏国它们都会更强大。如果燕国所依附的国家强大了，那么大王的地位也一定跟着提高啦。现在的齐王是一个英明的君主，可是他自恃强大，向南边攻打楚国，一共打了五年，积蓄被消耗；向西边困扰秦国已有三年，人民因饥饿而憔悴，士兵因长期作战而疲惫；向北边和燕国交战，大败燕国的军队，还擒获了两名燕将；然后又用他久战的军队向南想要灭掉规模五千乘实力不弱的宋国，吞并淮泗之间的十二个小国。这些就是齐王想要实现的，可是现在齐国的民力已被耗尽，想再要用兵，它哪里去找这个民力？而且我听说，连年作战，人民就劳苦；长期用兵，士兵就疲惫。”

燕王说:“我听说，齐国有济水、黄河，可以作为国家的屏障；又有长城、巨防，可以作为国家的要塞。真有这样的事吗？”苏代回答说:“没有天时的帮助，虽然有济水、黄河，怎么能够做得了屏障？人民穷困，士兵疲惫，虽有长城、巨防，怎么能够做得了要塞？况且从前济西一带不征召现役，在那里养兵是为了防御赵国；河北地区不征召现役，在那里养兵是为了防御燕国。现在济西、河北地区都已征召兵役，全国已经疲惫不堪了。骄傲的君主一定不喜欢听别人的计谋，亡国的大臣必然贪图财货。大王如果能够舍得宠子、胞弟，把他们派去做人质，再拿宝珠、玉帛去讨好齐王左右的亲近大臣，这样齐王就会感激燕国，而且会轻易地出师去灭掉宋国，那么，齐国会更加疲惫，只要一进攻就可以灭掉它了。”燕王说：“我还是听取您的意见，接受上天的安排吧。”苏代说：“内部如果动乱不和，就不能抵御外敌。大王您领兵从外面进攻齐国，我到齐国做内应离间他们君臣，这样就形成了灭亡齐国的形势。”

燕王哙既立

原　文

燕王哙(kuài)既立[1]，苏秦死于齐。苏秦之在燕也，与其相子之为婚[2]，而苏代与子之交。及苏秦死，而齐宣王复用苏代。燕哙三年，与楚、三晋攻秦，不胜而还。子之相燕，贵重主断。苏代为齐使于燕，燕王问之曰：“齐宣王何如？”对曰：“必不霸。”燕王曰：“何也？”对曰：“不信其臣。”苏代欲以激燕王以厚任子之也。于是燕王大信子之。子之因遗苏代百金，听其所使。

鹿毛寿谓燕王曰[3]：“不如以国让子之。人谓尧贤者，以其让天下于许由，由必不受，有让天下之名，实不失天下。今王以国让相子之。子之必不敢受，是王与尧同行也。”燕王因举国属子之，子之大重。或曰：“禹授益，而以启为吏，及老，而以启为不足任天下，传之益也。启与支党攻益，而夺之天下，是禹名传天下于益，其实令启自取之。今王言属国子之，而吏无非太子人者，是名属子之，而太子用事。”王因收印自三百石吏而效之子之。子之南面行王事，而哙老不听政，顾为臣[4]，国事皆决子之。

子之三年，燕国大乱，百姓恫怨[5]，将军市被、太子平谋[6]，将攻子之。储子谓齐宣王："因而仆之，破燕必矣。"王因令人谓太子平曰："寡人闻太子之议，将废私而立公，饬君臣之义[7]，正父子之位，寡人之国小，不足先后。虽然，则唯太子所以令之。"太子因数党聚众，将军市被围公宫，攻子之，不克；将军市被及百姓乃反攻太子平。将军市被死已殉，国构难数月，死者数万众，燕人恫怨，百姓离意。

孟轲谓齐宣王曰："今伐燕，此文、武之时，不可失也。"王因令章子将五都之兵[8]，以因北地之众以伐燕[9]。士卒不战，城门不闭，燕王哙死。齐大胜燕，子之亡。二年，燕人立公子平，是为燕昭王。

注　释

①**燕王哙**：燕易王之子，名哙。②**子之**：燕相国。③**鹿毛寿**：燕国大臣。④**顾**：反。⑤**恫怨**：痛恨。⑥**市被**：燕国大将。**太子平**：燕国太子，名平。⑦**饬**：整顿。⑧**章子**：齐国大臣。**五都**：指齐国。⑨**北地**：齐国北部，靠近燕国。

译　文

燕王哙即位之后，苏秦在齐国被杀。苏秦在燕国的时候，和燕国的相国子之结为亲家，而苏代也与子之关系很好。苏秦死了之后，齐宣王重新任用了苏代。燕王哙即位三年，联合楚国和韩、赵、魏三国一起攻打秦国，没有取得胜利。子之担任燕国的相国，地位高，权势重，专断国事。苏代作为齐国的使臣到燕国拜访，燕王问他说："齐宣王是个怎么样的君主？"苏代回答说："一定不能成就霸业。"燕王问："为什么这么说呢？"苏代回答说："齐王不能信赖他的大臣。"苏代说这话是为了激发燕王把权力放任给子之。果然，燕王更加信任子之。子之于是派人给苏代送了百金，听从他的安排。

燕国的大臣鹿毛寿对燕王说："您不如把王位让给子之。人们之所以称颂尧的贤德，是因为他要把天下让给许由。像许由这样的人肯定不会接受天下，所以尧有让天下之名，实际上却并没有失去天下。现在您把王位禅让给子之，子之一定不敢接受，那么大王您的行事就和尧等同了。"燕王听了他的话，把燕国完全托付给子之，子之更加有权势。又有人对燕王说："禹要把天下传给伯益，却让他的儿子启担任行事官，等到他老了将死的时候，认为启不足以担当管理天下的重任，于是传位给伯益。启和他的党羽攻打伯益，夺取了他的天下。这样，禹虽然名义上是传天下给伯益，实际上是让启自己把天下抢过来。现在，大王您声称把国家托付给子之，而那些行事官没有不是太子的人，这样虽然名义上是把国家托付给子之，实际上掌权的还是太子。"燕王于是把俸禄三百石以上的官印都收回来交给子之，让他自己任用官员。子之临朝南向处理国事，而燕王哙年老不能处理，反而做了臣子，于是燕国的国事完全取决于子之。

子之主政的第三年，燕国大乱，百姓怨声载道，于是将军市被和太子平合谋，将要讨伐子之。齐国的相国储之对齐宣王说："趁这个时候攻打，燕国一定能攻破。"齐国于是派人对太子平说："我听说了太子的义举，有心要废除私权维护公义，整顿君臣之间应有的规范，端正父子应有的关系，我齐国虽然小，帮不上太大的忙，虽然这样，但是太子有什么吩咐，我们一定会照办的。"于是，太子平聚集党羽，准备起事。将军市被包围了王宫，攻打子之，但是没有取得胜利。于是将军市被和百姓又反过来攻打太子平，将军市被被杀死示众。燕国动乱了几个月，死了好几万人，燕人怨声载道，百姓人心涣散。

孟轲对齐宣王说："现在伐燕，就像是文王、武王攻打纣王的时机，不可以错过。"齐王于是命令章子带领齐国的军队，并借助齐北部燕国国境上的军队讨伐燕国。燕国的兵士无心抵抗，连城门都不关，燕王哙被杀掉了。齐国大胜燕国，子之被杀死。两年后，燕人拥立公子平即位，这就是燕昭王。

卷三十　燕策二

秦召燕王

原　文

秦召燕王，燕王欲往。苏代约燕王曰[1]："楚得枳(zhǐ)而国亡[2]，齐得宋而国亡，齐、楚不得以有枳、宋事秦者，何也？是则有功者，秦之深雠也[3]。秦取天下，非行义也，暴也。

"秦之行暴于天下，正告楚曰：'蜀地之甲，轻舟浮于汶[4]，乘夏水而下江，五日而至郢。汉中之甲，乘舟出于巴[5]，乘夏水而下汉，四日而至五渚。寡人积甲宛，东下随，知者不及谋，勇者不及怒，寡人如射隼(sǔn)矣[6]。王乃待天下之攻函谷，不亦远乎？'楚王为是之故，十七年事秦。

"秦正告韩曰：'我起乎少曲[7]，一日而断太行。我起乎宜阳而触平阳，二日而莫不尽繇。我离两周而触郑[8]，五日而国举。'韩氏以为然，故事秦。秦正告魏曰：'我举安邑，塞女戟，韩氏、太行卷[9]。我下枳，道南阳、封、冀，包两周，乘夏水，浮轻舟，强弩在前，锬戈在后，决荥口，魏无大梁；决白马之口，魏无济阳；决宿胥之口，魏无虚、顿丘。陆攻则击河内，水攻则灭大梁。'魏氏以为然，故事秦。

"秦欲攻安邑，恐齐救之，则以宋委于齐，曰：'宋王无道，为

木人以写寡人，射其面，寡人地绝兵远，不能攻也，王苟能破宋有之，寡人如自得之。’已得安邑，塞女戟，因以破宋为齐罪。

“秦欲攻齐，恐天下救之，则以齐委于天下曰：‘齐王四与寡人约，四欺寡人，必率天下以攻寡人者三。有齐无秦，无齐有秦，必伐之，必亡之！’已得宜阳、少曲，致蔺、石，因以破齐为天下罪。

注释

①**苏代**：苏秦的弟弟，一说是苏秦的兄长。**约**：劝阻。②**枳**：地名，位于今四川涪陵。③**雠**：仇恨。④**汶**：汶水，即岷江。⑤**巴**：指大巴山，位于今天陕西郑县西南方向。⑥**射隼**：比喻非常容易就能实现。⑦**少曲**：地名，位于今河南孟州。⑧**离**：指途经，经过。**郑**：地名，位于今河南新郑，韩国的都城。⑨**太行**：太行山。**卷**：包围，围困。

译文

秦王邀请燕王前去会晤，燕王准备前去。苏代阻止了燕王，他说：“楚国虽然得到了枳最终却亡国，齐国吞并了宋国最后却落得国君逃亡的境地。齐、楚两国并没有因为占领了枳、消灭了宋就能够得到秦王的欢心，为什么呢？这是因为秦王这个人最痛恨有功劳的人。秦国争霸天下靠的不是推行仁义道德，而是实施暴政。

“秦国在天下公然实施暴政，秦王公开对楚王说：‘蜀地的士兵在岷江乘着轻快的小船，在夏天趁着长江水上涨的时候顺流而下，五天就可以到达楚国的都城。汉中的士兵从大巴山乘船出发，也在夏天水涨的时候顺流而下，四天就可以到达五渚。本王把军队集结在宛，向着东面的随进发，聪明的人还来不及思考，勇敢的人还来不及发怒，我就像射箭一样很快到达目的地了。可如今楚王您却等着诸侯国的军队去攻打函谷，这难道不是太远了吗？’楚王听了这些话，十七年来一直依附秦国。

“秦国公开对韩王说：‘我的大军从少曲出发，一天就能截断太行；从宜阳起兵到达平阳，两天就可以全部攻陷；从两周之地前往郑，五天就能全部占领。’韩王听了之后就侍奉秦王。秦王公开对魏王说：‘我拿下安邑，挡住女戟的交通要道，韩国在太行山的交通就会被阻绝。我顺着枳道，南阳、封、冀一路打下去，包围两周，趁着夏天江水上涨，驾着轻快的战船，用强弩开路，锐利的战戈殿后，挖开荥口，魏国就要失去都城；挖开白马口，魏国就要失去济阳；挖开宿胥口，魏国就会失去虚、顿丘。

从陆路进攻就可以攻打河内，从水路进攻就能拿下大梁。’魏国认为秦王说得很对，所以就侍奉秦国。

“秦国想要进攻安邑，害怕齐国前来援救，便把宋国送给齐国，秦王说：‘宋王昏庸无道，用我的样子雕刻一个木头人，还用箭射我的脸。我国离宋国太远了，调兵遣将很不方便，如果您能够打下并占有宋国，就跟我占有宋国一样了。’秦攻下安邑以后，堵住女戟的交通要道，还把消灭宋国的罪名安到了齐国的头上。

“秦王想要攻打齐国，害怕诸侯国前来援救，就把齐王的罪名公布天下，秦王对诸侯说：‘齐王四次和我定下盟约，又四次欺骗了我，而且有三次带领诸侯国来进攻我。这次有他没我，有我没他，我一定要讨伐齐国，消灭齐国！’秦国攻下宜阳、少曲后，又得到了蔺和石，于是就说攻破齐国是天下诸侯的罪过。

原　文

“秦欲攻魏，重楚，则以南阳委于楚曰：‘寡人固与韩且绝矣！残均陵，塞黾(miǎn)隘[1]，苟利于楚，寡人如自有之。’魏弃与国而合于秦，因以塞鄳黾隘为楚罪。兵困于林中，重燕、赵，以胶东委于燕，以济西委于赵。赵得讲于魏，至公子延，因犀首属行而攻赵。兵伤于离石，遇败于马陵，而重魏，则以叶、蔡委于魏。已得讲于赵，则劫魏，魏不为割。困则使太后、穰侯为和，嬴则兼欺舅与母。

“适燕者曰[2]：‘以胶东。’适赵者曰：‘以济西。’适魏者曰：‘以叶、蔡。’适楚者曰：‘以塞黾隘。’适齐者曰：‘以宋。’此必令其言如循环，用兵如刺蜚绣[3]，母不能制，舅不能约。龙贾之战，岸门之战，封陆之战，高商之战，赵庄之战，秦之所杀三晋之民数百万，今其生者，皆死秦之孤也。西河之外、上雒之地、三川，晋国之祸，三晋之半。秦祸如此其大，而燕、赵之秦者，皆以争事秦说其主，此臣之所大患。”

燕昭王不行，苏代复重于燕。燕反约诸侯从亲，如苏秦时，或从或不，而天下由此宗苏氏之从约。代、厉皆以寿死[4]，名显诸侯。

注 释

①**黾隘**：关塞名，位于今河南信阳南面。②**适**：通"谪"，责备。③**蜚**：通"飞"，飞虫。④**厉**：即苏秦的弟弟苏厉。

译 文

"秦国想要攻打魏国，担心楚国前来救援，就把南阳送给了楚国，秦王对楚王说：'我国想要和韩国断绝关系了！这次拿下韩国的均陵，封锁他们的交通要道黾隘，只要能够对楚国有利，就跟对我自己有利一样了。'魏国后来抛弃了其他盟国而依附于秦国，秦反而把封锁黾隘的罪名安在了楚国的头上。秦国军队被困在林中，担心燕国、赵国趁火打劫，就把胶东送给了燕国，济西送给了赵国。之后和魏国和解，并且把公子延送去当人质，让魏国大将犀首带兵攻打赵国。在离石和马陵战败之后，秦王担心魏王反复，就把叶和蔡送给了魏国。而后和赵国讲和，以此要挟魏国，不把许诺的土地送出。遭遇困境的时候就让太后和穰侯前去讲和，胜利时就盛气凌人地欺压舅与母。

"秦王以胶东为借口怪罪燕王，以济西为借口怪罪赵王，以叶、蔡为借口责怪魏国，以封锁黾隘为理由怪罪楚国，以侵犯宋国为借口怪罪齐国。秦王这么巧言令色，循环往复地怪罪别人，而且秦王善于用兵，母亲和舅舅都制约不了他的野心。经过龙贾、岸门、封陵、高商、赵庄这些地方的战役，秦军杀死赵魏韩三国的军民已经有几百万之多，现在残存下来的人都是那些战死者的遗孤。西河外面、上雒之地和三川都被秦军祸害，魏、赵、韩三国的土地有一半被秦军占领。秦国引起的祸害这么大，燕、赵那些亲近秦国的人还千方百计地讨好秦王，努力说服他们的君王依附秦国，这就是我最担心的事情了。"

燕昭王最终决定不去秦国和秦王会晤，而苏代也重新被燕王重用，燕国仍旧和以前一样与诸侯国达成了合纵的联盟，就像苏秦在的时候一样。从此不论是同意合纵还是不赞同，各诸侯国都非常重视苏氏兄弟的合纵理论。苏代、苏厉都安享晚年，声名在诸侯中极为显赫。

苏秦说奉阳君合燕于赵以伐齐

原 文

苏秦说奉阳君合燕于赵以伐齐，奉阳君不听。乃入齐恶赵[1]，令

齐绝于赵。齐已绝于赵，因之燕[2]，谓昭王曰："韩为谓臣曰：'人告奉阳君曰：使齐不信赵者，苏子也；今齐王召蜀子使不伐宋，苏子也；与齐王谋，道取秦以谋赵者，苏子也；令齐守赵之质子以甲者，又苏子也。"请告子以请齐，果以守赵之质子以甲，吾必守子以甲。'其言恶矣。虽然，王勿患也。臣故知入齐之有赵累也，出为之以成所欲，臣死而齐大恶于赵，臣犹生也。令齐、赵绝，可大纷已。特臣非张孟谈也[3]，使臣也如张孟谈也，齐、赵必有为智伯者矣。"

注　释

①**恶：**诋毁。②**之燕：**指苏秦派人去燕国。③**张孟谈：**赵襄子时的名臣。

译　文

苏秦游说奉阳君希望燕国、赵国联合起来去进攻齐国，奉阳君没有采纳苏秦的建议。于是苏秦到了齐国说赵国的坏话，让齐王和赵国断绝关系。齐国和赵国断绝关系以后，苏秦回到燕国，对燕昭王说："韩为对我说：'有人给奉阳君出主意，说是让齐国不信任赵国的正是苏秦；让齐王召回蜀子不去攻打宋国的，还是苏秦；让齐王争取秦国的帮助来共同攻打赵国的，还是苏秦；让齐王派出武装军队控制赵国人质的，又是苏秦。实话告诉您，如果齐国真的派出武装人员控制人质的话，我一定会这样对您的。'他说的话虽然难听，但是大王不要替我担心。虽然我知道这次去齐国，赵国在背后诋毁，但为了完成大王的心愿我还是会义无反顾地去。如果我死后齐国和赵国关系变坏，那我也算是死得其所了。如果让齐国、赵国断绝关系的话，就会让局势大乱。可惜我不是赵国以前的大臣张孟谈，如果我也像他一样有智谋的话，齐国、赵国中的一个必然会像智伯一样灭亡。"

昌国君乐毅为燕昭王合五国之兵而攻齐

原　文

昌国君乐毅为燕昭王合五国之兵而攻齐[1]，下七十余城[2]，尽郡县之以属燕。三城未下，而燕昭王死。惠王即位，用齐人反间[3]，

疑乐毅，而使骑劫代之将[4]。乐毅奔赵，赵封以望诸君。齐田单欺诈骑劫，卒败燕军，复收七十城以复齐。燕王悔，惧赵用乐毅承燕之弊以伐燕[5]。

燕王乃使人让乐毅[6]，且谢之曰："先王举国而委将军，将军为燕破齐，报先王之仇，天下莫不振动，寡人岂敢一日而忘将军之功哉！会先王弃群臣，寡人新即位，左右误寡人。寡人之使骑劫代将军者，为将军久暴露于外，故召将军且休计事。将军过听，以与寡人有隙[7]，遂捐燕而归赵。将军自为计则可矣，而亦何以报先王之所以遇将军之意乎？"

望诸君乃使人献书报燕王曰："臣不佞，不能奉承先王之教，以顺左右之心，恐抵斧质之罪，以伤先王之明，而又害于足下之义，故循逃奔赵。自负以不肖之罪，故不敢为辞说。今王使使者数之罪，臣恐侍御者之不察先王之所以畜幸臣之理[8]，而又不白于臣之所以事先王之心，故敢以书对。

"臣闻贤圣之君，不以禄私其亲，功多者授之；不以官随其爱，能当之者处之。故察能而授官者，成功之君也；论行而结交者，立名之士也。臣以所学者观之，先王之举错，有高世之心，故假节于魏王[9]，而以身得察于燕。先王过举，擢之乎宾客之中[10]，而离之乎群臣之上，不谋于父兄，而使臣为亚卿。臣自以为奉令承教，可以幸无罪矣，故受命而不辞。

注　释

①**昌国君乐毅：**中山国人，在燕国拜为上将军，来辅佐燕昭王振兴燕国，战功显赫，报了之前齐国攻打燕国之仇。**五国：**燕、韩、魏、赵、楚。②**下：**攻下，攻取。③**用：**听信。④**骑劫：**燕国之臣。⑤**弊：**疲惫，疲敝。⑥**让：**责备，指责。⑦**隙：**嫌隙。⑧**畜：**指畜养，养育。⑨**假节于魏王：**指假借着作为魏王使节出使的机会。节，作为使节。

⑩擢：擢升，提拔。

译　文

昌国君乐毅为燕昭王联合五国军队攻打齐国，攻下七十多座城邑，把这些城邑全部划为郡县归属于燕国。还剩三个城邑没有攻下，燕昭王就死了。燕惠王即位以后，因为听信了齐国的反间计，怀疑乐毅，就派骑劫代替乐毅为将领。乐毅逃奔到赵国，赵国封他为望诸君。齐国大将田单设计诓骗骑劫，最终打败了燕军，收复了七十多个城邑，恢复了齐国。燕惠王很后悔，害怕赵国任用乐毅趁燕国疲惫的时候来攻打燕国。

燕惠王就派人去责怪乐毅，并向乐毅表示歉意说："先王把整个国家托付给将军，将军为燕国打败了齐国，替先王报了仇，天下人无不为之震动，我怎么敢有一天忘记将军的功劳呢？适逢先王离开了人世，我刚刚即位，身边的大臣误导了我，我派骑劫代替将军，是因为将军长期在外奔走辛劳，所以召将军回来，暂且休整一下，以便共议国家大事。将军错误地听信了流言，因而和我产生了嫌隙，就丢下燕国归附了赵国。将军如为自己打算倒是可以的，可将军拿什么来报答先王对待你的情意呢？"

望诸君乐毅就派人呈献一封书信答复燕惠王说："我没有才能，不能遵照先王的教诲来顺承大王的心意。我担心遭受杀身之祸，这样既损害了先王用人的英明，又使大王蒙受不义的名声，所以我才逃到赵国。我自己背着不贤的罪名，所以不敢有什么辩解，现在大王派使者来列举我的罪过，我担心大王不能明察先王任用爱护我的理由，又不明白我用来侍奉先王的心迹，所以才大胆地写这封信来作答。

"我听说贤惠圣明的君王，不把俸禄私自给他所亲近的人，而是赐给功劳大的人；不把官职授予他所宠爱的人，而是安置有才能的人。所以，通过考察人的能力来授予相应的官职，这才是能够成就功业的君王；能够衡量一个人的德行然后和他结交，这才是能建立名望的人。我用所学到的知识来观察，先王的行为有高出当世一般国君的见识，所以我借着为魏王出使的机会，而得以使自己能被先王所知晓，先王过分地重用我，把我从宾客中选拔出来，官职在群臣之上，不和宗室大臣商量，就任命我为亚卿。我自以为遵从命令接受教诲，就可以幸免犯错误了，所以就接受了任命而没有推辞。

原　文

"先王命之曰：'我有积怨深怒于齐，不量轻弱，而欲以齐为事。'臣对曰：'夫齐，霸国之余教也，而骤胜之遗事也，闲于兵甲，

习于战攻。王若欲攻之，则必举天下而图之。举天下而图之，莫径于结赵矣。且又淮北、宋地，楚、魏之所同愿也。赵若许约，楚、魏，宋尽力，四国攻之，齐可大破也。’先王曰：‘善。’臣乃口受令，具符节[1]，南使臣于赵。顾反命，起兵随而攻齐。以天之道，先王之灵，河北之地，随先王举而有之于济上[2]。济上之军，奉令击齐，大胜之。轻卒锐兵，长驱至国[3]。

“齐王逃遁走莒[4]，仅以身免。珠玉财宝，车甲珍器，尽收入燕。大吕陈于元英[5]，故鼎反于历室[6]，齐器设于宁台。蓟丘之植[7]，植于汶篁（huáng）[8]。自五伯以来，功未有及先王者也。先王以为惬其志，以臣为不顿命，故裂地而封之，使之得比乎小国诸侯。臣不佞，自以为奉令承教，可以幸无罪矣，故受命而弗辞。

“臣闻贤明之君，功立而不废，故著于《春秋》；蚤知之士[9]，名成而不毁，故称于后世。若先王之报怨雪耻，夷万乘之强国，收八百岁之蓄积[10]，及至弃群臣之日，余令诏后嗣之遗义，执政任事之臣，所以能循法令，顺庶孽者[11]，施及萌隶[12]，皆可以教于后世。

注释

①**具**：拿着。②**济**：即济水。③**国**：国度。④**莒**：地名，今天山东莒县。⑤**大吕**：乐器名，即钟。**元英**：宫殿名，即元英宫。⑥**历室**：宫殿名，历室宫。⑦**蓟丘**：燕国的都城，位于今北京。⑧**汶篁**：汶水的竹园。⑨**蚤知**：预见。蚤，通“早”。⑩**八百岁**：从周武王把齐地分封给吕尚，至乐毅攻占齐国，一共八百年左右的时间。⑪**庶孽**：非正妻所生的孩子。⑫**萌隶**：下层百姓。

译文

“先王任命我说：‘我对齐国有深仇大恨，不顾国力弱小，也要向齐国报仇。’我回答说：‘齐国有先代称霸的遗教和多次取胜的遗业，精通军事、熟悉作战。大王如果想攻打齐国，就一定要联合天下的诸侯共同对付它。要联合天下诸侯来对付齐国，最便捷的就是先和赵国结交。再说，齐国占有的淮北和宋国故地，这是楚国和魏国想要得到的。赵国如果答应和燕国联合，楚国和魏国也会尽力相助，四国联合攻齐，就可以大败齐国。’先王说：‘好。’于是亲口授命，准备好符节，让我出使到南边的赵国。待我回报以后，各国随即起兵攻齐。凭靠上天的辅助和先王的神灵，河北之地全部被先王所占有。济水边上军队奉命进击齐军，获得全胜。燕国轻便精锐的部队又长驱直入，一直打到齐国的都城。

“齐闵王逃到莒地，仅免于一死。齐国的珠玉财宝、车马铠甲、珍贵器物，全部运到燕国。大吕乐钟陈列在元英殿，燕国的大鼎又回到了历室宫，齐国的宝器安置到燕国的宁台，蓟丘的植物移植到齐国汶水的竹园。从春秋五霸以来，没有一个人的功业能赶得上先王。先王认为满足了心愿，认为我不负君命，所以就划分一块土地封赏我，使我的地位等同于小国的诸侯。我没有才能，自认为遵从命令接受教诲就可以幸免犯错误，所以就接受了封地而没有拒绝。

“我听说贤明的君王，建树功业不半途而废，才能名垂史册；有先见之明的人，获得名声能保持不败，所以被后人所称颂。像先王这样报仇雪恨，征服了拥有万辆兵车的齐国，收取了它八百多年的积蓄，等到他离开人世的时候，遗教尚不衰败，使执政任职的臣子能遵循法令，谨慎地对待王族子孙，恩泽施及下层百姓，所有这些都可以教育后世。

原文

“臣闻善作者，不必善成；善始者，不必善终。昔者伍子胥说听乎阖闾，故吴王远迹至于郢。夫差弗是也，赐之鸱夷而浮之江[1]。故吴王夫差不悟先论之可以立功，故沉子胥而不悔。子胥不蚤见主之不同量，故入江而不改。夫免身全功，以明先王之迹者，臣之上计也。离毁辱之非[2]，堕先王之名者[3]，臣之所大恐也。临不测之罪，以幸为利者，义之所不敢出也。

“臣闻古之君子，交绝不出恶声；忠臣之去也，不洁其名。臣虽不佞[4]，数奉教于君子矣[5]。恐侍御者之亲左右之说，而不察疏远之行也。故敢以书报，唯君之留意焉。”

注释

①**赐之鸱夷而浮之江**：夫差莅政以后，主张伐齐，伍子胥劝阻，夫差把伍子胥杀害了，并把他的尸体装到皮囊里扔到江中。鸱夷，皮囊。②**离**：通“罹”，遭受，经受。③**堕**：通“隳（huī）”，毁坏，破坏。④**不佞**：不才。⑤**数**：屡次。

译文

“我听说，善于开创的不一定善于完成，有好的开始未必有好的结局。从前，伍子胥的意见被吴王阖闾所接受，所以吴王的足迹能到达楚国的郢都；吴王夫差对伍子胥的意见不以为意，赐死伍子胥，装在皮口袋里投入江中。原来，吴王夫差不明白伍子胥先前的主张可以为吴国建立功业，所以把伍子胥沉入江中也不后悔；伍子胥不能及早看到阖闾和夫差的不同，所以至死也不改变。能免于一死，保全功名，以彰显先王的业绩，这是我的上策；自身遭受诋毁侮辱，因而毁坏先王的名声，这是我最担心的。面对不可估量的大罪，还企图和赵国图谋燕国以求取私利，从道义上讲，这是我所不能做的。

“我听说，古代的君子，在交情断绝时也不说对方的坏话；忠臣离开本国时，也不为自己的名节辩白。我虽然不才，但经常接受君子的教诲。我担心大王听信左右人的话，而不体察我这个被疏远的人的行为。所以我斗胆以书信作答，希望大王留心注意。”

赵且伐燕

原文

赵且伐燕，苏代为燕谓惠王曰：“今者臣来，过易水，蚌方出曝[1]，而鹬（yù）啄其肉[2]，蚌合而钳其喙[3]。鹬曰：‘今日不雨，明日不雨，即有死蚌。’蚌亦谓鹬曰：‘今日不出，明日不出，即有死鹬。’两者不肯相舍，渔者得而并禽之[4]。今赵且伐燕，燕、赵久相支以弊大众，臣恐强秦之为渔父也。故愿王之熟计之也。”惠王曰：“善。”乃止。

注　释

①**蚌：**河蚌。②**鹬：**一种水鸟，嘴又尖又长，主要以小鱼等为食。③**钳：**钳住，夹住。④**禽：**通“擒”，擒获。

译　文

赵国想去攻打燕国，苏代为帮助燕国对赵惠文王说：“这次我前来赵国的时候，路过易水，刚好看到一只河蚌出来晒太阳，有个鹬鸟咬住了河蚌的肉，而河蚌则夹住了这只鹬鸟的嘴巴。鹬鸟说：‘我今天不松口，明天也不松口，你就成个死蚌了。’河蚌也对鹬鸟说：‘我今天不让你的嘴巴出去，明天还不让，你就成个死鸟了。’河蚌、鹬鸟都不肯首先放掉对方，这时来了个渔翁，轻而易举地就把两个家伙都抓走了。现如今您想要攻打燕国，燕、赵两国长久相持不下，只会让百姓疲劳困顿，我害怕强大的秦国就会成为这个‘渔翁’了。希望大王能够自己考虑清楚啊！”赵惠文王说：“你说得对。”就放弃了攻打燕国的想法。

卷三十一　燕策三

燕王喜使栗腹以百金为赵孝成王寿

原　文

燕王喜使栗腹以百金为赵孝成王寿[1]，酒三日，反报曰[2]："赵民其壮者皆死于长平，其孤未壮[3]，可伐也。"王乃召昌国君乐间而问曰："何如？"对曰："赵，四达之国也，其民皆习于兵，不可与战。"王曰："吾以倍攻之，可乎？"曰："不可。"曰："以三，可乎？"曰："不可。"王大怒。左右皆以为赵可伐，遽起六十万以攻赵。令栗腹以四十万攻鄗，使庆秦以二十万攻代。赵使廉颇以八万遇栗腹于鄗，使乐乘以五万遇庆秦于代。燕人大败。乐间入赵。

燕王以书且谢焉，曰："寡人不佞[4]，不能奉顺君意，故君捐国而去，则寡人之不肖明矣。敢端其愿，而君不肯听，故使使者陈愚意，君试论之。语曰：'仁不轻绝，智不轻怨。'君之于先王也，世之所明知也。寡人望有非则君掩盖之，不虞君之明罪之也[5]；望有过则君教诲之，不虞君之明罪之也。且寡人之罪，国人莫不知，天下莫不闻，君微出明怨以弃寡人，寡人必有罪矣。虽然，恐君之未尽厚也。谚曰：'厚者不毁人以自益也，仁者不危人以要名。'以故掩人之邪者[6]，厚任之行也；救人之过者，仁者之道也。世有掩寡人之邪，救寡人之过，非君心所望之？今君厚受位于先王以成尊，

轻寡人以快心，则掩邪救过，难得于君矣。

“且世有薄于故厚施，行有失而故惠用。今使寡人任不肖之罪，而君有失厚之累，于为君择之也，无所取之。国之有封疆，犹家之有垣墙，所以合好掩恶也。室不能相和，出语邻家，未为通计也。怨恶未见而明弃之，未为尽厚也。寡人虽不肖乎，未如殷纣之乱也；君虽不得意乎，未如商容、箕子之累也。然则不内盖寡人，而明怨于外，恐其适足以伤于高而薄于行也，非然也？苟可以明君之义，成君之高，虽任恶名[7]，不难受也。本欲以为明寡人之薄，而君不得厚；扬寡人之辱，而君不得荣，此一举而两失也。义者不亏人以自益，况伤人以自损乎！愿君无以寡人不肖，累往事之美。

注　释

①**栗腹**：燕国的相国。**寿**：祝寿、祝贺。②**反**：通“返”，返回。③**孤**：孤儿。④**不佞**：不才。⑤**不虞**：不料，没想到。⑥**邪**：错误，过失。⑦**虽**：即使。

译　文

燕王喜派相国栗腹带黄金百镒去向赵孝成王祝寿，整整喝了三天酒，栗腹回来后对燕王说：“赵国壮年的百姓都已战死在长平，而剩下的小孩子还都没有长大成人，现在正是攻打他们的时候。”于是燕王叫来昌国君乐间问道：“现在去攻打赵国行吗？”乐间答道：“赵国是通达四方的国家，国民都精通军事，不能攻打。”燕王说：“如果我以成倍的兵力讨伐的话，行吗？”乐间说：“不行。”燕王说：“如果我派出三倍于赵国的兵力攻打，行吗？”乐间说：“不可以。”燕王大怒，身边的大臣都认为现在可以去攻打赵国，于是燕王派出六十万大军去进攻赵国，派栗腹领兵四十万去攻打鄗，庆秦领兵二十万去进攻代。赵王派出廉颇领兵八万和栗腹大战于鄗地，派乐乘领兵五万在代迎战庆秦。燕国军队大败而归，乐间投奔了赵国。

燕王写信谴责乐间并且表示了歉意，他在信里说：“我无德无能，没有听从您的意见，结果让您离开国家去了他乡，这充分表明了我多么无能啊。我想对您说出我的心愿，可怕您不愿意听，所以就先派去使者代我表达我的心思，你先听听看对不对。俗话说：‘仁义之士不轻易和他人断绝关系、智慧的人不轻易发出抱怨。’您是怎么对待先王的，所有的人都看得很清楚，我如果有什么过失或者错误的决断，希望您能够包涵体谅，可没想到您却把我的过失公开于天下，还弃国而去。而且我的过失，国内外的人都知道，即使您不公开抱怨并且抛弃我，我的罪过也是不能回避的。但即便这样，您也显得太不厚道了。俗话说：‘实在的人不通过诋毁他人来抬高自己，仁义的人不通过损害他人的利益来让自己扬名。’所以说不揭穿别人过失的人是厚道人，帮助别人纠正错误的人是仁义之士。这世上能有人帮我遮丑并且挽救过错，难道不是您想看到的吗？您曾经被先王厚待获得了显赫的地位，现如今却为了一时痛快而抛弃本王，看来本王想遮丑改错是靠不了你了啊！

“再说，虽然有的人对我很不怎么样，我却善待他们；虽然有的人也犯错误，我还是关爱重用他们。如今这件事让我背上了无能的罪名，您也会被认为不厚道，现在该怎么办还是您自己决定吧，我并没有过多的想法。一个国家的边境就好像一个家庭的院墙一样，是用来增进家庭成员的感情遮掩家丑的。如果家庭内部不和，就把矛盾说出去，让别人都知道，这不是我们常用的办法。怨恨还不是很明显就公然抛弃国家，这实在不能说您尽忠尽责啊。本王虽然无能，可还没有像纣王那样暴虐；您虽然不是很得意，可也没有像商容、箕子那样遭遇不幸。可是您不但不帮我遮丑反而在外面公开抱怨，这样做只会伤害您高尚的品德操行，您说呢？如果这样做能够成全您的大义，彰显您的高风亮节，我即便是承担不好的名声也能接受。本来是想让表明我的刻薄，可您也不能显得厚道；本是想揭露我的过错，可您也并不光荣，这么做只能损人害己。义气的人不损人利己，更何况损害别人也害了自己呢？希望您不要因为我的无能伤害了您以前的声誉啊。

原　文

“昔者柳下惠吏于鲁[1]，三黜而不去[2]。或谓之曰：‘可以去。’柳下惠曰：‘苟与人之异，恶往而不黜乎？犹且黜乎，宁于故国尔。’柳下惠不以三黜自累，故前业不忘；不以去为心，故远近无议。今寡人之罪，国人未知，而议寡人者遍天下。语曰：‘论不修心，议不累物，仁不轻绝，智不简功。’

“弃大功者，辍也[3]；轻绝厚利者，怨也。辍而弃之，怨而累之，宜在远者，不望之乎君也。今以寡人无罪，君岂怨之乎？愿君捐怨，

追惟先王，复以教寡人！意君曰[4]，余且慝心以成而过，不顾先王以明而恶，使寡人进不得修功，退不得改过，君之所揣也，唯君图之！此寡人之愚意也。敬以书谒之。”

乐间怨不用其计，卒留赵不报[5]。

注　释

①**柳下惠**：春秋时期鲁国的大臣。②**黜**：废除，罢免。③**辍**：放弃，停止。④**意**：表示推测，也许。⑤**卒**：最终。

译　文

“从前有个柳下惠，在鲁国做官的时候多次被罢官，可还是不离开鲁国。有人对他说：‘你完全可以离开这里啊。’柳下惠说：‘如果做人做事和常人不同，在哪里能够不被撤职呢？更何况反正都是撤职，我倒更愿意待在本国。’柳下惠没有因为多次被罢官就放弃原则，所以人们一直都牢记他以往的功绩；他从来没有想过离开国家，所以从古至今没有人说他的坏话。现在我的过错本国的老百姓还不知道，就已经被天下人议论纷纷了。俗话说：‘良言不违背本心，高论不损害其他人的利益，仁义之士不轻易和他人断绝关系，智者不轻视他人的功劳。’

“不理会别人的功绩，就会使人放弃情谊。为了私利轻易和他人断交，就会产生怨恨。因绝情而放弃以前的功绩，因怨恨而自暴自弃，这样的事情我希望发生在和我不亲近的大臣身上，而不是您啊！如果我没有这样的过错，您会怨恨我吗？希望您能够不要再怨恨我，就看在先王的分儿上再来教导我吧。也许您会说，我为了让自己心里舒服宁可不管你的过错，为了表示对你的怨恨宁可不顾先王的厚爱。这样做使得我进不能建功立业，退不能改正以前的过错，这都由您所决定的，请您深思熟虑！这就是我浅薄的想法，现在给您诚恳地写了这封信，表达我的心意。”

乐间和乐乘怨恨燕王不用他们的计策，两

● 柳下惠

个人最终决定留在了赵国，没有回信。

燕太子丹质于秦亡归

原 文

燕太子丹质于秦[1]，亡归[2]。见秦且灭六国，兵以临易水[3]，恐其祸至。太子丹患之，谓其太傅鞠武曰："燕、秦不两立，愿太傅幸而图之。"武对曰："秦地遍天下，威胁韩、魏、赵氏，则易水以北未有所定也[4]。奈何以见陵之怨[5]，欲排其逆鳞哉？"太子曰："然则何由？"太傅曰："请入，图之。"

居有间[6]，樊将军亡秦之燕，太子容之[7]。太傅鞠武谏曰："不可。夫秦王之暴而积怨于燕，足为寒心，又况闻樊将军之在乎！是以委肉当饿虎之蹊，祸必不振矣！虽有管、晏[8]，不能为谋。愿太子急遣樊将军入匈奴以灭口。请西约三晋，南连齐、楚，北讲于单于[9]，然后乃可图也。"

太子丹曰："太傅之计，旷日弥久，心惛然，恐不能须臾。且非独于此也。夫樊将军困穷于天下，归身于丹，丹终不迫于强秦，而弃所哀怜之交置之匈奴，是丹命固卒之时也。愿太傅更虑之[10]。"

鞠武曰："燕有田光先生者，其智深，其勇沉，可与之谋也。"太子曰："愿因太傅交于田先生[11]，可乎？"鞠武曰："敬诺[12]。"出见田光，道太子曰："愿图国事于先生。"田光曰："敬奉教。"乃造焉[13]。

太子跪而逢迎，却行为道[14]，跪而拂席[15]。田先生坐定，左右无人，太子避席而请曰："燕、秦不两立，愿先生留意也。"田光曰："臣闻骐骥盛壮之时，一日而驰千里。至其衰也，驽马先之。今太子闻光壮盛之时，不知吾精已消亡矣。虽然，光不敢以乏国事也。

所善荆轲[16]可使也。”太子曰：“愿因先生得愿交于荆轲，可乎？”田光曰：“敬诺。”

即起，趋出。太子送之至门，曰：“丹所报先生，所言者，国大事也，愿先生勿泄也[17]。”田光俯而笑曰：“诺。”

注　释

①**质**：做人质。②**亡**：逃亡。③**以**：通“已”，已经。④**易水以北**：燕国处于易水的北方，在此实指燕国。⑤**陵**：通“凌”，欺凌、凌辱。⑥**间**：一会儿。⑦**容**：收容。⑧**管、晏**：管即管仲，春秋时期的名臣，曾辅佐齐桓公成为霸主；晏即晏婴，春秋后期齐国名臣，辅政长达四十年之久，国家大治。⑨**单于**：匈奴的君主。⑩**更**：再。⑪**因**：通过。**交**：结交。⑫**敬诺**：好吧。敬，表示对对方的尊敬。⑬**造**：拜访。⑭**却**：后退。⑮**拂**：拂拭，擦拭。⑯**荆轲**：相传本为齐国的后裔，原本姓庆，迁居卫国之后改姓为荆。⑰**泄**：泄露。

译　文

燕太子丹在秦国做质子，后来从秦国逃回燕国。他看到秦国即将并吞六国，秦国的军队已经逼近易水，害怕大祸临头。他心中非常忧虑，对他的太傅鞠武说：“燕、秦二国势不两立，希望有幸得到太傅的谋划。”鞠武回答说：“秦国的地盘满天下，又用武力威胁韩、魏、赵等国，易水以北燕国的土地很难保险。何必因为曾经遭受欺侮的怨恨，去触犯凶暴的秦国呢？”太子说：“那么该从哪里入手呢？”鞠武说：“请太子进宫休息吧，让我再考虑考虑。”

过了一些时候，樊将军从秦国逃到燕国，太子丹收留了他。太傅鞠武劝告太子丹道：“这样不好。秦王如此暴虐，对燕国久怀怨恨，这已够叫人胆战心惊的了，何况又听到樊将军躲在这里呢！这好比把肉丢在饿虎来往的道路上，大祸临头一定没救了！即使有管仲、晏婴那样的贤人，也不能想出什么好办法来。我希望太子赶紧遣送樊将军到匈奴去，杜绝秦国来攻打燕国的借口。然后请西面与韩、魏、赵结盟，南面与齐、楚联合，北面与匈奴言和，这样才有办法可对付啊。”

太子丹说：“太傅的计谋，得耗费很长时间。我心中非常烦乱忧闷，怕是一会儿也等不得了。况且问题还不仅仅在这一点上。樊将军处境艰难，到处不得安身，前来投奔我，我毕竟不能因为害怕强秦的威迫而抛弃我所同情的朋友，把他打发到匈奴去啊。这正是我拼命的时候了！希望太傅再考虑考虑。”

鞠武说：“燕国有一位田光先生，他智谋深远，勇毅沉着，可以去跟他商量。”太子说：“我希望通过太傅与田先生结交，可以吗？”鞠武说：“好吧。”鞠武出来会见田光，传达太子的话说：“希望与先生商量国家大事。”田光说：“我遵命。”于是去到太子那里。

太子跪着向前迎接，倒退着走，为田光引路，又跪着为田光拂拭坐席。田先生坐定了，身边无人，太子起身离开坐席，对田光说：“燕、秦势不两立，希望先生对此留心。”田光说：“我听说良马在年轻力壮的时候，一天能跑上千里；到它衰老的时候，劣马也跑在它的前面。现在太子听说的是我年富力强时的情况，不知道我的精力如今已耗尽了。虽然这样，我不敢因此耽误国家大事。我所交好的朋友荆轲，可以任用。”太子说：“我希望能通过先生与荆轲结交可以吗？”田光说：“一切遵命！”

当即站起身来，快步走出。太子送他到门口，叮嘱道：“我所告诉的和先生所讲的话，都是国家的大事啊，希望先生不要泄露出去。”田光低下身子笑了笑说：“知道了。”

原 文

偻(lǚ)行见荆轲曰[1]：“光与子相善，燕国莫不知。今太子闻光壮盛之时，不知吾形已不逮也[2]，幸而教之曰：‘燕、秦不两立，愿先生留意也。’光窃不自外，言足下于太子，愿足下过太子于宫。”荆轲曰：“谨奉教。”

田光曰：“光闻长者之行，不使人疑之，今太子约光曰：‘所言者，国之大事也，愿先生勿泄也。’是太子疑光也。夫为行使人疑之，非节侠士也。”欲自杀以激荆轲，曰：“愿足下急过太子，言光已死，明不言也[3]。”遂自刭而死。

轲见太子，言田光已死，明不言也。太子再拜而跪，膝下行流涕[4]，有顷而后言曰：“丹所请田先生无言者，欲以成大事之谋，今田先生以死明不泄言，岂丹之心哉？”

荆轲坐定，太子避席顿首曰：“田先生不知丹不肖，使得至前，愿有所道，此天所以哀燕不弃其孤也。今秦有贪饕(tāo)之心[5]，而欲不可足也[6]。非尽天下之地，臣海内之王者，其意不餍。今秦已虏韩

王[7]，尽纳其地，又举兵南伐楚，北临赵。

“王翦将数十万之众临漳、邺[8]，而李信出太原、云中[9]。赵不能支秦[10]，必入臣。入臣，则祸至燕。燕小弱，数困于兵，今计举国不足以当秦[11]。诸侯服秦，莫敢合从[12]。丹之私计，愚以为诚得天下之勇士，使于秦，窥以重利，秦王贪其贽，必得所愿矣。

“诚得劫秦王，使悉反诸侯之侵地[13]，若曹沫之与齐桓公，则大善矣；则不可，因而刺杀之。彼大将擅兵于外，而内有大乱，则君臣相疑[14]。以其间诸侯，诸侯得合从，其破秦必矣。此丹之上愿，而不知所以委命，唯荆卿留意焉。”

注　释

①**偻：**弯着腰。②**不逮：**不及。③**明：**表明。④**膝下行：**跪着走。⑤**贪饕：**贪婪。⑥**足：**满足。⑦**已虏韩王：**公元前 230 年秦灭韩，俘虏了韩王。⑧**王翦：**秦国的将军。**漳、邺：**漳水、邺城。邺，位于今天山西临漳。⑨**李信：**秦国的将军。⑩**支：**应付、对付。⑪**举国：**全国。**当：**通“挡”，抵挡。⑫**合从：**即合纵。⑬**悉：**全部。**反：**归还。⑭**相疑：**相互猜疑。

译　文

田光弯腰曲背地去见荆轲，对他说：“我与您相好，在燕国没有人不知道。现在太子听说了我在年富力强时的情况，却不知道我的体力已经不足了。承蒙他指教我说：‘燕、秦势不两立，希望先生对此留心。’我自以为与您不是外人，已经向太子介绍了您，希望您进宫去拜访太子。”荆轲说：“我遵命。”

田光说：“我听说品德高尚的人的行为，不使人产生怀疑。如今太子告诫我道：‘我们所讲的，都是国家大事，希望先生不要泄露出去。’这是太子怀疑我啊。如果自己的行为使人产生怀疑，那就不是有节操、讲侠义的人了。”田光想要用自杀来激励荆轲，对他说道：“希望您赶快去拜访太子，对他说我已经死了，表明我决不泄露出去。”说完就自杀身死了。

于是荆轲去见太子，对太子说田光已经自杀身死，以表明他决不泄露出去。太子拜了两拜，双腿下跪，用膝盖行走，泪流满面，过了一会儿，然后说道：“我请求田先生不要泄露出去的原因，是想使有关国家大事的谋划得到成功。如今田先生用死来表明他决不泄露出去，这难道是我的本意吗？”

荆轲坐定后，太子离开座席对他叩头说：“田先生不知道我是个没有才能的人，使我能够来到您的面前，谈谈我的心里话，这是上天哀怜燕国不抛弃孤弱的燕国啊。如今秦国有贪得无厌的野心，并且欲望不可能填满。不吞尽天下的土地，征服海内的王侯，它的心是不能满足的。现在秦国已经俘虏韩王，全部夺取韩国的土地，又发兵向南讨伐楚国，向北逼近赵国。

“王翦率领数十万军队逼近漳水、邺地一带，而李信又出兵太原、云中。如果赵国不能支持住秦兵的攻势，必然入秦称臣。只要它入秦称臣，祸患就到了燕国，燕国不但弱小而且多次被兵祸困扰，今天想要征发全国力量也抵挡不住秦兵。只要诸侯被秦国征服，就没有谁敢合纵了。我私下考虑，我认为真能得到天下最勇敢的人出使到秦国，以重利贿赂秦王，秦王贪图这些礼物，我们一定能如愿以偿了。

“如果能劫持秦王，使他全部返还侵占诸侯的土地，像曹沫为齐桓公那样，那就更好了；如果不行，就趁势刺杀他。那些大将在国外掌握兵权，如果国内大乱，那么君臣就要相互猜疑。趁这个机会离间各个诸侯，诸侯得以合纵，这样必能击破秦国。这就是我最高的愿望。但不知该把这个使命托付给谁，只请您留心考虑一下这件事。”

原文

久之，荆轲曰：“此国之大事，臣驽下[1]，恐不足任使。”太子前顿首，固请无让，然后许诺。

于是尊荆轲为上卿，舍上舍[2]，太子日日造问，供太牢异物，间进车骑美女，恣荆轲所欲，以顺适其意。久之，荆卿未有行意。秦将王翦破赵，虏赵王，尽收其地，进兵北略地，至燕南界。太子丹恐惧，乃请荆卿曰：“秦兵旦暮渡易水，则虽欲长侍足下，岂可得哉？”

荆卿曰：“微太子言[3]，臣愿得谒之[4]。今行而无信，则秦未可亲也。夫今樊将军，秦王购之金千斤，邑万家。诚能得樊将军首，与燕督亢之地图，献秦王，秦王必说见臣[5]，臣乃得有以报太子。”太子曰：“樊将军以穷困来归丹，丹不忍以己之私，而伤长者之意，

愿足下更虑之。”荆轲知太子不忍，乃遂私见樊於期曰[6]：“秦之遇将军，可谓深矣。父母宗族，皆为戮没[7]。今闻购将军之首金千斤、邑万家，将奈何？”

樊将军仰天太息流涕曰：“吾每念，常痛于骨髓，顾计不知所出耳。”轲曰：“今有一言，可以解燕国之患，而报将军之仇者，何如？”樊於期乃前曰：“为之奈何？”荆轲曰：“愿得将军之首以献秦，秦王必喜而善见臣，臣左手把其袖，而右手揕(zhèn)其胸[8]，然则将军之仇报，而燕国见陵之耻除矣[9]。将军岂有意乎？”

樊於期偏袒扼腕而进曰：“此臣日夜切齿拊心也，乃得今闻教。”遂自刎。太子闻之，驰往，伏尸而哭，极哀。既已无可奈何，乃遂收盛樊於期之首，函封之[10]。

注　释

①**驽下**：驽钝无能。②**舍**：住。**上舍**：上等的馆舍。③**微**：指没有。④**谒**：指拜谒。⑤**说**：通“悦”，喜悦，高兴。⑥**樊於期**：即樊将军。⑦**没**：通“殁”，杀。⑧**揕**：刺进。⑨**见陵**：被欺凌。见，表被动。⑩**函**：木匣子。

译　文

过了很久，荆轲才说：“这是国家大事，我才能低劣，恐怕不能胜任使命。”太子走上前去叩头，坚决请求荆轲不要推让，在这之后荆轲才答应下来。

于是太子尊崇荆轲为上卿，让他住在上等的馆舍，太子每天都去拜问。供给牛羊肉等珍异的食物，不时送进去一些车马和美女，任凭荆轲提出什么要求，都顺从他的心意。过了很久，荆轲还没有动身的意思。这时候，秦国大将王翦打败了赵国，俘虏了赵王迁，全部占领了赵国的土地，又继续向北进军，侵占土地，一直推进到燕国南部的地界。太子丹十分害怕，于是请求荆轲道：“秦国军队早晚之间就要渡过易水，那么我虽然想要长久地侍奉您，又怎能办得到呢？”

荆轲说：“即使太子不说，我也想向您请求行动了。如今我去秦国，却没有什么可以使人信任的凭证，那么秦王就不会对我亲近。现在樊将军这个人，秦王悬赏黄金千斤和封邑万户来缉拿他，如果能得到樊将军的头和燕国督亢的地图，奉献秦王，秦王一定高兴见我，我也才能够有机会报效太子。”太子说：“樊将军因为走投无路来投奔我，我不忍心由于自己的私事，而使樊将军伤心，希望您再考虑考虑。”荆轲知道太子不忍心，于是就私自去见樊於期说：“秦王对待将军，可以说怨恨够深的了。父母和同宗族的人都被杀戮。现在又听说秦王用千两金币和万户人家的城邑悬赏将军的头颅，您打算怎么办？”

樊将军仰首望天，叹口气流着眼泪说：“我每想到此处，常常痛入骨髓，考虑再三，只是不知使用什么办法。”荆轲说：“现在有句话，不但可以解除燕国的忧患，而且能报将军的仇恨，怎么样？”樊於期就走上前说：“对这事有什么办法？”荆轲说：“希望得到将军的首级，进献秦王，秦王一定很高兴很友善地接见我，我将要左手抓住他的袖子，右手刺他的胸膛，这样将军的仇恨可报，燕国被欺凌的耻辱可避免。将军可有这番心意吗？”

樊於期袒露出一条肩膀，握住手腕，走近一步说：“这是我日夜咬牙切齿，痛击心胸的事情，居然在今天能听到您的指引。”说完就自杀了。太子听说后，赶紧驾车奔去，伏在尸体上痛哭，极其悲哀。事情既然已经这样，没有别的办法，于是就把樊於期的头收装在匣子里封藏起来。

原文

于是，太子预求天下之利匕首，得赵人徐夫人之匕首[1]，取之百金，使工以药淬之，以试人，血濡缕[2]，人无不立死者。乃为装遣荆轲。燕国有勇士秦武阳，年十二，杀人，人不敢与忤视。乃令秦武阳为副。

荆轲有所待，欲与俱，其人居远未来，而为留待。顷之未发，太子迟之，疑其有改悔，乃复请之曰：“日以尽矣，荆卿岂无意哉？丹请先遣秦武阳。”荆轲怒叱太子曰：“今日往而不反者，竖子也[3]！今提一匕首入不测之强秦，仆所以留者，待吾客与俱。今太子迟之，请辞决矣！”遂发。

太子及宾客知其事者，皆白衣冠以送之。至易水上，既祖[4]，取道。高渐离击筑[5]，荆轲和而歌，为变徵(zhǐ)之声[6]，士皆垂泪涕泣。

又前而为歌曰："风萧萧兮易水寒，壮士一去兮不复还！"复为慷慨羽声[7]，士皆瞋目，发尽上指冠。于是荆轲遂就车而去，终已不顾。

既至秦，持千金之资币物，厚遗秦王宠臣中庶子蒙嘉。嘉为先言于秦王曰："燕王诚振畏慕大王之威，不敢兴兵以拒大王，愿举国为内臣，比诸侯之列[8]，给贡职如郡县，而得奉守先王之宗庙。恐惧不敢自陈，谨斩樊於期头及献燕之督亢之地图，函封，燕王拜送于庭，使使以闻大王。唯大王命之。"

秦王闻之，大喜。乃朝服，设九宾，见燕使咸阳宫。荆轲奉樊於期头函，而秦武阳奉地图匣，以次进至陛下[9]。秦武阳色变振恐，群臣怪之，荆轲顾笑武阳，前为谢曰："北蛮夷之鄙人，未尝见天子，故振慑，愿大王少假借之[10]，使得毕使于前[11]。"秦王谓轲曰："起，取武阳所持图。"

注　释

①**夫人**：夫人为名字。②**濡**：沾染。③**竖子**：小孩子，带有很强的呵责的意味。④**祖**：祭拜路神。⑤**高渐离**：燕国人，荆轲的好友。⑥**变徵**：变了调的徵音，调比较悲凉。徵，古代五音之一，相当于简谱的"5"。⑦**羽声**：宫、商、角、徵、羽为古代最基本的五种乐音。⑧**比诸侯之列**：像其他诸侯一样。比，像。⑨**陛下**：宫殿的台阶之下。⑩**假借**：宽恕，原谅。⑪**毕**：完成。

译　文

太子丹于是预先访求天下最锋利的匕首，访得赵国人徐夫人的一把匕首，不惜用百金重价买到手中，又让工匠用毒药水淬这把匕首，然后拿它在人身上做试验，只要流出很少一点血，没有不立刻死去的。于是置办行装，准备送荆轲动身。燕国有一个勇士叫作秦武阳，当他十二岁的时候，就曾经杀过人。人们都害怕他，不敢用眼睛正对他的目光。太子丹就派秦武阳做荆轲的副手。

荆轲正等待另一个人，想和他一起去，这个人居住远方还没有来到，荆轲因此滞留等他。过了几天也没出发。太子认为他走迟了，怀疑他有反悔的意思，就再去请问说："日期已经快过了，荆卿难道没有心思去吗？请让我先派秦武阳去吧。"荆轲生气了，呵斥太子说："我今天去了如果不能回来，就是因为秦武阳这小子！现在我是提一把匕首，进入吉凶难测的强秦，我之所以停下来，是因为等待我的朋友，想和他一起去。现在太子既然认为我行动迟缓，那就诀别了！"于是出发。

太子丹与门客中知道这件事的人，都身穿白色的衣服，头戴白色的帽子去送别荆轲。到了易水岸边，祭祀路神，宴饮饯行，然后上路。这时候，高渐离击筑，荆轲随着筑声唱起歌来，作的变徵之调，凄厉而悲凉，人们都流泪悲泣。荆轲又上前唱道："风声萧萧啊，易水严寒，壮士一去啊，不再回还！"音调又变为高亢激越的羽声。人们都不禁瞪大了眼睛，头发因愤怒而直立起来，顶起了头上的帽子。于是荆轲就登车出发，始终没有回头再看。

到了秦国以后，荆轲带上价值千金的礼物，赠送给秦王的宠臣中庶子蒙嘉。蒙嘉替荆轲先向秦王说道："燕王确实对大王的威势深感震惊，不敢出兵抵抗大王，情愿献出整个国家作为秦国内属的臣下，与朝拜秦国的各诸侯并列，像秦国的郡县那样定期进贡，只求能够奉守先王的宗庙。燕王非常害怕，不敢自己来向大王陈述，特地斩下樊於期的头，并献上燕国督亢的地图，用匣子封藏好。燕王亲自在庭前拜送，派来使者报告大王得知。现在听从大王的指示。"

秦王听说后，心中大喜。他于是穿上朝服，设置九宾，用最隆重的外交礼仪在咸阳宫接见燕国的使者。荆轲手捧封藏着樊於期头的匣子，秦武阳手捧装着督亢地图的匣子，按照次序走上前去，一直到了殿前的台阶下面。这时候，秦武阳脸色陡变，吓得浑身发抖，满朝臣子大为奇怪。荆轲回过头来看着秦武阳笑了笑，走上前去替他谢罪说："他是生长在北方蛮夷之地的粗野小人，不曾见过天子，所以吓得发抖，希望大王对他稍加原谅，让他在大王面前完成他的使命。"秦王对荆轲说："你起来吧，去把秦武阳所捧的地图取来我看。"

原　文

轲既取图奉之，发图，图穷而匕首见。因左手把秦王之袖，而右持匕首揕之。未至身，秦王惊，自引而起，绝袖。拔剑，剑长，掺其室[1]。时怨急，剑坚，故不可立拔。荆轲逐秦王，秦王还柱而走。群臣惊愕，卒起不意[2]，尽失其度。而秦法，群臣侍殿上者，不得持尺兵。诸郎中执兵[3]，皆陈殿下，非有诏不得上。

方急时，不及召下兵，以故荆轲逐秦王，而卒惶急无以击轲，

而乃以手共搏之。是时，侍医夏无且[4]以其所奉药囊提轲[5]。秦王之方还柱走，卒惶急不知所为，左右乃曰：“王负剑！王负剑！”遂拔以击荆轲，断其左股[6]。荆轲废，乃引其匕首，提秦王，不中，中柱。

秦王复击轲，被八创[7]。轲自知事不就，倚柱而笑，箕踞以骂曰：“事所以不成者，乃欲以生劫之，必得约契以报太子也。”左右既前斩荆轲[8]，秦王目眩良久。而论功赏群臣及当坐者，各有差。而赐夏无且黄金二百镒，曰：“无且爱我，乃以药囊提轲也。”

于是，秦大怒燕，益发兵诣赵，诏王翦军以伐燕。十月而拔燕蓟城。燕王喜、太子丹等，皆率其精兵东保于辽东。秦将李信追击燕王，王急，用代王嘉计[9]，杀太子丹，欲献之秦。秦复进兵攻之。五岁而卒灭燕国，而虏燕王喜。秦兼天下。

其后荆轲客高渐离以击筑见秦皇帝，而以筑击秦皇帝，为燕报仇，不中而死[10]。

注释

①**室**：指剑鞘。②**卒**：通“猝”，仓促。③**郎中**：护卫。④**夏无且**：人名，秦国御医。⑤**提**：投掷。⑥**左股**：左边的大腿。⑦**被**：遭受。⑧**既**：已经。⑨**代王嘉**：即赵公子嘉，赵灭亡后逃往代，自立为王。⑩**死**：被处死。

译文

荆轲取过地图，奉献给秦王。秦王展开地图观看，当地图完全展开时，暗藏在里面的匕首现了出来。荆轲立即用左手抓住秦王的衣袖，用右手拿起匕首向秦王刺去。还没刺到秦王身上，秦王大吃一惊，急忙抽身跳起，挣断了衣袖。秦王举手拔剑，剑太长，一时间拔不出来，只抓住了剑鞘。秦王当时又怕又急，心慌意乱，剑又被剑鞘牢牢套住，所以不能立刻拔出。荆轲追赶秦王，秦王绕着柱子逃跑。满朝臣子惊慌失措，由于事情发生突然，实在意想不到，群臣都失去了他们平时的仪态和风度。按照秦国的法令规定，群臣在殿上侍奉，不许拿任何武器。负责宿卫宫中的各位郎中，虽然带着武器，但都排列在殿下，没有秦王的命令，不得上殿。

秦王正当急迫的时候，来不及召来殿下的卫兵，因此荆轲追赶秦王的时候，群臣在仓促之间，惊慌着急，没有什么东西可以用来击打荆轲，只得一同用手来抓打他。这时候，秦王的侍从御医夏无且用他所捧的药袋向荆轲掷去。秦王正在绕着柱子逃走，惊慌焦急中不知怎么做好。趁这个机会左右的人才喊：“大王把剑背过去！”秦王才把剑推到背后，于是拔出宝剑砍荆轲，砍断他的左腿。荆轲受了重伤，这才抽出匕首向秦王投去，没有投中，扎在柱子上。

秦王又砍荆轲，荆轲受了八处创伤。荆轲自知事情不能成功，就倚着柱子大笑起来，叉开两腿大骂道：“事情之所以没有成功，是想要生擒你，那样肯定能得到土地的契约，以此报答太子。”左右的人已经走上前来，砍死荆轲，秦王头昏目眩了好久。最后对群臣论功行赏，对应该处罚的也各有轻重的差别。并且赏赐夏无且二百镒金币。秦王说：“无且最爱我，竟用药囊打荆轲。”

这时秦王更恨燕国，并向赵国展开愈来愈大的攻势，下令王翦的军队讨伐燕国。十月攻陷燕国蓟城。燕王喜和太子丹等人都率领精兵逃到东边退守辽东。秦将李信追击燕王，燕王急了，只好采用赵国代王嘉的计策，杀死太子丹，想把他的脑袋献给秦王。秦兵仍旧攻打燕国，五年之后终于消灭了燕国，并俘虏燕王喜，最后秦国统一天下。

在这之后，荆轲的友人高渐离利用击筑的机会见到秦始皇，高渐离用筑打秦始皇，想为燕国报仇，结果也没有击中，被秦始皇杀死。

卷三十二 宋卫策

公输般为楚设机

原文

公输般为楚设机[1]，将以攻宋。墨子闻之[2]，百舍重茧[3]，往见公输般，谓之曰："吾自宋闻子。吾欲藉子杀人[4]。"公输般曰："吾义固不杀人。"墨子曰："闻公为云梯，将以攻宋。宋何罪之有？义不杀人而攻国，是不杀少而杀众。敢问攻宋何义也？"公输般服焉，请见之王。

墨子见楚王曰："今有人于此，舍其文轩[5]，邻有弊舆而欲窃之[6]；舍其锦绣，邻有短褐而欲窃之；舍其梁肉，邻有糟糠而欲窃之。此为何若人也？"王曰："必为有窃疾矣。"

墨子曰："荆之地方五千里[7]，宋方五百里，此犹文轩之与弊舆也。荆有云梦，犀兕麋鹿盈之[8]，江、汉鱼鳖鼋（yuán）鼍（tuó）为天下饶[9]，宋所谓无雉兔鲋鱼者也，此犹梁肉之

● 墨子

与糟糠也。荆有长松、文梓、楩、楠、豫樟，宋无长木，此犹锦绣之与短褐也。臣以为王吏之攻宋为与此同类也。”王曰：“善哉！请无攻宋。”

注　释

①**公输般**：即鲁班。**机**：战争用具。②**墨子**：名翟，墨家的创始人，主张“兼爱”“非攻”。③**舍**：一舍相当于今天的一百里。**重茧**：厚厚的茧子。④**藉**：通“借”。⑤**文轩**：画着彩纹的车。⑥**弊舆**：破旧的车。⑦**方**：方圆。⑧**盈**：充盈。⑨**鼋鼍**：珍稀的水生动物。

译　文

公输般为楚国制造兵器，准备用来攻打宋国。墨子知道这件事以后，就徒步以日行百里的速度而来，以致把脚都磨出层层老茧。墨子见到公输般说：“我在宋国就听见了阁下的大名，因此我想用阁下的力量来杀人！”公输般说：“我的意思并不是要杀人。”墨子说：“听说你正在造云梯，预备攻打宋国，请问宋国有什么罪呢？你的意思既然不杀人，但是却又要攻打宋国，这等于是不杀少数人，而决心要杀多数人，请问你攻打宋国是什么意思？”公输般被墨子说服，于是就陪着墨子进见楚王。

墨子对楚惠王说：“现在这里有一个人，不要自己画有彩纹的车子，邻居有一辆破车，他反而想去偷窃；不要自己刺有锦绣的衣服，邻居有一件粗布短袄，他反而想去偷窃；不要自己的米和肉，邻居有些糟糠，他反而想去偷窃。请问这是什么样的人？”楚惠王说：“必然是有偷窃病的人。”

墨子说：“楚国方圆五千里，而宋国只有五百里，这就如同彩车和破车相比一般。楚国的云梦充满了犀牛、野牛、麋鹿，而长江、汉水所出产的鱼、鳖、鼋、鼍更是天下最多的，反之宋国是一个连野鸡、兔子和鲫鱼都没有的贫瘠地方，两国相比就好像米肉和糟糠一般。楚国有长松、文梓、楩、楠、豫樟等各种树，而宋国连一棵比较好的大树都没有，两国相比恰好像锦绣和粗布短袄一般。不知大王所派出攻打宋国的人，是否就跟臣所说的这个有偷窃之癖的人相似？”楚惠王说：“阁下的话很合乎情理，寡人不打算攻打宋国了。”

梁王伐邯郸

原　文

梁王伐邯郸[1]，而征师于宋。宋君使使者请于赵王曰[2]：“夫梁兵劲而权重，今征师于弊邑，弊邑不从则恐危社稷，若扶梁伐赵以害赵国，则寡人不忍也，愿大王之有以命弊邑。”赵王曰：“然，夫宋之不足如梁也[3]，寡人知之矣。弱赵以强梁，宋必不利也。则吾何以告子而可乎？”

使者曰：“臣请受边城[4]，徐其攻而留其日，以待下吏之有城而已。”赵王曰：“善。”宋人因遂举兵入赵境而围一城焉。梁王甚说曰：“宋人助我攻矣。”赵王亦说曰：“宋人止于此矣。”故兵退难解，德施于梁，而无怨于赵。故名有所加，而实有所归。

注　释

①**梁王**：指魏惠王。②**赵王**：指赵成侯。③**如**：抵挡。④**请受边城**：请求允许进攻一座边境上的城邑。

译　文

魏王进攻赵国邯郸，魏国向宋国征调军队。宋国国君派使者向赵王请求说：“魏国军队强悍威势很大，如今向敝国征调军队，敝国如不从命，国家就会出现危险，如果帮助魏国进攻赵国来损害赵国，那么寡人又不忍心，希望大王能有合适的想法命令敝国。”赵王说：“好吧。宋国兵力不足以抵挡魏国，寡人是知道的。削弱赵国来增强魏国实力，宋国也很不利。那么我用怎样的决定告诉您才可以呢？”

宋国使者说：“臣下请求允许宋国进攻赵国边境上的一座城邑，慢慢进攻，多耗些日子，以此来等待您的下属官吏守住它罢了。”赵王说：“好。”宋国于是就发兵进入赵国边境，围困了一座城邑。魏王很高兴说：“宋国人帮助我攻打赵国。”赵王也高兴地说：“宋国人就停在这里了。”所以在战争结束退兵的时候，宋国既对魏国有恩，又同赵国无怨。因此宋国名望有所增加，实际上又得到了好处。

秦攻卫之蒲

原　文

秦攻卫之蒲[1]。胡衍谓樗里疾曰[2]："公之伐蒲，以为秦乎？以为魏乎？为魏则善，为秦则不赖矣[3]。卫所以为卫者，以有蒲也。今蒲入于秦，卫必折于魏。魏亡西河之外，而弗能复取者，弱也。今并卫于魏，魏必强。魏强之日，西河之外必危。且秦王亦将观公之事，害秦以善魏，秦王必怨公。"樗里疾曰："奈何？"胡衍曰："公释蒲勿攻，臣请为公入戒蒲守，以德卫君。"樗里疾曰："善。"胡衍因入蒲，谓其守曰："樗里子知蒲之病也，其言曰：'吾必取蒲。'今臣能使释蒲勿攻。"蒲守再拜，因效金三百镒焉，曰："秦兵诚去，请厚子于卫君。"胡衍取金于蒲，以自重于卫，樗里子亦得三百金而归，又以德卫君也。

注　释

①**蒲**：邑名，在今河南长垣。②**胡衍**：卫国人。③**不赖**：不利。

译　文

秦国攻打卫国的蒲地。胡衍对樗里疾说："您来进攻蒲地，是为了秦国呢，还是为了魏国呢？如果为了魏国，那么对魏国很有利，如果是为了秦国，那么对秦国不利。卫国之所以是卫国，就是因为有蒲地。现在如果蒲地归入秦国，卫国必然会掉头投向魏国。魏国失去西河以外的土地之后，再也没有重新夺取，是因为魏国衰弱了。如今假如卫国并入魏国，魏国必然会强大起来。等到魏国强大的那一天，西河以外就危险了。再说秦王将会观察您的所作所为，如果是损害秦国而给魏国带来好处，秦王一定会怨恨您。"樗里疾说："那怎么办呢？"胡衍说："您放弃蒲地，不要再攻打，请允许我替您进入蒲城告诉蒲城守备不要再打了，以此使卫国国君感激您的恩德。"樗里疾说："好吧。"胡衍于是进入蒲城，对蒲城守备说："樗里疾知道蒲城困难重重，他声称：'我一定要攻下蒲城。'现在我能让樗里疾放弃蒲城，不再进攻。"蒲城守备两次拜谢，于是又献金三百镒，说："秦兵真能撤离，请允许我让卫国国君重赏您。"胡衍从蒲城得到了酬金，并让自己在卫国受到重视。樗里疾也得到了三百镒黄金收兵回国，又使卫国国君对他感恩戴德。

卫使客事魏

原 文

卫使客事魏，三年不得见。卫客患之，乃见梧下先生[1]，许之以百金。梧下先生曰："诺。"乃见魏王曰："臣闻秦出兵，未知其所之。秦、魏交而不修之日久矣。王专事秦，无有佗计。"魏王曰："诺。"

客趋出，至郎门而反曰："臣恐王事秦之晚。"王曰："何也？"先生曰："夫人于事己者过急，于事人者过缓。今王缓于事己者，安能急于事人。""奚以知之？"卫客曰："事王三年不得见，臣以是知王缓也。"魏趋见卫客。

注 释

①**先生**：古时对道德高尚者的尊称。

译 文

卫国派一名客卿去侍奉魏王，过了三年都没有被召见一次。卫国的客卿感到很忧虑，就去拜见梧下先生，希望想个办法，并答应给他一百金作为报酬。梧下先生说："可以。"于是梧下先生就去拜见魏王说："最近我听说秦国出动了军队，却不了解他们进攻什么地方。秦、魏结交已经很久了，然而大王对他们很不敬重。大王要专心致力去侍奉秦国，万不可有其他的打算。"魏王说："你说得很对。"

梧下先生这才快步走了出去，刚到廊门却返回来说："可是，我怕大王想去侍奉秦国已经晚了。"魏王说："怎么这样说呢？"梧下先生说："一般地说，让人家来侍奉自己都很着急，然而自己要去侍奉别人却总是拖拖拉拉。如今大王对于来侍奉自己的人都拖拖拉拉，怎么能着急去侍奉别人呢？"魏王说："你怎么知道我有这种事呢？"梧下先生说："卫国来的客卿曾说过，他来侍奉大王已经有三年了，至今却不被召见。因此我知道大王在这种事上太拖拉了。"于是魏王赶紧去见卫国的客卿。

卷三十三　中山策

犀首立五王

原　文

犀首立五王[1]，而中山后持。齐谓赵、魏曰："寡人羞与中山并为王，愿与大国伐之，以废其王。"中山闻之，大恐。召张登而告之曰[2]："寡人且王，齐谓赵、魏曰，羞与寡人并为王，而欲伐寡人。恐亡其国，不在索王。非子莫能吾救。"登对曰："君为臣多车重币，臣请见田婴[3]。"中山君遣之齐，见婴子曰："臣闻君欲废中山之王，将与赵、魏伐之，过矣。以中山之小而三国伐之，中山虽益废王，犹且听也。且中山恐，必为赵、魏废其王而务附焉。是君为赵、魏驱羊也[4]，非齐之利也。岂若中山废其王而事齐哉？"田婴曰："奈何？"张登曰："今君召中山，与之遇而许之王，中山必喜而绝赵、魏。赵、魏怒而攻中山，中山急而为君难其王，则中山必恐，为君废王事齐。彼患亡其国，是君废其王而立其国，贤于为赵、魏驱羊也[5]。"田婴曰："诺。"

张丑曰[6]："不可。臣闻之，'同欲者相憎，同忧者相亲。'今五国相与王也，负海不与焉[7]。此是欲皆在为王，而忧在负海。今召中山，与之遇而许之王，是夺四国而益负海也。致中山而塞四国，四国寒心；必先与之王而故亲之，是君临中山而失四国也。且张登之为人也，善以微计荐中山之君久矣，难信以为利。”

田婴不听。果召中山君而许之王。张登谓赵、魏曰：“齐欲伐河东[8]。何以知之？齐羞与中山并为王甚矣，今召中山，与之遇而许之王，是欲用其兵也。岂若令大国先与之王，以止其遇哉？”赵、魏许诺，果与中山王而亲之。中山果绝齐而从赵、魏。

注　释

①**犀首**：公孙衍。**立五王**：指立齐、赵、魏、燕、中山五国为王。②**张登**：中山国大臣。③**田婴**：齐国相国。④**驱羊**：指白白出力而无所得。⑤**贤**：好过。⑥**张丑**：齐国大臣。⑦**负海**：指齐国。⑧**河东**：地名，属赵、魏两国。

译　文

犀首拥立齐、赵、魏、燕和中山五国的君主为王，其中最后才推立中山君。齐王对赵、魏两国说：“我对和中山君并立称王感到羞耻，愿意和你们共同讨伐他，废去他的王号。”中山君听到此事，十分惊恐，就召见张登告诉他说：“我将要称王了，可是齐王对赵、魏说和我并立为王觉得羞耻，想要讨伐我。我只是害怕国家灭亡，倒不在乎能否得到王号，如今看来除了你没有谁能救我。”张登回答说：“您给我多预备些车辆和丰厚的财物，请让我去见田婴。”中山君于是派遣他到齐国去。

张登见到田婴之后说：“我听说您要废掉中山君的王号，准备和赵、魏讨伐中山，这样干就错了。以中山那样弱小，却要三个大国讨伐它，中山即使受到比废王号更大的打击，还是会俯首听命。再说中山君已惊恐万状，为了讨好赵、魏必定废弃自己的王号，去依附他们。这犹如您替赵、魏把羊赶过去了，这可不是齐国的利益所在。哪里赶得上让中山自己废弃王号来侍奉齐国呢？”田婴说：“依您看该怎么办？”张登说：“您现在联系中山，答应和它结盟并认可它称王。中山一定感到很高兴而不会去找赵、魏两国寻求妥协。赵、魏两国肯定会因此发怒去攻打中山，中山感到危急，知道各国不愿与它一起称王，中山感到害怕，必定会为您废除王号而依附齐国。中山担心的是国家因此而灭亡，现在您虽然废除了它的王号却有了保全它国家的恩惠，总是比白白为赵、魏两国出力要好得多。”田婴回答说：“好，我听您的。”

张丑说：“不能这样做。我听说：‘追求同一样事物的人相互憎恨，担心同一件事情的人相互关心。’现在五国各自称王，只有齐国不愿同中山同时称王。这样各国所追求的都是称王，所以他们会相互顾忌；而所担心的都是齐国，现在您联系中山，和它结盟并认可它称王号，就是剥夺了四国的利益而使齐国受惠。得到中山而隔断了四国的联系，四国会感到寒心；同意中山称王并故意亲近它，是得到了中山却失去了四国。而且张登这个人，一直为中山国君出谋划策已经很长时间了。不可以相信能从他那里得到什么好处。”

田婴没听张丑的建议。真约见了中山国君，答应让他称王号。张登趁机对赵、魏两国说：“齐国想攻占河东之地。从哪里可以知道呢？齐国以同中山一起称王为耻，现在却主动联络中山，和它结盟，并认可它称王，是想借用中山国的兵力。还不如您两个大国认可中山称王，以此来阻止他们两国联合。”赵、魏两国点头答应，果然让中山称王并亲近中山。中山国也和齐国断绝关系而倒向赵、魏这一方。

中山与燕赵为王

原 文

中山与燕、赵为王，齐闭关不通中山之使，其言曰：“我万乘之国也，中山千乘之国也，何侔(móu)名于我[1]？”欲割平邑以赂燕、赵，出兵以攻中山。

蓝诸君患之[2]。张登谓蓝诸君曰[3]：“公何患于齐？”蓝诸君曰：“齐强，万乘之国，耻与中山侔名，不惮割地以赂燕、赵，出兵以攻中山。燕、赵好倍而贪地[4]，吾恐其不吾据也。大者危国，次者废王，奈何吾弗患也？”张登曰：“请令燕、赵固辅中山而成其王，事遂定。公欲之乎？”蓝诸君曰：“此所欲也。”曰：“请以公为齐王，而登试说公；可，乃行之。”蓝诸君曰：“愿闻其说。”

登曰：“王之所以不惮割地以赂燕、赵，出兵以攻中山者，其实欲废中山之王也。王曰：‘然。’然则王之为费且危。夫割地以赂燕、赵，是强敌也；出兵以攻中山，首难也。王行二者，所求中山未必得。王如用臣之道，地不亏而兵不用[5]，中山可废也。王必曰：‘子

之道奈何？'"

注　释

①**侔**：相等，相当。②**蓝诸君**：中山国的相国。③**张登**：中山国的臣子。④**倍**：通"背"，此指背约。⑤**亏**：亏损，损失。

译　文

中山与燕、赵两国准备同时称王，于是齐国关闭关塞，不准中山的使者通行，他们的话是这样说的："我们是有万辆兵车的国家，中山不过是有千辆兵车的小国，怎么能和我们名位相同？"这时齐王想要割让平邑来拉拢燕、赵，让它们出兵攻打中山。

蓝诸君听到消息后很忧虑。张登对蓝诸君说："您对齐国的事有什么可忧虑的呢？"蓝诸君说："齐国很强大，是有万辆兵车的大国，它觉得与中山名位相同是可耻的事，竟不惜割让土地去拉拢燕、赵两国，要出兵攻打中山。燕、赵两国都好背信弃义，又贪图得地的便宜，我怕他们不会站在我们一边。严重的话会危害到我们国家的安全，即便没那么严重也会废止我们的王号，您说我怎么能不担心呢？"张登说："我希望出使燕、赵两国，使他们两国坚定地站在中山一边，帮助中山君称王，这事一定能成。这是您的心意吗？"蓝诸君说："这正是我的心意啊。"张登说："那么就请您假扮作齐王，我先试着说服您，如果能把您说动，就按照计划行事。"蓝诸君说："我愿意听听你的说辞。"

张登说："大王您之所以不吝啬以割地为代价来贿赂收买燕、赵两国，让他们出兵去攻打中山，其目的就是想废掉中山国君主的王号吧？齐王会说：'对啊。'但是大王这么做不但代价昂贵还会有战争的危险。您割地贿赂收买燕、赵两国，是增加了您敌人的实力；派兵攻打中山国，就会背负挑起战争的罪名。大王用这两招，想废止中山君王号的目的不一定能达到。大王如果肯用我的计策，既不用割地给燕、赵，也不会派出军队，就会让中山君废除王号。齐王一定会问：'那么你到底有什么计策呢？'"

原　文

蓝诸君曰："然则子之道奈何？"张登曰："王发重使，使告中山君曰：'寡人所以闭关不通使者，为中山之独与燕、赵为王，而寡人不与闻焉，是以隘之。王苟举趾以见寡人，请亦佐君。'中山恐燕、赵之不己据也，今齐之辞云'即佐王'，中山必遁燕、赵与

王相见。燕、赵闻之，怒绝之，王亦绝之，是中山孤，孤何得无废。以此说齐王，齐王听乎？”

蓝诸君曰：“是则必听矣，此所以废之，何其所以存之矣。”张登曰：“此王所以存者也。齐以是辞来，因言告燕、赵而无往，以积厚于燕、赵。燕、赵必曰：‘齐之欲割平邑以赂我者，非欲废中山之王也，徒欲以离我于中山而己亲之也。’虽百平邑[1]，燕、赵必不受也。”蓝诸君曰：“善。”

遣张登往，果以是辞来。中山因告燕、赵而不往，燕、赵果俱辅中山而使其王[2]，事遂定。

注　释

①**虽**：即使。②**俱**：都。

译　文

蓝诸君说：“那么你到底有什么计策呢？”张登说：“大王可以派出重要的使者，让他告诉中山君说：‘本王之所以封锁关卡不让中山的使者通过，是因为中山只是单独和燕、赵两国互相称王，而没有让本王知道，所以我才这么做。如果中山君肯屈尊来见我，我一定会帮助中山的。’中山君担心燕、赵两国不站在自己一边，现如今齐王说出了‘从现在起帮助中山君’这样的话，中山君一定会躲开燕王、赵王和大王您相见。这事让燕、赵两国知道以后，一定会勃然大怒从而和中山断绝关系。大王您也和中山君断交，这样就会使中山陷入孤立无援的境地，到了这步田地，中山怎么可能不废除王号呢？用这样的话去说服齐王，他怎么可能不听从呢？”

蓝诸君说：“照这么说，齐王一定会听从的。但这样一来正好废除了中山君的王号，怎么说是用来保存王号的办法呢？”张登答道：“这正是保存王号的办法。齐王已经说出了即刻帮助中山君的话，我们可以把这样的话告诉燕王、赵王，让他们不要对中山出兵，这对他们两国也是大有好处的。燕王赵王一定会说：‘齐王想用割让平邑来贿赂我们，原来并不是想要废掉中山君的王号，而是借此挑拨离间我和中山君的关系，反而自己和中山君拉近关系啊！’这样就是齐王给燕王、赵王割上百个平邑让他们攻打中山，他们也一定不会接受的。”蓝诸君说：“好办法！”

于是就把张登派遣到齐国，齐王果然就说出了即刻帮助中山君的话。中山君就把齐王的话告诉燕王、赵王，让他们不要出兵；燕王、赵王果然都站在了中山君的一边，帮助他称王，这件事终于以成功告终。

司马憙三相中山

原文

司马憙三相中山[1]，阴简难之[2]。田简谓司马憙曰[3]：“赵使者来属耳[4]，独不可语阴简之美乎？赵必请之，君与之，即公无内难矣。君弗与赵，公因劝君立之以为正妻[5]。阴简之德公，无所穷矣。”

果令赵请，君弗与。司马憙曰：“君弗与赵，赵王必大怒；大怒则君必危矣。然则立以为妻，固无请人之妻不得而怨人者也。”

田简自谓取使，可以为司马憙，可以为阴简，可以令赵勿请也。

注释

①**三相：**三次出任相国。②**阴简：**中山君的爱妃。**难：**嫉恨。③**田简：**中山国的臣子。④**属耳：**打听，探听。⑤**因：**趁机。

译文

司马憙三次出任中山宰相，中山君的宠妃阴姬很讨厌他。这时田简对司马憙说：“赵国使者来探听中山的情况，为什么不把阴姬的美貌告诉赵使呢？赵王知道以后，必然来要她。假如君王把她送给赵王，那么阁下在朝中就没有人捣乱了；假如君王不肯把她送给赵王，那阁下就可趁势劝中山君立她为后，从此她就会对阁下感恩不尽。”

于是司马憙果然设法让赵国来要阴姬，中山王当然不给，于是司马憙就乘机说：“君王假如不把阴姬送给赵王，那赵王必然大怒，赵王大怒那君王就危险了。不过君王可以立阴姬为正后，因为世间还没有要人正妻不成而怨恨的人。”

田简自称这样做可以说服赵使，也可以帮助司马憙，更可以帮助阴姬，尤其可以不让赵国要去阴姬。

主父欲伐中山

原　文

主父欲伐中山[1]，使李疵观之。李疵曰："可伐也。君弗攻，恐后天下。"主父曰："何以？"对曰："中山之君，所倾盖与车[2]而朝穷闾隘巷之士者，七十家。"主父曰："是贤君也，安可伐？"李疵曰："不然。举士，则民务名不存本[3]；朝贤，则耕者惰而战士懦。若此不亡者，未之有也。"

注　释

①**主父**：即赵武灵王。②**倾盖与车**：盖，指车上的盖子。古时车子上面的盖子不张开是尊重贤德之才的表现，此即言中山君尊重贤士。③**本**：在此指农业。

译　文

赵武灵王准备攻打中山，派遣大臣李疵（cī）前去调查情况。李疵调查后说："可以攻打中山。如果您不去攻占中山，恐怕要落在天下诸侯的后面了。"赵武灵王说："凭什么说可以讨伐？"李疵回答说："中山的君主，经常把车伞放在车里去拜访住在穷街窄巷的读书人，共有七十家。"赵武灵王说："这是贤良的君主，怎么可以讨伐呢？"李疵说："不对。如果君王举荐读书人，那么人民就会去追求虚名，不安心农业；拜访所谓的贤者，那么农民就要懒惰，战士就要贪生怕死。像这样做而使国家不灭亡的，还是从来没有的事情。"

中山君飨都士

原　文

中山君飨(xiǎng)都士大夫[1]，司马子期在焉[2]。羊羹不遍，司马子期怒而走于楚，说楚王伐中山，中山君亡[3]，有二人挈戈而随其后者[4]，中山君顾谓二人："子奚为者也？"二人对曰："臣有父，尝饿且死，

君下壶餐饵之。臣父且死，曰：'中山有事，汝必死之。'故来死君也。"

中山君喟然而仰叹曰："与不期众少，其于当厄[5]；怨不期深浅，其于伤心。吾以一杯羊羹亡国，以一壶餐得士二人。"

注　释

①飨都士：宴请都邑的士大夫。②司马子期：中山之臣，后出仕楚国。③亡：逃亡。④挈：拿着。⑤厄：灾难，厄运。

译　文

中山君宴请都城中的士大夫，司马子期也在座。因为没有分给他羊肉羹，司马子期一怒之下跑到楚国，劝说楚王讨伐中山，中山君被迫逃亡。这时，有两个人拿着戈尾随他的后边，中山君回过头去对这两个人说："你们要干什么？"这两个人回答说："我家有老父，有一次曾饿得要死，您拿出壶中的食物给他吃。在我们父亲将要死的时候，他曾说：'如果中山有战事，你们一定以死相报。'因此追到这里，愿为您而死。"

中山君仰天叹息说："施恩不在乎多少，在于他正当困危之时；结怨不在于深浅，在于是否伤了人心。我因为一杯羊肉羹而使国家灭亡，因为一壶饭却得到两位义士。"